政策税制の展開と限界

占部裕典

慈学社

はしがき

現実の租税制度の分析において、必要な税収を公平かつ効率的に確保するという、租税理論に則した税制の基本構造にかかる規定とは異なる異質の租税政策にかかる規定が多数存在する。そして、そのような異質の租税制度（多くの場合は「租税特別措置」と呼ばれている。）についての法改正はわが国の毎年の税制改正事項の多数を占め、一方政策目的で新たな税目が創設されることもある。

税制改正においては、様々な政策的な配慮から、租税特別措置として、法人税法を中心にこのような規定が導入される。戦後のわが国の経済成長の要因の一つとして、政府の施策である産業政策等と租税特別措置との結びつきをみることができよう。

租税特別措置（租税優遇措置、税負担軽減措置等）は、特定の政策目的を実現するための政策手段の一つであり、税負担の公平・中立・簡素という税制の基本理念の例外措置として設けられているものである。租税特別措置はシャウプ勧告において一度は廃止されたものの、以後、わが国が発展途上国から先進国へと推移する流れのなかで、また経済の成長過程等を通じて相応の役割を果たしてきたといってよい。

このような税制改正における「政策税制」については、(1)いかなる政策目標のもとで、いかなる効果が具体的に予定されているのか（政策目標と具体的な成果との関連性）、また(2)その政策達成のための手段、たとえばなぜ税額控除、特別償却（あるいはその両者の選択性）等といった手法であるのか（達成目的とそのための手法との関係）、(3)一定の限度額など（租税措置法における控除限度額規定等）はどのような判断のもとで決定されているのか、(4)期間

（期限）延長はいかなる基準や優先順位のもとで行われているのか、等々、合理的に説明できるものでなければならないであろう。これらの議論は地方税においても同様に行われる必要があろう（第一三章〜第一八章参照）。

しかしながら、租税特別措置については、個別的な政策目的に細分化され、極めて複雑なものとなっており、一旦、租税特別措置が導入されると、既得権益となり長期間にわたって継続して措置されがちであるなど、問題が指摘されてきた。租税特別措置については、これまでも、①その目的が現下の喫緊の政策課題に資するものであるか、②政策目的達成のために効果的な措置であるか、③政策手段としてそのような税制が適当か、④利用実態が特定の者に偏っていないか、⑤利用実態が低調となっていないか、⑥創設後長期間にわたっていないか、等の視点から整理・合理化が行われてきたところである。（旧）税制調査会の整理・合理化の方針を受けてその見直しが行われてきているが、これまで十分な成果を上げてきているかは疑わしい状況にあったといえよう。また、租税特別措置について、その長期化を避けるため一定期間経過後は延長せずに廃止する仕組みを考えてはどうか、その利用実態等の透明性を高めるような方策を検討すべきではないかとの見解もかねてより存したところである（第一章参照）。

所得税や法人税等にかかる多くの租税特別措置が存するが、いかなるものを租税特別措置にかかる税制として理解するかは必ずしも見解が一致しているとはいえない。「租税特別措置」をどのように定義するかは論者により異なる。税制調査会においては、おおむね「租税特別措置・非課税等特別措置は、特定の政策目的を実現するための政策手段の一つであり、税負担の公平・中立・簡素という税制の基本理念の例外措置として設けられているものである」（昭和六二年税制調査会答申）と位置づける傾向にある。一般的な定義については、おおむね大差はないものと考えられるが、多くの論者が租税特別措置を租税優遇税制（非課税等特別措置を含む。）として論じる傾向にある。しかし、租税特別措置の法的限界を論ずるに当たっては、租税特別措置の創設にかかる場面と所得課税等の税制の基本的枠組みの修正にかかる場面で、議会における法的統制に差が生ずることは当然のことで、司法的な意味で審査基準に相違が生ずるかなどについても検討が及ぶとも考えられる。租税特別措置から租税政策（租税基本原則の修正）は除かれることは明らかであり、租税特別措置と租税政策の意義、両者にかかる税制の法的な評価の基準が異なることは当然であろう（第二章・第四章参照）。

なお、「租税特別措置」といわれるものは同時に「政策税制」として位置づけることができるであろうか。税制調査会（「昭和五一年度の税制改正に関する答申」）は、以下のように、租税特別措置を「政策税制」と「それ以外の特別措置」に分類している。

(1) 特定の政策上の配慮がなかったとすれば、税負担の公平その他の税制の基本原則からは認め難いと考えられる実質的な意味での特別措置（「政策税制」）

(2) それ以外の制度、すなわち、政策税制とは異なり税制の基本原則からみて所得税法、法人税法等の本法において規定されてしかるべき制度及び現在のところ租税特別措置法に規定されてはいるもののいずれは本法に吸収されてしかるべきものと考えられる制度（「それ以外の特別措置」）

租税特別措置の多くは前者に属するものであろうが、(1)(2)の区分が必ずしも明確にできないものも存する。たとえば、タックス・ヘイブン税制（租税特別措置法六六条の六、四〇条の四以下）などは広く租税回避否認規定と解されているところであるが、一面では重課と解するか本来の租税原則に戻すための制度と解するか、資本輸出の中立性の確保のための租税政策と解するかなどといった視点からも検討を加えることもできよう（第七章参照）。上記の(2)は、いわゆる租税政策にかかるものとして理解することが可能であるといえよう。ただ、租税政策にかかる制度か経済的措置にかかる税制かの境界は極めて流動的であるといえよう。上述したように租税特別措置法のタックス・ヘイブン税制や留保金課税制度（法人税法六七条）などを想定すると明らかであろう（第八章参照）。本書では、広く、(1)(2)を総括するものとして「広義の政策税制」という文言を用いている。

租税特別措置に該当するか否かについて、租税特別措置法において制度化されているか、あるいは法人税法や所得税法において制度化されているか、によって区別する方法もあろう（「形式的な意味での特別措置」という。）。しかし、形式的に分類することは必ずしも有益ではない。ちなみに、「一般的減税」、「特別減税」といった区別は、このような「形式的な意味での特別措置」によるものであろう。なお、実体法的な視点からの特別措置ではなく手続き規定を導入することによって一定の政策（税制）を押し進めようとする場合もある（第九章・第一〇章参照）。

所得税法や法人税法自体においても租税特別措置（あるいは政策税制）は存在しており、租税特別措置に対する法的な評価は、「実質的な意味での租税特別措置」を対象とすべきこともちろんである（第二章・第三章・第六章・第一〇章・第一一章参照）。「実質的な意味での租税特別措置（非課税措置、重課措置も含む。）」（＝「政策税制」）として、ここでは理解することができよう。たとえば地価税法（平成三年法律六九号）などもその一つであろう。土地に対する適正かつ公平な税負担の確保をはかりつつ、土地の資産としての有利性を縮減して土地投機を抑制し、遊休不動産の流動化をはかるため創設されたが、政策税制としての一面をもつ。このような法律の検討についても議論を押し進めていく必要があることは同様である（第一一章・第一二章参照）。

では、このような実質的な意味での租税特別措置の意義を明らかにすることには、どのような意義があるであろうか。必ずしも、十分にこれまで議論されてきたところではないが、以下のような点をあげることができるように思われる。

(1) 租税優遇措置にかかる規定の解釈論
(2) 租税特別措置にかかる規定の実体法的な意味（特別措置の法的限界）
(3) 立法過程を含めた租税特別措置に対する手続的なコントロール
(4) 租税特別措置の見直し（整理合理化の対象）

そこで本書では、租税特別措置（政策税制を含む。）について、上記(1)〜(4)に視点を置きながら、検証を加えていくこととする。なお、今後、政策税として導入が検討されるべきものについても（たとえば環境税など）、あるべき政策税制を論ずることとする。

本書を通じて、政策税制の法的評価にあたっての基準、法的な整理・合理化のための手続要件を含む法的枠組みを確立したいと考えている。

本書の刊行にあたっては、これまで同様、慈学社出版の村岡侖衛氏に編集・出版あたり格別のお世話をいただいた。特に校正においては、原稿を丁寧に熟読され、的確なご指摘をいただいた。村岡氏のサポートがなくしては本書の刊行はなかったといっても過言ではない。村岡氏に心からお礼を申し上げたい。

本学術図書は、平成二九年度科学研究費助成事業（科学研究費補助金）（研究成果公開促進費）「学術図書」（課題番号一七HP五一三五）の交付を受けて、刊行されたものである。関係各位に厚く御礼を申し上げる。

二〇一七年七月

占部　裕典

目　次

はしがき　iii

第一章　租税特別措置の見直し――暴かれる〝隠れ補助金〟……1
はじめに　2
一　租税特別措置の見直しの方向性　3
二　租税特別措置の見直しのためのテスト（基準）　7
三　租特透明化法等の創設とその役割　10
おわりに――租税特別措置の見直し・透明化に向けた課題　22

第二章　法人税における政策税制――その機能と法的限界……25
はじめに　26
一　政策税制の意義――租税特別措置・租税政策との関係　27
1　政策税制・租税特別措置の定義　27
2　政策税制の法的視点　29
二　法人税における政策税制とは――分析の視点（目的・手法・期間、地域等による分類）　33
1　目　的――政策税制としての誘因手段　34
2　租税特別措置とその手法　35

おわりに――政策税制の法的コントロール　45
1　租税特別措置等の財政学的評価基準　45
2　租税特別措置等の法的判断基準　46
3　手続的コントロール　47

第三章　公用収用等と租税特別措置
――土地収用等にかかる特別控除の適用要件……51
はじめに――問題の所在　52
一　租税特別措置法三三条の四第一項一号による収用交換等の場合の譲渡所得等の特別控除の適用要件が争点となった著名な事件　54
1　事案の概要と関係法令　54
二　二年にわたる収用交換等による土地譲渡と特別控除の適用　65
1　措置法三三条の四第三項二号の立法趣旨と解釈　67
2　国税不服審判所平成一〇年六月二四日裁決・大阪地裁平成一一年六月二一日判決　69
3　租税特別措置法三三条の四第三項の解釈　71
おわりに　77

目次

第四章　経済特区税制
——沖縄振興特別措置法における「地域優遇税制」……79
はじめに　80
一　経済特区の意義　81
二　保税特区（税制緩和特区）の現状　82
三　沖振法にもとづく金融業務特別地区等　84
四　金融業務特別地区と他国の金融特区との相違点　88
おわりに——経済特区制度における租税優遇措置のあり方　90

第五章　「地域主権」と特区……103
はじめに——特区の推移と地域主権の関係　104
一　地域主権の推進——「地域主権改革」とは　105
二　「地方自治体の条例制定権の拡大」と「義務付け・枠付けの見直し」　107
三　「義務付け・枠付け」の見直しの手法　108
四　現行特区制度における地域主権のスタンス——構造特区と総合特区の比較　110
おわりに　115

第六章　公益法人税制の動向
——その理論的背景と体系的位置づけの検討……119

はじめに――非営利革命による税制体系の再構築　120
一　非営利法人あるいは公益法人税制の課題　122
二　非営利法人あるいは公益法人税制の検証の方向性　126
三　総論的課題の検討――課税ベースの視点から　131
四　総論的課題の検討――組織法的視点から　134
五　その他、各論的問題の検討　137
おわりに　139

第七章　ガットと優遇税制……147
はじめに　148
一　国際租税秩序における「租税優遇措置」の位置づけ　149
二　輸出所得の課税と「租税優遇措置」　152
三　国際経済秩序と「租税特別措置」　158
四　租税特別措置法における優遇税制　163
おわりに　165

第八章　タックス・ヘイブン対策税制の変遷と残された課題……173
一　タックス・ヘイブン対策税制の導入経緯及び立法趣旨　174
二　タックス・ヘイブン対策税制の法的構造　179
三　課税対象金額の算定　187
四　二重課税の排除等　199
五　二重課税防止又は排除のルール　212
六　みなし配当所得と事業所得との区別　213
七　適用除外要件　215
八　コーポレート・インバージョン対策合算税制　243
おわりに　246

第九章　金融所得課税と納税環境……255
一　金融所得課税を取り巻く納税環境
――「税制調査会金融小委員会報告」の示す納税環境整備の方向性　256
二　「源泉徴収制度」の果たす役割　258
三　特定口座（源泉徴収選択口座等）の活用と利用所得の拡大　260
四　法定調書（法定資料制度）の拡大　261
五　納税者番号制の導入　263
六　外為法改正と「国外送金等に係る調書提出制度」　264

七　外国税務当局との情報交換　266
八　法人税との調整（配当の二重課税調整）　267
おわりに　268

第一〇章　資料情報制度――現行制度の法的評価と今後の課題……271
はじめに――問題の所在　272
一　「国外送金等に係る調書提出制度」の創設の背景　273
二　外為法改正と「国外送金等に係る調書提出制度」　274
三　源泉徴収制度の機能と資料情報制度との関連性　278
四　外国の資料情報制度　280
五　資料情報制度と関連問題　283
おわりに　287

第一一章　環境税の導入と法律問題……295
はじめに――環境税の発展　296
一　環境税の基礎理論――環境と経済　298
二　環境税の特徴と法的構造　300
1　環境税と課徴金の相違　301
2　補助金と排出取引権　302

3　わが国の環境税　304
三　環境税の検証と導入への問題　309
1　環境税の使途と効果の検証　309
2　環境税の導入問題　311
おわりに――グリーン税改革　312

第一二章　環境税の課題――法的な視点から……319
はじめに　320
一　環境税の発展　322
二　環境税の基礎理論――環境と経済　326
三　環境税の特徴と法的構造――環境税の根拠と税負担の配分基準　327
四　補助金と排出権取引　330
五　自治体課税権と環境税　332
六　国境税調整――国境を超える環境汚染への対応　332
七　わが国の環境税規定の評価　334
八　環境税（導入国）の検証と導入への問題　336
九　「温暖化対策税制の具体的な制度の案――国民による検討・議論のための議案（報告）」について　337
おわりに――グリーン税改革　343

第一三章　自治体における産業廃棄物税の導入……345
はじめに　346
一　自治体における環境政策　346
二　地方税法と産業廃棄物税　347
三　条例化のヒント　349
四　三重県産業廃棄物税条例のポイント　354
第一四章　自動車関係税の課税客体
——商品軽自動車に対する軽自動車税課税免除……363
はじめに——問題の所在　364
一　軽自動車税の課税根拠と軽自動車税の課税客体としての「軽自動車」の定義（範囲）　366
1　軽自動車税の課税根拠　366
2　軽自動車税の課税客体としての「軽自動車」の定義（範囲）　367
3　固定資産税との関係　369
二　軽自動車等の解釈と依命通達第四章一の意義　371
1　軽自動車等の解釈と旧依命通達第四章一の位置づけ　371
2　軽自動車税の立法趣旨——依命通達第四章一の内容　373
三　自動車関係税との整合性、取扱いの公平性　382
1　自動車税での商品自動車の取扱い　382

2　自動車取得税と廃止にともなう環境性能割の創設　391
四　大津地裁平成二四年三月一五日判決の評価と射程距離――市の条例（課税免除規定）にいう「使用しない軽自動車」の意義　395
1　事実の概要　396
2　判決の要旨　397
3　判例の評価と射程距離　399
五　免除規定を置かないことによる住民への不利益――地方税法六条の要件の充足　405
おわりに　406
1　自動車関係税の課税客体の範囲　406
2　今後の方向性　415
第一五章　入湯税における入湯行為の意義と課税免除の範囲……417
はじめに　418
一　「鉱泉浴場における入湯」の意義　420
二　入湯税の課税免除の範囲　425
1　地方税法における入湯税の立法趣旨・目的と課税要件　427
2　入湯税の意義、課税根拠　428
3　入湯税における課税免除の対象　430
4　鉱泉浴場における日帰り入湯客の課税免除　435

三　地方税法六条一項に反する課税免除と住民訴訟　438
おわりに　440

第一六章　ふるさと納税の導入——寄附の促進……449
はじめに　450
一　「ふるさと納税制度」における寄附条例・基金条例　451
1　ふるさと納税の意義　451
2　自治体の取組みの現状　452
二　条例化のヒント　454
三　実　例　459

第一七章　給付付き税額控除の導入と地方税のスタンス……465
はじめに　466
一　民主党政権下での給付付き税額控除　466
二　「所得控除から手当・税額控除へ」の課題　468
おわりに　471

第一八章　法定外税と租税政策……475
はじめに　476
一　法定外税創設のための制約　477

二　条例化のヒント　478
1　法定外税と消極的要件　480
2　使途の特定と支出　483
3　税の徴収と滞納処分　484
三　条例のポイント　484
索　引　巻　末

〔初出一覧〕

本書の執筆にあたっては、これまで公表した論文をもとに執筆をすすめたものもある。各章において関係する論文は以下の通りである。

第一章 「租税特別措置の見直し――暴かれる〝隠れ補助金〟」税理五五巻一号(五六―六四頁)(二〇一二)をベースに執筆したものである。

第二章 「法人税における政策税制――その機能と法的限界」日税研論集五八号(一二五―一五〇頁)(二〇〇八)をベースに執筆したものである。

第三章 「二年にわたる収用交換等による土地譲渡と特別控除の適用」(はしがき・事例・研究者の視点執筆)税経通信五六巻八号一九三―二〇三頁(二〇〇一)及び「公用用地の収用証明書の未発行と租税特別措置法六四条一項の適用」(はしがき・事例・研究者の視点執筆)税経通信六〇巻三号(総頁二〇頁)(二〇〇五)をベースに執筆したものである。

第四章 「経済特区税制――沖縄振興特別措置法における『地域優遇税制』」日税研論集五八号(一五一―一七五頁)(二〇〇八)をベースに執筆したものである。

第五章 「『地域主権』と特区」をベースに執筆したものである。

第六章 「公益法人税制の動向――その理論的背景と体系的位置づけの検討」租税法研究三五号(一―二六頁)(二〇〇七)をベースに執筆したものである。

第七章 「海外取引にかかる優遇税制の問題点」水野忠恒編『国際課税の理論と課題(改訂版)』(一七七―二〇一頁)(税務経理協会・一九九九)をベースに執筆したものである。

第八章 「我が国のタックス・ヘイブン対策税制の変遷と残された課題――OECD BEPS最終レポート(行動三)の影響」同志社法学第六八巻三号(一―八二頁)(二〇一六)をベースに執筆したものである。

第九章 「金融所得課税と納税環境」税研二六巻一号三二―四〇頁(二〇一〇)をベースに執筆したものである。

第一〇章　「資料情報制度——現行制度の法的評価と今後の課題」租税法研究二七号（一—二六頁）（二〇〇七）をベースに執筆したものである。
第一一章　「環境税の導入と法律問題」大塚直・北村喜宣編『淡路剛久教授・阿部泰隆教授還暦記念　環境法学の挑戦』（一一〇—一二八頁）（日本評論社・二〇〇二）をベースに執筆したものである。
第一二章　「環境税の課題——法的な視点から」第五六回税研究大会（二〇〇四）をベースに執筆したものである。
第一三章・一四章　書き下ろし
第一五章　「入湯税における入湯行為の意義と課税免除の範囲」をベースに執筆したものである。
第一六章　書き下ろし
第一七章　「給付付き税額控除の導入と地方税のとるべきスタンス」税六五巻一号（四〇—四七頁）（二〇一〇）をベースに執筆したものである。
第一八章　書き下ろし

第一章　租税特別措置の見直し——暴かれる〝隠れ補助金〟

はじめに

租税特別措置・税負担軽減措置等（両者をあわせて「租税特別措置」という。）は、特定の政策目的を実現するための政策手段の一つであり、税負担の公平・中立・簡素という税制の基本理念の例外措置として設けられているものである。租税特別措置はシャウプ勧告において一度は廃止されたものの、以後、わが国が発展途上国から先進国へと推移する流れのなかで、また経済の成長過程等を通じて相応の役割を果たしてきた。しかしながら、租税特別措置については、個別的な政策目的に細分化され、極めて複雑なものとなっており、一旦、租税特別措置が導入されると、既得権益となり長期間にわたって継続して措置されがちであるなど、問題が指摘されてきた。租税特別措置については、これまでも、①その目的が現下の喫緊の政策課題に資するものであるか、②政策目的達成のために効果的な措置であるか、③政策手段として税制が適当か、④利用実態が特定の者に偏っていないか、⑤利用実態が低調となっていないか、⑥創設後長期間にわたっていないか、等の視点から整理・合理化が行われてきたところである。旧税制調査会の整理・合理化の方針を受けてその見直しが行われてきてはいるが、これまで十分な成果をあげているかは疑わしい状況にあったといえよう。また、租税特別措置について、その長期化を避けるため一定期間経過後は延長せずに廃止する仕組みを考えてはどうか、その利用実態等の透明性を高めるような方策を検討すべきではないかとの見解もかねてより存したところである。

このような状況下で民主党（民主党政策集インデックス二〇〇九）は、特定の企業や団体が本来払うはずの税金を減免される点で、租税特別措置は実質的な補助金（「隠れた補助金」）であり、また税務当局も要求官庁も各租税特別措置の必要性や効果を十分に検証しておらず、国民への説明責任を全く果たしていないといった問題意識から、租税特別措置について、減税措置の適用状況、政策評価等を明らかにした上で、恒久化あるいは廃止の方向性を明確にする「租税特別措置透明化法」を制定し、それらのデータをもとに租税特別措置の抜本的見直しを行うとしていたところである。(1) そして、租税特別措置の透明化を進める中で、租税特別措置を含めた実質的な負担水準を明らかにし、それにより課税ベースが拡大した場合には、法人税率の水準を見直していくこととしていた。この方針は基本的には民主党政権下において引き継がれて、今日、租税特別措置の見直しが税制改正の重要な課題として浮上してきている。民主党が政権を獲得したことで、「租税特別措置の適用状況の透明化等に関する法律」を平成二二年事業年度改正で成立させ、平成二三年四月から少しずつデータが集まりつつあり、「租税特別措置」にこれまでにないメスが入ったといってよかろう。

そこで、本章ではまず「政策税制」を検討することの意義（政策税制、租税特別措置・租税政策との関係を含む。）を明らかにしたうえで、法人税における「政策税制」の分析の視点（目的・手法・期間、地域等による分類、その手法による分析（割増償却、圧縮記帳（課税の繰延べ）、準備金等、所得控除、税額控除等の手法と経済的効果）、法人税にかかる政策税制の評価・政策税制のコントロール、政策税制の法的限界のあり方、の順に検討をすすめていく。

一　租税特別措置の見直しの方向性

税制には租税特別措置としてさまざまな減税措置が規定されている。しかし、その実態は必ずしも納税者ら外部にはみえない。歳出は予算として計上される支出であることから法的なチェックが一応は可能であるといえるが、租税特別措置については所轄官庁ですらその内容（だれがどの程度の減税等の措置を受けているか、その効果はどの程度であるか等々。）は十分に承知していないといった状況である。租税特別措置が増加したのは昭和五五年ごろからであり、シーリングを設けて歳出を厳しく抑制したことからシーリングのかからない租税特別措置にシフトをしたことによるものと考えられている。いわゆる補助金に代替する措置（隠れ補助金）がその多くが占めていたともいえる。これまでも旧政府税制調査会のもとでも租税特別措置のスクラップ・アンド・ビルドはたびたび大綱においてうたわれてきたが、掛け声だけで終ってきたというのが実情であろう。このようなことからみれば民主党政権下においてはその抜本的な見直しを唱えており、租税特別措置の見直しに向けての前進であるといえよう。

租税特別措置については、平成二二年度税制改正大綱（平成二一年一二月二二日閣議決定）に基づいて、「抜本的に見直す」こととされ、「租税特別措置の見直しに関する基本方針」が示された。平成二三年度税制改正大綱（平成二二年一二月一六日閣議決定）においても、租税特別措置（国税）の見直しについては、法人実効税率引下げに伴う課税ベースの拡大措置に加え、平成二二年度税制改正大綱同様に、税制を納税者の視点に立って公平で分かりやすい仕組みとするとの観点から、租税特別措置については引き続き徹底した見直しを進めることとして、政策税制措置について一〇九項目の見直しを行い、その結果として、五〇項目を廃止又は縮減することとしている。なお、中期財政フレーム（平成二四年度～平成二六年度）（平成二三年八月一二日閣議決定）においても、租税特別措置については、平成二二年度税制改正大綱の方針に従ってゼロベースから見直すこととなっている。平成二二年度税制改正大綱における見直しの対象及び見直しの方針は、以下の通りである。

1　見直しの対象

(1)　租税特別措置の見直しは、租税特別措置法に規定された措置や特例等のうち、産業政策等の特定の政策目的により税負担の軽減等を行う措置（以下「政策税制措置」という。）に該当するものを対象とする。

(2)　政策税制措置に該当するもの（現時点で二四一項目）の全てについて、今後四年間で抜本的に見直す。各年の見直しの対象は、その年度末までに期限が到来する措置に、期限の定めのない措置等を随時加えたものとすることを基本とする。

２　見直しの方針（「ふるい」）

租税特別措置の見直しに当たっては、公平・透明・納得の税制の構築と財源確保の要請を踏まえつつ、以下の方針により行うこととする。

⑴　既存の政策税制措置のうち、期限の定めのある措置については、その期限到来時に廃止する（サンセット）。ただし、「指針」（いわゆる「六つのテスト」）に照らして合理性、有効性及び相当性のすべてが明確に認められる措置に限り、その内容の厳格な絞込みを前提に、原則として三年以下の期限を付して存続させることを検討する。

なお、政策税制措置の見直し「指針」に照らして厳格な見直しを行った結果、実質的に同じ内容の措置を二〇年を超えて存続させることとなる場合には、原則として、期限の定めのない措置とすることを検討する。

⑵　既存の政策税制措置のうち、期限の定めのない措置については、関連する措置を見直す場合等の適時に、「指針」に照らしてその適用状況や政策評価等を踏まえて存続の必要性を判断し、存続させる場合は、内容の厳格な見直しを行う。

なお、期限の定めのない措置のうち、もはや適用状況や政策評価等を踏まえた必要性を判断する必要がなく、かつ、課税の公平原則を逸脱するものではないと明確に認められるものについては、本則化の適否を検討する。

⑶　政策税制措置を新設又は拡充する場合には、スクラップ・アンド・ビルドを基本とし、その費用対効果の見通しと検証可能性に留意しつつ、「指針」を踏まえてその緊要性を厳格に判断し、原則として、三年以下の期限を付すものとする。

ここでは、見直しの対象とする租税特別措置（政策税制）の定義をすることにより見直しの対象を明らかにし、各年の見直しの対象は、その年度末までに期限が到来する措置に、期限の定めのない措置等を随時加えたものとすることを基本とする（財務省資料では、平成二一年一月一日現在での租税特別措置は三〇〇項目あり、そのうち適用期限の定められているものが一八二項目、定められていないものが一三四項目となっている。同様に、経過年数別法人税関係でみると、平成二一年一月一日現在で、三〇年以上が二項目、三五年以上が四項目、四〇年以上が九項目、四五年以上が五項目、五〇年以上が三項目である。）。見直した対象とする租税特別措置の範囲をどこまでにするかは一つの問題である（後述、租特透明化法二条一項一号・二号参照）。租税特別措置の見直しに当たっては、「公平・透明・納得の税制の構築」のみでなく、「財源確保の要請」を踏まえることとしており、財源論あるいは歳出抑制を強く意識した内容となっているところである。

最大の問題は、租税特別措置の新設・変更・廃止の方針（基準）であるが、租税特別措置のうち、期限が到来するものは原則廃止、存続の必要性があるものについては原則三年以下の期間で存続させることとしている。また、政策税制措置を新設又は拡充する場合には、スクラップ・アンド・ビルドを基本とし、その緊要性を厳格に判断し、原則として、三年以下の期限を付すものとしている。この方針については、評価しうるものであろう。

なお、「地方税における税負担軽減措置等の見直しに関する基本方針」も同様に明らかにされた。地方税における税負担軽減措置等の見直しは、地方税法に規定された措置や特例等のうち、特定の政策目的により税負担の軽減等を行う措置に該当するもの（現時点で二八六項目）の全てについて、今後四年間で抜本的に見直すとするなど国税と同様の立場をとっていた(2)。また、見直しの方針も「租税特別措置の見直しに関する基本方針」に準じて行うこととしていた。しかし、固定資産税、不動産取得税、自動車関係税等については、⑴による見直しに加え、①実施期間が長期にわたる措置（一〇年超）、②適用件数が少ない措置（一〇〇件未満）、③適用金額が小さい措置（一億円未満）のいずれかの要件に該当する措置について特に厳格な見直しを行うこととしていた。また、特別の必要により延長を認める場合でも、経過年数に応じて段階的・自動的に特例措置を縮減する仕組み（新サンセット方式）の導入を検討することとしていた。平成二三年度税制改正大綱においても同様の方針の下で固定資産税に係る政策税制措置について適用実態や有効性等を検証し、厳格に見直すことなどが求められている。

二　租税特別措置の見直しのためのテスト（基準）

平成二二年度税制改正大綱の特徴はこれまでの租税特別措置の見直しの基準と比較して、より具体的な見直しのための指針を示していることである。以下のような政策税制措置の見直しの指針（「六つのテスト」）が示され、その厳格な見直しが求められている。

[1]　背景にある政策に今日的な「合理性」が認められるか

(1)　法律に規定されるなど、所管官庁の政策体系の中で優先度や緊要性の高いものとして明確に位置付けられているか。

(2)　当初の政策目標が既に達成されていないか。

[2]　政策目的に向けた手段としての「有効性」が認められるか

(3)　適用数が想定外に僅少であったり、想定外に特定の者に偏っていないか。

(4)　政策評価法に基づく所管官庁の事後評価等において、税収減を是認するような有効性（費用対効果）が客観的に確認されているか。

[3]　補助金等他の政策手段と比して「相当性」が認められるか

(5)　同様の政策目的に係る他の支援措置や義務付け等がある場合に、適切かつ明確に役割分担がなされているか。

(6)　適用実態などからみて、その政策目的を達成するための政策手段として的確であり、かつ、課税の公平原則に照らし、国民の納得できる必要最小限の特例措置となっているか。

なお、上記の「合理性」、「有効性」、「相当性」の検証に当たっては、存続期間が比較的長期にわたっている措置（一〇年超）や適用者数が比較的少ない措置（二桁台以下）等については、特に厳格に判断することとされている。

政策税制措置の見直しの指針（基準）はこれまでも政策税制措置の見直しの度に示されてきたといってもよい。ちなみに、旧税制調査会のもとでも、度々のふるいわけの基準は示されてきており、たとえば、政府税制調査会（平成八年一一月法人課税小委員会報告参照）においては、「租税特別措置」を以下のように定義をして、その整理合理化の一般的な基準を示している。

「租税特別措置等

(ア)　租税特別措置・非課税等特別措置は、特定の政策目的を実現するための政策手段の一つであり、税負担の公平・中立・簡素という税制の基本理念の例外措置として設けられているものである。

租税特別措置等は、これまで我が国経済の成長過程を通じて相応の役割を果たしてきた。しかしながら、租税特別措置等については、

イ　租税特別措置等が、個別的な政策目的に細分化され、極めて複雑なものとなっている、

ロ　一旦、租税特別措置等が導入されると、既得権益となり長期間にわたって継続して措置されがちである、

ハ　租税特別措置等の中には、種々の基準や行政当局の認定・承認等を適用要件としているものがある。これは、適用対象を適切に規定するための方法であるが、規制緩和の要請に反する面もある、といった問題が指摘されている。

(イ)　租税特別措置等については、これまでも、

イ　その目的が現下の喫緊の政策課題に資するものであるか、
ロ　政策目的達成のために効果的な措置であるか、
ハ　政策手段として税制が適当か、
ニ　利用実態が特定の者に偏っていないか、
ホ　利用実態が低調となっていないか、
ヘ　創設後長期間にわたっていないか、

等の視点から整理合理化が行われてきたところである。

しかし、『課税ベースを拡大しつつ税率を引き下げる』という基本的考え方からすれば、産業間・企業間の中立性をより一層重視する観点から、徹底した見直しを行うことが適当である。

なお、租税特別措置等については、その長期化を避けるため一定期間経過後は延長せずに廃止する仕組みを考えてはどうか、その利用実態等の透明性を高めるような方策を検討すべきではないかとの意見があったほか、租税特別措置等が複雑化する中で、措置相互間で誘因効果が減殺されているのではないかとの指摘もあった」。

ちなみに、昭和四〇年税制調査会長期答申は、同様に以下のような議論がされている(3)。

租税特別措置が認められるのは、まず、税制以外の措置で相当な手段がないか否かを検討し、他に適当な方法が得ない場合に限られるべきであり、その場合においても以下の要件を厳格に経たうえでなければならないとしている(4)。

(1)　政策目的自体の合理性の判定

(2)　政策手段としての有効性の判定
(3)　付随して生ずる効果と租税特別措置の効果との比較衡量
(4)　付随して生ずる弊害と租税特別措置の効果との比較衡量

また、平成二二年度税制改正大綱の「合理性」「有効性」「相当性」といった三要件はほぼこれまで同様に用いられているものの、平成二二年度税制改正大綱は、租税特別措置の新設・変更・廃止の方針（基準）を前提にした三要件基準（六つのテスト）である。過去の租税特別措置の見直しと比べて具体的なテスト（基準）によってその判断基準を明確にしており（「より厳格なふるい分け基準」）、厳格な見直しに向けての枠組みとしては評価しうるものであるといえる(5)。

三　租特透明化法等の創設とその役割

平成二二年度税制改正大綱においては、①租税特別措置の適用実態を明確にし、その効果の検証に役立てる仕組みを構築するため、租税特別措置の適用の実態を把握するための調査やその結果の国会への報告等について定める「租特透明化法案（仮称）」を平成二三年の通常国会に提出することとしていた。また、②地方税における税負担軽減措置等の適用の実態の透明化を図るとともに、適宜、適切な見直しを推進するため、統計資料等による地方税における税負担軽減措置等の適用実態の把握やその結果の国会への報告等について定める地方税法改正案を平成二二年の通常国会に提出することとしていた。①を受けて、政府は、「租税特別措置の適用状況の透明化等に関する法律案」（いわゆる「租特透明化法案」）を国会に提出し、平成二二年三月二四日に可決・成立した(6)。租特透明化法等の創設は国会に租税特別措置の議論に不可欠の情報を提供するものであり、国民への見直しに係る評価についての情報を提供するものともなりえよう。

「租特透明化法」の目的は、租税特別措置について、その適用状況を透明化するとともに適切な見直しを推進し、国民が納得できる公平で透明な税制の確立に寄与することである（法一）。租特透明化法は、平成二二年度税制改正大綱を受けて、適用額明細書の提出義務（法三）、適用実態調査の実施（法四）を制度化し、これらによって租税特別措置法の見直しのための基礎的データを取得することによってより厳格な見直しを行うとともに、財務大臣による適用実態調査の結果に関する報告書の作成と国会への提出等（法五）を通して、租税特別措置の見直しについての透明性を高めることを主眼としている。租特透明化法の対象となるものは、内国税を軽減し、若しくは免除し、若しくは還付する措置又はこれらの税に係る納税義務、課税標準若しくは税額の計算、申告書の提出期限若しくは徴収につき設けられた内国税に関する法律の特例で、租税特別措置法の規定により規定されたものをいうとされている（法二①1、令一）。よって、税額控除や特別控除等がこれに該当するが、交際費の損金不算入規定などはこの対象からはずれることになる。法人税申告書を提出する法人で、当該法人税申告書に係る事業年度において法人税関係特別措置の適用を受けようとするものは、当該法人税関係特別措置につき記載した適用額明細書を当該法人税申告書に添付しなければならない（適用額明細書の提出義務）とし、適用額明細書を添付せず、又は虚偽の記載をした適用額明細書を添付して法人税申告書を提出した法人については、当該法人税申告書に係る事業年度又は連結事業年度において適用を受けようとする法人税関係特別措置の適用はないものと規定する（法三①②）。これらの規定は、平成二三年四月一日以後終了する事業年度の申告から適用）。租税特別措置の適用を受ける納税者に一定の明細書の提出義務を課すものであるが、納税者の負担、行政側の負担を考慮してかなり、適用対象が限定されているといえよう。一方、適用実態調査（法二①9）の実施としては、①財務大臣が、法人税関係特別措置について、適用額明細書に記載された事項を集計することにより、法人税関係特別措置ごとの適用法人数（当該法人税関係特別措置の適用を受けた法人の数をいう。）、適用額の総額その他の適用の実態を調査するもの（適用明細書を利用する適用実態調査）（法四①）と②①以外のほか、財務大臣が、租税特別措置の適用の実態を調査する必要があると認めるときは、その必要の限度において、所得税法二二五条一項に規定する調書その他の資料を利用し、並びに行政機関が行う政策の評価に関する法律（政策評価法）二条一項に規定する行政機関その他の租税特別措置の適用に関連する業務を行う団体に対し資料の提出及び説明を求めることにより調査するもの（行政機関等に関する適用実態調査）（法四②）の二つの調査が規定されている。適用明細書を利用する適用実態調査の対象が法人税関係特別措置に絞られることにより、②の調査規定を置くものであろうが、この規定の趣旨・目的からすれば運用としては定期的に実施されるべきものであろう。平成二二年度税制改正大綱においては、租税特別措置の抜本的な見直しに関し、政策評価を厳格に行うこととされたほか、見直しの指針として、政策評価法に基づく所管官庁の事後評価等において、税収減を是認するような有効性が客観的に確認されているかが明記されたところである。租税特別措置の透明化及びその適宜適切な見直しを図る上で、政策評価の果たす役割は大きいものと考えられる。評価の実施においては、客観的なデータを可能な限り明らかにし、租税特別措置の新設・拡充又は延長の適否や租税特別措置の具体的な内容についての検討に資するよう分析するとともに、分析内容が国民や利害関係者等との議論の共通の土台として用いられ、各行政機関における検討作業や政府における税制改正作業において有効に用いられることが重要である(7)（租税特別措置に係る政策評価の内容、手順等の標準的な指針を示したものとして、「租税特別措置に係る政策評価の実施に関するガイドライン」（平成二二年五月二八日・政策評価各府省連絡会議了承）が存する。(8)）。

さらに、財務大臣は、毎会計年度、租税特別措置の適用状況等を記載した報告書を作成し（法五①）、内閣は、これを国会に提出することとされている（翌年一月に開会される国会の常会に提出することを常例とする。法五②）。報告書には法人税関係特別措置ごとの高額適用額について適用額の大きい上位二〇社の適用額をいうが、報告書には報告者用コードが記載され、プライバシーが担保されている（規則五④）。また、行政機関の長等は、政策評価を行うため、財務大臣に対し、適用実態調査により得られた適用実態調査情報の提供を求めることができることとされている（法六①）。このような「租税特別措置の整理合理化推進プログラム」に基づいて適用実態の把握・見直しの指針が行われる。

なお、租特透明化法に先立って、民主党は議員立法という形で「租税特別措置の整理及び合理化を推進するための適用実態調査及び正当性の検証等に関する法律案」（旧租特透明化法案）を通常国会に提出したが、衆議院で審議未了で廃案となった。その基本的な考え方を維持して作られたものが上記の租特透明化法である。旧租特透明化法案の趣旨説明において、発議者は法律案を提出する理由を、①租税特別措置は、実質的には補助金と同様のものであることから、新設・継続に当たっては、対象者が明確であること、効果や必要性が明白であること等透明性の確保が必要となる。②民主党は、関係各省庁にヒアリングをしたが、だれがどの程度利用しているのか、どの企業がどのような恩典を受けているのか所管する財務省ですら全くわからない現状にある。③民主党は、租税特別措置について、その適用実態を明らかにする仕組みを整備し、各措置について、既に役割が終わったものか、引き続き継続すべきものかなどを国会で具体的に検証し、その整理・合理化を推進し、もって納税者が納得できる公平で透明性の高い税制を確立するため、本法律案が提出された。その基本的な考え方を維持して作られたものであると説明していた。

旧租特透明化法案では、租特透明化を具体的に進めるための手段として、①財務省等による適用実態調査、②会計検査院による検査、③行政機関による政策評価を通じた政策への反映の三つを定めている。(9) 租特透明化法案では、1租税特別措置の適用見込数、その増減収見込額等についてできる限り合理的な推計を行い、これを基礎として、1その租税特別措置が行政目的を実現する手段として相当なものであるか、2行政目的を実現するために有効なものであるか、3適用を受ける納税者の過度の偏りその他の適用の実態で合理性を欠く不公平が生じていないかを検証基準に掲げていた。適用実態調査は、租税特別措置法で規定されている国税に関する特例について行われるが（法案二①)、対象となる税目は特に限定されていない。また、調査に当たっては、通常の納税申告書だけでは租税特別措置の利用実績を把握するのが難しいことから、新たに納税者に申告書に添付して「増減額明細書」(増加する税額又は軽減若しくは免除される税額を一覧することができるように記載した書類)の提出を求めることができるとされていた(法案七②)。適用実態調査は、租税特別措置法で規定されている国税に関する特例について行われるが(法案二①)、対象となる税目は特に限定されていなかった。企業向け租税特別措置だけでなく、個人向けの租税特別措置についても調査が行われるものとしていた。

また、会計検査院による検査は毎年実施され、国会に対して行われる検査報告に、その年の検査の方針並びに租税特別措置ごとの検査の対象及び方法、検査の状況及び結果並びに会計検査院の所見を掲記するとされていた(法案一二)。このように租特透明化法とは相違があるが、旧租特透明化法案での審議内容を反映したうえでの相違であるといってよかろう。

租税特別措置の整理及び合理化を推進するための適用実態調査及び正当性の検証等に関する法律案の概要のうち、特筆すべきものを以下、あげてみよう。以下のような内容[10]と比較すると、現行租特透明化法の内容は後退したものとなっているといわざるをえないであろう。

第一　目　的

この法律は、租税特別措置に関し、基本理念を定め、国の責務等を明らかにするとともに、適用実態調査及び正当性の検証等について定めることにより、租税特別措置の整理及び合理化を推進し、もって納税者が納得できる公平で、かつ、透明性の高い税制の確立に寄与することを目的とするものとすること。(第一条関係)

第二　定　義

1　この法律において「租税特別措置」とは、租税特別措置法に規定することにより設けられる国税に関する特例をいうものとすること。

2　この法律において「適用実態調査」とは、租税特別措置の適用の実態を明らかにするために、租税特別措置の適用数、その増減収額（租税特別措置の適用により生ずる租税収入の増加額又は減少額をいう。以下同じ。）その他の租税特別措置の適用の実績に関する調査を行い、租税収入の会計年度所属区分に対応して毎会計年度これを集計し、法人税についての納税者の規模及び業種その他の税目に応じて財務省令で定める事項の別による適用数及び増減収額に係る分布の状況に関する統計その他正当性の検証に有用な統計の作成を行うことをいうものとすること。

3　この法律において「正当性の検証」とは、租税特別措置の適用の実態を基礎として、租税特別措置について、次に掲げる事項（第七の一及び第九において「正当性に関する事項」という。）を確認することをいうものとすること。①行政目的を実現する手段として相当なものであるかどうか。②行政目的を実現するために有効なものであるかどうか。③適用を受ける納税者の過度の偏りその他の適用の実態における合理性を欠く不公平が生じていないかどうか。

4　この法律において「行政機関」、「政策」、「政策評価」、「事前評価」、「事後評価」、「行政機関の長」及び「政策評価等」の意義は、それぞれ行政機関が行う政策の評価に関する法律（第十二の二の一及び二において「政策評価法」という。）第二条第一項及び第二項、第三条第二項、第五条第二項第四号及び第五号、第六条第一項並びに第一九条に規定する当該用語の意義によるものとすること。（第二条関係）

第三　基本理念

一　租税特別措置の見直しの必要性及びその在り方

租税特別措置については、これが特定の行政目的を実現するための手段であり、税負担の公平の原則（二において「公平原則」という。）に対する当分の間の例外として設けられているものであることにかんがみ、絶えずその廃止を含めた見直しが行われるものとし、かつ、その見直しは、租税特別措置の適用の実態が明らかにされ、正当性の検証が実施されることにより、行われるものとすること。（第三条関係）

二　租税特別措置の新設又は変更の在り方

租税特別措置の新設又は変更は、これらによる新たな租税特別措置の適用数の見込数、その増減収額の見込額等についてできる限り合理的な推計が行われ、これを基礎として、当該新たな租税特別措置が行政目的を実現する手段として相当なものであるかどうか、行政目的を実現するために有効なものであるかどうか及び公平原則に対する例外として合理的なものであるかどうかが十分に検討された上で、行われるものとすること。

（第四条関係）

第四　国の責務

1　国は、第三の基本理念にのっとり、租税特別措置の適用の実態を把握し、及びその正当性の検証を行うとともに、租税特別措置を新設し、又は変更しようとする場合における事前評価の効果的な実施等を図り、租税特別措置の整理及び合理化を推進する責務を有するものとすること。

2　国は、租税特別措置の整理及び合理化の推進並びに適用実態調査その他のこの法律に基づく施策について、納税者の理解を得るよう努めなければならないものとすること。（第五条関係）

第五　納税者の責務

納税者は、租税特別措置の整理及び合理化の推進の必要性並びに租税特別措置の適用の実態が明らかにされ、正当性の検証が行われることの重要性について理解を深めるよう努めるとともに、適用実態調査その他のこの法律に基づく施策に協力しなければならないものとすること。（第六条関係）

第六　適用実態調査の実施

1　財務大臣は、租税特別措置ごとに、適用実態調査を行うものとすること。

2　財務大臣は、国税通則法第一六条第一項各号に掲げる方式による税額の確定の手続における申告、調査又は処分の機会を利用して租税特別措置の適用の実績に関する調査を行うことができる。この場合において、財務大臣は、納税申告書（同法第二条第六号に規定する納税申告書をいう。以下**2**において同じ。）の提出を行う者に対して、納付すべき税額の算定において適用される租税特別措置に関する増減額明細書（当該適用される租税特別措置について、その内容及びその適用により増加する税額又は軽減若しくは免除される税額を一覧することができるように記載した書類をいう。**4**において同じ。）を作成し、これを納税申告書に添付するよう求めることができるものとすること。

3　**2**によるほか、財務大臣は、租税特別措置の適用の実績に関する調査のため必要があると認めるときは、その必要な限度において、法令の定めるところにより税務署長に提出される所得税法第二二五条第一項に規定する調書その他の資料を利用し、並びに納税者その他の関係者又は行政機関その他の関係機関に対し資料の提出及び説明を求めることができるものとすること。

4　増減額明細書の記載事項及び様式その他適用実態調査の実施細目は、財務省令で定めるものとすること。（第七条関係）

第七　適用実態調査の結果の国会への報告

1　財務大臣は、毎会計年度終了後七月以内に、当該会計年度に係る適用実態調査の結果に関し、財務省令で定めるところにより、次に掲げる事項を記載した報告書を作成し、正当性に関する事項についての意見を付けて、これを国会に提出しなければならないものとすること。①租税特別措置ごとの適用数及びその見込数との差、②租税特別措置ごとの増減収額及びその見込額との差、③租税特別措置ごとに作成した統計、④法人税を軽減し、又は免除する租税特別措置（以下④並びに第十三の三の一及び二において「法人税減免措置」という。）については、法人税減免措置ごとに、その適用を受ける法人税の納税者（法人税減免措置の正当性の検証の実施のために必要なものとして法人税減免措置の内容に応じて財務省令で定める要件に該当するものに限る。）の名称、その適用により軽減又は免除される税額（2において「減免額」という。）その他財務省令で定める事項、⑤①から④までに掲げるもののほか、租税特別措置の適用の実態を明らかにするために必要があるものとして財務省令で定める事項

2　1の④の財務省令で定める要件は、少なくとも法人税の納税者の種類、法人税の納税者に係る減免額及びその多い順による順位について定められなければならないものとすること。（第八条関係）

第八　適用実態調査の結果等の提供

財務大臣は、会計検査院又は行政機関の長若しくは総務大臣から求めがあったときは、会計検査院が行う租税特別措置の実施状況に関する検査又は租税特別措置を行政目的の実現の手段として用いている政策（以下「租税特別措置を手段とする政策」という。）についての政策評価等に必要な限度において、毎会計年度に係る適用実態調査の結果その他適用実態調査により得られた租税特別措置の適用の実態に関する情報を提供することができるものとすること。（第九条関係）

第九　適用実態調査の結果を踏まえた財務大臣による検討

財務大臣は、毎会計年度に係る適用実態調査の結果を踏まえ、租税特別措置ごとに、租税特別措置を手段とする政策に係る事務を所掌する行政機関の長から正当性に関する事項についての意見を聴き、租税特別措置の整理及び合理化について検討を行い、その結果に基づき、必要な措置を講ずるものとすること。（第一〇条関係）

第十　適用実態調査に関する財務大臣の権限の委任等

1　財務大臣は、第六の1から3までによる権限（輸出入貨物に対する内国税に係るものを除く。）を国税庁長官に委任するものとすること。

2　財務大臣は、政令で定めるところにより、第六の1から3までによる権限のうち、輸出入貨物に対する

内国税に係るものを税関長に行わせることができるものとすること。（第一一条関係）

第十一　会計検査における租税特別措置の実施状況に関する検査

1　会計検査院法第二〇条の規定による会計検査においては、租税特別措置の整理及び合理化の推進に資するため、毎年、租税特別措置の実施状況に関する検査が行われるものとすること。

2　1の租税特別措置の実施状況に関する検査については、会計検査院は、会計検査院法第二九条の検査報告に、その年の検査の方針並びに租税特別措置ごとの検査の対象及び方法、検査の状況及び結果並びに会計検査院の所見を掲記するものとすること。

3　1の租税特別措置の実施状況に関する検査は、その検査に係る租税特別措置を行政目的の実現の手段として用いている政策に関し補助金の交付その他の財政上の措置又は国の無利子貸付けその他の金融上の措置（以下3及び第十二の二の3において「補助金の交付等の措置」という。）が併せて講じられている場合には、特に効率性及び有効性の観点から、当該補助金の交付等の措置との関係に留意して行われるものとすること。（第一二条関係）

第十二　事後評価等における正当性の検証の実施等

一　租税特別措置を手段とする政策についての政策評価の在り方

1　行政機関は、租税特別措置の整理及び合理化の推進に資するため、その所掌に係る租税特別措置を手段とする政策についての事後評価を継続的に行わなければならないものとすること。

2　行政機関は、その所掌に係る租税特別措置を手段とする政策の決定（租税特別措置を手段とする政策における租税特別措置の変更を含む。）をしようとする場合には、第三の二の基本理念を踏まえ、当該租税特別措置を手段とする政策についての事前評価を効果的に実施するようにしなければならないものとすること。（第一三条関係）

二　事後評価等における正当性の検証の実施

1　租税特別措置を手段とする政策について行われる事後評価等（事後評価及び政策評価法第一二条第一項又は第二項の規定による評価をいう。）においては、当該租税特別措置の正当性の検証が行われなければならないものとすること。

2　1の正当性の検証については、行政機関の長又は総務大臣は政策評価法第一〇条第一項の評価書又は政策評価法第一六条第一項の評価書にその結果を、政府は政策評価法第一九条の報告書にその実施状況及びその結果の租税特別措置を手段とする政策への反映状況を、それぞれ記載しなければならないものとすること。

3　1の正当性の検証は、その対象である租税特別措置を行政目的の実現の手段として用いている政策に関し補助金の交付等の措置が併せて講じられている場合には、当該補助金の交付等の措置との関係に留意して行われなければならないものとすること。（第一四条関係）

次に、第一六九回国会、第一七一回国会において行われた租特透明化法案の主要質疑を紹介する。

まず、補助金と租税特別措置の違いについて質疑があり、発議者は「補助金の場合はどの企業、団体に対してどれだけの金額を拠出したかということが明確に分かるが、租税特別措置を適用される企業、団体に対しては税務当局の守秘義務があり、一切公表されていない。また、補助金をもらっている企業は一定期間政治献金をすることが禁止されるが、租税特別措置を適用される企業、団体にはそういう制約はないという違いがある」と答弁した。なお、財務大臣から「企業に対する特別措置は課税の繰延べを図るものが多く、こうした措置は将来的には課税されることが予定されており、そういう意味で補助金と租税特別措置は性格を異にする面があるのではないか」との発言があった。これに対し、発議者は「税額控除、特別控除は実質的に補助金と同じような役割を果たしている。課税の繰延べを図る租特は若干補助金と性格を異にする面もあるが、基本的に補助金と同じような役割を持っていることから既得権益化する側面を持っている」と述べた(11)。

適用実態調査については、次のような質疑があった。第一は、本法律案では、一般的な協力義務を納税者に課す形になっているが、これで実態把握の実効性を確保することができるのか、納税者の理解を得ることができるのかというものである。これに対し、発議者は「適用実態調査を行うことにより、不要な租特が整理合理化され、最終的には納税者の利益につながるということで納税者に理解され、協力していただけると思っている」と述べた。第二に、増減額明細書の導入、それに記載されたものを読みとって数値で集計をするシステムの開発と作業については、どのくらいの経費、人員増が必要になるかについて質疑があり、適用実態調査を実施することになると見込まれる国税庁は次のように答弁した。「対象となる法人三〇〇万社の増減額明細書の集計を合理化するためのシステム開発には一定の開発期間が必要となる。また、システム開発後も税務署の現場では相談や入力、集計等に新たな事務負担が生じ、相応の人員確保が必要となる。今の段階で具体的な人数とか金額等までは、詳細が分かっていないので、答えることはできない(12)」。

ところで、租特透明化法案では、「財務大臣は、毎会計年度終了後七月以内に、当該会計年度に係る適用実態調査の結果に関し、正当性に関する事項についての財務大臣の意見を付けて報告書を国会に提出する」(第八条)とされているが、この報告書において、法人税減免措置の適用を受ける法人等の名称、減税額等を記述した報告が求められることについて議論が行われた。経済産業省は、「このような仕組みは、主要国では採用されていないところであり、我が国のみが個別企業別の公表を行うと、個別企業の研究開発投資、ＩＴ投資の投資額等について、財務諸表で開示されていないものも含めて国内外の企業が知るところとなり、国際競争にさらされている我が国企業にとって不利となるおそれがある」との懸念を表明した。これに対し、発議者は、「租特における研究開発税制の減収額は六、〇〇〇億円となっており、適用を受けている企業は巨額の税の恩典を受けている。法律案はすべての企業名を公開するとしているのではなく、上位何社かだけを公開するものであり、金融商品取引法による企業の情報の開示も進んできているので、このことによってそれほど大きな影響は出ないと考えている[13]」と答弁した。

おわりに――租税特別措置の見直し・透明化に向けた課題

本章のポイントは、以下のとおりである。

●平成二二年度税制改正大綱においては、租税特別措置の見直しの対象と見直しの方針（ふるい）、見直しの指針（六つのテスト）が示され、その厳格な適用や運用が求められている。

●租特透明化法は、租税特別措置の適用状況を透明化するとともに適切な見直しを推進し、国民が納得できる公平で透明な税制の確立に一定の寄与をする。

●わが国租税特別措置の統制手段はなお立ち遅れており、租税特別措置の概念規定、測定方法、評価方法、公表方法等についてさらなる議論が今後必要である。

租税特別措置において六つのテストを充足しないものは、課税ベースの侵食、公平性の侵害をもたらすばかりでなく、経済や財政の不安定さをもたらす。

そのためには、本章で示された、租特透明化法に基づくいわゆる「租税特別措置の整理合理化推進プログラム」が適正に機能しなければならない。

平成二四年度税制改正においては、平成二二年税制改正大綱の見直しの方針に基づき、今年度末までに期限が切れる租特等を中心に適用実績が僅少か否か、政策効果が認められるかなどの点検を行っていくこととなるが、租特透明化法により、順次データが出てくることとなるので、これまで以上に、より厳格な見直しが可能となるものと思われる。歴史的使命を終え、「合理性」を欠いた租税特別措置、効果が薄い租税特別措置も六つのテストのもとで当然、廃止・縮減することとなる一方、経済政策としての「有効性」（費用対効果）の高い、特に雇用や経済成長に寄与する措置、震災復興等に係る措置などは実施していくこととなるであろう。補助金等の歳出との役割分担といった「相当性」についても積極的に検討を行うことが必要であろう。

わが国は、租税特別措置の見直し・透明化に向けた租特透明化法の創設をみたところではあるが、なお各国の租税支出（租税特別措置）の統制手段と比較して見た場合に、わが国はなお立ち遅れており、租税特別措置の概念規定、測定方法、評価方法、公表方法等についてさらなる議論が今後必要であろう。[14] 租特透明化法の整備を進める一方で、租税特別措置に係る政策評価についての分析手法の確立、システムの策定などが喫緊の課題といえよう。また、国税に対して常に議論が手薄となりがちな地方税法についても、国税と歩調をあわせた早急な制度作りが不可欠である。

（追　記）特別措置に対する法的統制については、「租税特別措置に対する立法的・司法的統制――『租税特別措置の適用状況の透明化等に関する法律の制定』をうけて」『租税の複合法的構成（村井正先生喜寿記念論文集）』（二三―六二頁）（清文社・二〇一二）を参照されたい。

（1）民主党政策集INDEX二〇〇九。民主党税制改正PT「租税特別措置・税負担軽減措置等にかかる重点要望について」（平成二二年一一月八日日）、民主党税制調査会「平成二四年度税制改正における重点要望等について」（平成二三年一一月二八日）等も参照。

（2）全体の件数二八六項目のうち今回見直しの対象としたもの九〇項目（平成二一年度末期限到来七六項目、その他一四項目）。見直し結果は、拡充六項目、単純延長等二七項目、縮減一〇項目、廃止（サンセット含む。）四七項目である。

（3）特別措置の評価基準について、政府税制調査会の「基準」を検討したものとして、和田八束『租税特別措置』（有斐閣・一九九二）七三頁以下。「三つのテスト」、「四つのテスト」についても同頁参照。

（4）武田昌輔「金融所得課税についての所感」税経通信二〇〇四年八月、新井隆一「時流　政策優先か税制劣後か」税研二〇〇四年一一月号八頁。

（5）　旧税制調査会のもとでの租税特別措置の検討については、占部裕典「法人税における政策税制――その機能と法的限界」日税研論集五八号一二五頁以下（二〇〇八）参照。

（6）　租特透明化法の詳細については、「租税特別措置の適用状況の透明化等に関する法律の制定」『改正税法のすべて（平成二三年版）』六四五頁以下（二〇一一）参照。地方税法における税負担軽減措置法等の透明化については、西方健一「地方税法等の改正」（前掲書）七三一頁以下参照。

（7）　租税特別措置に係る政策評価に関する分析手法については、総務省行政評価局（委託先三菱ＵＦＪリサーチ＆コンサルティング株式会社）「租税特別措置に係る政策評価に関する政策効果等の分析手法等に関する調査研究（報告書）」（平成二三年三月）参照。

（8）　平成二四年度税制改正要望に際して、各府省で実施された租税特別措置に係る政策評価（租特措置）の件数は一六五件（義務づけとなっている租特消化はこのうち一〇〇件）の点検結果については、租税特別措置に係る政策評価の点検結果（平成二三年一一月八日　総務省行政評価局）参照。

（9）　旧租特透明化法案の経緯、審議状況等については、近藤俊之「租税特別措置の見直し・透明化に向けた今後の課題――国税の租税特別措置を中心に」経済のプリズム七号二一頁以下（二〇〇九）が詳しい。第一七一回国会参議院財政金融委員会会議録第一六号（平二一・四・二三）、第一六九回国会参議院財政金融委員会会議録第一一号（平二〇・五・二二）、第一七一回国会参議院財政金融委員会会議録第一六号（平二一・四・二三）、第一七一回国会衆議院財務金融委員会議録第二五号（平二一・五・二六）等参照。

（10）　租税特別措置の整理及び合理化を推進するための適用実態調査及び正当性の検証等に関する法律案要綱については、houseikyoku.sangiin.go.jp/sanhouichiran/sanhoudata/169 参照。

（11）　第一七一回国会参議院財政金融委員会会議録第一六号一一頁（平二一・四・二三）。

（12）　第一六九回国会参議院財政金融委員会会議録第一一号一一頁（平二〇・五・二二）。

（13）　第一七一回国会参議院財政金融委員会会議録第一六号一六頁（平二一・四・二三）、第一七一回国会衆議院財務金融委員会議録第二五号一三頁（平二一・五・二六）。

（14）　各国における租税優遇措置の公表・報告等の制度について、渡瀬義男「租税優遇措置――米国におけるその実態と統制を中心として」レファレンス平成二〇年一二月号七頁（二〇〇八）参照。

第二章　法人税における政策税制——その機能と法的限界

はじめに

現実の租税制度の分析にあたって、必要な税収を公平かつ効率的に確保するという租税政策の基本目標とは異質の租税制度が多数存在する。そして、そのような異質の租税制度、租税特別措置にかかる法改正は我が国の毎年の税制改正事項の多数を占める。税制改正においては、様々な政策的な配慮から租税特別措置として法人税法を中心にこのような規定が導入される。

ちなみに、平成一八年度の税制改正においても、①活力ある経済社会と改革の実現、②中小企業の活性化、③エネルギー・環境政策の推進という三つの視点から、多くの政策税制が立法化されている。(1)

このような改正については、いかなる政策目標のもとで、いかなる効果が具体的に予定されているのか（政策目標と具体的な成果との関連性）、またその政策達成のための手段、たとえばなぜ税額控除、特別償却（あるいはその両者の選択性）等といった手法であるのか（達成目的とそのための手法との関係）、一定の限度額など（租税措置法における控除限度額規定等）はどのような判断のもとで決定されているのか、期間（期限）延長はいかなる基準（優先順位の）もとで行われているのか、等々、合理的に説明できるものでなければならないであろう。このような視点から、法人税における政策税制の機能とその法的限界をみていくこととする。

そこで、本章ではまず「政策税制」を検討することの意義（政策税制、租税特別措置・租税政策との関係を含む。）を明らかにしたうえで、法人税における政策税制の分析の視点（目的・手法・期間、地域等による分類、その手法による分析（割増償却、圧縮記帳（課税の繰延べ）、準備金等、所得控除、税額控除等の手法と経済的効果）、法人税にかかる政策税制の評価・法的限界、政策税制のコントロールのあり方の順に検討をすすめていく。

なお、本章は平成一八年改正までをその対象としている。

一　政策税制の意義――租税特別措置・租税政策との関係

1　政策税制・租税特別措置の定義

法人税にかかる多くの租税特別措置が存するが、いかなるものを政策税制あるいは租税特別措置にかかる税制として理解するかは必ずしも見解が一致しているとはいえない。租税特別措置法に法形式的に根拠規定をおけばそのような税制であるといえるであろうか。ここでは、まず、法人税にかかる「租税特別措置」、「政策税制」、「租税政策」の意義についてまず明らかにしておこう。

「租税特別措置」をどのように定義するかは論者により異なる。金子宏教授は、「租税特別措置というのは、租税類別措置とは異なり担税力その他の点では同様の状況にあるにもかかわらず、なんらかの政策目的の実現のために、特定の要件に該当する場合に、税負担を軽減しあるいは加重することを内容とする措置のことで、税負担の軽減を内容とする租税特別措置を租税優遇措置といい、税負担を加重する租税特別措置を租税重課措置という(2)」と定義づけられる。また、税制調査会においては、「租税特別措置・非課税等特別措置は、特定の政策目的を実現するための政策手段の一つであり、税負担の公平・中立・簡素という税制の基本理念の例外措置として設けられているものである」(昭和六二年税制調査会答申等)と位置づける傾向にある。和田八束教授は、「特定の政策目的を実現するために、税制上の特例規定・特別規定をもって行われる税の軽減措置・優遇措置である(3)」と定義づけられる。また、武田昌輔教授は、「租税特別措置は、経済政策、社会政策その他の政策的理由に基づいて、租税制度に加えられた臨時的な、例外的措置であり、特に、所得を課税標準とする所得税法、法人税法においては、その課税標準の計算は、所得の種類（たとえば、営業利益とキャピタルゲイン）をそれほど重視しないで計算されることから、租税特別措置はこの等質的な所得に対する例外的措置として、本則と明確に区別される」[4]と定義づけされる。

一般的な定義については、おおむね大差はないものと考えられるが、多くの論者が租税特別措置を租税優遇税制（非課税等特別措置を含む）として論じる傾向にある。[5]しかし、租税特別措置の法的限界を論ずるに当たっては、金子教授の指摘されるように租税特別措置による重課も（法的な視点からは）当然に射程距離にいれなければならないといえよう。

さらに、「租税特別措置」といわれるものは「政策税制」として位置づけることができるであろうか。税制調査会（「昭和五一年度の税制改正に関する答申」）は、以下のように、租税特別措置を「政策税制」と「それ以外の特別措置」に分類している。

(1)　「特定の政策上の配慮がなかったとすれば、税負担の公平その他の税制の基本原則からは認め難いと考えられる実質的な意味での特別措置」（「政策税制」）

(2)　「それ以外の制度、すなわち、政策税制とは異なり税制の基本原則からみて所得税法、法人税法等の本法において規定されてしかるべき制度及び現在のところ租税特別措置法に規定されてはいるもののいずれは本法に吸収されてしかるべきものと考えられる制度」

租税特別措置の多くは前者に属するものであろうが、(1)(2)の区分が必ずしも明確にできないものも存する。交際費の損金不算入規定などは後者に該当することとなる。税率の軽減（措置法六八条等）、非課税（措置法六七条の一一等）、土地譲渡がある場合の特別税率（措置法六二条の三）などは前者に属するといえよう。また、タックス・ヘイブン税制（措置法六六条の六以下）などは広く租税回避否認規定と解されているところであるが、一面では重課と解するか本来の租税原則にもどすための制度と解するか、資本輸出の中立性の確保のための租税政策と解するかなどといった視点からも検討を加えることもできよう。

上記の(2)は、いわゆる租税政策にかかるものとして理解することが可能であるといえよう。ただ、租税政策にかかる制度か経済的措置にかかる税制かの境界はきわめて流動的であるといえよう。たとえば、租税特別措置法のタックス・ヘイブン税制や留保金課税制度などを想定するとあきらかであろう。

租税特別措置法において制度化されているか、法人税法において制度化されているかによって区別する方法もあろう（「形式的な意味での特別措置」という）。しかし、形式的に分類することは必ずしも有益ではない。ちなみに、「一般的減税」、「特別減税」といった区別は、このような「形式的な意味での特別措置」によるものであろう。法人税法においても租税特別措置（あるいは政策税制）は存在しており、租税特別措置に対する法的な評価は、「実質的意味での租税特別措置」を対象とすべきこともちろんである。「実質的な意味での租税特別措置（非課税措置も含む）」＝「政策税制」として、ここでは理解することができよう。租税政策（租税基本原則の修正）は除かれることとなる。租税特別措置と租税政策にかかる税制の法的な評価の基準が異なることは当然であろう。

2　政策税制の法的視点

ではこのような実質的な意味での租税特別措置の意義を明らかにすることにはどのような意義があるであろうか。必ずしも、十分にこれまで議論されてきたところではないが、以下のような点をあげることができるように思われる。

(1)　租税優遇措置にかかる規定の解釈論
(2)　租税特別措置にかかる規定の実体法的な意味（特別措置の法的限界）
(3)　立法過程を含めた租税特別措置に対する手続的なコントロール

(1)の視点については、たとえば外国税額控除事件にかかる一連の事件での主張をみることができるであろう。そこでは、被告から租税優遇措置については、厳格な文理解釈が要求されておらず目的論解釈が可能であるとする主張がなされていたところである(6)。

大阪地裁平成一三年五月一八日判決・判例時報一七九三号三七頁（控訴審・大阪高裁平成一四年六月一四日判決・判例時報一八一六号三〇頁）は、一般論として、「租税法律主義の見地からすると、租税法規は納税者の有利・不利にかかわらず、みだりに拡張解釈したり縮小解釈したりすることは許されないと解される。しかし、税額控除の規定を含む減免規定は、通常、政策的判断から設けられた規定であり、その趣旨・目的に合致しない場合を除外するとの解釈をとる余地もあり、また、これらの規定については、租税負担衡平の原則から不公平の拡大を防止するため、解釈の狭義性が要請されるものということができる。したがって、租税法律主義によっても、かかる場合に課税減免規定を限定解釈することが全く禁止されるものではないと解するのが相当である。」（原判決一二七頁）と判示する(7)。外国税額控除規定は、租税優遇措置のような単なる政策目的に基づく軽減措置とは相違するか否かの議論はここではおくとして、今後、租税優遇措置にかかる規定の解釈と租税法律主義との関係は一つの問題足りうるであろう。

租税特別措置にかかる規定の趣旨・目的が立法経緯から明確にうかがえない限り、納税者に不利となるような限定解釈は、租税法律主義の原則のもとでは差し控えられるべきである。外国税額控除規定は、租税優遇措置のような単なる政策目的に基づく軽減措置とは相違することに留意すべきである。

しかし、例外的に当該法規の導入経緯・立法経緯により規定（における文言）の解釈が明らかな場合においてのみ、限定解釈が許容されると解することについて、租税法律主義違反は存しない。ただし、極めて限定的な場合においてのみ許されるものであることに留意をしておくべきであろう。

(2)　租税特別措置の実体法的検証

法人税以外のものであるが、大牟田電気ガス税訴訟、朝鮮総連の固定資産税減免規定事件など、非課税規定等にかかる事件は存するが、租税特別措置の適否を実体法的な視点から争ったものは存しないといえよう。「政策税制」あるいは「租税特別措置」を定義することによって、その法的な限界を画する判断基準のもとで、法的な審査に服させることが可能であろうか。
政府税制調査会（平成八年一一月法人課税小委員会報告参照）においては、租税特別措置を以下のように定義して、その整理合理化の一般的な基準を示している。

「租税特別措置等

(ア)　租税特別措置・非課税等特別措置は、特定の政策目的を実現するための政策手段の一つであり、税負担の公平・中立・簡素という税制の基本理念の例外措置として設けられているものである。
租税特別措置等は、これまで我が国経済の成長過程を通じて相応の役割を果たしてきた。しかしながら、租税特別措置等については、

イ　租税特別措置等が、個別的な政策目的に細分化され、極めて複雑なものとなっている、
ロ　一旦、租税特別措置等が導入されると、既得権益となり長期間にわたって継続して措置されがちである、
ハ　租税特別措置等の中には、種々の基準や行政当局の認定・承認等を適用要件としているものがある。これは、適用対象を適切に規定するための方法であるが、規制緩和の要請に反する面もある、といった問題が指摘されている。

(イ)　租税特別措置等については、これまでも、

イ　その目的が現下の喫緊の政策課題に資するものであるか、
ロ　政策目的達成のために効果的な措置であるか、
ハ　政策手段として税制が適当か、
ニ　利用実態が特定の者に偏っていないか、
ホ　利用実態が低調となっていないか、

へ　創設後長期間にわたっていないか、

等の視点から整理合理化が行われてきたところである。

しかし、『課税ベースを拡大しつつ税率を引き下げる』という基本的考え方からすれば、産業間・企業間の中立性をより一層重視する観点から、徹底した見直しを行うことが適当である。

なお、租税特別措置等については、その長期化を避けるため一定期間経過後は延長せずに廃止する仕組みを考えてはどうか、その利用実態等の透明性を高めるような方策を検討すべきではないかとの意見があったほか、租税特別措置等が複雑化する中で、措置相互間で誘因効果が減殺されているのではないかとの指摘もあった」。[8]

ちなみに、昭和四〇年税制調査会長期答申では同様に、以下のような議論がされている。

租税特別措置が認められるのは、まず、税制以外の措置で相当な手段がないか否かを検討し、他に適当な方法が得ない場合に限られるべきであり、[9] その場合においても以下の要件を厳格に経たうえでなければならないとしている。

(1)　政策目的自体の合理性の判定

(2)　政策手段としての有効性の判定

(3)　付随して生ずる弊害と租税特別措置の効果との比較衡量

租税特別措置と憲法との抵触問題の検討にあたり、どの程度要件が厳しく審査されるかが問題となろう。「租税特別措置」が「著しく不合理でない限り」違憲とはいえないとする違憲基準は、租税平等主義や租税法律主義のもとで再検討される必要がある。なお、租税条約あるいはガット（WTO）等の抵触問題が論じられることもあろう。

(3)　手続的コントロール

行政手続法三八条以下の意見公募手続きが、主として租税特別措置にかかる行政規則としての施行令・施行規則の施行に関して、論じられることになろう。しかし、租税支出分析（tax expenditure）やサンセット法のような手続法を導入するに際しては「租税特別措置」あるいは「政策税制」（あるいは「隠れた補助金」）の定義は意義をもつこととなるであろう。

二　法人税における政策税制とは
――分析の視点（目的・手法・期間、地域等による分類）

租税特別措置法あるいは法人税法（地方税法も含む）における「政策税制」を分析するにあたり、いくつかの視点から分類することができる。

(1)　目的の細分化による分類
(2)　手法による分類
(3)　期間による分類（長期措置、一時措置、時限立法）
(4)　対象（適用範囲）による分類

(1)は、経済政策を目的とするものであるが、さらにその内容はいくつかに具体化されよう。資本の蓄積、中小企業育成、ＩＴ産業育成といった抽象的な政策目的による傾向がある（政策目的の具体化）。

(2)は、手法による分類である。目的とその手法は密接に関連することからその手法は目的達成のために合理的なものでなければならないが、具体的な達成目標や税制以外の手法による効果との関連性（達成する効果との関係）が我が国では軽視される傾向にある（税制依存型の問題）。

租税特別措置法における特別措置を整理分類すると、以下のような手法が用いられている。

①　法人税を永久に免除し、または軽減する性質を有するもの
②　一時的にその課税を猶予し、その延期を行うもの
③　重課等のその他特別措置

①としては、税率の軽減、損金算入（特別控除）、税額控除、益金不算入、非課税、②としては、特別償却、準

備金、圧縮記帳、③としては、税率による重課、損金不算入、などをあげることができよう。

(3)は、恒久的な特別措置、単年度的租税措置、期間的な租税措置に分けることができる。ワンタイム（隠れた）補助金（投資税額控除や試験研究費の所得控除など）と期間的な（隠れた）補助金（加速度償却、公債利子の非課税など）といった分類もこのような視点に基づくものである。

(4)は、租税特別措置を、人的、物的、場所的区別により分類するものである。

1　目　的――政策税制としての誘因手段

租税特別措置はシャウプ勧告以後、我が国が発展途上国から先進国へと推移する流れのなかで、重要な意義を果たしてきた[10]。しかし一方で、その弊害も指摘されてきた。整理合理化も行われてきてはいるが、十分な成果をあげているかは疑わしい状況にある。以下、政策目的とその一般的な効果を時系列的に概観してみる[11]。

(1)　法人税における政策税制（租税特別措置）の進展とその目的

昭和二〇年代は、「貯蓄の増強」「生産力の拡充」「企業の再編成」を目的としていたといえる。この時期前半は、資本蓄積といった課題について租税への期待は小さかった（すなわち減税によって投資を促進するということは不可能であった）。しかし、その後は、企業の資本蓄積、国際収支対策（輸出促進）といった経済政策のもとに租税特別措置が導入されていった。シャウプ勧告にもとづく新税制以後、租税特別措置が急激に拡大している。昭和三一年の臨時税制調査会によって特別措置が問題とされるまでに至った。昭和三二年以後は、技術革新による民間投資の促進、産業構造の変化、輸出振興を中心に特別措置も推移していったといってよい。この時期の特徴は社会政策としての土地対策、住宅対策、都市対策をにらんだ特別措置が増加してきていることである。

昭和四〇年代は広範囲な特別措置が実施され、その目的は、①貯蓄の奨励、②環境改善、地域開発の促進、③資源開発の促進等、④技術の振興、設備の近代化、⑤内部留保の充実、企業体質の強化、⑥輸出の振興等、⑦その他に分類できるが、「技術の進行と設備の近代化」を目的とした特別措置に比重が高まっている。たとえば、原子力発電設備の割増償却、電子計算機特別償却、公害防止準備金、無公害化生産設備の特別償却等をあげることができる。

昭和五〇年代は、エネルギー対策のための特別措置（省エネルギー設備取得の特別償却等）が多く導入されたものの、特別措置の整理合理化が大規模に進められた。なお、昭和五五年税制においては、「政策税制」と「それ以外の制度（本則に吸収すべき性格）」に分けて整理が議論された。

2　租税特別措置とその手法

(1)　圧縮記帳

①　圧縮記帳の位置づけ

圧縮記帳は多くの場合、租税政策的目的から、一定の場合に課税を繰り延べるものである。ⓘ受贈益の課税延期として制度化されたもの（国庫補助金等で取得した固定資産にかかる圧縮記帳（法人税法四二条～四四条）等）、ⓘⓘキャピタル・ゲインの課税の延期として制度化されたもの（交換により取得した資産（法人税法五〇条）、保険金等で取得した取得した資産（法人税法四七条～四九条）等）に、圧縮記帳は分類することができる。後者に該当するものとしては、強制的交換による場合（収用換地等で取得した資産（措置法六四条～六五条の二）など）、任意的な財産移転（たとえば、交換により取得した資産など）、現物出資による財産移転（特定の現物出資により取得した有価証券（法人税法五一条）など）をあげることができる。これらは、一定の政策的な見地から認められたものである。

国庫から助成し他方で課税を通じてその一部を直ちに国庫に吸収することは、国庫補助金の支給による政策効果を実現できなくなるため、当該支給額を益金の額に算入するとともに、同額までの金額を固定資産の価額から差し引き損金の額の額に算入することにより、取得時点での課税を中和化し、固定資産の耐用年数にわたり繰延べ課税する方法が採用されている。圧縮記帳は、資産評価の本質を公正価額に求めながら（したがって国庫補助金等を益金の額とする立場を維持しながら）、なんらかの政策的見地から、固定資産等の取得価額を圧縮するという手続きによって当該圧縮額を損金の額に算入するものである。圧縮記帳、圧縮限度額の範囲内で確定決算において所定の経理（圧縮記帳、一定のものは引当金経理、積立金経理も認められている。）をすることを要件にして、損金算入が認められる（青色申告を要件としない。）。

圧縮記帳には、法人税法に規定がおかれているもの（工事負担金等で取得した固定資産等（四五条）等）と租税特別措置法に置かれているもの（特定資産の買換え、交換により取得した資産（六五条の七～六五条の九））とが存するが、その形式のもつ意義は不明確である。

これらの制度は、固定資産等の取得価額を圧縮するという手続きによって当該圧縮額を損金に算入する方法である。これらの制度は減価償却資産と同様の効果をもつ。いかなる圧縮記帳にかかる規定を「租税特別措置」としてみなすか否かは、困難な問題である。

たとえば、収用によって得た補償金又は換地処分によって得た取得費の時価をもって益金の額とする一方で、譲渡資産の帳簿価額をもって損金の額に混入して、譲渡益の計算を行い、当該譲渡益について圧縮記帳をするものである（また、収用換地等による譲渡の場合においては、圧縮記帳に代えて一定額を特別控除することも認められている。）。

② **租税特別措置法六四条一項二号の特例規定の本質について**　このような制度が優遇措置に該当するか否かによって、適用要件の解釈に相違が生ずることも考えられよう。以下、具体的な事例をみてみよう。

租税特別措置法六四条一項の適用にあたっての法的な構造は、以下のようである。

法人の有する資産（棚卸資産を除く。）で、①資産が土地収用法等（租税特別措置法三三条一項一号に規定する土地収用法等をいう。以下、この条及び六五条において同じ）の規定に基づいて収用され、補償金を取得する場合（政令で定める場合に該当する場合を除く。）、②資産について買取りの申出を拒むときは土地収用法等の規定に基づいて収用されることとなる場合において、当該資産が買い取られ、対価を取得するとき（政令で定める場合に該当する場合を除く。）等に該当することとなった場合において、当該法人が当該各号に規定する補償金、対価又は清算金の額の全部又は一部に相当する金額をもって当該各号に規定する収用、買取り、換地処分、権利変換、買収、買入れ又は消滅（以下、「収用等」という。）のあった日を含む事業年度において当該収用等により譲渡した資産と同種の資産その他のこれに代わるべき資産として政令で定めるもの（以下、「代替資産」という。）の取得をし、当該代替資産につき、当該事業年度終了の時において、その取得価額に、補償金、対価若しくは清算金の額から当該譲渡した資産の譲渡直前の帳簿価額を控除した残額の当該補償金、対価若しくは清算金の額に対する割合（差益割合）を乗じて計算した金額（圧縮限度額）の範囲内でその帳簿価額を損金経理により減額し、又はその帳簿価額を減額することに代えてその圧縮限度額以下の金額を損金経理により引当金勘定に繰り入れる方法により経理したときは、その減額し、又は経理した金額に相当する金額は、当該事業年度の所得の金額の計算上、損金の額に算入する。

ここで適用が問題となっている租税特別措置法六四条一項二号は、上述したように資産の買取りという任意契約によって買取りが行われるものの、この買取りの申出を断れば収用されるという、間接的な収用権の発動によるものであり、形式的には任意売買という私法上の手法によるものであるが実質的には公権力の行使としての強制収用と実質的に同一であることから、租税公平主義のもとで同様の課税関係を認めるものであると一般的には解されている。そして、このような規定は、多くの場合、租税優遇措置としての位置づけを与えられているといえよう。

しかし、租税特別措置法六四条の規定をこのようにまったくの租税優遇措置規定と解して、そのうえで同条一項一号との対比に基づいて公平的取扱いを論ずるということには問題が存するということにまず留意をしておく必要があろう。

同条の解釈の前提（福井地裁平成一五年一二月三日判決（未登載）等は、租税優遇措置としての位置づける。）について、問題が存するといえよう。この適用要件の文言の解釈にあたり、この規定の意義及び租税法における位置づけをはじめに明らかにしておく。

すなわち、租税特別措置法六四条一項に規定する収用や買取り等の場合の課税の特例規定は、純粋な租税優遇措置として位置づけるべきではなく、憲法二九条の私有財産制度（憲法二九条三項は、「私有財産は、正当な補償の下に、これを公共のために用いることができる。」として、原則として完全補償説を規定しているところである。）との関係において理解される必要がある。「公共のために用いる」場面においては、損失補償により時価を前提とした補償がなされうるが、この収入金額から税金として多額の金額を徴収すると、結果的には強制的に所有権を移転させられたものの、「正当な補償」（完全な補償）を受けたとはいえない状態が生じることとなる（その結果、特例措置の内容によっては憲法違反の疑いが生ずる可能性さえ存する場合がある。税額まで損失補償たる所得補償に含めて「正当な補償」を理解することが望ましいといえよう。）。そこで、租税特別措置法六四条一項は、強制的な収用を背景に買取りの対象となった資産について、代替資産を取得した場合においては原則的に圧縮記帳という手法を用いて、所得が実現しているにもかかわらず、所得を認識せず（非認識）、課税を繰り延べているものである。

租税特別措置法六四条一項二号の解釈にあたり、同条の趣旨を単なる特別優遇規定（政策規定）との前提で解釈すべきではなく、また租税特別措置法六四条一項一号との対比も不可欠ではあるが、同項三号以下の適用要件、さらにはそのほかの用地買収等の場合の特別控除規定の適用要件との対比にたちながら、その文言の解釈（二号の適用基準）が明らかにされる必要があろう。

(2) 特別償却・割増償却

減価償却資産について通常の減価償却額より以上の超過償却を行わせるもので、投下資本の早期回収または資金繰り緩和を図るために、主として産業基盤の強化、設備近代化等の見地から認められる。狭義の特別償却と割増償却とがある。

特別償却は、資産の取得時に一時にその取得価額の一定割合を乗じて計算した金額を加算して必要経費または損金の額に算入する。割増償却は、その年度または事業年度の普通償却費の額または普通償却限度額に一定割合を乗じて計算した金額を加えて必要経費または損金の額に算入する。

特別償却は、企業に対して経済的誘因を促す政策的措置の一つとして各国において広く用いられており、生産設備の近代化、特定設備への投資促進、住宅建設の促進、社会的・政策的目的の達成等、そのときどきの緊急の政策課題を達成するために直接的な経済的効果が期待できると解されている。

租税特別償却は、初年度特別償却（「特定設備等の特別償却」等）と割増償却（「新築貸家住宅の割増償却」等）に区分できる。たとえば、①電子機器利用設備を取得した場合等の特別償却（措置法四二条の六）、②特別設備等の特別償却（措置法四三条、公害防止用設備、大気汚染・水質汚濁除去設備、電線類地中化設備）、③特定電気通信設備等の特別償却（不正アクセス防御用設備の特別償却・措置法四四条の六七第一項　表五、電子機器利用設備については特別償却と税額控除との選択もありうる。）などがあげられる。特別償却の経済的効果は投資額の一定額が投資と同時に流動化するとともに、耐用年数が短縮される効果を有するものである[12]。

なお、特別償却は措置法上の減価償却の特例として、普通償却と同様に位置づけられている。このような処理法は特別償却が税務上はともかくも、商法上の「相当の償却」に当たるかどうかについて疑義が生ずるところから、このような償却方法に代えて特別償却準備金として積み立てることを認める（準備金方式は引当金方式と任意積立金方式の選択適用を認めている。）。

特定設備等の特別償却は、昭和三一年度において導入された（旧措置法四三条、合理化機械等の初年度の二分の一償却）。昭和三六年に合理化機械等の特別償却として改正された。重要機械の三年間五割増特別償却、合理化機械等の初年度二分の一特別償却、協同事業用機械等の三年間五割増特別償却を排して、一定の期間以内に特定の機械その他設備等（合理化機械等）を取得し、事業の用に供した場合には、その用に供した日を含む事業年度の償却範囲額は、普通償却のほかに、取得価額の三分の一を加算することができるとした。この改正は、昭和三五年税制調査会において「税制との関連においてみると、その期に納めるべき法人税額を特定の固定資産の取得に当たって無利子で借り入れる性格をもつものである」としている（一〇〇〇取得すると一四七の支払を免除されることとなる効果がある。）。

その後、この制度は、適用法人、適用資産、償却割合の改廃を通じて今日に至っている（一方で昭和四七・四八年度には一定の特定設備等の特別償却が拡大される(13)）。

初年度特別控除制度の例として措置法四三条（特定設備等の特別償却）をみてみる。たとえば、エネルギー利用効率化設備（耐用年数一〇年）の経済的効果をみる。投資総額一〇〇〇万円は投資を行った年度にその三〇％と普通償却（定率法〇・二〇六）がなされるために、総額五〇六万円の償却額が回収される。これは取得価額の五一％であり、この金額が投資と同時に流動化することとなる。一方で耐用年数は二年短縮されることとなる。これに対して、たとえば「新築貸家住宅等の割増償却」（五年間四割）の場合は、通常の償却に早期に回収、耐用年数も三年間短縮される。投下資本の早期回収を図るという効果をもつ。ここで特別償却準備金（措置法五二条の三第一項）を併せてみておこう。

(3)　特別償却準備金（措置法五二条の三）

資産の帳簿価額から切り離して一定割合を損金に算入すると同時に、固定資産の耐用年数にかかわりなく、積み立てをした翌事業年度から七年間均分取崩しを行い益金に算入するものであるから、その経済的効果は、特別準備金に対する税額相当額を国庫から無利子の貸し金を得て、七年間均等分割返済するのと同じ効果を有している。

これに対して、償却方法によって特別償却を行った場合には（評価勘定方式）、特別償却額に見合うだけの取得価額が直接減額されることとなるので、当該固定資産の耐用年数に見合う額の償却費の過少計上を通じて税金が国庫に取り戻されることとなる。特別償却額に対する税額相当額の無利子の資金が、耐用年数にわたる償却費の過少計上を通じて自動的に返済されることになる。

引当金方式のもとでの特別償却準備金は、旧商法二八七条の二の引当金として設定されるものである。この性質については次の二つの対立がありうるところである。

①　固定資産の予測できない将来の陳腐化損（回収不能償却費）に備えるという目的の特定する引当金であるとする解釈

②　税務上、租税政策的見地からの恩恵として認められた一時的・暫定的利益留保であるとする説

損失引当金説は引当金肯定説であり、利益引当金説は引当金否定説につながる。この②説をとる限り、商法二八七条の二の引当金として処理することはできない。このときは、任意積立金方式をとらなければならないであろう。

(4)　準備金等（課税の延期）

準備金はその性質上、引当金に類似している（たとえば、平成一〇年度の税制改正で特別修繕引当金から特別修繕準備金へ）。引当金や準備金は租税特別措置との関係でどのように解することができるであろうか。引当金は、企業会計領域における発生主義会計の中核となる基本技法としてその座を占めている。発生主義会計は現金収支の状況に関係なく、企業の努力と成果との対応を達成し、企業の業績を明らかにするための技法として重視されてきたといえる。したがって、税務においても課税所得を合理的に計算するために必要な引当金にかぎって、債務確定主義

の例外として規定をおいてきたと考えるのであれば、引当金は政策税制ではない。

これに対して、準備金は引当金とは異なり、課税延期の手段として理解されているといえよう。その引当事象が統計的確立をもって認識できず、たんに主観的にしかその発生を認識できないものである。このような準備金については特別措置として位置づけることが可能であろう。ただし、準備金のなかにも企業会計原則注解一八にいう引当金（商法二八七条の二）に属するものもあるといえよう（海外投資損失準備金、プログラム準備金等参照）。

なお、税制調査会は、「平成八年度の税制改正に関する答申」において、租税理論のほか、企業会計や税実務なども視野に入れた専門的・技術的な検討の必要性を指摘している。このような税制調査会の指摘に基づき、平成一〇年には大幅な引当金制度の廃止・縮減が行われている。

(5) 税額控除

税額控除は、政策減税等の手段として多用されている。たとえば、少子・高齢化社会のもとで人材投資の減少傾向が懸念されることから、税制として従業員等の教育訓練に支出した費用について、一定額を法人税から控除することによって人材育成を促進しようとする、教育訓練費（平成一七年度導入）の額が増額した場合の特別税額控除制度（措置法六八条の一五の二）などをあげることができる。教育訓練費については損金に算入したうえ、さらに法人税額から一定割合を控除することとしているが、税額控除なので、赤字などでもともと法人税が発生しない企業に関しては意味がないといえる（三年間の時限措置）。

Ａ　原　則　その増加額の二五％（法人税額の一〇％を限度とする。）を法人税額から控除する。

Ｂ　中小企業の特例　教育訓練費の総額に対し、増加率の二分の一に相当する税額控除率（上限二〇％）を乗じた金額を法人税額から控除する。（Ａとの選択可能）

(6) 損金不算入方式

損金不算入方式は、一定の政策目的のために、租税優遇措置としてではなく、租税重課措置として機能する。たとえば、交際費課税（措置法六一条の四）はそのような規定と解されうることがある。昭和二九年に租税特別措置法のなかで、交際費の損金算入限度額を設けることとした。これは行政的考慮（歳入確保への配慮）と課税公平性の考慮とから導入された。この措置により、交際費という名目での浪費の規制を図り、企業みずからの自己資本充実を促進する効果を期待したものであった。導入にあたっては紆余曲折があったところではあるが、税制が資本蓄積策を講じていることに対する見返りとして導入されたものであるといってよい。その後、交際費課税については延長措置がとられ恒久的な税制としての運用が行われている観を呈していた。

平成一七年度の税制改正大綱は、交際費課税について、「交際費課税の範囲」の見直しを示唆していた。交際費課税の目的、その交際費の範囲、課税方法については、大きく変化をしてきている（平成一八年度改正）[14]。資本蓄積促進税制としての機能を現在有しているかは極めて疑問であり、交際費課税は減税に見合う税収確保の道具として用いられてきた実態があるといえよう。交際費課税制度は、廃止して過剰な交際費等に限定して、恒久的措置として法人税法に措置すべきであろう。

(7) 所得控除

昭和二八年度に導入された①輸出損失準備金制度（旧措置法八条の二）、②輸出業者の所得の特別控除制度（旧措置法七条の七）、③海外支店用の特別償却制度（措置法七条の二）を出発点とする。輸出損失準備金制度、海外支店用の特別償却制度は課税の繰延べにかかるものであり、輸出所得の特別控除は免除にかかるものである。その効果は直接である。輸出所得の特別控除は当初からガット違反との疑惑があり、輸出取引しか行わない企業は、輸出支出損失準備金とあわせ考えるとまったく課税をされないという事態になっていた。ガット違反として、昭和三九年度の税制改正は、輸出所得の特別控除にかかる制度を廃止するとともに、その他輸出関連税をガットに抵触しないように調整している。(15)

(8) 税率構造の変化

法人税の税率は国民経済におおきな影響を及ぼすものであり、重要な政策問題である。所得税及び法人税の負担軽減措置に関する法律（以下、「所得税等負担軽減措置法」という。）一六条は、法人税率（法六六条一項）の特例を規定する。たとえば、普通法人又は人格のない社団等の税率は、法人税法六六条一項に定める税率三四・五％を三〇％に軽減している。所得税等負担軽減措置法は、その目的を「近年における我が国の経済社会の構造的な変化、国際化の進展等に対応するとともに現下の著しく停滞した経済活動の回復に資する個人及び法人の所得課税（法人の事業税を含む。以下この条において同じ。）の制度を構築することが国民生活及び国民経済の安定及び向上を図る上で緊要な課題であることにかんがみ、その一環として、これらの事態に対応して早急に実施すべき所得税及び法人税の負担軽減措置を講ずるため、個人及び法人の所得課税の在り方について、税負担の公平の確保、税制の経済に対する中立性の保持及び税制の簡素化の必要性等を踏まえ、この法律が施行された後の我が国経済の状況等を見極めつつ抜本的な見直しを行うまでの間、所得税法（昭和四十年法律第三十三号）及び法人税法（昭和四十年法律第三十四号）の特例を定めるものとする」（一条）と規定する。このような規定は一律にあらゆる納税義務者に適用されるため、一般的には法的な意味での問題は生じないと解される。しかし、留保金課税は、同族会社が各事業年度の所得を配当せずに内部留保した場合、その留保金額が一定の限度額を超えるとき、通常の法人税の他に、その超える金額に対して一〇％から二〇％の特別税率による法人税を課す（留保金課税額＝〔所得－（配当＋法人税等）－留保控除〕×税率）ものであり（法六六条）、一定の法人にのみ適用されることから、政策目的の合理性やその手段の有効性等が法的な意味で問われることとなる。

しかし、平成一二年度、一四年度、一五年度の税制改正において、同族会社の留保金課税不適用措置の創設と拡大が行われている（措置法六八条一項二号等）。たとえば、平成一五年改正においては、自己資本比率（自己資本÷総資産）が五〇％以下の法人（資本金一億円以下）について、平成一五年四月一日から同一八年三月三一日までの間に開始する事業年度に限り留保金課税を適用しないとされた。さらに、平成一八年度の改正においては、留保金課税の対象となる同族会社の範囲を限定するとともに、留保控除額の引上げを行なうなどが行なわれ、その不適用措置が講じられている。中小企業の慢性的資金難は、資本が少ないことにも一因があることから、利益の出ている中小企業では、留保金課税が停止されるのを利用して資本充実を図り、財務体質を強化することを目的としている。留保金課税は「政策税制」であるのか、「それ以外の特別措置」であるのか（不適用が原則なのか特別措置なのか）問題となる。

おわりに――政策税制の法的コントロール

1　租税特別措置等の財政学的評価基準

租税特別措置のデメリットとしてはいくつかが指摘されている。①租税特別措置は納税者を当然の対象とするが、全法人の約七割が欠損法人であるといった状況のもとでは租税特別措置等の政策効果は限定的となる、②租税特別措置で税制を政策的に活用することは、現行の税制に歪みを生じさせることになり、効率的な資源配分が妨げられることから、経済社会が急速に多様化している現状では、税制を企業の自由な活動等に対して中立的なものとすることが必要である、③歳出面で補助金の徹底的な見直しが行われている場合には、租税特別措置等もゼロベースからの見直しが必要である、④補助金にあたり、だれが租税特別措置の適用を受けているか補助金に比較して不透明であり、透明性が必要である。(16)

租税特別措置等の整理合理化にあたっては、これまでも、

イ　その目的が現下の喫緊の政策課題に資するものであるか、

ロ　政策目的達成のために効果的な措置であるか、

ハ　政策手段として税制が適当か、

ニ　利用実態が特定の者に偏っていないか、

ホ　利用実態が低調となっていないか、

ヘ　創設後長期間にわたっていないか、

等の視点が強調されている。必ずしも具体的な法的な意味での判断基準ではなく、評価基準としての意義をもつものであろう。租税特別措置に対する法的な意味での無効等の判断基準と整理合理化のための評価基準については、おのずから相違があろう。

実体法的基準としては、ヘイグ・サイモン基準、公平基準、担税力基準、政策目的達成基準などがわが国においても提唱されているが、これらの基準も評価基準にとどまるものであろう。

2　租税特別措置等の法的判断基準

実体法的には、憲法一四条一項に反して、不合理な制度といえるか否かが問題となる。この判断にあたって、金子宏教授は、個別の租税優遇措置ごとになされるべきであるが、この判断にあたって、主として問題となるのは、以下の諸点などである。(17)

①　その措置の政策目的が合理的であるかどうか

② その目的を達成するのにその措置が有効であるか否か

③ それによって公平負担がどの程度害されるか

具体的には、租税法の基本原則との乖離の程度、優遇又は重課の割合あるいは程度（金額又は税率換算）、政策目的の合理性、目的実現の緊急性、政策目的とその手法との関連性、税制以外の方法による同様の目的達成の有無、特別措置によりもたらされた弊害等が総合的に検討されることになろうと説明されている。おおむね、この法的基準は支持されうるところではあろう。しかし、上記の整理合理化のための評価基準に抵触している場合であっても、なおそのような租税特別措置が長期間にわたり存する場合には、別途ここでの法的判断基準に抵触すると推定すると解する余地もあろう。

3 手続的コントロール

予算に完全にフルアカウントすることによって、議会の審議過程に取り込む（租税支出制度の導入）、あるいはサンセット法（期間延長の必要性についての具体的立証責任を課税庁に）をおくことにより期間的（たとえば、最長一年を超える。）組成による補助金を原則認めない、といった手続的制約をおくことも検討されうる。ちなみに、アメリカ等で採用されている租税支出分析の対象は我が国の租税特別措置（政策税制）よりも広範囲なものであり、やはり「租税特別措置」の対象がその前提として問題となるであろう。

注

（1）「活力ある経済社会と改革の実現」のもとでは、まず試験研究費の総額にかかる税額控除方式（恒久的措置）と試験研究費の増加額にかかる税額控除方式（二年間の措置）が統合され、恒久的措置に、増加型の税額控除制度を統合して、増加額に対して追加的に五％の税額控除を行うこととしている。一層の国際的な競争に勝ち抜くための産業競争力の確保、研究開発主導の設備投資の国内回帰への実現、我が国の産業を支える最先端（ハイリスク）の技術開発への貢献といった効果を生み出すことも目的に、研究開発投資へのインセンティブ効果を高めている（たとえば中小企業等にとっては一七％の税額控除となる。）。

また、産業競争力のための情報基盤強化税制を創設している。ＯＳ及びこれと同時に設置されるサーバーなどへの投資、すなわち高度な情報セキュリティが確保された情報システム投資を促進して、情報基盤を強化するためのものである。企業間の、あるいは企業の部門間の情報共有・活用を促進して抜本的に国際競争力を強化しようとするものである。創設の趣旨に則して税額控除（一〇％）又は特別償却（五〇％）の選択適用を認めている（二年間の措置）。

なお、租税特別措置ではないがそれへの影響を及ぼすものとして減価償却制度は昭和三〇年代から基本的なシステムの見直しがおこなわれておらず見直しが検討されている。減価償却の実態から大きく乖離して、また国際的なイコールフッティングが確保されていないなどの問題から、残存価額あるいは償却可能限度額といったものが廃止された。

さらに、業績連動型を含む役員報酬・賞与の税務上の取扱いの見直し、ストックオプション税制の整備、株式交換税制の本則化とそのほかの会社法の制定等にともなう税制の整備等が行なわれた。

「中小企業の活性化」のもとでは、まず同族会社の留保金課税制度の抜本的な見直し（法人税）を行うことにより、中小企業にとって不可欠な内部留保の充実を図るとしている。留保金課税においてはここ数年動きが存したところであるが、一八年度改正では、関連規定を措置法から本法へ移すとともに、対象法人を同族関係者三グループで株式等五〇％超保有を、同族関係者一グループで株式等五〇％超とし、また留保控除についても世間並みの配当で課税されないように配慮されている。その他、中小企業の思い切った設備投資を可能にし、生産性の一層の向上を実現するために、ソフトウェア等を対象に追加するなど中小企業投資促進税制（税額控除七％、特別償却三〇％）の拡張・延長（二年間延長）、中小企業者等の少額減価償却資産（損金算入）特例の延長、中小企業の事業承継の円滑化に資する税制の整備（自社株式の物納にかかる許可基準の緩和、ただし、相続税の問題）、操業五年以内の中小企業者に対する欠損金の繰戻還付措置の延長（二年間）、交際費の損金算入の特例の延長及び課税の範囲の明確化などが行われている。

「エネルギー・環境政策の推進」のもとでは、安定的でかつ環境に適合したエネルギー需給構造を構築するために、エネルギー需給構造改革投資促進税制の見直し・延長を行っている（高効率省エネ設備やバイオマス利用設備等を追加したうえで二年間の期間延長、取得価額の三〇％の特別償却、中小企業者等については取得価額の七％の税額控除との選択適用）。そのほか、海外投資等損失準備金制度の延長や一般公害防止用施設の特別償却制度の延長、再商品化設備等の特別償却制度の延長等、脱特定物質対応型設備の特別償却制度の延長、金属鉱業等鉱害防止準備金制度の延長等が行われている。

しかし、政策税制の効果との関係は極めて判別が困難である。なお、租税特別措置の経済的効果を分析したものとして、たとえば山内進『租税特別措置と産業成長――租税特別措置の効果分析』「第Ⅱ部　租税特別措置の効果を分析する必要性」、「第Ⅲ部　租税特別措置の効果分析手法」（税務経理協会・一九九九）がある。

（2）金子宏『租税法　第一二版』七八頁（弘文堂・二〇〇七）。

（3）和田八束『租税特別措置』六頁（有斐閣・一九九二）。

（4）「交際費」の沿革等や改正の方向性については、『交際費課税（全）・使途不明金の研究⑵』日税研論集一一（一九八九）参照。

（5）この問題については、畠山武道「租税特別措置とその統制」租税法研究一八号一頁以下（一九九〇）参照。

（6）これらの事件については、占部裕典「外国税額控除余裕枠の利用にかかる『租税回避否認』の検討（上）――大阪高裁における三判決を踏まえて」金融法務事情第一七三〇号（二〇〇五）等参照。

（7）最高裁平成一七年一二月一九日判決はこの問題に言及することなく、「法人税法六九条の定める外国税額控除の制度は、内国法人が外国法人税を納付することとなる場合に、一定の限度で、その外国法人税の額を我が国の法人税の額から控除するという制度である。これは、同一の所得に対する国際的二重課税を排斥し、かつ、事業活動に対する税制の中立性を確保しようとする政策目的に基づく制度である。」「ところが、本件取引は、全体としてみれば、本来は外国法人が負担すべき外国法人税について我が国の銀行である被上告人が対価を得て引き受け、その負担を自己の外国税額控除の余裕枠を利用して国内で納付すべき法人税額を減らすことによって免れ、最終的に利益を得ようとするものであるということができる。これは、我が国の外国税額控除制度をその本来の趣旨目的から著しく逸脱する態様で利用して納税を免れ、我が国において納付されるべき法人税額を減少させた上、この免れた税額を原資とする利益を取引関係者が享受するために、取引自体によっては外国法人税を負担すれば損失が生ずるだけであるという本件取引をあえて行うというものであって、我が国ひいては我が国の納税者の負担の下に取引関係者の利益を図るものというほかない」と判示している。

（8）特別措置の評価基準について、政府税制調査会の「基準」を検討したものとして、和田・前掲書七三頁以下。「三つのテスト」、「四つのテスト」についても同頁参照。

（9）武田昌輔「金融所得課税についての所感」税経通信二〇〇四年八月、新井隆一「時流　政策優先か税制劣後か」税研一一八号八頁（二〇〇四）。
（10）我が国の租税特別措置の経緯とその評価については、和田・前掲書第二章参照。
（11）この作業にあたっては、大蔵省財政史室編『昭和財政史（Ⅲ）』（東洋経済新報社・一九九四）を参照。
（12）割増償却の効果については、山内・前掲書「第Ｖ部　租税特別措置が効果をもたらす条件と限界」参照。制度の概要については、経済産業省経済産業政策局企業行動課編『特別償却対象特別設備等便覧』（経済産業調査会・二〇〇六）、経済産業省『産業税制ハンドブック』（経済産業調査会・二〇〇六）参照。
（13）減価償却制度の改正議論については、武田昌輔「わが国の減価償却制度の規制緩和について」税研一一二号一四頁（二〇〇三）参照。
（14）武田昌輔「交際費課税は抜本的な見直しが必要」税研一二〇号八頁（二〇〇五）。
（15）占部裕典「海外取引にかかる優遇税制の問題点」水野忠恒編『国際課税の理論と課題』二二七頁（税務経理協会・二〇〇四）参照。
（16）井堀利宏「租税特別措置の合理化と今後の重点分野」税理四九巻二号三〜四頁（二〇〇六）。
（17）金子・前掲書七八頁、九〇頁。実体法的基準として、ヘイグ・サイモン基準、公平基準、担税力基準、政策目的達成基準などが我が国においても提唱されているが、これらの基準も評価基準にとどまるものであろう。和田・前掲書一九二頁以下、畠山・前掲論文参照。

第三章　公用収用等と租税特別措置

——土地収用等にかかる特別控除の適用要件

はじめに――問題の所在

収用等に伴い交付される各種の補償金については、土地収用等が憲法二九条のもとでの私有財産制度のもとで納税者に特別な犠牲を強いること、あるいは公共事業の円滑な推進を図ることなどを目的に、租税特別措置法（以下、「措置法」という）により、各種の特例措置が設けられている。

この各種の特例措置にかかる課税要件は、私有財産制度の保障、さらには租税法律主義のもとで厳格に明定されていなければならないはずである。しかし、すくなからず、課税要件をめぐる解釈上問題が存する。公共用地の取得にあたってわが国においては現実には強制収用（行政代執行）が行われることは極めて稀であり、任意買収によって用地の取得が行われているのが現実である。そのような実態は、租税特別措置法六四条一項二号にいう「資産について買取りの申出を拒むときは土地収用法等の規定に基づいて収用されることとなる場合」として、そのような状況をも特例措置を認めることとしている。しかし、課税要件は必ずしも明確とはいえない。

また、このような形での用地買収（土地収用等に含まれる）にかかる課税の特例措置の適用をめぐっては手続法上の問題もすくなからず存する。このような課税措置は、事業施行者や代行買収者が発行する「収用証明書」を基礎として適用される制度となっている。そして、各種の特例制度が的確に運営されるためには、事業施行者や代行買収者が発行する「収用証明書」が適正に発行されるよう、事業施行者と税務署等が事前に協議をして、公共事業等についての特例の該当・非該当等、またはどの特例に該当するか等を事前に確認し合い、そのうえで買収に着手してもらうという運用が行われている。「事前協議制度」と呼ばれるものである。

しかし、この制度は法律の規定に基づくものではない（国税庁長官から各省庁事務次官への協力依頼の形をとっている[1]。しかし、この協議の段階で税務署長側が異議をとなえれば、事業施行者は証明書を発行することは現実にはありえない。このような制度運用のもとで、収用証明書の発行を得られなかった納税者の救済はどのような方法によるのであろうか。このような実体法的、手続的なやっかいな問題が往々に生じている。

さらにまた、納税者は、資産が土地収用法等の規定により特定の公共事業等のために収用あるいは買い取られ、補償金等を取得した場合、租税特別措置法（以下、「措置法」という）三三条の四にもとづいて、その譲渡が以下のような一定の要件にあてはまるときに、納税者の選択により、その資産の譲渡所得から五、〇〇〇万円（譲渡所得の金額が五、〇〇〇万円に満たないときにはその金額）を特別控除することができる。

① 措置法三三条に規定する収用等に伴い代替資産を取得した場合の課税の特例（譲渡所得の課税の繰延べ）、措置法三三条の二に規定する交換処分等に伴い取得した場合の課税の特例（譲渡所得の課税の繰延べ）等の適用を受ける譲渡（いわゆる収用交換等による譲渡）であること（措置法三三条の四第一項）

② 収用交換等による資産が棚卸資産でないこと（措置法三三条の四第一項）

③ その年中に収用交換等により譲渡した資産について、措置法三三条に規定する収用等に伴い代替資産を取得した場合の課税の特例（譲渡所得の課税の繰延べ）、措置法三三条の二に規定する交換処分等に伴い取得した場合の課税の特例（譲渡所得の課税の繰延べ）の適用を受けないこと（措置法三三条の四第一項）

④ 最初の買取り等の申出があった日から六月を経過した日まで譲渡されたこと（措置法三三条の四第三項一号）

⑤ 同一の収用交換等にかかる事業について二以上の譲渡があり、その譲渡が年をまたがって二回以上行なわれた場合には、最初の年に譲渡をした資産に限られること（措置法三三条の四第三項二号）

⑥ 収用交換等により資産を譲渡した者は、事業施行者等から最初に買取り等の申出を受けたものであること（措置法三三条の四第三項三号）

しかし、これら措置法三三条の四第一項の特例の適用要件をめぐっては、これまでも④の要件などについて、しばしば争いが生じている。本章は、この適用要件をめぐる法解釈上の問題をみていくことにしよう。

なお、措置法は、資産の所有者がその意思に関係なく、公共の利益のためにその資産を強制的に収用あるいは買い取られることから、納税者の負担軽減のための措置を講じているのであるが、本件特例にかかる問題は本件特例の適用要件にかかる解釈論にとどまらず、往々にして納税者にいかなる軽減措置が立法政策上付与されるべきであるかという、根本的な問題がその前提によこたわっているといえよう。すなわち、この立法政策上の問題は、憲法二九条の保障する私有財産制度とも深く関わる問題でもあるといえよう。

一　租税特別措置法三三条の四第一項一号による収用交換等の場合の譲渡所得等の特別控除の適用要件が争点となった著名な事件

1　事案の概要と関係法令

被上告人ら納税者（土地を共有持分割合で共有していた者）が、その所有する土地を被上告補助参加人名古屋市（以下「参加人」という。）に売却した対価について租税特別措置法三三条の四第一項一号所定の長期譲渡所得の特別控除額の特例「収用交換等の場合の譲渡所得等の特別控除」（以下「本件特例」という。）が適用されるものとして所得税の申告をしたところ、上告人らから、本件特例の適用は認められないとして各更正及び過少申告加算税の各賦課決定を受けたので、上記各更正のうち確定申告額ないし修正申告額を超える部分及び上記各賦課決定（修正申告をした被上告人については修正申告額を超える本税額に係る部分）の取消しを求めた。

事実関係の概要は、次のとおりである。

行っていた。

⑴　参加人による公園用地の取得について

ア　参加人においては、都市計画施設である公園又は緑地の区域内の土地について、必要に応じて都計法五五条一項の規定による事業予定地の指定をし、事業予定地内の土地の所有者からの申出を受けて当該土地の買取りを行っていた。

イ　参加人による上記の土地の買取りは、次のような手順により行われていた。すなわち、〔1〕上記区域内の土地の地権者で参加人による土地の買取りを希望するものが、参加人に対し、仮の土地買取申出書を提出し、〔2〕参加人が当該土地を購入する予算措置を講ずることができた時点で、名古屋市長（以下「市長」という。）において当該土地を事業予定地に指定してその旨の公告をし、〔3〕参加人の担当職員が、地権者に対し、都計法五三条一項の規定による建築許可の申請をするよう促し、〔4〕その申請に対しては、市長が都計法五五条一項本文の規定により建築不許可の決定をし、〔5〕地権者から都計法五六条一項の規定による土地買取りの申出を受けて、市長において地権者との間で当該土地の売買契約を締結するというものであった。

なお、参加人においては、上記〔3〕の申請に係る申請書に添付すべき建築図面（都市計画法施行規則三九条参照）として、あらかじめ五、六種類の図面を用意しており、地権者が提出した申請書にどの図面を添付するかは、参加人の担当職員が、当該土地の面積等に応じて適当と思われる図面を任意に選択していた。

⑵　X1～X8関係

ア　X9を除く八名（以下「X1～X8」という。）は、a町の物件目録1記載の土地（以下「a町の土地1」という。）を共有しており、X1は、同目録2及び3記載の各土地（以下、それぞれ「a町の土地2」などといい、a町の土地1と併せて「a町の各土地」という。）を所有していた。

イ　市長は都計法二〇条に基づき、昭和五三年五月二四日、a町の各土地を含む近隣地域につき都市計画決定（名古屋都市計画公園五・五・三六号氷上公園）をした。

ウ　X1は、a町の各土地につき、具体的な利用計画を有していなかったが、公園用地に指定されていてその利用、処分が困難であると聞き、参加人に問い合わせたところ、参加人の担当職員から、建築物の建築は制限されているが、他に譲渡するのであれば参加人が買い取る意向であり、その対価に対する課税については本件特例が適用される旨の教示を受けた。そこで、X1は、X1～X8を代表して、a町の各土地を参加人に売却する意向を参加人に伝えた。

エ　市長は、平成一〇年五月二五日、a町の土地1を事業予定地に指定した。X1～X8は、a町の土地1につき、同年一一月二七日付けで、市長に対し都計法五三条一項の規定による建築許可の申請をし都計法五五条一項に基づき、同年一二月四日付けで建築不許可の決定を受け、同月七日付けで、市長に対し都計法五六条一項の規定による買取りの申出をした。市長は、同一一年二月一日、X1～X8との間で、a町の土地1を代金一億二一三〇万二〇〇〇円で買い取る旨の売買契約を締結し、同月一九日、X1～X8に対し、上記代金を支払った。

また、市長は、平成一一年六月三日、a町の土地2及び3を事業予定地に指定した。X1は、同年一〇月六日付けで、a町の土地2につき、市長に対し都計法五三条一項の規定による建築許可の申請をし、同月一二日付けで建築不許可の決定を受け、同月一五日付けで、a町の土地2及び3につき、市長に対し都計法五六条一項の規定による買取りの申出をした。市長は、同年一一月三〇日、X1との間で、a町の土地2を代金五六八三万二〇〇〇円で、a町の土地3を代金七七七万六〇〇〇円でそれぞれ買い取る旨の売買契約を締結し、同年一二月二二日、X1に対し、上記代金を支払った。

なお、上記の各建築許可申請に係る申請書に添付された建築図面は、いずれも参加人の担当職員が用意し、a町の各土地の面積、形状に合うものを適宜選択して添付したものであり、X1は、これらの図面が添付されることを知らなかった。

なお、一連の収用手続きの流れは以下のようである。

(1)　都計法によれば、①都市計画施設の区域内において建築物の建築をしようとする者は、政令で定める軽易な行為等を除き、都道府県知事の許可を受けなければならず（五三条一項）、②都道府県知事は、上記①の許可の申請があった場合において、当該建築が都市計画施設に関する都市計画に適合し、又は当該建築物が所定の要件に該当し、かつ、容易に移転し、若しくは除却することができるものであると認めるときは、その許可をしなければならないが（五四条）、③都道府県知事は、都市計画施設の区域内の土地でその指定したものの区域（以下「事業予定地」という。）内において行われる建築物の建築については、上記②にかかわらず、上記①の許可をしないことができ（五五条一項本文）、④都道府県知事（土地の買取りの申出の相手方として公告された者があるときは、その者）は、事業予定地内の土地の所有者から、上記③により建築物の建築が許可されないときはその土地の利用に著しい支障を来すこととなることを理由として、当該土地を買い取るべき旨の申出があった場合においては、特別の事情がない限り、当該土地を時価で買い取るものとする（五六条一項）とされている。

なお、上記各規定により都道府県知事が行うこととされている許可・買取り等については、都計法等の規定により、地方自治法二五二条の一九第一項の指定都市においては、当該指定都市の長が行うものとされている。

(2)　措置法三三条の四第一項一号は、個人の有する資産で措置法三三条一項各号又は三三条の二第一項各号に規定するものがこれらの規定に該当することとなった場合において、その者がその年中にその該当することとなった資産のいずれについても措置法三三条又は三三条の二の規定の適用を受けないときは、これらの全部の資産の収用等又は交換処分等による譲渡については、措置法三一条一項に規定する長期譲渡所得の特別控除額の上限は、同条四項所定の一〇〇万円ではなく、五〇〇〇万円とする旨規定しており（これが本件特例である。）、措置法三三条一項三号の三は、土地等が都計法五六条一項の規定に基づいて買い取られ、対価を取得する場合等を掲げている。

名古屋高等裁判所（控訴審）平成二〇年一一月一八日判決（最高裁判所民事判例集六四巻三号八九〇頁）は、上記事実関係の下において、被上告人らはいずれも本件各土地の売却の対価（以下「本件対価」という。）について本件特例の適用を受けることができると判断して、被上告人らの請求を認容した。その理由は、要旨次のとおりである。

(1)　都計法五六条一項の文理上、事業予定地内の土地の所有者が当該土地の買取りの申出を行うためには、現実に都計法五三条一項の建築許可の申請を行うこと及び同申請に対し不許可決定がされることは要件とされていない。また、都計法五六条一項は、土地買取りの申出を認めることにより、土地利用制限に対する補償を行って実質的に地権者の財産権を保護するとともに、併せて都道府県知事等による土地の先行取得を実現しようとする趣旨に出たものと解することができる。

(2)　本件特例は、地権者がその土地を都道府県知事等に買い取ってもらう場合の譲渡所得について税法上の特典を与えることによって、都計法の上記立法目的を間接的に実現しようとする政策的意図に出たものということができる。そうすると、本件特例の適用を受けるためには、具体的な建築意思までは必要ではなく、建築物の建築が許可されないことを理由に買取りを求めるとの意思が明確であれば足りるものと解される。

(3)　被上告人らは、事業予定地に指定された本件各土地につき、都計法五六条一項の規定による買取り申出をして、参加人にこれを譲渡したものであり、本件特例の適用を否定すべき事情はない。

なお、名古屋地方裁判所（第一審）平成一九年五月一七日判決（最高裁判所民事判例集六四巻三号八二〇頁）は、都市計画法五六条一項に基づく買取りは、地権者が、都市計画施設の区域内においても本来許容されるべき建築物を現実に建築する計画・意図を有し、その建築の許可申請をしたものの、事業予定地として指定された結果、これが不許可とされ、土地の利用に著しい支障を来すこととなった場合の代償措置として行われるものであって、その実質において強制的に収用される場合と同視できる状態が存在することを前提とするものと解されるから、前記特別控除が適用されるためには、前記の前提状況が現実に存在することが必要であって、外形上は同項の規定に基づく買取りの形式による譲渡であっても、その実態が強制的な収用によるものと同視できず、事業施行者と個人との間で任意に譲渡がされたものと認められる場合には、前記特別控除適用の前提を欠くとした上、前記市は、用地の確保を円滑に進めることを目的として、あらかじめ都市計画施設の区域内の地権者が買収に応ずる意思を有しているか否かを個別に確認し、その意思がある地権者から買取りの申出を受けた上、買収資金の予算措置を講じた時点で、同法五五条一項に基づき当該地権者の所有する土地を事業予定地に指定し、これを地権者に連絡して同人に前記特別控除の適用を受けさせるべく、同法五三条一項の規定に基づく建築許可申請をするよう指導し、これを不許可とした上、同法五六条一項により前記市が買い取るという方式による運用を長期間にわたって行ってきており、前記売却もこの運用に沿って行われたものではあるが、当該運用は、外形上、同項の規定に従った土地の買取りとなってはいるものの、地権者が現実に計画していた建物の建築申請をしたが、それが不許可となったために土地の利用に著しい支障を来すことになったという実態があるわけではないから、前記特別控除が予定している強制的に土地を収用される場合と同視すべき状況にあるとは認められず、前記対価には、前記特別控除の適用はないとして、前記各請求をいずれも棄却した。

最高裁判所第三小法廷（上告審）平成二二年四月一三日判決（最高裁判所民事判例集六四巻三号七九一頁）は、原審の上記判断は是認することができないとする。その理由は、次のとおりである。

「(1)　都計法五三条一項の許可又は不許可は、都市計画施設の区域内において『建築物の建築をしようとする者』からの申請に対する応答としてされるものであり、都計法五六条一項の規定は、建築物の建築をしようとする土地の所有者が意図していた具体的な建築物の建築が都計法五五条一項本文の規定により許可されない場合には、上記所有者は、その土地の利用に著しい支障を来すこととなることから、都道府県知事等に対し、当該土地の買取りを申し出ることを認めたものと解される。したがって、都計法五六条一項の規定による土地の買取りの申出をするには、当該土地の所有者に具体的に建築物を建築する意思があったことを要するものというべきである。

また、措置法三三条一項三号の三が都計法五六条一項の規定による土地の買取りを掲げているのは、土地の所有者が意図していた具体的な建築物の建築が事業予定地内であるがために許可されないことによりその土地の利用に著しい支障を来すこととなる場合に、いわばその代償としてされる当該土地の買取りについては、強制的な収用等の場合と同様に、これに伴い生じた譲渡所得につき課税の特例を認めるのが相当であると考えられたことによるものと解される。

そうすると、土地の所有者が、具体的に建築物を建築する意思を欠き、単に本件特例の適用を受けられるようにするため形式的に都計法五五条一項本文の規定による不許可の決定を受けることを企図して建築許可の申請をしたにすぎない場合には、たとい同申請に基づき不許可の決定がされ、外形的には都計法五六条一項の規定による土地の買取りの形式が採られていたとしても、これをもって措置法三三条一項三号の三所定の『都市計画法第五六条第一項の規定に基づいて買い取られ、対価を取得する場合』に当たるということはできない。したがって、上記のような場合、当該所有者は当該対価について本件特例の適用を受けることができないものと解するのが相当である。

(2)　前記事実関係によれば、被上告人らは、いずれも、本件各土地につき、具体的な利用計画を有しておらず、被上告人らが市長に対して提出した各建築許可申請書に添付された建築図面も、参加人の担当職員が適宜選択して添付したものであったというのであるから、被上告人らに具体的に建築物を建築する意思がなかったことは明らかである。被上告人らは、当初から参加人に本件各土地を買い取ってもらうことを意図していたものの、本件特例の適用を受けられるようにするため、形式的に建築許可申請等の手続をとったものにすぎない。参加人による本件各土地の買取りは、外形的には都計法五六条一項の規定による土地の買取りの形式が採られているものの、被上告人らには、その意図していた具体的な建築物の建築が許可されないことにより当該土地の利用に著しい支障を来すこととなるという実態も存しない。したがって、本件対価について本件特例の適用はないというべきである。」

「以上と異なる原審の判断には、判決に影響を及ぼすことが明らかな法令の違反がある。論旨は理由があり、原判決は破棄を免れない。そして、被上告人らは、上告人らによる前記各更正等が信義則に反する旨主張するので、その点について更に審理を尽くさせるため、本件を原審に差し戻すこととする。」

つまるところ、土地の所有者が、具体的に建築物を建築する意思を欠き、単に本件特例の適用を受けられるようにするため形式的に都市計画法五五条一項本文の規定による不許可の決定を受けることを企図して建築許可の申請をしたにすぎない場合には、たとい同申請に基づき不許可の決定がされ、外形的には都市計画法五六条一項の規定による土地の買取りの形式が採られていたとしても、これをもって措置法三三条一項三号の三所定の「都市計画法五六条一項の規定に基づいて買い取られ、対価を取得する場合」に当たるということはできないと判断したものである。

「都市計画法五六条一項の規定に基づいて買い取られ、対価を取得する場合」の解釈が問題となる。

なお、名古屋高等裁判所（差戻控訴審）平成二三年一月二七日判決（税務訴訟資料二六一号順号一一六〇〇）は、都市計画公園の事業予定地の指定を受けた土地を都市計画法五六条一項に基づいて市に売却した対価について、租税特別措置法（平成一六年法律第一四号による改正前）三三条の四第一項一号による収用交換等の場合の譲渡所得等の特別控除が適用されるものとして確定申告をした者がした前記売却は、前記特別控除の対象とならないとしてされた更正処分の取消請求につき、前記土地の所有者に具体的に建築物を建築する意思がなかったことは明らかであり、前記特別控除の適用を受けられるようにするため、形式的に建築許可申請等の手続をとったものにすぎないから、前記売却について前記特別控除の適用はないとした上、所轄税務署長が市と事前協議をし、前記特別控除が適用される旨の確認書を市に対して交付したことは、所轄税務署の担当者らは、都市計画法五六条一項の買取手続が本来予定しない実質的な任意売買の方法によって買取手続を進めていることについて、事前協議の場その他において市側から説明を受けておらず、その実体を把握していなかったと認められることや、事前協議は法的な制度ではなく事実上の制度であり、前記特別控除の適用について所轄税務署長らの納税者に対する何らかの公的見解を表明し、これを伝達する趣旨を含むものと解するのは困難であることに照らせば、前記更正処分の信義則違反を問うべき特別の事情には当たるとはいえないとして、前記取消請求を棄却した（棄却）。

租税特別措置法三三条の四第三項一号において、最初に買取り等の申出があった日から六カ月を経過した日までに譲渡がされなかった場合に特別控除を適用しないこととする趣旨は、租税特別措置法三三条の四第三項一号が、最初に買取り等の申出があった日から六か月を経過した日までに譲渡がされなかった場合につき特別控除を適用しないとしたのは、公共事業施行者の事業遂行を円滑かつ容易にするため、その申出に応じて資産の早期譲渡に協力した者についてのみ、その補償金等に対する所得税につき特別の優遇措置を講じ、もって公共事業用地の取得の円滑化を図る趣旨からであると解される（このような理解は広く裁判所において採用されている（東京地方裁判所（第一審）平成一八年一一月二二日判決（税務訴訟資料二五六号順号一〇六〇六）等））。

また、租税特別措置法三三条一項三号の三後段等による長期譲渡所得の五〇〇〇万円特別控除の趣旨・目的については、都市計画法五三条一項、五五条、五六条一項等の同法の関係規定の趣旨に鑑みれば、租税特別措置法三三条一項三号の三後段及び三三条の四第一項一号による長期譲渡所得の五〇〇〇万円特別控除（本件特例）、都市計画法上の公共目的に基づいて事業予定地の地権者が同法五五条一項本文による高度の土地利用制限を受けて、その結果、階数が二階以下で、主要構造部が木造等の堅固でない建築物を建築することも不可能となるという極めて大きな経済的不利益を被る点を考慮し、これらの地権者がその土地を事業者に買い取ってもらう場合の譲渡所得税について、税法上の特典を与えることによって都市計画法の立法目的を間接的に実現しようとする政策的意図に出たものと認めることができると解されている。

さらに、租税特別措置法三三条の四第三項一号が、公共事業施工者から最初の買取り等の申出から六か月を経過した日までに資産が譲渡された場合にのみ本件特例を適用するとしたことは、資産の早期譲渡に協力した者に優遇措置を与えることで、公共事業の円滑な施行を図ることとした立法目的との関係において合理的かつ相当であり、公共事業のより円滑な施行を図るため、本規定が実際には規定通りには運用されていない状況にあるとしても、そのことをもって、直ちに、本規定が合理性を欠き、憲法一四条等に違反するものと断ずることはできないと解されている（東京高等裁判所（控訴審）平成一三年一月三一日判決（税務訴訟資料二五〇号順号八八二九）等参照）。

租税特別措置法三三条一項三号の三後段等による長期譲渡所得の五〇〇〇万円特別控除については、単なる優遇措置と解するのではなく、強制的に資産を手放さざるを得ないことによって税負担を強制的に徴収されることとの関係で理解される必要がある。

都市計画による土地所有者にかかる犠牲について、裁判例は、「本件都市計画決定は、東京都が都市施設である外環の二を都市計画事業として整備しようとするものである。都道府県又は市町村が道路等の都市施設を都市計画事業として整備しようとする場合には、都市計画法一一条に基づき、都市施設の種類、名称、位置、区域等という基本的事項を決定した後、同法五九条に基づく都市計画事業の認可を得た上で、事業が施行されることが予定されているのであって、都市計画決定がされただけでは、当該都市施設の区域内の土地について収用されることがほぼ確実になるなど、その所有者等の法的地位に直接的影響が生ずると解する法的根拠はない。都市計画事業については、土地収用法三条各号の一に規定する事業に該当するものとみなして同法の規定を適用するものとされ（都市計画法六九条）、同法五九条の規定による認可をもって、土地収用法二〇条の規定による事業の認定に代えるものとするとともに、都市計画法六二条一項の規定による告示をもって、土地収用法二六条一項の規定による事業の認定の告示とみなすものとされているから（都市計画法七〇条）、都市事業計画の認可は、その告示の日から、土地収用法上の事業の認定と同一の法律効果を生ずるものということができ（同法二六条四項）、都市計画事業の施行者である都道府県又は市町村は、都市計画事業の認可の告示により、同法に基づく収用権限を取得するとともに、その結果として、事業区域内の土地の所有者等は、特段の事情のない限り、自己の所有地等が収用されるべき地位に立たされることになる。したがって、都市計画事業の認可により、初めて事業区域内の土地所有者等の法的地位に直接的影響が生ずるものとみるべきであり、同認可を対象とする抗告訴訟を認めれば、その権利救済の実効性に欠けるところもないものというべきである。／なお、都市計画決定がされると、当該都市施設の区域内において、都市計画法五三条一項に基づく建築規制が生ずるが、上記規制は、一般的、抽象的な規制にとどまり、それ自体により上記区域内の土地所有者等の権利に具体的に制限が加えられるものとみることはできず、同法五三条に基づく建築許可申請に対して不許可処分がされた場合に、初めて具体的な権利侵害があったものとみるのが相当である（最高裁判所昭和六二年（行ツ）第一七三号同六二年九月二二日第三小法廷判決・裁判集民事一五一号六九五頁参照）。／以上のことは、市町村が、都市計画に定められた施行地区の土地について土地区画整理事業を行う場合において、特段の事情のない限り、その事業計画に定められたところに従って具体的な事業がそのまま進められ、その後の手続として施行地区内の土地について換地処分が当然に行われることになる事業計画決定の段階において、当該施行地区内の土地所有者等の法的地位に直接的影響が生ずるものとする最高裁判所平成一七年（行ヒ）第三九七号同二〇年九月一〇日大法廷判決・民集六二巻八号二〇二九頁の趣旨とするところに照らしても明らかというべきである。」と判示している。

租税特別措置法三三条一項三号の三後段等による長期譲渡所得の五〇〇〇万円特別控除の前提となる都市計画法五六条一項の買取の要件について、高裁判決は、租税特別措置法三三条一項三号の三後段は、土地の所有者が都市計画法五六条一項の規定に基づいて土地を買い取られ、対価を取得する場合に、同法三三条一項三号の三後段及び三三条の四第一項一号による長期譲渡所得の五〇〇〇万円特別控除（本件特例）の適用がある旨を定めているところ、都市計画法五六条一項の「五五条一項の本文の規定により事業予定地内において建築許可がされないときはその土地利用に著しい支障をきたすこととなることを理由として、当該土地を買い取るべき旨の申出があった場合においては」とは、実質的に考えた場合にも、「五五条一項の本文の規定により事業予定地内において建築許可がされないことを理由として、土地の買取を申し出た場合には、」という趣旨を意味するものであり、「事業予定地内において五四条の許可基準に適合する建築物を建築することを計画しても、そのような建築物の建築の許可もされない状況にあるので、これを理由に買取申出をした場合には、」という程度であれば足り、したがって、具体的な建築意思までは必要でなく、買取を求めるとの意思が明確であれば足り、これをもって都市計画法五六条一項の要件を満たすと解されると判断する。本件においては事業予定地が有効に効果を生じて、土地所有者が特別な犠牲に立つ以上、高裁判決は妥当であると解される。大きな構築物が立てられない以上は売却で足りると解されよう。

二　二年にわたる収用交換等による土地譲渡と特別控除の適用

措置法三三条の四第一項の適用要件のうち、⑤（五三頁）の適用が争点となることがある。ここではこれまでほとんど論じられてこなかった問題を次のような事例を通して検討する。

Aは、B市から平成四年一二月一〇日付の「都市計画法五五条一項に基づく土地の指定及び指定に伴う不許可について（通知）」と題する書類（以下「五五号文書」という。）の送付を受け、それに伴って同法五六条一項の規定に基づいて同日付で甲土地の一部（後に乙土地となる。）に係る「土地買取り申出書」と題する文書（以下「本件買取り申出書」という。）をB市に提出していた。

そして、Aは、平成五年一月八日付の「L道路建設に伴う収用事業に伴う土地の譲受けについて」と題する文書（以下「本件土地譲受依頼文書」という。）に基づき、A、Aの妻およびAの長男が共有する甲土地を平成五年三月二日に分筆のうえ、同日付の売買契約書により、Aの持分三分の一の土地（以下「乙土地」という。）をB市に二、五〇〇万円で譲渡していた（以下「平成五年譲渡」という。）。なお、B市は、平成五年一月七日にY税務署長に事前協議の申入れを行っている。

　また、Aは、L道路建設に伴う収用事業のため、A、Aの妻およびAの長男が共有する甲土地から平成六年六月二二日に分筆したAの持分三分の一の土地（以下「丙土地」という。）を、平成六年一一月四日付の売買契約書により、B市に二、五〇〇万円で譲渡した（以下「平成六年譲渡」という。）。

　なお、C県知事は、平成六年四月八日に都市計画法五九条一項の規定により本件収用事業を都市計画事業として認可しており、その事業地に乙土地および丙土地が含まれていた。

　乙土地および丙土地の譲渡に係る分離長期譲渡所得の計算にあたって、Aは、租税特別措置法三三条の四第一項（収用交換等の場合の譲渡所得等の特別控除）の規定による特例の適用が受けられるであろうか。

　具体的には、「同一の収用交換等に係る事業」の文言の解釈が問題となるが、そもそもこの措置法三三条の四第三項二号の立法趣旨との関係において、この規定の適用範囲が検討されることになろう。また、この規定の適用については、資産の譲渡が年をまたがって二回以上行なわれた場合には、最初の年に譲渡をした資産に限られることとなっているが、この取扱いについても合理性が検討される必要があろう。

　なお、「最初の買取り等の申出があった日から六月を経過した日まで譲渡されたこと」も付随的に問題となりうる。「買取り等の申出のあった日」とはB市より五五号文書の書類の送付を受けた日およびAより本件買取り申出書が提出された日である平成四年一二月一〇日と考えるべきであろうか、もしくはB市より本件土地譲渡依頼文書が出された平成五年一月八日と考えるべきであろうか。事例では、どちらを取るにしても六カ月の期間内に該当するので特例の適用上は問題にはならないが、B市が買取り等の意思表示をしたときとは本件土地譲渡依頼文書が出された日と解すべきと思われるので、当該日により期間判定すべきであろう。(2) この適用要件については間接的に争点になりうるにすぎないことから、ここでは言及しないこととする。

1　措置法三三条の四第三項二号の立法趣旨と解釈

収用交換等の場合の課税の特例制度は、昭和四二年に公共事業の施行にともなう開発利益の帰属の適正化等を図る見地から土地収用法の改正が行われたことに関連して導入された。従来は、この特別控除後の残額をさらに二分の一にして譲渡益を計算する、いわゆる四分の一課税の制度が設けられていたが、この制度は昭和四四年末に廃止された。そして、昭和四五年からは、収用交換等の場合の課税の特例制度は、今日と同様に代替資産の取得による課税の繰延べか、この特別控除かのいずれかの価額を選択することとなった。なお、特別控除額はその後、引き上げられ、今日の五、〇〇〇万円となっている。この適用要件は、前述（「はじめに」）したとおりである。

措置法三三条の四第三項は、「一の収用交換等に係る事業につき第一項の規定する資産の収用交換等による譲渡が二以上あった場合において、これらの譲渡が二以上の年にわたったとき」（同項二号）、「当該資産のうち、最初に当該事業があった年において譲渡された資産以外の資産」にはこの特例を適用しない旨を規定している。

よって、一の買取り等の申出について、その申出のあった資産を二年以上にわたって分割したときには、その年の翌年以後において譲渡した資産については、たとえ買取り等の申出から六月以内の譲渡であっても五、〇〇〇万円の特別控除は適用されないことになる。この規定の趣旨は、「五、〇〇〇万円の特別控除は、所得税が年を単位として計算することとなっている関係から、故意に二年以上に分けて分割譲渡したものに対して、特別控除の重複適用を受ける弊害を防止しようとする(3)」ことであるといわれている。

そこで、一の買取り等の申出であるかどうかが重要な意味をもってくる。実務においては、この規定の解釈については、同一の事業について同一人に対して買取り等の申出をする場合に、その申出が二回以上にわたって行われたものであっても、このような申出について、「合理的と認められる事情」がある場合には、それぞれ別個の事業として買取り等の申出があったものとして取り扱うこととしている（措通三三の四―四）。

ここで一の収用交換等に係る事業とは、一の公共事業を指すものと思われるが、一の公共事業であっても、次に掲げる場合に該当することとなった場合、その収用事業の施行につき合理的と認められる事情があるときには、それぞれ別個の事業として取り扱い、特別控除を適用することができる（措通三三の四―四）。

(1)　事業の施行地について計画変更があり、当該変更に伴い拡張された部分の地域について事業を施行する場合

(2)　事業を施行する営業所、事務所その他の事業場が二以上あり、当該事業場ごとに地域を区分して事業を施行する場合

(3)　事業が一期工事、二期工事等と地域を区分して計画されており、当該計画に従って当該地域ごとに時期を異にして事業を施行する場合

この通達の取扱いにおいて、前記（「はじめに」）した(1)～(3)に該当する場合であってもその事業の施行につき合理的な事情がない場合には、この取扱は適用されず、たとえば単なる予算上の理由から二年以上にわたって土地を買収する場合には当該事情に該当しないと解されている。しかし、一方で、事業の施行地について計画変更があり、その変更にともなって、その施行地が拡大された場合、たとえばA地区のみが施行地であったが、その隣接するB地区も施行地に編入されA、B両地区のすべてに事業が行われることとなった場合において、A地区、B地区に土地を有していた甲が各々の地区の土地を計画変更後に年を異にして譲渡した場合には、A地区とB地区とを合わせた全体を一つの事業として判定しないとして取り扱われている。なお、この場合、事業の施行地について計画変更があり、その変更に伴いその施行地が拡大された場合であっても、計画変更が当初から予測され得るものであるときには、この取扱いは前掲(1)に該当しないと解されている（措通三三の四―三の三参照）。

措置法通達は、前掲(1)～(3)の場合で、かつ合理的と認められる事情がある場合に、法文にそのような規定がない

にもかかわらず、きわめて限られた場合に、本件特例の適用を認めている。

2　国税不服審判所平成一〇年六月二四日裁決・大阪地裁平成一一年六月二一日判決

(1)　国税不服審判所平成一〇年六月二四日裁決（裁決事例集五五号二九二頁）

ここでの請求人の主張は多岐にわたるが、丙土地にかかる平成六年譲渡が、措置法三三条の四第一項二号に該当せず、本特例の適用が認められるべきであると主張していた。①Aは、本件五五条文書をB市から受けておらず、また本件買取り申請書もB市に提出していない、②Aは、平成五年一月八日付の本件譲受依頼文書によりB市に乙土地を譲渡したものである、③甲土地は、相続税の納税猶予を受けており、二〇年以上畑として利用する予定であることから、本件買取り申請書を提出することはありえないなど、請求人（納税者）と課税庁（原処分庁）との間においては、事実について、主張に相違があったものの、その争点は、平成五年譲渡と平成六年譲渡が措置法三三条の四第三項二号に該当するか否かであった。

事例及び国税不服審判所平成一〇年六月二四日裁決（以下、「本件裁決」という。）事例において、留意しておくべき点は、譲渡所得の金額の総額が五、〇〇〇万円以下の土地を二以上の年にわたって譲渡すればかえって課税額が過大となることから、通常納税者がこのようなことを希望することはなく、措置法三三条の四第三項二号の制定目的を超えた適用であるということにならないかということである。

これに対して、国税不服審判所は、事例のような事実を認定したうえで、次のように判断をしている。

B市は、乙土地及び丙土地を平成五年及び平成六年にそれぞれ取得しているが、「本件収用事業の認可前の平成四年六月ころに請求人らから甲土地のうち本件収用事業に係る部分について買取りの申出があったことから、B市は、請求人らの要望に沿うため、本件収用事業の事業地として確実な道路本線に係る部分を予定として都市計画法

第五五条第一項の規定に基づいて指定したものと認めるのが相当である。」また、上記のとおり、「その後の平成六年に本件収用事業が認可され、それによって丙土地部分が本件収用事業が認可され、それによって乙土地部分が本件収用事業の事業地に含まれることが明らかとなったため、平成六年に丙土地部分がB市から買い取られることとなったものと認めるのが相当である。そうすると、結果として乙土地及び丙土地を二年にわたってB市が買い取ることとなったのはやむを得ない事情があり、また請求人にもその原因の一端があるものと認められるが、いずれにしても、乙土地及び丙土地は本件収用事業という一つの事業に係る土地というほかはなく、仮に二以上の年にわたって資産を譲渡したことについてやむを得ない事情があったとしても、本件特例を適用できる旨の法令上の規定もないことから」（傍点部分は筆者注。以下同）、本件譲渡に係る請求人の分離長期譲渡所得の計算にあたり、本件特例を適用することはできない。上記判断のうち、傍点部は注目すべき解釈を示しているといえよう。措置法三三条の四第三項二号を文理解釈することにより、「やむを得ない事情」（後述する「特段の事情」あるいは「合理的とみとめられる事情」に相当するといえよう。）を考慮する余地は存しないとの立場をとっている。

(2)　大阪地裁平成一一年六月二一日判決（未登載）

本件裁決事例の一審判決である大阪地裁平成一一年六月二一日判決は、ほぼ本件事例と同様の事実認定のもとで、以下のように判示する[4]。

ア　「一の収用交換等に係る事業」（一の公共事業）とは、事業地が広大であったり、期中で変更されるなどして、当該事業地の買収に際し、被買収者が所有する複数の土地を同一事業年度内に買収することはおよそ不可能と認められる等の特段の事情のある場合を除き、都市計画法等の公共事業の根拠法令における一つの事業認定に基づく公共事業を指すところ、中途において、事業期間を延長するために事業計画の変更があったとしても、かかる延長は事業内容等に実質的な変更を加えたものでなく、これをもって事業地内に被買収者の所有する複数の土地を同一事業年度内に買収することがおよそ不可能ということはできないから、特段の事情ということはできない。

イ　「一の公共事業」による買収であったか否かで本件特別控除の適用を制限したとしても、その制限がその所有資産を分割し、又は数個の資産を別々に譲渡することを許すことにより、何回もその適用を受けられるという不合理を防止するという、本件特別控除の目的達成に資するものであり、他方、このような事業地の買収が被買収者の都合によらずして、複数年度にわたった場合などその適用を制限されたとしても、円滑かつ迅速な公共事業の施行という政策目的がどの程度失われたかも明白でないことに照らせば、かかる本件特別控除の適用制限による不利益は、立法政策の問題であり、著しく不合理であることが明白な場合とはいえないから、違憲の問題は生じない。

大阪地裁平成一一年六月二一日判決は、「特段の事情」が存する場合には、措置法三三条の四第三項二号の適用を否定する。本件裁決とその点での立場を異にしている。

なお、大阪高裁平成一二年四月四日判決（税資二四七号二七二頁）も一審同様、同条二号の合憲性を認める。

3　租税特別措置法三三条の四第三項の解釈

(1)　「合理的と認められる事情」又は「特段の事情」とは

措置法三三条の四第三項二号は、同一の事業において、一の買取り等の申出によるべきところ、年度を異にする複数の申出により資産を譲渡することにより、同一の事業であるにもかかわらず、複数の特別控除の適用を受けることを規制する目的でおかれたものであるといえよう。この規定の位置づけは、課税要件規定の位置であるが、本質的には租税回避規定としての性格をも併せ持っているといえよう。しかし、後述するように措置法通達、本件裁決、大阪地裁平成一一年六月二一日判決は、必ずしも租税回避規定との立場をとっていないようにもうかがえる。

ここでの問題は、この「合理的と認められる事情」又は「特段の事情」を措置法三三条の四第三項二号の適用にあたり、考慮すべきか否か、また考慮すると解した場合に「合理的と認められる事情」又は「特段の事情」とはいかなる場合をさすと解するのであろうか。

措置法や下級審判決においては、「合理的と認められる事情」（措置法通達三三の四―四）あるいは「特段の事情」（大阪地裁平成一一年六月二一日判決）が存する場合には、この適用を認めないこととしている。措置法通達三三の四―四と大阪地裁判決は、その内容を同じくするものと解することができ、両者においてその場合を同じくすると解すれば、同様の結論が導かれる。

しかし、納税者（被買収者）側の理由により、買収者が二回以上にわけて申出を行う場合にとどまらず、買収者の都合により年度を異にする複数の申出による資産の譲渡も常に特別の事情等に該当すると解してはおらず、たとえば予算上の都合について、該当しないと解するなど（措置法通達三三の四―四の前述解説参照）、その特別の事情等の存在が肯定されうる場合は必ずしも明確ではないように思われる。

国税不服審判所裁決は、「合理的と認められる事情」又は「特段の事情」を法令の規定が存しない以上、考慮すべきではなく、「乙土地及び丙土地は本件収用事業という一つの事業に係るというほかはなく、二以上の年にわたって資産を譲渡している以上、本件特例はやむを得ない」と述べるところから、前二者とその見解は異なるといってよかろう。租税法律主義に一見忠実な解釈のようにみえる。

しかし、この規定の立法趣旨を考慮すると、立法趣旨を超えて、その適用場面を解釈上制限することはあながち否定されるべきではあるまい。租税法律主義は、課税庁の課税権の濫用から納税者の権利を保護するものであり、このように解釈したからといって納税者に不利益を課すものではないといえよう。措置法三三条の四第三項二号の解釈・適用にあたって、「合理的と認められる事情」又は「特段の事情」は考慮されるべきものであると考えられる。

また、この規定の趣旨は、収用事業のために資産を譲渡する者（被買収者）が「一の収用交換等に係る事業」において資産を切り売りし、二以上の年にわたって二回以上の特別控除の適用を受けることを防止しようとするものであることから、譲渡所得の金額の総額が五、〇〇〇万円（＝特別控除額）以下の土地を二以上の年にわたって譲渡することによって、かえって納税者の税額が大きくなるような譲渡を納税者自身が行うことは通常考えられず、このような場合においては、特段の事情が存すると推定することができよう。

さらに、収用事業のために資産を譲渡する場合において、同一事業において二以上の年にわたり譲渡をすることとなった理由が公共事業の施行者側にもっぱら存するときには、措置法三三条の四第三項二号の適用はないものと解すべきであろう。

なお、本事例の平成五年譲渡において、AがB市に対して道路用地について先行取得を希望し、B市に働きかけたといった経緯が存する場合においては、二以上の年にわたる譲渡が納税者側の理由に帰することから、平成五年譲渡がそもそも措置法三三条一項二号にいう「収用等」に該当するか、あるいは措置法三三条の四第三項二号の立法目的とからんで措置法三三条の四第三項二号の適用はないものと解されうるのか、などがあらためて検討されることになろう。収用等に該当する場合において、事例のように、譲渡を二回に分けることが税法上、何らの意味をも有しない場合においては、措置法三三条の四第三項二号の適用はないものと解することにも合理性があるように思われる。

(2)　「一の収用交換等に係る事業」（一の公共事業）とは

租税特別措置法三三条の四第三項二号における「一の収用交換等に係る事業」とはいかなる状態をさすのか、事例のような場合には問題となろう。「収用交換等」とは、租税特別措置法三三条の四第一項本文において「収用等又は交換処分等」をさすが、この「収用等又は交換等」のうち、「収用等」とは、措置法三三条において当該各号

（措置法三三条一項各号）に規定する「収用、買取り、換地処分、権利返還、買収、買入れ又は消滅」と定義されている。事例の場合、平成五年譲渡は、当初措置法三三条二項三号の三（「都市計画法……五六条一項の規定に基づいて買い取られ、対価を取得する場合」）にもとづいて進められていたものと思われるが、最終的には、措置法三三条一項二号（買取り申出を拒むと当初道路法にもとづき収用等がなされることとなる場合において、買い取られ、対価を取得したとき）に該当するものと思われる。そして、平成六年譲渡も措置法三三条一項二号に当初該当すべきものであったところ、平成六年四月八日に都市計画事業の事業地に双方とも組み込まれたことから、どちらにしろ、この乙土地と丙土地とは「一の収用交換等に係る事業」にもとづく譲渡であるということができるであろう。

すなわち、大阪地裁平成一一年六月二一日判決が判示するように、「一の収用交換等に係る事業」とは、都市計画法等の公共事業の根拠法令における一つの事業認定に基づく公共事業をさすと解すべきであろう。

しかし、大阪地裁平成一一年六月二一日判決は、事業地が広大であったり、期中で変更されるなどして、当該事業地の買収に際し、被買収者が所有する複数の土地を同一事業年度内に買収することはおよそ不可能と認められる等の特段の事情のある場合を除くと判示しており、この点についての取扱いが措置法通達三三の四―四と同様であるかは必ずしも明確ではない。大阪地裁平成一一年六月二一日判決は、このような場合に事例が該当しないとしており、この点では妥当な判示であると思われる。

なお、本件裁決の立場にたつと、前記したように、このような場合は当然のこと、特別の事情を考慮する余地は全くなく、措置法三三条の四第三項二号が適用されることになろう。

(3)　本件特例の適用が否定される場合の取扱い

措置法三三条の四第三項二号は、同一の収用交換等に係る事業について二以上の譲渡があり、その譲渡が年をまたがって二回以上にわけて行われた場合には、最初の年に譲渡をした資産に限られることとしている。その結果、事例のような場合において、平成五年譲渡にかかる乙土地についてのみ、特別控除が適用されることになると理解されることになると解されている。

しかし、事例が措置法三三条の四条第三項二号の掲げる場合に該当することとなった取扱いについて、現行規定上の取扱いが妥当なものであるか、検討すべき必要があるように思われる。現行規定の解釈上、そのような取扱いはやむを得ないと解さざるを得ないであろうか。仮に、そのように解さざるを得ない場合においても、立法論的にはいくつかの取扱いが考えられ、現行法上の取扱いについての合理性が問題となるであろう。立法論的には、以下のような取扱いが考えられる。

① 五、〇〇〇万円の特別控除の適用を最初の年に譲渡をした資産に限られるとする（現行の措置法三三条の四第三項二号と同一の取扱い）。

② 上記①の逆（現行規定の逆）で、五、〇〇〇万円の特別控除の適用を最後に譲渡した資産に限られる（当該資産にかかる譲渡の年度で控除）。

③ 年をまたがって二回以上にわたる譲渡にかかる対価を最初の資産の譲渡があった年度に遡及をして（対価の総額を前提に譲渡所得を計算する。）、本件特例を適用し、五、〇〇〇万円の特別控除を行なう。

④ ③の逆の取扱いで、資産の譲渡にかかる最後の年度において、複数の資産の譲渡があったものとして（対価の総額を前提にして譲渡所得を計算する。）、本件特例を適用し、五、〇〇〇万円の特別控除を行なう。

措置法三三条の四第三項二号の規定が租税回避規定の趣旨を含んでいると解した場合においては、通常の取引に引き直して課税するとすれば、一回の取引に引き直して、本件特例を適用すべきこととなろう。このような立場にたてば、③又は④の取扱いが支持されるべきものといえようが、当初の買取りの申出が通常、真の申出であると考えられることから、③の取扱いが採用されるべきものといえよう。立法論的に、措置法三三条の四第三項二号の取扱いは問題が存するといわざるをえない。特に、収用等が納税者の意思を無視した強制的な資産譲渡であり、憲法二九条の私有財産制度に深くかかわる問題であることを考慮すると、現行規定の存在にかかわらず、課税庁はこのような③の取扱いを実務上採用すべきであると思う。特に事例においては、一回の取引が二、五〇〇万円程度のものを二回にわけても、何の意味もないので、そのような場合まで本件特例の適用を認めず、措置法三三条の四第三項二号を適用することは、明らかに行き過ぎた課税を導くことになるといえよう。

なお、措置法三三条の四第三項二号を単に課税要件規定であると解した場合には、①のような取扱いも直截的に否定されることにはならないと解する余地もあろう。

(4)　措置法三三条の四第三項二号は違憲か

損失保障制度は、本来、適法な権力の行使によって生じた損失を個人の負担とせず、平等原則によって国民の一般的な負担に転嫁させる制度である。憲法二九条三項にいう「正当な補償」の意味については、従来、完全補償説と相当補償説が対立しているところであるが、今日、個別的収用の場合においては、判例上、学説上、完全な補償が必要であるとの見解で一致をみているといえよう。(5) そこで、今日の問題は、何をもって「完全な補償」とみるかであるといえようが（たとえば、生活権補償をどのように解するかなど）、収用等の対象となった資産の時価を補償することについては異論がないといえよう。したがって、「道路拡張のための土地収用のように、特定の財産の使用価値に立ち戻って収用が行なわれる場合には、市場価格による完全補償がなされなければならないと思われる」。

このような完全補償説のもとで、収用等にかかる資産の対価（あるいは対価補償金）について課税することは許されるであろうか。上述したように、措置法三三条の四第三項二号に該当した場合の取扱いについてはこのような視点から問題である。課税を含めた意味での完全補償説が採用されるべきではないかと思われる。

本件特例規定のみでなく、措置法三三条に規定する収用等に伴い代替資産を取得した場合の課税の特例（譲渡所得の課税の繰延べ）、措置法三三条の二に規定する交換処分等に伴い取得した場合の課税の特例（譲渡所得の課税の繰延べ）も私有財産制度のもとで「正当な補償」との関係が今後検討されるべきであると思われる。本件のような特例措置は単なる租税優遇措置とは同じ土俵のうえで、違憲問題が論じられることには問題が存するといえよう。租税優遇措置が特別に憲法一四条のもとで許されるか否かという問題ではなく、憲法二九条の私的財産の補償との関係がまず議論されるべきであり、そのような場合の違憲判断基準が、「著しく不合理なことが明らかであること」と解することは疑問であろう。

おわりに

土地収用等にかかる租税特別措置は、資産の所有者がその意思に関係なく、公共の利益のためにその資産を強制的に収用あるいは買い取られることから、納税者の負担軽減のための措置を講じているのであるが、本件特例にかかる問題は本件特例の適用要件にかかる解釈論にとどまらず、往々にして納税者にいかなる軽減措置が立法政策上付与されるべきであるかという、根本的な問題がその前提に横たわっているといえよう。

各種の特例措置にかかる課税要件は、私有財産制度の保障、さらには租税法律主義のもとで厳格に明定されていなければならないはずである。少なからず、課税要件を巡る解釈にあたってはこのことが十分に考慮されなければならない。公共用地の取得にあたって現実には強制収用（行政代執行）が行われることはなく、任意買収によって用地の取得が行われるのが現実である。また、その土地収用等にともなう事業の推進は経済的な状況等をも反映して、実態は必ずしも措置法が予定した前提条件（適用要件）と同一でなく、形式的に異なることが生じる。措置法六四条一項二号にいう「資産について買取りの申出を拒むときは土地収用法等の規定に基づいて収用されることとなる場合」の文言解釈、措置法三三条の四の適用要件（特に、「同一の収用交換等にかかる事業について二以上の譲渡があり、その譲渡が年をまたがって二回以上行なわれた場合には、最初の年に譲渡をした資産に限られること」（措置法三三条の四第三項二号））等の文言解釈を通じて、土地収用等にかかる租税特別措置規定の抱える実体法的、手続的な問題を検証したが、特に「収用証明書」の取扱いについては裁判所や発行行政庁の判断が尊重され、該当性についての推認が強く働くものと解する方向で整理をしていくことが必要であろう。

（1）　藤本和昭編『公共用地取得の税務』六二頁（大蔵財務協会・一九九一）。

（2）　本判決の解説・評釈は多いが、とりあえず、岩崎政明・月刊税務事例四三巻七号一頁、橋本浩史・税経通信六五巻一一号一四九頁、佐伯祐二・民商法雑誌一四四巻四＝五号五〇四頁、西田幸介・ジュリスト臨時増刊一四二〇号五一頁、鎌野真敬・法曹時報六四巻三号二二五頁（最高裁判所判例解説民事篇平成二二年度三〇五頁）、田尾亮介・自治研究八八巻一〇号一二四頁、早川充・行政関係判例解説平成二二年一〇七頁参照。名古屋地裁（第一審）平成一九年五月一七日判決については、田島秀則・月刊税務事例三九巻一〇号一頁、松井宏・税理五一巻七号七二頁等、名古屋高裁（控訴審）平成二〇年一二月一八日判決については、朝倉洋子・税研ＪＴＲＩ二五巻三号七四頁等参照。

（3）　武田昌輔『ＤＨＣコンメンタール　法人税法（租税特別措置法編）』三八三三頁（第一法規・加除式））、加納将史監修『租税特別措置法通達逐条解説（譲渡所得・山林所得関係）』三四八頁以下（大蔵財務協会、一九九四年）参照。

（4）　判決要旨については、税務事例三二巻二号六二頁等参照。

（5）　芦部信喜『憲法』一七五頁以下（岩波書店、一九九三年）。「正当の補償」については、とりあえず、野中俊彦ほか共著『憲法Ｉ（新版）』四四一頁以下（高見勝利執筆）（有斐閣、一九九七年）参照。

第四章　経済特区税制

――沖縄振興特別措置法における「地域優遇税制」

はじめに

「経済特区」とは、一定の地域を指定して、その地域において他地域とは異なる税制、規制の定めを設けて、地域経済の発展、ひいては国民経済の発展に寄与しようとするものである。「経済特区」や「保税区」は、今日では、中国にとどまらず、韓国、マレーシア、シンガポール、ロシア、ポーランド、フィリピン、モンゴル、イギリス（ロンドン）、アイルランド（ダブリン）等々、世界中の国において見いだすことができるほど、拡大している。経済特区はこれまでの「輸出加工区」といった伝統的な経済特区にとどまらず、金融、観光、商業などのさまざまな分野にそのような制度は発展してきており、先進国においてもこのような特別地域は指定されている。

今日、経済特区間での競争の激化といった現象もみることができる。そこでは、外国企業に対する輸出入関税の免除、消費税の免除、所得課税の免除などの優遇措置を実施するなど、多くの場合、いわゆる優遇税制が大きな機能を果たしてきたといえる。

我が国においては、小泉内閣の構造改革路線の一環として、全国の自治体にさまざまな「経済特区」が設置され、また沖縄には名護の金融特区をはじめ、いくつかの特別地域をみることができる。

本章では、我が国における「経済特区」がいかなる目的のもとで設立され、そこで税制がどのような機能を果たしているか（「経済特区」の制度的概要、経済特区制度における租税優遇措置の導入とその効果）を明らかにして、経済特区制度における租税優遇税制の法的な問題を検討していくこととする。

一　経済特区の意義

我が国では、経済特区を二つに大別することができる。税制（租税の軽減・減免）を用いて、原則とは違ったインセンティブを一定の地域に与えようとして用いられる特区、いわば「保税特区（税制緩和特区）」と、税制以外の規制のあり方を一定の地域に与えて規制緩和の効果を発揮させようとする「規制緩和特区」、つまり現在注目を浴びている「構造改革特区」とに分けることができる。ここでは「税制緩和特区」「規制緩和特区」と呼ぶこととする。なお、両者の効果を併せ持っている経済特区を「税制・規制緩和特区」と呼ぶ。

諸外国で用いられている、いわゆる経済特区的なものは「税制・規制緩和特区」に位置づけられるものが多い。これらの双方の効果を併せ持った、いわゆる経済特区を広くみることができる。しかし、我が国は、今日までのところ制度的には「税制緩和特区」と「規制緩和特区」とが明確に切り離された形で存在するといってもよかろう(1)。

今日、我が国で「経済特区」として注目を浴び、かつその積極的な導入・設立がすすめられているのは、税制を用いた特区ではなく、「構造改革特別区域法」（平成一四年一二月一八日公布）にもとづいた規制改革あるいは構造改革のための特区である(2)。後者の「規制緩和特区」である。

「構造改革特別区域法」は、「構造改革特別地域の設定を通じ、経済社会の構造改革を推進するとともに地域の活性化を図り、もって国民生活の向上および国民経済の発展に寄与することを目的」（同一条）とし、地方公共団体が自発的に行なう構造改革特別区域の設定を通じ、経済社会の構造改革を推進すると共に地域の活性化を求めることを目標にしており、一部例外はあるが、同法は規制緩和特区の骨格をなすものである。「構造改革特別地域」とは、地方公共団体が当該地域の活性化を図るために自主的に設定する区域であって、当該地域の特性に応じた特定事業を実現」するためのものであり、その手段としては法律で規定された規制についてさまざまな特例措置を設けること、つまり「規制の特例措置」を用いる。関税法に関する手数料の減免（同法一七条）もないではないが、一般には税制を用いない、規制緩和を主体とする特区構想である。(3)

ちなみに、特区の実現方法としては、地方特別法によるもの、条例によるもの、国が地域を指定して行うものの三つがあり、各々その法的な問題点は存するが、我が国では、「構造改革特別区域法」による「構造改革特別地域の設定」という第三番目の方式が立法化されたのである。

なお、第一の方法としては、税制緩和特区あるいは税制・規制緩和特区としての「沖縄振興特別措置法」（平成一四年三月三一日公布・同年四月一日施行）」を例として挙げることができる（「沖縄振興開発特別措置法（昭和四六年法律第一三一号）」を「沖縄振興特別措置法（平成一四年法律第一四号）」に改正。詳細は後述）。

構造改革特別区域は、具体的には、教育、職業安定、移民、難民の受け入れ、農業への参入、老人福祉、電気通信などさまざまな事業についての特例が可能とされている。ある地域では外国の医療を許し、外国の学校教育を許し、そして株式会社で農業や病院も経営するというような経営形態の是非はともかくも、特区の中では可能となろうとしている。税制を伴わない規制改革特区、構造改革特区は比較的新しい考え方である。日本の特区構造は、新しい試みとして注目すべきであるといわれている。

二　保税特区（税制緩和特区）の現状

税制を用いる経済特区の歴史は長く、貿易加工区、輸入自由地域、保税区、あるいは特別経済区域等と呼ばれる多くの例がある。アイルランド・マレーシア・韓国・中国を始め、多くの東南アジアの地域が貿易加工区の利益を受けている。

中国沿海部の目覚しい発展は、特別経済地域なしには説明できないし、マレーシアは貿易加工区を作ることによって経済発展の誘因を得ている。アイルランドでは、国際金融サービスセンター（International Financial Services Center: IFSC）を設け、金融業に関する規制、税制の緩和によって、外国からの投資増加で経済の活況を導いている。アイルランドの例は、沖縄の金融特区の名護を設ける際に参照されものである(4)。

税制をともなう保税特区貿易論には、いわゆる「自由貿易地域の理論」がある。二国なり数国が貿易の垣根を取り払って自由に貿易を開始し、これにともなって投資の自由化も行なわれることが多い。自由貿易地域内で貿易を促進し、貿易を地域外から地域内に排除してしまう効果がある。すなわちヴァイナーの、地域間の国々の間での貿易創造効果（Trade Creation Effect）と地域に参加しない国等からの貿易排除効果（Trade Diversion Effect）が共に働くと解される(5)。

ところが貿易加工区という経済特区の形は、一国の一部が、国外に開く袋のような、いわゆるアンクレイブを形成することによって、一国の一部が外国地域とつながるという、ちょうど自由貿易地域の裏返しのような性質を持っているといわれている。開かれた地域と外国との貿易は盛んになるけれども、開かれていない国の部分から貿易のフローが若干少なくなっていくこともありうる(6)。

しかし、一般には開かれた部分の貿易が経済発展を促進し、あるいは国際投資がそこに集まるということで、特区の部分の活動が盛んになって国全体の発展に繋がると考えられている。経済学はこのような輸出加工区、貿易自由地域について貿易で保護された地域に外国資本が流入すると、その資本が資本集約的な産業に入ってくる限り、国内から一定の補助金を得るような形になり、結局のところ資本の収益に関税の保護効果が働いて、国際投資が超過利潤を外に持っていってしまって、国民経済はマイナスになる可能性がある（いわゆる「交易条件悪化の帰着」である(7)）。

もちろん多くの場合、輸出加工区を開設する地域には失業も存在するので、失業を考えた時には以上のような効果が働いても、輸出加工区がプラスになる公算が大きい。失業その他を考えに入れたとしても、自由貿易地域は有益な効果を持っていると結論付けられるといってよい(8)。貿易自由効果はそれだけに留まらず、一国の輸出加工区以外、金融特区以外の部分も技術的外部性によって恩恵を受ける。いわゆる「ショーウインドー効果」をもたらす。さらに、重要なのは、保税特区の特徴として政治的に比較的に受け入れやすいということである。国全体として関税を引き下げたり、税制、法人税を軽減したりするのに色々な抵抗がある場合に、一部（特別区）だから良いだろうということで、特区の一つのメリットは政治的な受け入れやすさと、上述のショーウインドー効果を結び付け、既得権益の抵抗を和らげていくだけでなく、国民への教育効果もねらえる点にあるといわれている(9)。

三　沖振法にもとづく金融業務特別地区等

1　特区の内容

沖縄振興特別措置法にもとづいて、沖縄県の一定地域において、税制上の優遇措置や規制緩和などを行い、経済を発展させるために活用される制度として特区がおかれている。「金融業務特別地区」、「情報通信産業特別地区」、「特別自由貿易地区」に大きく分けることができる(10)。

「金融業務特別地区」は、名護市で適用されている。金融業務とこれに付随する業務を対象として、法人税の三五％所得控除、投資税額控除、地方税の減免など税制上の優遇措置を行っている(11)。そこでは、沖縄金融専門家会議やプライベートバンキング研究会などの取り組みを通して、沖縄の金融産業の発展を目指している。「情報通信産業特別地区」は、那覇・浦添地区および名護・宜野座地区の二地区で適用されている。地区内の情報通信企業に対し、法人税の三五％所得控除、投資税額控除、地方税の減免などを行っている。「特別自由貿易地域」としては、うるま市が指定されている。一定の条件を満たせば、新設後一〇年間法人税の三五％所得控除のみならず、地方税の減免、沖縄振興開発金融公庫の低利貸付制度など、さまざまな優遇制度が用意されている。保税機能の活用ができるため、海外から安く輸入した原材料や半製品を関税や消費税を払うことなく加工・組み立てして輸出することができる。

沖縄振興新法上、「情報通信産業特別地区」や「特別自由貿易地域」等はその数が制限されていないが、「金融業務特別地区」は一地区に限定されている。また地区指定は内閣総理大臣が、沖縄県知事の申請に基づき行う。ここでは、「金融業務特別地区」の内容をみてみよう。

金融業務特別地区を指定する際の要件は以下のとおりである（同施行令二六条）。

① 労働力の確保が容易であること。

② 高度な情報通信基盤が整備されていること。

③ 金融業務の事業の用に供する土地の確保が容易であること。

④ 金融業務特別地区の指定により金融業務の集積を促進することが沖縄県の均衡ある発展に資すると認められること。

海外では、名護市がモデルとするアイルランドのダブリン金融特区やアジア諸国の輸出加工区などの成功例があり、これを情報通信・金融に特化させたものが名護の特区であるといえよう。

金融業務特別特区（金融特区）は名護市、情報通信産業特別特区（情報特区）は名護・宜野座地区、那覇・浦添地区にある。特に情報特区・金融特区ともに名護市全域が指定されている。名護市内であれば、どこに立地しても、優遇税制の対象となる(12)。

2　特区と税制との関係

経済産業省は、二〇〇二年に特定の地域を指定して優遇税制などで企業を誘致する経済特区設立の検討に入った

（二〇〇二年二月一二日新聞報道）。日本企業が中国など海外に移転する動きが広がり産業空洞化懸念が強まっているため、国内の企業立地の魅力を高める必要があると判断したという。ただ、財務省などはこれを認めると一国二制度の税体系となり公平性の原則が崩れるとして一貫して否定的な立場を取り続けているようである。

顕著な例が、国際金融特区構想に関する項目だろう。要望案は「一定の地域を指定し、金融・保険業および同関連業務等の集積を促進するための税制上の優遇措置等を講じる」としているが、同構想を打ち出した名護市が柱とする「法人税の軽減」には触れていない。名護市は、特区内の実効税率（現行四〇・八七％）を二六％に引き下げるよう求めている。これに対し、財務省は、法人税減免について「国際的な税体系の公平性を損なうタックスヘイブン（租税回避地）と見なされ、国際問題になりかねない」と反発していた。

平成一四年四月に名護市が金融特区として指定されたが、この制度により、金融業を営む企業への税の優遇がなされることとなった。名護市はアジアに近い沖縄の地形がもつ有利性を強調して、特区指定による優遇税制を武器に、企業誘致を呼びかけている。その税率は法人税を二〇一三年までの一〇年間免除し（通常の法人税に比べ格段に安く、実質、沖縄がタックス・ヘイブンになっているとの見方もある。）、また地方税の減免、投資税額を二〇億まで控除する投資税額控除などである。金融特区構想ではアジア証券取引のハブ（核）市場、グローバル企業のリスクを補償するキャプティブ保険（企業の自家保険）事案の機能といったような構想もある。

名護市に新設される株式会社、有限会社、合資会社、合名会社で情報通信関連業や金融業を営んでいる会社が特区の優遇税制の対象となる。特区の優遇税制は、所得税額控除と投資税額控除の選択制である。所得税額控除をうけるためには、金融特区の事業認定を国から受ける必要がある。

その要件として「特区内に新規法人を設けること」「雇用者二〇名以上であること」などがある。投資税額控除を受けるためには、特区内において、一、〇〇〇万円を超える金融業務用設備を新増設した青色申告法人という要件はあるが、金融特区の事業認定を国から受ける必要はない。よって、はじめは数名で事業をスタートして五年後に二〇人に増えたとすると、それから所得控除の優遇措置を受けることができ、事業認定の申請を行い、認定後、所得税額控除の優遇が受けられる。ただし、設立年から起算して一〇年間のみが優遇措置の適用期間である。

しかし、今後、この特区がアジアの魅力的な金融センターとして機能していくためには、さらに高度な金融業務が行える場所であることが必要である。そこで、特区内でキャプティブ保険やパスダックなどの新たな業務を行えるよう、特区内で規制緩和がさらに求められよう。キャプティブ保険（親会社および関連会社のリスクを引き受ける目的に設立される保険会社。全世界に約四、五〇〇社のキャプティブ保険が設立されており、企業のリスクマネジメントの一環として活用されている。）の設立やパスダック構想の実現が求められている（「アジアで中心的役割を果たす証券取引の場を創設する」ことも目的に Pacific Association of Securities Dealers Automated Quotation の頭文字をとって「パスダック構想」と呼ぶ。）。

その他、①情報通信産業に関する税優遇措置（情報通信関連産業の集積の牽引力となる特定情報通信事業の集積を促進するため、情報通信産業特別地区内において、法人税の特例措置を行う。[13]）、②情報通信関連産業に関する税優遇措置（近年の情報通信基盤の整備と情報通信技術の発達は、本土市場との遠隔性が課題とされている沖縄の距離と時間の壁を克服し、県民のホスピタリティーや自然、歴史、文化など沖縄の特色を生かした形でコールセンターなど新しい情報通信関連産業の集積が見られるようになった。沖縄県では、今、県経済の新しいリーディング産業として期待されている情報通信関連産業の更なる集積、振興を図り、アジア・太平洋地域における国際的な情報通信ハブの形成を目指して、インフラ整備、税の優遇措置、人材育成など、ハード、ソフト両面にわたり、幅広い支援事業を進める。情報通信関連産業の振興のため、情報通信産業振興地域内で設備投資等を行う情報通信関連企業に対し、投資税額控除制度や地方税の課税免除又は不均一課税を行う。[14]）、③特別自由貿易地域の税優遇措置（特別自由貿易地域は、沖縄における産業と貿易の振興を目的に沖縄進行開発特別措置法（旧法）から引き継いだ制度である。「特別償却費」としての経費算入、「自由貿易地域立地促進投資減税制度」としての税額控除、地方税の軽減を行う。[15]）が存する。

新沖縄振興計画のベースとなる沖縄振興新法にもとづいた金融特区は、地域振興や雇用促進等を目的に、税の軽減や補助金等の優遇措置が受けられ、金融業務面での規制緩和が実施される地域であり、「税制緩和・規制緩和特区」に位置づけられる(16)。

四　金融業務特別地区と他国の金融特区との相違点

名護市の金融特区のモデルとなったダブリンでは、税制優遇措置は、軽減法人税率一〇％、固定資産税一〇年間免除、利子および配当についての源泉税非課税である。アイルランド政府は発展分野のターゲットを情報通信サービス、金融、ＩＴ、厚生の四つに絞った。このうちの二つ、ＩＴと金融分野で企業誘致をするために打ち出されたのが、「金融特区」制度であった。

アイルランド（ダブリン）の金融特区といっても、それはわずか二〇ｈａぐらいの広さの限定された地域である。正式には「国際金融サービスセンター」（ＩＦＳＣ）という。このＩＦＳＣでは法人税一〇％、固定資産税（地方税）の一〇年間の課税免除、利子および配当についての源泉税の非課税、賃貸不動産の損金として計上できる措置という画期的な優遇措置が実施された。つまり、これはタックス・ヘイブン（租税回避地）である。タックス・ヘイブンとはその国の法的課税制度とは異なった制度で運用される地域（これらはオフショアと呼ばれる。）である(17)。

そのＩＦＳＣ成功の最大の要因は、海外からの投資促進および雇用創出のために行われた優遇税制である。ＩＦＳＣに進出した企業には一〇％という低率の法人税率が適用されるだけでなく、不動産税の免除や企業に有利な減価償却制度などの優遇措置が受けられる仕組みになっている。同センターは、その名のとおり国際金融業務を主軸におき、海外企業の誘致活動を積極的に展開してきている。法人税一〇％というのは、破格の優遇措置である。イギリスやフランスが法人税率三〇％や四〇％であることと比較してもその税率は特筆すべきものである。金融ビジネスはここに進出すれば、こうした低い税率のメリットが受けられる。

そのほか、シンガポールでは、税制優遇措置は軽減法人税率一〇％、マデイラでは、税制優遇措置として、法人税、資産収益税、地方税等免除、バミューダでは、税制優遇措置として、個人所得税、法人税とも非課税である。

他国の金融特区と沖縄の金融特区の優遇措置を比べると、他国は法人税が非課税ないし、一〇％程度であるのに対し、沖縄の場合、三五％の所得控除という点が違う。実効税率二六％の仕上がりになるように考えられた措置であり、制度としては他国のそれに比して必ずしも十分ではない。外国企業の誘致という観点からは、たとえば香港の企業を誘致することを考えると、この法人税率の差は大きく、効果がどれだけあるのか疑問である。

しかしながら、国内企業はタックス・ヘイブン対策税制（租税特別措置法六六条の六、同施行令三九条の一四）により、外国の子会社が二五％より低い税率の場合は、子会社の所得についても、内国法人（親会社）で課税されるので、前述したような海外の金融特区のメリットは享受できない。しかし、国内企業にとっては二六％の実効税率でも魅力に富んだ制度といえるではなかろうかという見解もある(18)。

規制緩和の局面において、業務範囲は、国内でできる既存の金融業務に限られており、特区内だけに時限立法的に認められた業務はない。キャプティブ保険のように他国では認められている商品であっても、国内で認められていない業務はできない。商品開発の自由度は過去においては原則規制であったものが、近年比較的自由になってきたとはいえ、海外の様に原則自由、例外規制ではないため他国の金融特区と競合すれば他国に劣ることとなる。

沖縄金融特区では、所得控除または税額控除を受けられる事業認定要件として二〇人以上の雇用が義務付けられている。ペーパーカンパニーを認めない措置と考えられるが、事業の成功を考えた場合、最初は少人数で立ち上げることを許容することが望ましいともいえる。金融特区については、特区制定後四年が経過したものの、企業の集積が進んでいない。優遇措置が設けられているにも関わらず、税制優遇の認定を得るための要件が厳しいことから、企業の集積が進んでいないとも考えられる[19]。

しかし一方で、税制優遇がなされると、ペーパーカンパニーを設立するなどして意図的に課税を逃れようとする企業が現れ、特区が租税回避地と化してしまう危険性が指摘されてきた。このため、沖縄県の金融特区においては、課税逃れのみを目的とするような企業の進出を排除するために、現地への新設法人の設立や雇用人数等の厳しい要件が設定されたと解される。この要件が、金融特区への法人進出を阻む要因の一つとなっているとの見方がある[20]。名護市によると、金融特区への進出希望があっても条件を満たせる企業がなく、税制優遇の認定にまで至らないとのことであった。こうした状況を受けて、名護市はかねてより、要件の緩和を国に対して要請している[21]。

現在、沖縄振興特別措置法にもとづく情報通信産業特別地区等へのＩＴ企業の進出が続いている。海外の代替地としての浮上である[22]。そこには租税優遇措置による効果も存すると考えられる。しかし、金融特区への企業進出はそれに比して低調である。

なお、構造改革特区は施行から三年を経過し、八四七の特区が誕生したが、その利用は自治体によって明暗をわけているといわれる[23]。財政的援助（租税の軽減を含む。）が存しないことが一つの理由としてあげられている。

おわりに ―― 経済特区制度における租税優遇措置のあり方

我が国の「税制・規制緩和特区」としての経済特区（沖縄）の租税法的位置づけが問題となろう。一定の地域のみに限って国税及び地方税を軽減することは租税公平主義との関係でまず問題となろう。沖縄振興特別措置法一条は、「この法律は、沖縄の置かれた特殊な諸事情にかんがみ、沖縄の振興の基本となる沖縄振興計画を策定し、及びこれに基づく事業を推進する等特別の措置を講ずることにより、沖縄の総合的かつ計画的な振興を図り、もって沖縄の自立的発展に資するとともに、沖縄の豊かな住民生活の実現に寄与することを目的とする」こととしており、そのため同法に課税の特例を規定し、その内容を租税特別措置法に委ねるものである。沖縄県はいまなお特別な経済構造にあり、所得水準も全国平均の七割であり、なお格差は大きい。このような沖縄の経済構造を変革するための制度として合理性を有しているといえよう。しかし、上述したように金融特区については十分な成果をあげていない。

たとえば、名護市は、当初特区内の実効税率（現行四〇・八七％）を二六％に引き下げるよう求めていたが、財務省は、法人税減免について「国際的な税体系の公平性を損なうタックス・ヘイブン（租税回避地）と見なされ、国際問題になりかねない」と反発した。経済特区（特に金融特区）における税率をどのように設定するかは、タックス・ヘイブン税制や租税条約との抵触問題を検討しなければならないであろう[24]。さらには、自由貿易特区等においてはガット（ＷＴＯ）との関係が問題となることもありえよう[25]。

一方、我が国の「構造改革特区」はそもそも税制とはリンクしない形で制度設計がされてきたものであり、直接的には税制との問題は生じないようにみえる[26]。構造改革特区推進本部は（平成一四年七月二六日、内閣に設置）は、構造改革特区推進のための基本方針を平成一四年九月二〇日に決定した。構造改革特区推進本部は、構造改革特区の目的を、「経済の活性化のためには、規制改革を行うことによって、民間活力を最大限に引き出し、民業を拡大することが重要である。現下の我が国の厳しい経済情勢を踏まえると、一刻も早く規制改革を通じた構造改革を行うことが必要であるが、全国的な規制改革の実施は、さまざまな事情により進展が遅い分野があるのが現状である。こうしたことを踏まえ、地方公共団体や民間事業者等の自発的な立案により、地域の特性に応じた規制の特例を導入する特定の区域を設け、当該地域において地域が自発性を持って構造改革を進めるために、構造改革特区を導入する。

構造改革特区の導入により、特定の地域における構造改革の成功事例を示すこととなり、十分な評価を通じ、全国的な構造改革へと波及して、我が国全体の経済の活性化が実現するとともに、地域の特性が顕在化し、その特性に応じた産業の集積や新規産業の創出等により、地域経済の活性化にもつながる」としていた。構造改革特区の

「実現に向けた基本方針」として、「規制改革特区」制度の実現に向けた基本方針のなかで「国による税の減免や補助金等、従来型の財政措置は用いないこと。個別規制の特例措置は、地方公共団体の責任をもって実施すること」としている。租税優遇措置は地方税法における規定を用いて、地方自治体が個別に判断することとしている。地方税との関係（自治体が独自の課税免除等を講じることの可否）が今後検討すべき問題として残ろう。

なお、国税との関係においては税制を用いないことによる不公平の存在が問題となりうるかもしれない。たとえば、株式会社大学と公益法人等によって教育が行われた場合に、両者の課税関係が異なる場合などがその一例であろう。

（1）　構造改革特区の機能は、ほぼ税制構造をともなう特区と同様に議論できる。ただ輸出加工区や貿易自由地域のように税制の関与した税制緩和特区と違う点は、浜田宏一教授によると以下のようになろう（浜田宏一〈法と経済学二〇〇三年全国大会（学術講演会）報告〉「経済特区の経済的意義」法と経済学機関雑誌一巻一号（二〇〇四・三）一頁、三～四頁参照。以下本章での「二　保税特区（税制緩和特区）の現状」の内容については、浜田・前掲報告二～四頁を参照、引用している）。

第一に、必ずしも規制特区には資本が外国から入ってくるとは限らないという点がある。ある地域において、例えばＩＴ回線に関する制限が地域外よりも緩やかになると、そこに日本のＩＴ産業も参入し得る。そこでは特区がインセンティブに与える影響は同じでも、輸出加工区のように必ずしも厳密に自由貿易地域の裏返し、あるいは自由投資地域の裏返しとはいえなくなる。第二に、規制緩和しか武器がないので、十分にインセンティブが働くかということである。そもそも外国にうまく働いた大々的な例が輸出加工区と比べて極端に少ない。税制を用いた特区は無数の例があるが、規制特区はドイツに自由ハンザ都市条例といった例があるのを聞くぐらいであるといわれている。全国規模で行うべき改革が政治的抵抗が大きいからと、すべて構造改革特区さえ作ればよいというように、特区に「打ち出の小槌的役割」を期待しすぎるのは現実的でなかろう。第三に、いわゆる「ショーウインドー効果」は規制特区の場合極めて重要である。既得権益の抵抗を排除するために一部にだけ特区を作ることのメリットも規制特区、構造改革特区には当てはまる。しかし、なかなか「規制改革」が進まないのでそれに一つの風穴を開け、それを突破口に全体の規制改革に結びつくかは定かではない。

（2）　構造改革特別区域法の公布までの立法経緯等については、ジュリスト一二四二号一三頁～一八頁（二〇〇三）、斉藤友之

「構造改革特別区域制度——その発展的活用と地方自治」自治総研三一三号二二頁以下（二〇〇四）等参照。

（3）　構造改革特区推進本部（平成一四年七月二六日、内閣に設置）「構造改革特区推進のための基本方針」平成一四年九月二〇日決定参照。構造改革特区の目的は、「経済の活性化のためには、規制改革を行うことによって、民間活力を最大限に引き出し、民業を拡大することが重要である。現下の我が国の厳しい経済情勢を踏まえると、一刻も早く規制改革を通じた構造改革を行うことが必要であるが、全国的な規制改革の実施は、さまざまな事情により進展が遅い分野があるのが現状である。こうしたことを踏まえ、地方公共団体や民間事業者等の自発的な立案により、地域の特性に応じた規制の特例を導入する特定の区域を設け、当該地域において地域が自発性を持って構造改革を進めるために、構造改革特区を導入する。／構造改革特区の導入により、特定の地域における構造改革の成功事例を示すこととなり、十分な評価を通じ、全国的な構造改革へと波及して、我が国全体の経済の活性化が実現するとともに、地域の特性が顕在化し、その特性に応じた産業の集積や新規産業の創出等により、地域経済の活性化にもつながる。」である。しかし、ここで注目すべきことは、「実現に向けた基本方針」として、「国による税の減免や補助金等、従来型の財政措置は用いないこと。個別規制の特例措置は、地方公共団体の責任をもって実施すること」としていることである。「構造改革特区について」（平成一四年四月二四日経済財政諮問会議・有識者会議提出資料）、「『規制改革特区』の基本理念及び今後の進め方」（平成一六年五月一五日総合規制改革会議・規制改革特区ＷＧ提出資料）等も併せて参照。

（4）　アイルランド等の経済特区については、朴貞東『経済特区の総括』（新評論・一九九六）、沖縄県と特区との関係においては、名護市国際情報通信・金融特区創設推進プロジェクトチーム、大和証券グループ金融特区調査チーム編『金融特区と沖縄振興新法』（商事法務研究会・二〇〇二）参照。沖縄の歴史的・地理的現状と振興新法の基本理念、沖縄振興の論点と特別措置の意義、金融特区創設に伴う税制措置、金融業務特別地区（金融特区）についても同書の成果が参考となる。

（5）　浜田・前掲報告二頁。パネルディスカッション『構造改革特区の法と経済分析』法と経済学機関誌一巻一号二二頁以下もその効果について論ずる。

（6）　浜田・前掲報告二頁。

（7）　浜田・前掲報告二頁。

（8）　浜田・前掲報告二頁。

（9）　浜田・前掲報告二～三頁。

（10）制度の概要については、前掲、名護市国際情報通信・金融特区創設推進プロジェクトチーム、大和証券グループ金融特区調査チーム編『金融特区と沖縄振興新法』や沖縄県、名護市等のホームページ（企業立地ガイド等）を参照。

（11）名護市は、久辺地区にみらい一号館、名護市マルチメディア館、国際海洋環境情報センターが既に立地しており、人材育成機関である沖縄北部雇用能力開発総合センターや国立沖縄工業高等専門学校も開校している。久辺地区を中核拠点地区として整備し、「小さな世界都市」の実現に向けた新たな街づくりを進めているようである。企業に対する優遇措置のみでなく、企業が集積することにより、住民の就職の機会が増え、また名護市の定住人口が増え、街全体の物流・交通網の整備が進み、公共サービスの充実が図られることにより、生活環境の向上も見込まれている。ビジネス面でも、これまでなかったこまやかな商用サービスのニーズが生まれ、地元での就職の可能性が高まると考えられる（名護市ホームページ参照）。

（12）金融関連産業に関する税優遇措置の概要は以下のとおりである。

（1）金融業務特別地区等の税制

金融業務特別地区（金融特区）制度は、平成一四年四月に施行された沖縄振興特別措置法（沖振法）において初めて創設された制度であり、特区内に進出する金融関連企業は、一定の要件を充たせば、次に述べる税制上の優遇措置を受けることができる。

（適用期間）平成一四年四月一日～平成一九年三月三一日

（対象地域）名護市全域

（対象事業）

①　金融業に係る業務（沖振法施行令五条）

・銀行業、信託業又は無尽業

・農林中央金庫、商工組合中央金庫、信用金庫、信用金庫連合会、信用協同組合、信用協同組合連合会、労働金庫又は労働金庫連合会の行う事業

・農業協同組合、農業協同組合連合会、漁業協同組合、漁業協同組合連合会、水産加工業協同組合、水産加工業協同組合連合会又は共済水産業協同組合連合会の行う信用事業及び共済事業

・貸金業、クレジットカード業若しくは割賦金融業、住宅専門金融業、証券金融業又は小口債権販売業

・証券業、投資信託委託業、抵当証券業、証券投資顧問業、投資法人資産運用業、確定拠出年金運営管理業又は金融先物取引業

・短資業又は証券取引所若しくは金融先物取引所の行う事業
・生命保険業、損害保険業、保険媒介業又は保険代理業

② **金融業に付随する業務**（平成一四年内閣府令第二二号）

上記①に規定する事業を営む者（金融業者）の子会社、または専ら金融業者のために事業を行う法人が行う次の業務。
・金融商品及び金融サービスに関し、計算を行う業務又は電子計算機に関する事務を行う業務（電子計算機を使用することにより機能するシステムの設計若しくは保守又はプログラムの設計、作成、販売若しくは保守を行う業務を含む。）
・金融商品及び金融サービスに関し、照会若しくは相談に応じ、情報を提供し、又は勧誘する業務
・金融商品及び金融サービスに関する文書、証票その他の書類の作成、整理、保管、発送又は配送を行う業務
・現金、小切手、手形又は有価証券を整理し、その金額若しくは枚数を確認し、又はその保管を行う業務

(2) 税制上の優遇措置

① **国税（法人税）**

ア 税の種類――所得控除制度

根拠法：沖振法五七条・租税特別措置法六〇条、六八条の六三

対象法人：平成一四年七月一〇日以後に特区内に新設された青色申告法人で、平成一九年三月三一日までに以下の要件を満たす認定を主務大臣から受けた法人

認定の要件：

一　常時使用する従業員の数が二〇人以上であること。

二　事業計画が適切であると認められること等。

内容：特区内で行われる金融業務から得られた所得の三五％を、法人税の課税所得から控除する。

限度額：所得控除額は直接人件費の二〇％を限度とする。

適用期間：対象法人設立の日から一〇年間

イ 税の種類――投資税額控除制度

根拠法：沖振法五七条、租税特別措置法四二条の九、六八条の一三

対象法人：特区内において一、〇〇〇万円を超える金融業務用設備を新・増設した青色申告法人
内容：機械装置及び特定の器具備品の取得価額の一五％、建物及びその附属設備の取得価額の八％を法人税額から控除する。特定の器具備品とは、電子計算機、デジタル交換設備、デジタルボタン電話設備、ＩＣカード利用設備をいう。
限度額：取得価額の合計額は二〇億円を限度とする。控除額は法人税額の二〇％を限度とする（繰越税額控除四年間）。
所得控除制度と投資税額控除制度は選択制となっており、併用はできない。

② **県　税**

ア　税の種類――事業税、不動産取得税
根拠法：沖振法三二条、一七条、地方税法六条
対象法人：対象地域内において一、〇〇〇万円を超える金融業務用設備を新・増設した法人
内容：新・増設から五年間、新・増設に係る事業税の課税免除金融業務に供する土地又は家屋の取得に対する不動産取得税の課税免除

③ **市町村税**

ア　税の種類――固定資産税
根拠法：沖振法五八条、一七条、地方税法六条
対象法人：特区内において一、〇〇〇万円を超える金融業務用設備を新・増設した法人
内容：新・増設した土地、家屋、償却資産に課する固定資産税の五年間課税免除

⒀　情報通信産業に関する税優遇措置の概要は次のとおりである。

⑴　情報通信産業特別地区の概要

情報通信関連産業の集積の牽引力となる特定情報通信事業の集積を促進するため、情報通信産業特別地区内において、法人税の特例措置を行う。

（適用期間）　平成一四年四月一日～平成一九年三月三一日

（対象地域）

・那覇・浦添地区（那覇市・浦添市）

・名護・宜野座地区（名護市・宜野座村）
（対象事業）
・データセンター　自己の電子計算機の情報処理機能の全部若しくは一部の提供を行う事業又は委託を受けた自己の施設において顧客の電子計算機の保守若しくは管理を行う事業（これらの事業と一体的に行う事業であって、顧客のためにデータベースの作成若しくは管理その他の情報処理を行う事業又は顧客が行う情報処理に対する支援を行う事業を含む。）
・インターネット・サービス・プロバイダー　電気通信事業（電気通信事業法二条四号に規定する電気通信事業をいう。）のうち、インターネット接続サービスを行うもの。
・インターネット・エクスチェンジ　電気通信事業のうち、電気通信設備（電気通信事業法二条二号に規定する電気通信設備をいう。）を介して、インターネット・サービス・プロバイダーの事業を行う者の電気通信設備を相互に接続するもの。

（2）税制上の優遇措置

①　税の種類――所得控除制度
根拠法：沖振法三一条、租税特別措置法六〇条、六八条の六三
対象法人：平成一四年九月一〇日以後に特区内に新設された青色申告法人で、平成一九年三月三一日までに以下の要件を満たす認定を主務大臣（内閣総理大臣、総務大臣、経済産業大臣）から受けた法人
認定の要件：
ア　常時使用する従業員の数が二〇人以上であること。
イ　事業計画が適切であると認められること等。
内容：区内で行われる対象事業から得られた所得の三五％を、法人税の課税所得から控除する。
適用期間：対象法人設立の日から一〇年間
＊　特定の器具備品とは、電子計算機、デジタル交換設備、デジタルボタン電話設備、ＩＣカード利用設備をいう。

（14）　情報通信関連産業に関する税優遇措置の概要は次のとおりである。

（1）　情報通信産業振興地域の概要

本文で既に述べたように、情報通信関連産業の振興のため、情報通信産業振興地域内で設備投資等を行う情報通信関連企業に

対し、投資税額控除制度や地方税の課税免除又は不均一課税を行う。
（適用期間）平成一四年四月一日～平成一九年三月三一日
（対象地域）那覇市、うるま市、宜野湾市、平良市、石垣市、浦添市、名護市、糸満市、沖縄市、本部町、読谷村、嘉手納町、北谷町、北中城村、中城村、西原町、豊見城市、東風平町、与那原町、南風原町、宜野座村
（対象事業）
・情報記録物（新聞、書籍等の印刷物を除く。）の製造業。主として情報を記録した物を製造する事業所をいう。
・電気通信業。主として有線、無線、その他の電磁的方式により意思、事実等の情報を送り、伝え又は受けるための手段の設置、運用を行う事業所をいう。
・映画、放送番組その他映像又は音声その他の音響により構成される作品であって録画され、又は録音されるものの制作の事業。映画及びテレビ番組その他のビデオの制作・配給並びにサービスを行う事業所をいう。
・放送業（有線放送業を含む）。公衆によって直接視聴される目的をもって、無線又は有線の電気通信設備により放送事業（放送の再送信を含む。）を行うものをいう。
・ソフトウェア業。顧客の委託により、電子計算機のプログラムの作成又はパッケージプログラムの作成及びその作成に関して、調査、分析、助言などを行う事業所をいう。
・情報処理・提供サービス業。電子計算機などを用いて委託された計算サービス（顧客が自ら運転する場合を含む）、パンチサービスなどを行う事業所をいう。また、各種のデータを収集、加工、蓄積し、情報として提供する事業所をいう。
・情報通信技術利用事業。上記六業種に属さない企業が、自社の本来業務のためのコールセンター等の設置を行う場合。

（2）税制上の優遇措置

①　国税（法人）

ア　税の種類――投資税額控除制度

根拠法：沖振法三一条、租税特別措置法四二条の九、六八条の一三
対象法人：対象地域内において一、〇〇〇万円を超える情報通信業務用設備を新・増設した青色申告法人
内容：機械装置及び特定の器具備品の取得価額の一五％、建物及びその附属設備の取得価額の八％を法人税額から控除す

る。特定の器具備品とは、電子計算機、デジタル交換設備、デジタルボタン電話設備、ICカード利用設備をいう。
限度額：取得価額の合計額は二〇億円を限度とする。控除額は法人税額の二〇％を限度とする（繰越税額控除四年間）。

② **県税**

ア 税の種類――事業税、不動産取得税
根拠法：沖振法三二条、一七条、地方税法六条
対象法人：対象地域内において一、〇〇〇万円を超える情報通信業務用設備を新・増設した法人
内容：新・増設から五年間、新・増設に係る事業税の課税免除情報通信業務に供する土地又は家屋の取得に対する不動産取得税の課税免除

③ **市町村税**

ア 税の種類――固定資産税
根拠法：沖振法三二条、一七条、地方税法六条
対象法人：対象地域内において一、〇〇〇万円を超える情報通信業務用設備を新・増設した法人
内容：新・増設した土地、家屋、償却資産に課する固定資産税の五年間課税免除

イ 税の種類――事業所税
根拠法：地方税法附則三二条の七第八項
対象法人：那覇市において情報通信業務に供する一、〇〇〇万円を超える機械等及び一億円を超える建物等の新・増設をした法人
内容：事業に係る事業所税、年度末事業所床面積（資産割）、年度末従業員給与総額（従業者割）のうち資産割の課税標準の対象床面積を五年間二分の一とする。

(15) 特別自由貿易地域の優遇措置の概要は以下のとおりである。
沖縄における自由貿易地域は、沖縄振興特別措置法に規定する関税法上の保税地域制度と立地企業に対する税制・金融上の優遇措置を組み合わせ、沖縄における企業の立地を促進するとともに、貿易の振興に資するため、全国において沖縄県にのみ指定された地域である。沖縄自由貿易地域では、地域内で蔵置、加工、製造等を行い、国内への引き取り及び国外への輸出ができる。

一九七二年五月に沖縄が日本復帰、沖縄振興開発特別措置法において沖縄自由貿易地域制度が法制化される。一九八八年七月から自由貿易地域那覇地区が供用開始される。一九九八年四月に自由貿易地域の拡充・強化（投資税額控除・関税の選択課税制度創設）、一九九九年三月に特別自由貿易地域（中城港湾新港地区）が地域指定を受ける。二〇〇二年四月に沖縄振興開発特別措置法にかわって、新たに沖縄振興特別措置法が制定され、この制度が引き継がれた。

（対象地域）　中城湾港新港地区（うるま市）

（1）国税以下〈ア、イ、ウ〉のいずれかを選択する。

ア　所得控除制度　域内に新規立地する常時雇用者数二〇人以上の企業（製造業、倉庫業等）について、新設後一〇年間、所得の三五％につき、法人税の課税所得から控除

イ　投資税額控除　製造業の事業に供する一、〇〇〇万円を超える設備を新増設した場合、その取得価額の一定割合（機械一五％、建物八％）が法人税額から控除（法人税額の二〇％限度、繰越四年、上限額二〇億円）

ウ　特別償却　一、〇〇〇万円を超える設備を新増設した場合、その取得価額の一定割合（機械五〇％、建物二五％）が特別償却として認められる

（2）関　税

ア　関税の課税の選択制の適用　一定品目を除き、原料課税又は製品課税のいずれかの選択が可能

イ　保税地域許可手数料の軽減

（3）地方税

ア　法人事業税の課税免除　一、〇〇〇万円を超える設備を新増設した場合、法人事業税が五年間一部課税免除される

イ　不動産取得税の課税免除　一、〇〇〇万円を超える設備を新増設した場合、不動産取得税は一部課税免除（直接その事業の用に供する部分のみ）される

ウ　固定資産税の課税免除　一、〇〇〇万円を超える設備を新増設した場合、固定資産税は五年間一部課税免除（直接その事業の用に供する部分のみ）される

（3）その他

ア　沖縄県に係る地域雇用開発促進助成金　当該地域で事業所を設置又は整備する等の一定の条件を具備した場合、三

○歳未満の若年求職者を常雇した事業者に支給。（三〇事業所を限度）

イ　沖縄県企業立地促進条例に基づく優遇措置

・企業立地条件調査費助成

・投下固定資産取得費助成

・工場等周辺環境整備事業費助成

・雇用奨励費助成

（16）わが国の金融特区は当初の期待通りの成果をあげていないとの指摘もある。

金融特区が抱える課題と今後の展望等については、『沖縄金融専門家会議――金融特区の実現に向けた二〇の視点』国際情報通信金融特区促進協議会（沖縄タイムズ社・二〇〇四）、琉球新報社編『第二回沖縄金融専門家会議――新たな金融ビジネスの可能性と金融特区の更なる活性化を考える』（琉球新報社・二〇〇五）等参照。

（17）オフショアについては、現在の各国の状況については、OECD, The OECD's Project on Harmful Tax Practices: 2006 Update on Progress in Member Countries（2006）を参照。ＥＵやＯＥＣＤは、いわゆる有害な税の競争（harmful tax competition）の除去について活動している。ＯＥＣＤの報告書では、アイルランドのダブリン特区やベルギーのコーディネーション・センター等が有害な税の競争の指定を受けていた。これらは優遇措置は廃止されたとして、現在は税の優遇措置には該当しないことと判断されている。

（18）このような見解については、琉球銀行調査部「特集　沖縄金融特区の実現にむけて」（平成一四年四月三〇日）参照。本節のシンガポール等の記述においても同報告書等を一部参考にした。

（19）琉球銀行・前掲報告書一〇頁。この問題は税制のみの問題ではない。金融特区制度の内容が広く認識されるには至っていないこともその理由の一つである。東京圏や大阪圏などの沖縄から遠隔の大都市にある企業には、沖縄県に金融特区、情報特区があることを知っている企業が多くても、それらの詳細な中身を知っている企業は少ない。また、大手企業の金融特区への進出事例がないことから、名護市での展開を不安視する企業が多いようである。また、金融業務に対応できる地元の人材の不足があげられよう。企業が名護市で金融業務を行う際、地元で優秀な人材を確保することが必要となる。琉球銀行・前掲報告書一一頁以下参照。

（20）「沖縄県の地域政策事例――わが国初の金融特区の現状と『現代版組踊』による地域への貢献」みずほ地域経済インサイト

（みずほ総合研究所・二〇〇六年三月二七日）六頁。琉球銀行・前掲報告書一一頁等参照。

(21)　前掲「沖縄県の地域政策事例」六頁参照。

(22)　日本経済新聞二〇〇六年八月二八日「ＩＴ企業、沖縄進出相次ぐ　海外の代替地として浮上」参照。

(23)　日本経済新聞二〇〇六年五月八日「構造改革特区　施行から三年　使い勝手で明暗」参照。

(24)　ＯＥＣＤにおける「有害税制」の判定基準は、次に挙げる①に該当し、かつ②～④のいずれかに該当する場合に有害税制に該当すると判断する（OECD, Harmful Tax Competition: An Emerging Global Issue (1998)）。

①金融・サービス等、地理的可動性の高い経済的活動から生ずる所得に対して、無税又は低税率で課税していること、②当該優遇措置が、居住者又は国内市場から遮断されていること、③優遇措置の運用について透明性が欠如していること、④優遇措置を利用する納税者に関して、他国と実効的な情報交換を実施していないこと。

なお、ＥＵはＯＥＣＤと並んで、いわゆる有害な税の競争（harmful tax competition）の除去について活動している。ＯＥＣＤ加盟国は新規の有害税制を導入しないことを約している。また、ＯＥＣＤ加盟国は、二〇〇三年四月までに既存の有害税制の撤廃を約束している。さらに、この問題については、占部裕典「タックス・ヘイブン税制と租税条約の抵触」同志社法学三一三号（二〇〇六）参照。

(25)　この問題については、占部裕典「海外取引にかかる優遇税制の問題点」水野忠恒編『国際課税の理論と課題』二二七頁（税務経理協会・二〇〇四）参照。

(26)　構造改革特区推進本部「構造改革特区推進のための基本方針」（平成一四年九月二〇日決定）において、「特区制度に関わる主な法的論点」としての、法の下の平等との関係については、「当該地域の特性及び規制の趣旨・目的に照らして、当該地域のみ規制の特例措置を講ずることの合理性を説明できれば、憲法第一四条の法の下の平等の問題は生じないものと考えられる。また、特定の地域において国の基準を下回る基準を条例で定めることを認めている例もある。具体的には、特区における規制の特例措置について、当該地域の特性に照らし、その地域の活性化を通じて我が国経済の活性化など国全体の公益が達成されるといった積極的論拠と、規制改革をしても代替措置等を講ずることにより社会的な弊害が生じないといった消極的論拠が備わるという立論が可能であれば、異なる事情の下での異なる規律を行うことにほかならず、平等原則に違反するといった問題は生じないものと考えられる。」としている。

第五章　「地域主権」と特区

はじめに――特区の推移と地域主権の関係

　特区（経済特区）とは、「一定の地域をして、その地域において他地域とは異なる税制（優遇措置）、規制（規制緩和）等の定めを設けて、地域経済の発展、ひいては国民経済の発展に寄与しようとするもの」と定義することができる。(1) その分類としては税の軽減・減免を用いる「保税特区（税制緩和特区）」と税制以外の規制緩和措置をとる「規制緩和特区」、公的資金の投入を目的とした「財政特区」、および両者の機能を併せ持つ「税制・規制緩和特区」に分類される。わが国でこれまで特区として法制度化されたものは、「輸入促進地域」、「構造改革特区」（「構造改革特別区域」）、「総合特区」（「国際戦略総合特区」と「地域活性化総合特区」）、「復興特区」（東日本大震災復興特別区域法）、「特別特区」（沖縄振興特別措置法）がある。さらには自治体独自で特区と名付けた制度も導入されている。(2) このような分類からいえば、沖縄の各種特区は「保税特区」に近いものであり、構造改革特区は「規制緩和特区」であるといえよう。なお、「輸入促進地域」は「財政特区」に近いものといえよう。平成二三年に制度化された、わが国の「総合特区」は「税制・規制緩和特区」である。

　特区の税制的検討は、不可欠であるところ、本章では特に、地域主権に焦点をあてて特区の特徴および今後の課題をみていくことにする。

　特区は単一（あるいは複数の）の行政主体によって運営あるいは監督される地域的に限られた地域であることから、地域主権と論理的には密接な関係にたつことは明らかであるが、総論的な問題として、特区制度は地域を限って特例措置を行うためにこれまで「一国二制度」として国家との関係が問われ、また他地方（地方公共団体）との関係が議論されてきたところであるが、地域主権改革のなかで特区の設立過程・実施における地域の自主性が問われている。各論的には特区の構築、運営に地域がどの程度かかわることができるのか、具体的には地方自治体のもつ地方自治法上、地方税法上、個別国法による規制（行政作用法）上の規制との関係が特に問題となろう。

また、特区制度は地域政策という視点からは一方で地域主権を誘導しやすい制度ではあるが一方で、地域間格差を助長するということになり「国土の均衡ある発展」という視点からは一定の制約をもって論じられることになるために、その特区制度の法的構造が問題となろう。

一　地域主権の推進――「地域主権改革」とは

地域のことは地域に住む住民が決める「地域主権」を早期に確立する観点から、「地域主権」に資する改革に関する施策を検討し、実施するとともに、地方分権改革推進委員会の勧告を踏まえた施策を実施するため、内閣府に地域主権戦略会議を平成二一年一一月一七日の閣議決定により設置している(3)。

「地域主権戦略大綱」（平成二二年六月二二日）に閣議決定されたが、①地域主権改革は、明治以来の中央集権体質から脱却し、この国の在り方を大きく転換する改革である。国と地方公共団体の関係を、国が地方に優越する上下の関係から、対等の立場で対話のできる新たなパートナーシップの関係へと根本的に転換し、国民が、地域の住民として、自らの暮らす地域の在り方について自ら考え、主体的に行動し、その行動と選択に責任を負うという住民主体の発想に基づいて、改革を推進していかなければならない（地域主権改革の意義）とし、②「地域主権改革」とは、「日本国憲法の理念の下に、住民に身近な行政は、地方公共団体が自主的かつ総合的に広く担うようにするとともに、地域住民が自らの判断と責任において地域の諸課題に取り組むことができるようにするための改革」であるとしている。

「地域主権」は、この改革の根底をなす理念として掲げているものであり、日本国憲法が定める「地方自治の本旨」や、国と地方の役割分担に係る「補完性の原則」の考え方と相まって、「国民主権」の内容を豊かにする方向性を示すものである（地域主権改革の定義）とされている。そこで示された地域主権改革が目指す国のかたちとは、社会経済情勢の変化への対応であり、国と地方が対等なパートナーシップの関係にあることを踏まえ、国が一方的に決めて地方に押し付けるのではなく、地域の自主的判断を尊重しながら、国と地方が協働してつくっていく。国と地方の役割分担に係る「補完性の原則」に基づき、住民に身近な行政はできる限り地方公共団体にゆだねることを基本とし、基礎自治体が広く事務事業を担い、基礎自治体が担えない事務事業は広域自治体が担い、国は、広域自治体が担えない事務事業を担うことにより、その本来果たすべき役割を重点的に担っていく。その中でも、住民により身近な基礎自治体を重視し、基礎自治体を地域における行政の中心的な役割を担うものと位置付ける。これを基本として、国と地方公共団体は、行政の各分野において適切に役割を分担するとともに、地方公共団体の自由度を拡大し、自主性及び自立性を高めていくこととしている。そのうえで、住民による選択と責任が地域主権改革では不可欠であるとされている(4)。

なお、「地域主権改革が進展すれば、おのずと地方公共団体間で行政サービスに差異が生じてくるものであり、地方公共団体の首長や議会の議員を選ぶ住民の判断と責任は極めて重大になる。地域主権改革は、単なる制度の改革ではなく、地域の住民が自らの住む地域を自らの責任でつくっていくという『責任の改革』であり、民主主義そのものの改革である。」（地域主権戦略大綱）。住民や首長、議会の在り方や責任も変わっていくこととなる。

地域主権戦略大綱は、地域主権改革の意義や理念等を踏まえ、憲法や国際条約との整合性にも配意しつつ、地域主権改革の推進に関する施策の総合的かつ計画的な推進を図ることとしている。適時に国と地方の協議の場を開催し、国と地方の実効ある協議を行い、地域主権改革の推進及び国と地方の政策の効果的・効率的な推進を図るためには、地域主権戦略会議及び国と地方の協議の場が不可欠である。特に、後者における国と地方の対等な協議が不可欠であろう。

二 「地方自治体の条例制定権の拡大」と「義務付け・枠付けの見直し」

「地域の自主性及び自立性を高めるための改革の推進を図るための関係法律の整備に関する法律（提出時は「地域主権改革の推進を図るための関係法律の整備に関する法律案」）」（いわゆる地域主権改革の「第一次一括法」）と「国と地方の協議の場に関する法律」（第一七四回国会提出）は、平成二三年四月二八日に成立した。

第一次一括法は、地域主権改革を総合的かつ計画的に推進するため、内閣府本府に地域主権戦略会議を設置するとともに、地方公共団体に対する事務の処理又はその方法の義務付けを規定している関係法律を改正する等、所要の措置を講じるものである。第一次一括法は、地方分権改革推進計画（平成二一年一二月一五日閣議決定）を踏まえ、関係法律の整備（四一法律）を行うものである。この第一次一括法により、以下のような「地方自治体の条例制定権の拡大」と「義務付け・枠付けの見直し」のための法改正が行われた結果、地方自治体において例規の整備が必要とされることになった。ここでの手法は総合特区制度にも反映されており、わが国の国と地方との関係（すなわち法律と条例の関係）を考えるにあたって興味深いものである。

(1) **施設・公物設置管理の基準**（施設基準は政省令で規定）　児童福祉施設の設備及び運営に関する基準の条例委任、公営住宅の整備基準及び収入基準の条例委任、道路の構造の技術的基準の条例委任など。

(2) **協議、同意、許可・認可・承認**　市町村立幼稚園の設置廃止等に係る都道府県教育委員会の認可を届出制へ変更、都道府県の三大都市圏等大都市等における都市計画決定に係る大臣同意協議の廃止など。

(3) **計画等の策定及びその手続**　策定義務の規定そのものの廃止（地域産業資源活用事業の促進に関する基本構

想）、策定義務の「できる」規定化等（消防広域化の推進計画（計画の内容の例示化を含む。）など）、内容の例示化（中心市街地活性化基本計画の内容の一部の例示化など）。

なお、第二次一括法地域については、主権戦略大綱（平成二二年六月二二日閣議決定）を踏まえ、関係法律の整備（一八八法律）を行う。その内容は、基礎自治体への権限移譲（四七法律）（都道府県の権限の市町村への移譲）と義務付け・枠付けの見直しと条例制定権の拡大（一六〇法律）であった[5]。

三　「義務付け・枠付け」の見直しの手法

下記のような「義務付け・枠付け」の見直しの手法は、地方公共団体の条例による「法律の上書き権」との関係においてもっとも有意義なものである。

(1)　ほとんどの場合は、新たに制定される政省令を基準とすることになるが、地方公共団体の条例に委任された事項についての条例整備が求められる。

(2)　都道府県条例に委任された事項について、従来は政省令を根拠としていた市町村例規がある場合、内容及び根拠条項について、新たに整備される都道府県条例に対応させるための改正が求められる。

(3)　義務付け・枠付けの見直しにより、従来は強制の義務とされていたがこの度の改正で義務ではなくなった又は努力義務とされた事項について業務の見直しを行う場合に、組織規程や事務決裁規程等に規定があるときには、当該箇所の改正が求められることになる。また、許可・認可・承認の手続きの変更があった事項についても、例規や文書上の表記の改正・修正が求められる。

なお、この基準には、「参酌すべき基準」型、「標準」型、「従うべき基準」型があり、法的効果として、「参酌すべき基準」とは十分参照しなければならない基準であり、「標準」とは通常よるべき基準であり、「従うべき基準」とは、必ず適合しなければならない基準である。条例の制定に当たっては、法令の「参酌すべき基準」を十分参照した上で判断しなければならない。また、条例の内容は、法令の「標準」を標準とする範囲内でなければならない。条例の内容は、法令の「従うべき基準」に従わなければならない。

異なるものを定めることの許容の程度としては、法令の「参酌すべき基準」を十分参照した結果としてであれば、地域の実情に応じて、異なる内容を定めることは許容する。法令の「標準」を標準としつつ、合理的な理由がある範囲内で、地域の実情に応じた「標準」と異なる内容を定めることは許容する。法令の「従うべき基準」と異なる内容を定めることは許容されないが、当該基準に従う範囲内で、地域の実情に応じた内容を定めることは許容する。(6)

義務付け・枠付けの見直しと条例制定権の拡大により、これまで国が決定し地方公共団体に義務付けてきた基準、施策等を、地方公共団体が条例の制定等により自ら決定し実施するように改めることが必要となる。こうした地方公共団体の取組の内容こそが、地域主権改革の真の意味での実現を左右するものである。地方公共団体は、地域主権改革の趣旨を踏まえ、今まで以上に地域住民のニーズの把握に努め、自らの判断と責任により地域の実情に合った基準の設定や、適切な施策等を講じなければならない。これによって改革の成果を国民・住民に示すことが求められている。

なお、地域主権改革は、住民に最も身近な行政主体である基礎自治体に事務事業を優先的に配分し、基礎自治体が地域における行政の自主的かつ総合的な実施の役割を担えるようにすることが必要不可欠である。都道府県と市町村においては、「条例による事務処理特例制度」の活用も進んでおり、基礎自治体が現行法の想定を上回る行政能力とともに、地域主権型社会の担い手たらんとする意欲をも併せ持っていることを示している。(7)都道府県と市町村の間の事務配分を「補完性の原則」に基づいて見直しを行い、可能な限り多くの行政事務を住民に最も身近な基礎自治体が広く担うこととすることが不可欠である。「補完性の原則」に基づき、住民に身近な行政はできる限り地方自治体が担い、国は、国が本来果たすべき役割（地方自治法一条の二第二項）を重点的に担うこととなるよう、現行の国と地方の役割分担を見直すこととしている。

その際、都道府県や市町村の単位を前提とするもののみならず、広域性を有する事務・権限の地方移譲を推進し、その実効性を確保する観点から、関係する自治体間の意思決定や責任の所在の明確化にも留意しつつ、自治体間連携の自発的形成や広域連合など広域的実施体制の整備に応じて、事務・権限の移譲が可能となるような仕組みも併せて検討・構築することが重要である。特区制度の枠組みにあたってはこのような制度を反映させることが不可欠となる。

四　現行特区制度における地域主権のスタンス――構造特区と総合特区の比較

構造改革特別区域法に基づく構造改革特区（構造改革特別区域）は、法規制によって実現できない事業を、地域を限定して行えるようにするもので、その目的は規制緩和が主である。地域主権推進と地域活性化が内閣の重要課題に位置付けられていた小泉内閣で制度化された構造改革特区制度は、地方公共団体をはじめとした地域の様々な主体の創意や工夫に基づき、地域の活性化の起爆剤として活用され、規制のあり方を改革していくものとして期待されていた。特区制度のスキームは、民間あるいは地方公共団体が、ある事項に関する規制の特例を国に「提案」し、総理大臣の下で、担当省庁との協議等を経て規制そのものの改廃を行うのか（いわゆる「全国展開」）、特区での特例措置として実施するかどうかを検討し、特区で実施するものについては、構造改革特別区域基本方針として閣議決定する。そのうえで、特区を設定したい地方公共団体は、方針に従って特区計画を作成して総理大臣にその認定を申請し、審査を経て特区として認定される。すなわち、国の規制について「特例」を設けるものであり、これにより「地域活性化」と「規制改革」を同時に実現する制度である。このことから、提案主体や認定地方公共団体、実施主体など、現場で取り組んでいる人々の声や思いを生かして、その趣旨を実現させることができるという意味で「地域尊重型特区」ともいえる。しかし、地方主権型特区ではない。この制度においては規制所管省庁においては精力的に特例措置の創設・拡充及び全国展開に向けた検討を行うスキームとなっているが規制所轄官庁による判断が決定的なものとなっていた。この特区の特徴は特定の地域に限定しての規制緩和のための「社会実験」としての特区（地域）であり、最終的には特区としての先発的利益を失い規制緩和が全国的に拡大され、全国展開にステージを移すことを目的としている。あくまでも低迷する日本経済の活性化策としての位置づけとしてしか評価できず、特区は全国展開のための実験台にすぎず、地方主権、地方の活性化に必ずしも直結するものではなかったといえよう。地域の活性化を目的とする特区においては、全国に先駆けて地方団体の創意工夫・独自性のもとに特区計画を認可されたとしても、規制緩和が全国的に拡大されると、当該特区の先発的・既得権的利益が消滅する。しかし、地方公共団体等による規制の特例措置の提案、特区の特区法への盛り込み、それらの盛り込みのなかから特区の提案・申請という意味での特区設立過程において自治体の果たす役割は大きい(8)。

これに対して、総合特別区域法のもとでの総合特別区域（総合特区）の基本理念は、地方公共団体が、「産業の国際競争力の強化」及び「地域の活性化」の実現のために必要な政策課題の解決を図るため、当該地域における自然的・経済的及び社会的な特性を最大限に活用し、かつ、民間事業者、地域住民その他の関係者と相互に密接な連携を図りつつ主体的に行う取組により、地域経済に活力をもたらすとともに、我が国の経済社会の活力の向上及び持続的発展を図ることである（三条）。国と地方自治体との関係については、国は地域の自主性及び自立性を尊重しつつ、その施策の推進に当たっては、地方公共団体、民間事業者、地域住民その他の関係者による政策課題の解決のための取組が円滑に行われるよう、規制の特例措置の整備、関連する諸制度の改革の実施その他必要な措置を講じなければならない（四条）とする一方で、指定地方公共団体においても国の施策と相まって、その総合特別区域における産業の国際競争力の強化又は地域の活性化に関する政策課題の効果的な解決のために必要な施策を総合的に策定し、及び実施する責務を有する（五条）とされ、相互の責務を明確にしている。指定地方公共団体における自主性の強調は構造改革特区の場合に比して拡大され、国と地方の相互責務を前提として両者の結びつきは強化されているといえる。その目的や理念は「地域の活性化」であり、構造改革特区と相違がある。

規制緩和の権限と条例上書き権

地方公共団体に新たな規制の特例措置等に関する提案権を認めている（総合特別区域法）。指定申請をしようとする地方公共団体（地域協議会を組織するものに限る。）又は指定地方公共団体は、内閣総理大臣に対して、新たな規制の特例措置その他の特別の措置（以下「新たな規制の特例措置等」という。）の整備その他の地域活性化総合特別区域における地域の活性化の推進に関し政府が講ずべき新たな措置に関する「提案」をすることができる（三三条一項）。

また、地域活性化総合特別区域において新たな規制の特例措置等の適用を受けて事業を実施しようとする者は、指定地方公共団体等に対して、当該新たな規制の特例措置等の整備について提案をするよう要請することができる（三三条二項）。この規定による要請を受けた指定地方公共団体等は、当該要請に基づき提案をするか否かについて、遅滞なく、当該要請をした者に通知しなければならない。この場合において、当該提案をしないこととするときは、その理由を明らかにしなければならない（三三条三項）。

同法は、国と地方の協議会について、内閣総理大臣、国務大臣のうちから内閣総理大臣の指定する者及び指定地方公共団体の長は、地域活性化総合特別区域ごとに、当該地域活性化総合特別区域において指定地方公共団体が実施し又はその実施を促進しようとする事業、当該事業を実施するために必要な新たな規制の特例措置等の整備その他の当該地域活性化総合特別区域における地域の活性化に関する施策の推進に関し必要な協議を行うための協議会を組織することができる（三四条）。

指定地方公共団体の長は、協議会が組織されていないときは、内閣総理大臣に対して、協議会を組織するよう要請することができる（二項）。「国と地方の協議会」は地方自治体の意見を具体化するための調整推進機関といえ、地方自治体等の自主性を尊重するシステムである。この規定による要請を受けた内閣総理大臣は、正当な理由がある場合を除き、当該要請に応じなければならず、会議において協議を行うため必要があると認めるときは、国の行政機関の長及び地方公共団体の長その他の執行機関に対して、資料の提供、意見の表明、説明その他必要な協力を求めることができる。また、地方公共団体は、地域活性化総合特別区域の指定の申請、地域活性化総合特別区域計画並びに認定地域活性化総合特別区域計画及びその実施に関し必要な事項について協議するため、地域活性化総合特別区域協議会を組織することができ（四二条）、地域活性化総合特別区域等の実施に主体的な役割を果たすことが期待されている。

地方公共団体は地域活性化総合特別区域の指定の申請において、地方協議会の協議を経て総合特別区域の指定を申請するに際しても新たな規制・規制改革等の提案することができるとしているが（三三条一項）、国と地方の協議会においても新たな規制の特例措置等の整備等を協議することができる（三四条一項）。特に規制の改廃等に地方公共団体や民間の事業者にもかかわらせるものであり、特に「地域協議会」「国と地方の協議会」がきわめて重要な役割を果たす。

条例上書き権に替わるものであるが、特区制度における規制の特例措置等に係る規定の法的構造は地方主権の限界を示すものとして興味深い。同法の第四節に「認定地域活性化総合特別区域計画に基づく事業に対する特別の措置」として「第一款　規制の特例措置」を並べる。たとえば、通訳案内士法の特例（四三条）、建築基準法の特例（四四条）、酒税法の特例（四六条）、老人福祉法の特例（四八条）、河川法及び電気事業法の特例等（四九条）、などが規制緩和に係る規定として置かれている。また、政令等で規定された規制の特例措置については、指定地方公共団体が、特定地域活性化事業（三五条二項一号）として、政令等規制事業（政令又は主務省令により規定された規制に係る事業をいう。）を定めた地域活性化総合特別区域計画について、内閣総理大臣の認定を申請し、その認定を受けたときは、当該政令等規制事業については、政令により規定された規制に係るものにあっては政令で、主務省令により規定された規制に係るものにあっては内閣府令・主務省令で、それぞれ定めるところにより、規制の特例措置を適用する（五三条）。さらに、地方公共団体の事務に関する規制についての条例による特例措置について、指定地方公共団体が、前述の特定地域活性化事業として、地方公共団体事務政令等規制事業（政令又は主務省令により規定された規制（指定地方公共団体の事務に関するものに限る。）に係る事業をいう。）を定めた地域活性化総合特別区域計画について、内閣総理大臣の認定を申請し、その認定を受けたときは、当該地方公共団体事務政令等規制事業については、政令により規定された規制に係るものにあっては政令で定めるところにより条例で、主務省令により規定された規制に係るものにあっては内閣府令・主務省令で定めるところにより条例で、それぞれ定めるところにより、規制の特例措置を適用する（五四条）。

この点で地域活性化総合特区は、構造改革特別区域法（改正　平成二三年一二月一四日法律第一二二号）に基づく構造改革特区とは類似しているところが多い。構造改革特区は、地方公共団体の自発性を最大限に尊重した構造改革特別区域を設定し、当該地域の特性に応じた規制の特例措置の適用を受けて地方公共団体が特定の事業を実施し又はその実施を促進することにより、地域の活性化を図り、もって国民生活の向上及び国民経済の発展に寄与することを目的としたものであり（一条）、地域活性化とそのための規制緩和という基本的な立場は共通である。「構造改革特別区域」とは、地方公共団体が当該地域の活性化を図るために自発的に設定する区域であって、当該地域の特性に応じた特定事業を実施し又はその実施を促進するものをいう（二条一項）。「特定事業」とは、地方公共団体が実施し又はその実施を促進する事業のうち、別表に掲げる事業で、規制の特例措置の適用を受けるものをいう（二条二項）。この法律において「規制の特例措置」については同様に規定されている。法律の特例に関する措置は、法令上の規制について行われるが特例措置の多くは政省令以下の規制であり、特区法に規定されるものは少ない。

特区法制定当時には二歳児からの幼稚園入園事業等一五事業について特区法上の特例措置が規定された。その後一定の事業に係る特例措置の追加あるいは削除が行われている。(9) この制度は総合特区制度とは別に継続しており、両者の統廃合が今後問題となろう。

おわりに

「地域主権改革」とは、日本国憲法の理念の下に、住民に身近な行政は、地方公共団体が自主的かつ総合的に広く担うようにするとともに、地域住民が自らの判断と責任において地域の諸課題に取り組むことができるようにするための改革である。そこで具体化された「地方自治体の条例制定権の拡大」と「義務付け・枠付けの見直し」などはそのあらわれの一つである。総合特区制度においては「地域主権改革」の理念・目的は反映された法的構造となっているが、憲法の枠内で、さらなる条例制定権の拡大（条例上書き権規定等）、地方税法の拘束力の問題、一括交付金等の財政問題等、さらなる検討の余地はあろう。

（追　記）その後国家戦略特別区域制度も導入されることとなった。日本経済再生本部からの提案を受け、第二次安倍内閣が成長戦略の柱の一つとして掲げ、国家戦略特別区域法（平成二五年一二月一三日法律第一〇七号）二条で地域振興と国際競争力向上を目的に規定された経済特区である。戦略特区のように政令で自治体を特定する場合には手続的制度を十分に保障すべきである。地域主権が捨象された戦略特区制度については、あらためてその制度の法的な位置づけが検討されるべきであろう。

（1）　占部裕典「経済特区税制――沖縄振興特別措置法における『地域優遇税制』」日税研論集五八号一五二頁（二〇〇八）。

（2）　経済特区の世界的な現状・概要については、伊藤白「総合特区構想の概要と論点――諸外国の経済特区・構造改革特区との比較から」調査と情報六九八号一頁（二〇〇二）参照。

（3）　地域主権改革に関する基本文書・閣議決定・工程表等については、http://www.cao.go.jp/chiiki-shuken/keikakutou/keikakutou-index.html 参照。地域主権改革一括法関係については http://www.bunken.nga.gr.jp/ikkatu/index.html 参照。

（4）　平成二四年度予算において、地域主権改革を推進するとともに、活気に満ちた地域社会をつくるため、地方の創意工夫をいかした自主的な取組を政府一体となって支援する（地域主権改革・地域活性化の推進）ために七五三、四四七百万円（五五八、五八一百万円）の予算が組まれている。このうち、「総合特区制度」の推進として、一四、〇二八百万円（一五、二六六百万円）が組まれている。「新成長戦略」（平成二二年六月一八日閣議決定）に位置付けられた総合特区に関する計画の実現を支援するため、各府省の予算制度を重点的に活用した上でなお不足する場合に、各府省の予算制度での対応が可能となるまでの間、機動的に補完する総合特区推進調整費を活用して支援一三、二四〇（一五、一〇〇）、総合特区に関する計画に基づく民間事業を支援するための、総合特区支援利子補給金を支給一六四百万円（一五一百万円）である。なお、現行の「沖縄振興特別措置法」の期限到来後の新たな沖縄振興のスタートを切る重要な年度である平成二四年度の沖縄振興予算については、沖縄振興に資する事業を県が自主的な選択に基づいて実施できる一括交付金を創設するなど、沖縄県の要望に最大限応え、前年度を大幅に上回る水準を確保している（沖縄振興への取組二九三、七一九百万円（二三〇、一〇五百万円））。沖縄の実情に即してより的確かつ効果的に施策を展開するため、沖縄振興に資する事業を県が自主的な選択に基づいて実施できる一括交付金を経常的経費及び市町村事業をも対象として創設し、経常的経費である沖縄振興特別調整交付金（仮称）と投資的経費である沖縄振興公共投資交付金（仮称）とに区分して一五七、四五六百万円（新規）などが組まれている。

（5）　さらに「義務付け・枠付けの更なる見直しについて」（平成二三年一一月二九日閣議決定。第三次見直し）に基づいて、「地方からの提言等に係る事項」、「通知・届出・報告、公示・広告等」及び「職員の資格・定数等」の三分野に係る一、二一二条項を対象に許容類型を設定し、それに該当しない事項等の見直しを行い、「地域の自主性及び自立性を高めるための改革の推進を図るための関係法律の整備に関する法律案」（第三次一括法案）を、国会に提出した。この地方分権改革推進計画に基づき「地域主権改革の推進を図るための関係法律の整備に関する法律案」等を第一七四回国会に提出した。

（6）義務付け・枠付けの見直しについては、http://www.cao.go.jp/chiiki-shuken/gimuwaku/gimuwaku-index.html 参照。

（7）条例による事務処理の特例制度は、「住民に身近な行政はできる限り地方公共団体に委ねる」という地方分権改革の趣旨に基づき、平成一一年七月の地方自治法の改正において創設された制度。この制度は、条例の定めにより、都道府県知事に属する事務の一部を市町村等に移譲するものであり、移譲にあたっては、あらかじめその権限に属する事務を処理することとなる市町村等の長と協議を要するとされている（地方自治法二五二条の一七の二参照）。

（8）平成一八年末までに特区での特例措置とされた事項が二一〇件、全国展開とされた事項が三六六件であり、計五七六件の規制改革の措置がなされた。また、特区での特例措置のうち、評価委員会の評価又は各省庁の決定により規制を改廃しても問題なしとされた一二一件が全国展開に移行し、特区制度は規制改革の試行の役割を着実に果たしている。

（9）構造改革特別区域法の詳細については、http://www.kantei.go.jp/jp/singi/kouzou2/ 参照。なお、本章では東日本大震災復興特別区域法については紙幅の関係で詳細には言及していない。http://www.reconstruction.go.jp/topics/2011/12/000341.html 参照。

第六章　公益法人税制の動向

――その理論的背景と体系的位置づけの検討

はじめに――非営利革命による税制体系の再構築

一九九〇年代以降、公共の分野は官が、私的利益の追求分野は民がという官民二元論（公私二元論）が大きく崩れてきた。民間の自主的な公益活動は非常に大きな流れとなっている。これは先進国や発展途上国における世界的な潮流であるといえる。経済学においても「非営利団体の経済分析」が進み、租税政策にも影響を及ぼしつつあるといえる。(1)

このような非営利セクターの流れを正面から受け入れるとすれば、我が国の法人税法をはじめとする関連税制（の研究）はもっとその比重や地位を高めてもよいはずである。しかし、我が国の公益法人税制あるいは非営利法人税制（寄付金税制を含む）はどちらかといえば、単なる「優遇措置」の問題として片づけられ、租税理論的分析の対象からははずれてきたといっても過言ではない。(2)

現在、我が国で進行中の公益法人税制改革をめぐる議論は、平成一二年末からはじまった行財政改革の一環としてまず公益法人改革の流れがおこり、そのなかで最近の社会・経済情勢の進展を踏まえ、民間非営利活動を社会・経済システムの中で積極的に位置付けるとともに、公益法人（これは、民法三四条の規定により設立された法人を念頭におく。）について指摘される諸問題に適切に対処するといった観点から、公益法人制度について、関連制度（NPO、中間法人、公益信託、税制等）を含め、抜本的かつ体系的な見直しを行うとする政府の方針を出発点とするものであった。

具体的には、平成一四年三月の閣議決定としての「公益法人制度の抜本的改革に向けての取り組みについて」を経て、平成一六年一二月の「今後の行政改革の方針」（閣議決定）の中で公益法人制度改革の基本的枠組みの具体化が押し進められてきた。周知のように、現行の公益法人の設立に係る許可主義を準則主義（登記）に改め、民間有識者からなる委員会の意見に基づき、一般的な非営利法人について目的、事業等の公益性を判断する仕組みを創設すること、としていた。この枠組みは、いわゆる「一般社団法人及び一般財団法人に関する法律」（一般社団・財団法人法）、「公益社団法人及び公益財団法人の認定等に関する法律」（公益認定法）及び「一般社団法人及び一般財団法人に関する法律及び公益社団法人及び公益財団法人の認定等に関する法律の施行に伴う関係法律の整備等に関する法律」（関係法律整備法）、いわゆる公益法人制度改革三法として平成一八年五月二六日に成立をみた(3)（同年六月二日に公布、平成二〇年度中に施行予定）。この公益法人制度の改正と並行して政府税調・非営利法人課税ワーキング・グループによる税制議論が始まり、その議論の成果は、周知の平成一七年六月政府税制調査会基礎問題小委員会・非営利法人課税ワーキング・グループ「新たな非営利法人に関する課税及び寄附金税制についての基本的考え方」（以下、「基本的考え方」という）として、今日の公益法人課税や寄附金課税の出発的となっている。「基本的考え方」は、「『あるべき税制』の一環として、『あらたな非営利法人制度』とこれに関連する税制を整合的に再設計し、寄附金税制の抜本的改革を含め、『民間が担う公共』を支える税制の構築をめざそうとするものに他ならない(4)」として広範囲な見直しを一見すると示唆しているようにみえる。この方向性は、まさに「非営利革命」にふさわしいものであったように思われる。しかし、具体的な流れのなかでは、法人税法別表三の公益法人等から民法三四条公益法人を引き抜き、一般社団・財団法人法・公益認定法により認定公益法人は同法別表三に戻して、収益事業以外は非課税にするとの流れでなかで税制改正議論が組み立てられているようにもみえる。そこでの議論の基本的な方針は、公益法人制度改革関連法三法を前提とした、あるいはその影響が及ぶ範囲内での公益法人税制改正であるようにもみうけられる。財務省ホームページの税調の基礎問題小委員会等の議事録をみると当初より制度改革の枠組みが狭まってきているような印象をうける。営利法人を柱として現行法人税制の枠内での営利法人類比の改正であるかのようである。

そこで、公益法人税制改正議論の射程距離をどこに置くかであるが、必ずしも現在の政府税調の枠にとらわれず、現行法人税法をはじめとする租税法本則あるいは本法に規定する基本原則を所与のものとして、すなわち営利法人を中心とした営利セクター税制と公益法人等を中心とした非営利セクター税制という二つの柱を想定しながら（営利法人という一つの柱のなかでの議論ではなく）、公益法人税制改革を議論していくことが重要である。法人税法をはじめとする租税法本則を支える原理原則のなかで、「公益法人課税が理論的にどのように位置づけられるのか」という、公益法人課税の理論的な枠組みの検討が不可欠であろう。そうでなければ、公益法人税制は営利法人税制の単純な枠内での優遇措置の程度をめぐる感情論的あるいは道徳論的議論に終わってしまう危険性があるように思われる。どの部分までが本則（本法）すなわち原則課税の問題であり、どの部分からが政策税制としての優遇措置的部分であるのかといった意識のもとで、これらを明確に区別して議論をしなければならないであろう。

一　非営利法人あるいは公益法人税制の課題

次に、政府税調での議論にとらわれず、公益法人税課税の問題点あるいは論点を抽出してみる。いわゆる「公益法人税制改革」は、総論的問題、各論的問題、手続法的問題まで広範囲にわたる。やや重複的な論点もありアトランダムではあるが、**［論点1］**～**［論点25］**が、この「公益法人」を核とした場合の現行制度改革にあたって検討すべき論点であるといえよう。

なお、現在の非営利セクターをめぐる税制の枠組み・鳥瞰図は**図1**とおりである。ここで用いる非営利法人とは利益（剰余金）の配分禁止規定を有する法人であり、認定公益法人とは公益認定法で認定された法人であり、公益法人等とは法人税法別表二の法人である。また、協同組合等とは法人税法別表三の法人であり、公益法人とは「公

図1　非営利セクターをめぐる税制の枠組み・鳥瞰図

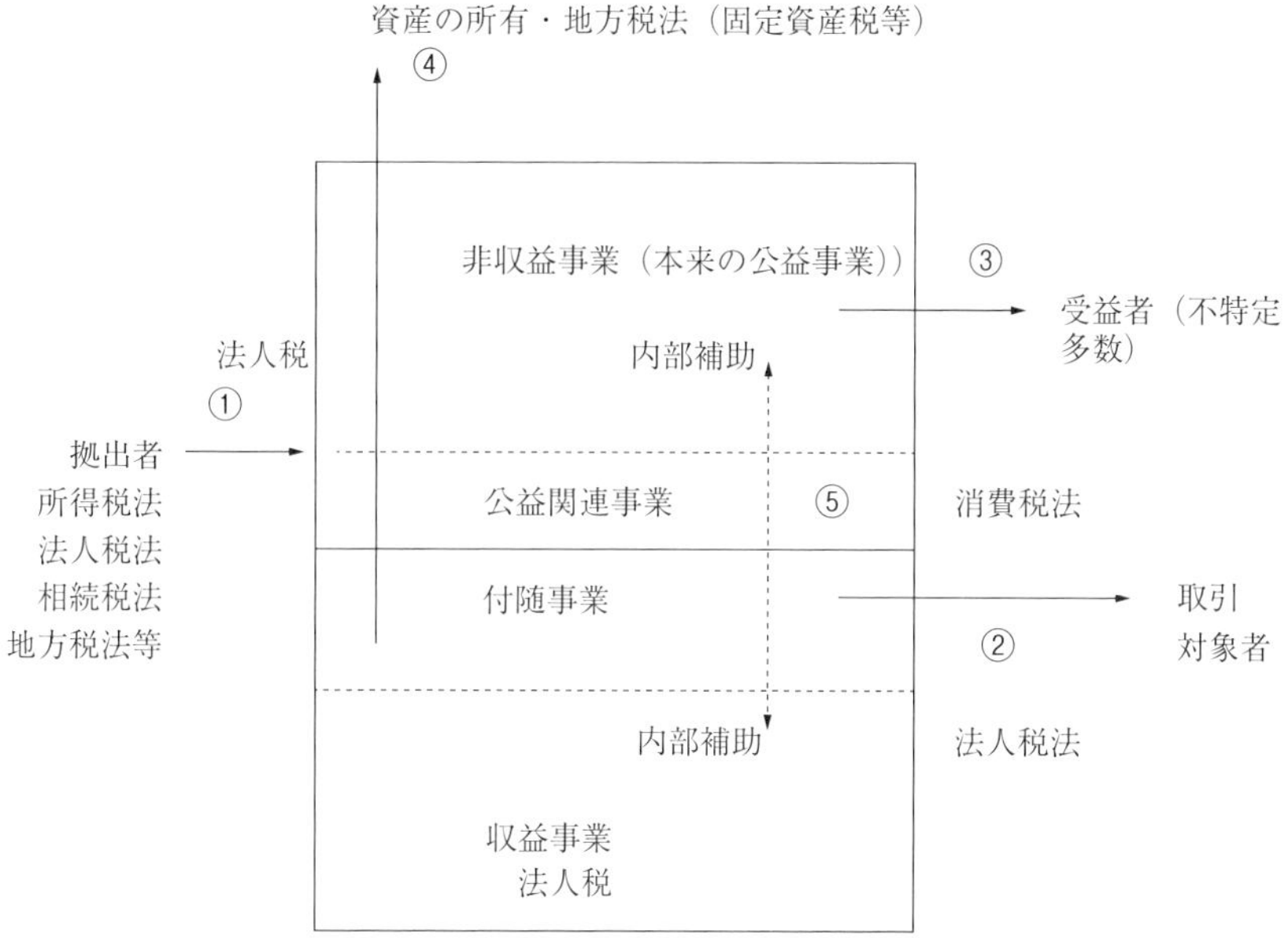

益法人等」と認定公益法人をあわせたものであるとして、以下議論をすすめることとする。

［論点1］　現行「公益法人課税」の租税理論的な枠組みは、どのように考えられるのか。営利法人（普通法人）税制との対比のもとでの単なる優遇措置として評価しうるか。

［論点2］　一九四九年から公益法人等の収益事業から生じた所得について課税が行われることとなったが、シャウプ勧告で採用された「公益法人課税」の基本的原理とはどのようなものであったか。

［論点3］　アメリカの「非営利団体課税」のルールが、我が国の公益法人課税にどのような影響を及ぼしてきたか。あるいは影響しているか。

［論点4］　公益法人課税に係わる税制（たとえば、法人税、所得税、消費税、地方税等における制度）は、租税理論的にどの範囲で体系的・一貫的に課税関係を説明することができるか。特に、所得課税と消費税との間にはそのような視点からの接点は存するか。

［論点5］　私法上の公益法人、非営利法人の程度

（公益性等）と現行租税法の「公益法人課税」等はどのようにリンクすべきか。具体的には「一般社団・財団法人法」・「公益認定法」は、所得課税を中心とした租税法にどの程度リンクさせるべきか。

［論点6］　法人税法別表二の公益法人等（特定非営利活動促進法における「特定非営利活動法人」も含む）と同様の課税関係に位置づける（収益事業の範囲の見直しを前提に）ことは妥当か。

［論点7］　共益的法人たる「協同組合等」と「公益法人等」において、課税理論的に相違は存するか。

［論点8］　「管理組合法人」・「人格のない社団等」等の課税と「公益法人等」は課税理論的に相違が存するか。たとえば、収益事業に対してはなぜ軽減税率が採用されているか。

［論点9］　「一般社団法人・財団法人」（非営利法人）の所得は原則非課税か、それとも原則課税か。「非営利法人」の所得課税の有無は、どのような基準が用いられるべきか。

［論点10］　民法・商法（会社法）と法人税法の収益事業規定との関係はどのような前提のもとで規定されたか。非営利法人における「利益の配分禁止規定」あるいは「残存利益の配分（禁止）規定」は税制にどのような影響をあたえるのか。

［論点11］　公益法人等に対する課税が減免されているのはなぜか。非収益事業部分は結果的には課税されないこととなっているが、その理由（根拠）は、どこに求められるか。

［論点12］　我が国の公益法人等（人格のない社団等を含む）については、収益事業から生じた所得に対してのみ法人税が課せられるが、これをどのように理論的に説明をするか。

［論点13］　収益事業に対する軽減税率の理論的根拠は存するか。普通法人税率と平仄を保つべきか否か。

［論点14］　非課税の範囲に係る議論において、積極的所得（収益事業からの所得）と消極的所得（金融資産収益）の区別が存するが、そのように区別をすることの理論的根拠はどこに存するか。また、そのように区別することは可能か。

〔論点15〕　収益事業からの利益を公益事業に利用した場合の取扱いについてはどのように解すべきか。法人税法三七条五項における、みなし寄附金制度の取扱いは合理的か。
〔論点16〕　寄附金等の収益は、公益法人等の非課税所得となるか。その理論的な根拠はなにか。支払った者の課税関係との理論的整合性を図る必要があるか（所得課税、贈与税・相続税等）。また、「無償による役務」等はどのように解するべきか。
〔論点17〕　公益法人が保有する子会社が行う収益事業への課税、公益法人への寄附金への取扱いなどはどのように解すべきか。
〔論点18〕　公益法人等の留保金に対する課税は、理論的にはどのように解すべきか。
〔論点19〕　公益法人と公益信託の整合性についてはどのように解すべきか。同様の機能をはたす制度において各々税制はどのような関係にあるか。
〔論点20〕　今回「一般社団・財団法人法」に取り込まれなかった「特定非営利活動法人」の課税は、公益法人課税改革のなかでどのように今後位置づけていくべきか。
〔論点21〕　外国で公益法人である法人が、我が国で公益事業や非課税所得を得る場合についてはどのような課税関係が生ずるか。
〔論点22〕　非収益事業と収益事業の区分経理においてはいかなる問題を抱えており、どのような対応が可能か。新公益法人会計基準は収益事業からの所得の計算においてどのような意義をもつか。
〔論点23〕　公益法人に係る国税と公益法人に係る地方税はどの程度整合性を図ることができるか。法人住民税及び法人事業税における取扱い、及び寄附金についての地方税と所得税での取扱いの相違、さらには固定資産税等についての非課税規定等はどのように取り扱われるべきか。
〔論点24〕　「一般社団・財団法人法」におけるガバナンスの強化、情報公開と外部監査等のシステムと法人税法等における手続規定（公益法人等の収支計算書等の提出など）とはどのようにリンクさせるべきか。

［論点25］　公益法人を用いた租税回避行為の態様としては、どのようなものがあげられるか。またそれらの行為に対応すべき否認規定は置くべきか。否認規定を置くとすれば、どのような内容の規定とすべきか。

二　非営利法人あるいは公益法人税制の検証の方向性

まず、［論点1］としては、現行の「公益法人課税」の租税理論的な枠組みが構築される必要があろう。営利法人（普通法人）税制との対比のもとでの単なる優遇措置として理解されるものであるのかが、寄附金税制等を含めた所得課税制度が理論的に検証されることが求められる。(5)［論点2］では、シャウプ勧告で採用された公益法人課税の基本的原理はどのようなものであったのかが、［論点1］の視点からも、今一度検証されるべきであるし、現在の公益法人課税との理論的継続性の有無及びその妥当性についてもあわせて確認をしておく必要があろう。［論点3］も、［論点1・2］と深く係わるが、結論的にいえば、アメリカの「非営利団体課税」のルール、特に「不公正な競争（unfair competition）」原理が我が国の公益法人の収益事業課税の根拠となっているといえるが、その根拠に合理性が存しないのではないかということである。［論点4］は、「公益法人課税」に係わる税制は租税法の体系のなかで租税理論的にどの範囲で整合的に課税関係を説明できるか、である。また、いわゆる第三セクター税制といわれるものの最大公約数は「公益性」（社会貢献性）であると思われるが、それ以外に（たとえば、「非営利性」）公約数はあるのかということである。(6)これは、［論点5］とも関係する。これらは、パッチワーク的な優遇税制として理解せざるを得ないものか、検討してみる必要があろう。

［論点5］は、具体的には「一般社団・財団法人法」・「公益認定法」は、租税法にどの程度リンクさせうるのか、

ということである。「公益法人改革関連三法」のもとでの私法的組織構成を自動的に受け入れるための基準はなにかが問われなければならない。「基本的考え方」は、特に「公益認定法」の公益性の判断基準（その内容）が寄附金税制も含めて租税法に自動的にリンクするとの立場を採るようであるが、「公益性」の内容が重要な問題となる（公益認定法五条参照）。公益性の認定基準（手続規定を含む）が合理的なものであれば租税法において屋上屋をかす必要性は乏しいであろう。(7) 現行法人税法別表二掲記の公益法人等、さらには別表三、場合によっては別表一の法人との対比による各々の公益法人税制の合理性についても検討が、今後必要となってこよう。［論点6］は、認定公益法人を公益法人等（特定非営利活動促進法における「特定非営利活動法人」も含む。）と同様の課税関係に位置づけることは妥当か、ということである（その前提として収益事業の範囲についての見直しが行われるとして考えることとなる。）。次に［論点7］は、共益的法人たる「協同組合等」と「公益法人等」あるいは認定公益法人、公益法人と共益的法人の私法上等の差異は課税関係に影響を及ぼすか、である。［論点5］にも関係するが、受益者の特定や数、残余財産の帰属などに着目した比較分析が求められることとなる。［論点8］は、［論点7］と視点は同じであるが、「管理組合法人」や「人格のない社団等」と「公益法人等」の課税は理論的に相違が存するか（「人格のない社団等」の収益事業に対する税率はなぜ普通税率か）、法人税法別表二、同法別表三の法人との対比において議論することが求められる。［論点9］は、「一般社団法人・財団法人（非営利法人）」（の所得）は原則非課税か、それとも原則課税か、あるいはその中間があるのか、「非営利法人」の所得課税の有無はどのような基準が用いられるべきか、である。非営利法人原則非課税論者も多く、(8) 各々の立場の理論的根拠が問われることとなる。

［論点10］では、法人擬制説（法人税は所得税の前取説）に立つならば利益が配分されない非営利法人課税はそもそも課税されるべきではないといった主張は、どのよう整理することができるのか、も問われる。「非分配制約」原理は「公益性」とともに公益法人の核をなす本質的部分であり、ここでの検討は公益法人の機能と実態から法人格を剥ぎ取ることも射程距離に置くものとして、「多様な事業形態と法人格」といったテーマに寄与する部分であ

るようにも思われる。［論点11］においては、総論的な大きな問題で［論点1］や［論点9］と重複する。公益法人に対しては「法人」としての課税が起こるが、公益目的からの事業収益について課税をしないというのであればその根拠は、逆に公益法人等はそもそも免税されるのであるが、一定の所得（収益事業）だけは課税をするというのであればその根拠は、どこに求められるのか、ということである。補助金理論や所得概念（定義）理論等が検証されることになる。

［論点12］について、「基本的な考え方」は収益事業の範囲の拡大のもとで、その規定ぶりのあり方を問うている。ここは消費税法における「資産の譲渡等」ともからむ問題となってくる余地を残している。［論点13］は、収益事業に対する軽減税率の理論的根拠であり、［論点8］にも関係する問題である。［論点14］は、我が国の収益課税からの所得、非収益事業からの所得といった区分において、金融資産（収益）と「膨大な非営利部門」とのトレイドオフは無視できないものとなっており、非課税の範囲の議論において、積極的所得（収益事業からの所得）と消極的所得（金融資産収益）の区別が存するが、そのように区別をすることの理論的根拠はどこに存するか、である。金融資産収益の問題は、各論レベルでは最大の論点の一つと考えうるであろう。

［論点15］は、課税ベースの問題であるが、寄附金等の収益は、非営利法人や公益法人等の非課税対象となりうるか、その理論的な根拠はなにか、拠出者との課税関係との理論的整合性をはかる必要があるか（所得課税、贈与税・相続税）、である。また、無償による役務提供などの受入れはどのよう評価されるべきか、といった問題にも係わる。これはさらに、公益法人の所得と費用双方に係わる問題であるともいえる。公益法人に対する拠出は課税所得か、資本的支出（あるいは贈与）か、さらに公益法人の慈善支出等は事業支出かあるいは財産の寄附かといった問題とも関係してくる論点であろう。［論点16］も、課税ベースに関係してくるが、収益事業からの利益を公益事業に利用した場合の取扱いについてはどのように取り扱われるべきか、一定割合を寄附金に算入するみなし寄附金制度について合理性は存するか、である。寄附金控除限度額割合（及び実効税率負担率）を普通法人と平仄を理

論上保つべきとする意見は根強いが、公益法人等を構成する特別法法人との個別的な検証、そのような規定をもたない特定非営利活動法人や人格のない社団等との検証も必要になる。これは後述する［論点18］の問題とも深くリンクする。［論点17］は、我が国では検討すべき必要性は乏しいかもしれないが、公益法人が保有する子会社が行う収益事業の課税はどのように解すべきか、である。これは、寄附金（法人格は別に有するがみなし寄附金にリンクする問題も含んでいる）の問題にも波及してくるであろう。［論点18］は、公益法人等の留保金に対する課税は理論的に、あるいは政策的に必要であると解されるか、である。投資所得、金融資産収益が非課税であることから、支出のタイミングの問題（中立性）との関係は理論的に検討される必要があり、重要な論点と考えうる。

［論点19］においては、公益信託と公益法人は同じ機能・目的を果たすものであり、法律的技術の点で差があるにすぎない。しかし、その課税関係は大きく違っている。ここでは、特定公益信託の認定要件と、とくに委託者たる拠出者の贈与・寄附に対する拠出者の課税にも留意をしなければならないと思われる。現在、信託法改正による目的信託や事業信託などがどのように係わってくるか不透明な部分もあるが、信託自体は重要な組織媒体として早急な検討が必要である。(9)［論点20］は、今回「一般社団・財団法人法」に取り込まれなかった「特定非営利活動法人」の課税は、公益法人課税改革のなかでどのように位置づけていくべきか、である。(10)［論点21］は、単に海外の公益信託が、我が国で事業活動をした場合の課税関係はどのように考えるべきか、すなわち外国で公益法人である法人が、我が国で公益事業や非課税所得を得る場合についてはどのような課税関係が生ずるか、ということである（民法三六条参照）。

［論点22］について、法人税法は、収益事業から生ずる所得と収益事業以外の事業（非収益事業）から生ずる所得に関する経理とを区別して行うことを求めている(11)（施行令六条）。法的人格は一つであっても、原則として二つの会計主体あるいは事業主体を有しているようにみえる。内部取引（みなし寄附金を除く。）や内部補助をどのように、租税法上とらえていくかということは重要になってくる。法人税法の規定が非収益部分の計算にあたり、どこまで

適用できるのか、租税回避否認の手法にも波及する問題を含んでいる。たとえば、過大給与の規定があることからかなりの対応は可能であろうが、なお法人税法の過大報酬（役員給与）の規定は有益であろう。消費税法でいう公共法人等に認められている事業単位の特例（一般会計と特別会計といった）（消費税法六〇条二項）との理論的な接点なども考えられるであろう。

［**論点23**］について、「基本的考え方」は、公益法人課税において法人所得課税としての法人住民税割及び法人事業税所得割は原則、法人税と同様の取扱いにし、また、法人住民税均等割については、現行制度と同様とし、「公益性を有する非営利法人」以外の非営利法人については、営利法人等との均衡を考慮し課税することが適当であるとしている。寄附金については地方税と所得税では本質的に相違があり、乖離があるところではあるが、自治体の判断（条例）で対応できるように配慮されているが、自治体課税、地方税法との関係も検討しなければならないであろう。なお、固定資産税等についての公益法人等の人的物的非課税措置についても検討が必要であろう。

［**論点24**］は、公益法人活動の拡大、寄附金文化あるいは社会のために、租税法のみでなく関係法令による監視や情報公開がますますと重要となってくるであろう。［**論点25**］について、「基本的考え方」も、公益法人を用いた租税回避行為にして十分な警戒を払っている。「基本的考え方」は、租税回避行為手段として非営利法人や公益法人による濫用を防止するために、営利法人と同様の課税をすべきとしている。しかし、かなりの部分で公益認定法の認定基準や事後チェック規定による方針をとっていることから、どのような租税回避規定を採用すべきか、営利法人との対比においては問題があろう。ここでは、後述する、アメリカにおける「プライベート・ファンデェイション（Private Foundatoin）」に対する規制も参考になるであろう。

上記の論点のうち、「基本的考え方」が言及するものは、**論点5**、**7**、**8**、**13**、**14**、**16**、**18**、**23**、**25**である。以下、これらの論点についての、総論的課題を中心に若干の検討を加えていく。

三　総論的課題の検討 —— 課税ベースの視点から

1　公益法人の課税ベース

税調の「基本的考え方」は、組織法的には営利法人も非営利法人も同様であるとの前提に立ち、公益性を有するものは、後述する「不公正の競争原理」を前提とした現行「公益法人等」課税と同様の一律の課税とするもののそれ以外のものについては、法人税法の営利法人類比のもので法人格を付与して、現行の広義の非営利法人課税の多様性に応じて課税にバリエーションをもたせるようにみえる。「平成一八年度の税制改正に関する答申」（税制調査会）は、「事業形態の多様化にともない、事業形態の選択に対する中立性を確保する観点から的確な対応が求められる。さらに、法人の設立が容易になる中で、個人形態と法人形態との税負担の差に由来する不公平は是正すべきである」としているところであるが、どこまで改正が踏み込めるのか現在不透明である。

我が国の公益法人課税理論（なぜ公益法人等について課税しないこととしているのか）についていえば、シャウプ勧告前においては、条文上「営利ヲ目的トセサル法人ノ所得」には所得税は課さないとか（明治三二年）とか、「公共団体、民法三四条規定により設定したる法人等には所得税を課さない」（大正一二年）とした。公共法人、公益法人等が同様の扱いとされており、そこでは営利目的がないから課税はしないとの理屈であった[12]。「営利を目的としない場合になぜ課せられないか」という点は明らかではなかった。このような制度はシャウプ勧告によって変更を受けることとなる。シャウプ勧告は法人税を所得税の前取りであるとの立場をとったうえで、「多くの非課税法人が収益を目的とする活動に従事し、一般法人並びに個人と直接競争している。仮に利益がなかったとすれば、又は非課税法人がその利益を全部分配したとすれば、非課税法人の収益事業はさして重要な問題とはならない。」「このような非課税法人の上げる利益金はその活動をさらに拡大するか饗宴のために消費することがあきらかにされている[13]」と勧告している。いわゆる「不公正な競争」原理による収益事業課税、収益の分配が構成員に禁じられているにもかかわらず現実に分配されているという「隠れた利益処分」による課税を背景にしていたといえる。

ここで注目すべきはここでアメリカの「非営利法人課税」のルールと深く係わっていることである。アメリカでは当初、非営利組織は所得課税において完全な非課税を与えられた。そこで強調された合理性は、それらの所得は非課税活動をサポートするために集められるという理由からであった[14]。「所得の目的（destination of income）」テストといわれる基準を事業活動が非営利において実質的に中心的な活動を占めている場合にさえ最高裁が一九一六年の内国歳入法典§五〇一(c)(2)の解釈にあたり、このような法人にまで適用を拡大していった。その結果、議会は、一九五〇年の立法により、最高裁の「所得目的テスト」基準から「不公正な競争」基準に変えたという経緯がある。この新しい基準のもとで、立法は、一方で公益事業に関係のない「非関連事業所得」に課税をしながら（§502において、Feeder 会社の事業から生じたあらゆる所得を含む。）も、パッシブ所得に対する伝統的な非課税取扱のルールを変えることはなかった[15]。二つの所得の間に一線を画してきた。なお、一九六九年に「プライベート・ファンデェイション」の特定の不適切な活動や取引を抑制し、禁止し、こうした規制に違反する場合には処罰税や規制税を課すとともに運営内容の公開を義務付けるなどの対応をしているが、原則的な課税原理には変更はない[16]。

また、アメリカでは、金融資産収益（配当、利子、賃料、キャピタルゲインやロス、そのほかの類似のもの）は、物理的な施設等を要求するでもなく事業からの所得として「不公正な競争」を導かないと考えていたようである[17]。このような原理は、我が国の取扱いと軌を一にしている。我が国のシャウプ勧告は、日本側からの働きかけを受け、アメリカの税制改正論議を日本に持ち込み、アメリカの影響を受けていることは明らかで、これが今日まで、「不公正な競争」が我が国の公益法人課税を支える基本原理になっている理由であるといえる。この原理は、税調基礎小委員会の議論の前提となっている。

しかし、この不公正競争原理が有益な課税根拠となりうるかは疑問であり検討の余地がある。公益法人が商業的な利益最大化の方法で事業を行うと仮定すると、不公正な競争原理は公益法人に主として高いリターンを生み、市場の占有率には変更が生じていないともいわれている[18]。この出発点についての検証に力を注ぐ必要がある。我が国の公益法人課税の法的構造とくに収益事業からの所得と非収益事業からの所得の区分、その範囲については再検討をすべきではないかと思われる。

我が国の公益法人の課税ベースを条文上からみると、法人税法のもとにおいて、非収益事業からの所得と収益事業からの所得、実質的には「公益事業からの所得（公益目的に実質関連する所得）」、「収益事業に（非関連事業に）付随する所得（付随収入）」といったような四つのカテゴリーに分類することができるが[19]、公益実質的関連所得の非課税、金融資産収益の非課税といったものも公益法人が社会公益的機能を充足すべきところに提供されておらず、ゆがみが生じており、効率性（efficiency）が重視されるべきであるともいえよう[20]。

なお、ここでの区分問題は条文解釈論上も曖昧であり、最近の裁判事例が示すように境界が引きにくいのはもとよりである[21]。

2　非収益事業と「不公平な競争原理」

非収益事業に係る所得がなぜ課税されないかについては大きな問題であるが、明らかではない。非収益事業は「不公平な競争原理」が及ばないので免税というのも説得力のある議論ではない。そうすると「公益法人等」や「認定公益法人」がなぜ非課税となるのか、公益性が存在するとなぜ非課税になるのか（我が国は人的非課税ではない。ただし、公共法人は、人的非課税である。）。法人税法七条は、収益事業以外の所得あるいは清算所得については法人税を課さないとする。このことからすると、非収益事業以外の所得が、理論的に非課税となるのか優遇措置として非課税になるのかが必ずしも我が国では明確ではない。前述した、多くの論点を考察するにあたって、この理解の相違は論点に係わる制度の構築に影響することとなる。

いくつかの説があるが、有力なのは補助金理論による説明（非営利についての優遇措置は間接的な助成金（租税支出））であるとする説[22]、剰余金の配分禁止に対する補償説[23]等々、アメリカでは議論が展開されている。ここではビトカーの見解のみ言及するに留める。所得概念（定義）理論のもとで、所得課税（法）は利益を生み出す活動に適用されることから、公益活動には適用されないという[24]。連邦所得税における非営利組織の免税は、優遇税制でもなければ「隠れた補助金」でもないと解している。共益的組織においても構成員が所得税的な成果をもたらさずに構成員がいっしょになにかをするという共益的組織の活動であり、それはそもそも課税の対象ではないと解している。しかし、そのような組織もまた構成員にとって役に立つ所得を稼得する（資産への投資や構成員以外との間で事業を行う。）と、このような所得を所得税の対象から除外する理由はないとしている。所得概念理論（非営利所得を所得として認識しない。）は、補助金理論（非課税所得の範囲を制限する。）よりも、広範囲な非課税所得の範囲を認識することになるであろう。非営利団体に対する拠出（寄附）が課税所得か、帰属所得か、さらに非営利団体の慈善支出が事業支出か、財産の寄附かといった点で相違が生ずる。なお、税調の「基本的な考え方」は、共益的法人の会費収入について非課税の方向を打ち出している。

四　総論的課題の検討——組織法的視点から

次に、公益法人の問題を組織的視点からみていく。

1　「公益性」「非分配制約」の意義——私法的特徴と課税

公益法人（団体）とは、「不特定多数の利益（公益）に関する法人（団体）であって、その活動の結果得られた利益を構成員に配分することを目的としないもの」ということができる。「公益性」とあわせて私法レベルでの「利益の配分禁止規定」という要件は営利法人にはない特別な要件（特質）であるといえる。[25] 法人擬制説に立ちながら、公益法人には利益が配分されないから所得税の前取りとしての法人税は賦課できないという割り切った見解も散見しうる。[26] 税調の「基礎的考え方」では、この二要件の存在、残余財産の帰属の制約の不存在といった点に留意していることが伺える。一般社団・財団法人法一一条二項は、社員に剰余金・残余財産の配分はできないとする（二三九条により残余財産は民法の規定に準じている。）。また、基金の返還も同法一四一条は、純資産額が基金の総額をこえるとき等において、定時社員総会の決議により行う（同法二三九条により残余財産は民法の規定に準じている）。これに対して、そのほかの個々の非営利法人においてはその制約原理にばらつきがある（資料1参照）が、制約原理により、その課税ベースがグルーピングされていることが理解できる。

2　収益事業部門と組織課税

多様な事業形態（事業組織）を巡る議論のなかに取り込んで公益法人も論ずることができるか、検討をしてみる。[27] 一見すると、法人税法の規定ぶりは営利法人は法人擬制説、公益法人は法人実在説に立つようにみえる。その場合、問題は株式会社等を中心とした営利法人以外のさまざまな事業形態組織について、普通法人等に関するルールをそのまま準用しうるのかということであろう。普通法人等のなかで公益法人を理解するのか（一元的分析）、あるいは普通法人とは別の理屈うえで（課税根拠のうえで）公益法人を説明するのか（二元的分析）という問題が生じてくる。法人擬制説に立つ場合においては、最終的個人所得者の存在が必要となるが、公益法人には株主のような者も存在しないしリターンを計算するための会計技術というかシステム（資本ノ部）も存在しない。[28] 存在するのは不特定多数の受益者である。よって、法人税の課税は生じないか、あるいはそもそも存しないといえる。すると、理屈のう

資料1　主要な法人制度における利益の分配等

法人の形態		利益の分配	残余財産の帰属	目　的	設立（設立根拠法）	課税対象（税率）
公益法人等	社団法人 財団法人	不可（非営利）	国・地方公共団体、類似の公益法人	祭祀、宗教、慈善、学術、技芸その他公益に関する事業を行うこと	許可（民法）	収益事業（33業種）により生じた所得に限り課税（22%）
	学校法人、社会福祉法人、宗教法人等	不可（非営利）	国・地方公共団体、類似の公益法人等	祭祀、宗教、慈善、学術、技芸その他公益に関する事業を行うこと	認可等（私立学校法等）	収益事業（33業種）により生じた所得に限り課税（22%）
特定非営利活動法人（NPO法人）		不可（非営利）	国・地方公共団体、類似の公益法人等	特定非営利活動であって、不特定かつ多数のものの利益の増進に寄与する活動を行うこと	認証（特定非営利活動促進法）	収益事業（33業種）により生じた所得に限り課税（30%）
管理組合法人		不可（非営利）	区分所有者	建物並びにその敷地及び附属施設の管理を行うこと	準則（建物の区分所有等に関する法律）	収益事業（33業種）により生じた所得に限り課税（30%）
中間法人		不可（非営利）	社員に帰属することも可能	社員に共通する利益を図ること（事業制限なし）	準則（中間法人法）	すべての所得に対して課税（30%）
協同組合等		可（営利）	組合員	中小企業者等が相互扶助の理念により共同仕入等の事業を行うこと	認可（協同組合法）	すべての所得に対して課税（22%）
株式会社		可（営利）	株主	商行為を行うこと	準則（商法）	すべての所得に対して課税（30%）

（出所）　税調資料に加筆。
（注）公益法人制度改革3法（平成18年6月2日公布）前の規定による。

えでは収益事業にも課税はできないということになる。しかし、収益事業には課税がなされているとして「公益法人課税」を行うということはそもそも、もはや公益法人の法人格を捨象して、いわゆる公益事業部門と収益事業部門を分離して営利法人とは本質の異なる、すなわち法人税とは異なる「収益事業課税」を行っているということになろう（一般会計部門と特別会計部門という消費税法の思考パターンに近い。）。公益的法人（団体）には構成員とその活動を支える人（寄付者、無償の役務を提供する者等々）がいる（組織の二重構造がある、それとともに団体の受託者としての地位が公益的団体にはある。）。これは、営利法人と類比のもとで営利法人の枠内で法人税を課すといった思考では公益法人課税に対応できないということを示しているともいえるのではないかと考えられる。公益法人は寄附市場において手に入れた資金を用いて、公益目的を遂行・実現するための一つの「社会的装置」であるといってもよい。このシステムのもとで、図1（一二三頁参照）の各課税関係をみていくのか、一つの立法論であろうと思われる。一方、営利法人は、私的利益を追求するための社会的装置であるといえよう。

ただ、現行法の公益法人課税の認識は、法人であるから法人税が賦課されるが、公益性を有しているので非収益事業からの所得は優遇措置としての非課税にするとの見解に立つものに過ぎず、この限りでは法人実在説的思考が登場しているといえよう。

五　その他、各論的問題の検討

1　収益事業所得に対する税率の適否

税調の「基本的考え方」によれば、普通法人並の税率を採用すべしとの意見もあり、検討をさらに要するとされている。平成五年の政府税調の答申をはじめとして、平仄を保つべしという意見は根強いものがある。(29) この根拠については、補助金理論の延長線上において、そのような所得が公益目的であるからと説明されることがある。みなし寄附金制度との関係も同様に説明されることがある。

しかし、我が国が「不公正な競争」原理によるのであれば、この部分は普通法人と同様の法人税率に近似したものということになるものと思われる。ただ、法人擬制説に立つ論者においては、法人課税をすべきところ、軽減割合はともかくも軽減税率を用いることが要求されよう。このような措置は、どのような理屈に立つかはともかくも、この軽減税率は「優遇措置」ではないと解することができる。

2　留保金課税に対する課税

留保金課税については、投資所得としての金融資産収益との関係において注意をすべきであろう。「公益法人の設立許可及び指導監督基準」（平成八年九月二〇日閣議決定）は、過大な内部留保を認めていない。優遇措置を受けているから過大に蓄積することには問題があるとか、職員等の高額な給与として吸い上げられるといった、批判も多いところである。[30] また、公益法人等は構成員に利益の分配が禁じられていることから、留保金課税は許されないとの見解もある。一方、公益法人等による投資の目的は営利法人と違うのであるから、公益目的のために同年度にすべて支出されるべきであるとの見解も必ずしも成り立たないといえよう。

しかし、投資所得は課税を免れているが、それは公益目的に使用されるということから免れているのであるとすると、投資所得が発生する年度においてすべてを支出する限りにおいて投資所得に対する課税は存在しないから（支出のタイミングに対する中立性は確保される）、その限りでは租税利益発生から公益目的実現までの時間的乖離を防ぐために理論的に正当化されうる。関連収益所得（関連事業所得）についても課税を免れていることから、同様の留保金課税の対象になるといわなければならないであろう。

3　みなし寄附金制度

公益法人等の内部においても、収益事業部門の余剰資金等を収益事業以外の事業部門に属する資産として区分経理したときには、みなし寄附金として取り扱われることとなっている（法基通一五—二—四）。これは優遇措置として、その合理性が検討されているようであるが、学校法人や社会福祉法人は寄附金控除限度額が高く設定されており、ＮＰＯ法人・人格のない社団等については、このような制度はない。これらの区分経理において収益事業部門を法的主体とみなすことにより、みなし寄附金を認めていると解されるが、この見解が公益法人課税でどこまで整合的に採用されているか、検討されるべきであろう。私法あるいは監督基準からいえば、このようなみなし寄附金の制度は優遇措置となり、普通法人の寄附金控除限度額と平仄を理論上は保つべきであるということになろう(31)。

おわりに

「公益法人税改革の動向」につき、「法人段階での課税」を中心に現在進行中の公益法人課税の改正の意義、その改正の問題点とそれを検討するための理論的な考え方のようなものを提示した。

税調の「基本的考え方」は、新しい非営利法人制度を前提にして、新たな公益法人税制を構築しようとするもので、現行公益法人税制（法人税法別表とその税制）を再構築して、それを公益法人税制のモデルとして、その余の公益法人等を含む非営利法人の内容に応じて取扱いを異にしようとするものと思われる。営利法人税制の類比のもとで改正作業が行われているようにみえる。非営利法人（団体）は、収支を均等化させながら公共サービスを提供することによって効用を最大化させるという行動原理からみて、それ自身はだれによっても所有されていない。所有者がだれもいない非営利法人に対する課税を営利法人税制の類比で構築していくことは無理があるといえよう。

我が国の公益法人税制における非収益的事業と収益事業からの所得の判別する、いわゆる「不公正な競争」基準は、合理性が乏しいこと、公平よりも「効率性」がここでは重視されるべきであること、同様な視点から金融資産収益についての非課税範囲についても検証が必要であろう。

非営利法人は「剰余金の分配」ができないという非分配制約原理をかかえており、非営利法人は公益性（社会的貢献）をもつことにより、営利法人とは異なる局面をもっている。顧客と生産物の対価の支払という観点からみると、企業の場合、生産物を受け取る者と対価を支払う者が一致する。これに対して、非営利法人は通常の意味での顧客のほか、非営利法人に金銭だけを支払う寄附者が存在し、サービスを享受するのみの者も存在する点で企業と異なる。非営利法人も組織である以上存続しなければならない。貨幣的残余を外部へ分配できないという「非分配制約」が非営利団体の大きな特徴であるといえる。非営利法人の営利活動は理論的には存在しないが、法による制限を受けつつ収益事業、非関連事業として行われる。民間の非営利法人は私的ではあるが営利企業ではなく、非営利であり、消費を目的としていないから家計とも異なる。

公益法人税制の見直しにあたり、検討すべき論点は税調「基本的考え方」をはじめとして、なお多くのものがあるといえる。それらの問題点に十分答えうる公益法人制度の理論的な枠組みを構築しなければならない。

（追　記）その後の公益法人税制改正の到達点については、平成二〇年度税制改正の大綱及び「新たな公益法人関係税制」http://www.nta.go.jp/shiraberu/ippanjoho/pamph/hojin/koekihojin.pdf 参照。

（1）本章においても有益なものとして、川口清史・富沢賢治編『福祉社会と非営利・共同セクター：ヨーロッパの挑戦と日本の課題』（日本経済評論社・一九九九）、E・ジェイムズ、S・ローズ・エイカーマン（田中敬文訳）『非営利団体の経済分析――学校、病院、美術館、フィランソロピー』（多賀出版・一九九八）、山内直人『ノンプロフィット・エコノミー』（日本評論社・

一九九七）等を挙げることができる。

（2） これまでの先駆的業績としては、石村耕治『日米の公益法人課税の構造』（成文堂・一九九二）等がある。最近の包括的な、優れた研究成果としては、藤谷武史「非営利公益団体課税の機能的分析――政策税制の租税法学的考察（一）～（四・完）」国家学会雑誌一一七巻一一・一二号一頁、一一八巻一・二号一頁、同巻三・四号三八頁、同巻五・六号四八七頁（二〇〇五～二〇〇六）がある。

（3） これらの公益法人制度改革については、苑揚恭「公益法人改革関連法の概要」金融法務事情一七七六号一七頁（二〇〇六）、井戸樹理「公益法人制度改革について」地方税五七巻八号五七頁（二〇〇六）。公益法人改革の経緯については、http://www.kohokyo.or.jp/non-profit/seidokaikaku/index01.html 公益法人協会HP参照。

（4） 政府税制調査会基礎問題小委員会・非営利法人課税ワーキング・グループ「新たな非営利法人に関する課税及び寄附金税制についての基本的考え方」及び同グループ等の議論については、http://www.mof.go.jp/singikai/zeicho/top.htm 政府税調HP参照。本文においては「基本的考え方」の該当頁を個々に引用することはしない。なお、「基本的考え方」については、多くの解説があるが、柴山佳徳・吉添圭介・地方税五六巻九号八頁以下（二〇〇五）等参照。

（5） このような試みとして前掲・藤谷論文参照。藤谷武史「非営利公営法人の所得課税――機能的分析の試み」ジュリスト一二六五号一二三頁（二〇〇六）がその骨格を示す。藤谷論文は、非営利活動とは「拠出者が受益者に拠出者が望む消費を行わせる」ことであり、拠出者が受益者を通じて行う「利他的消費」として理解する。非営利法人課税の原則は「拠出者の消費」に対する課税の一類型として構想し、非営利法人課税は資産の増加の問題ではなく、消費の問題として理解する。非営利法人を拠出者の消費活動の手段として考え、拠出した財産がすべて本来目的に使用されたら課税は起きず、拠出者の所得は増加しないと解する。拠出者と非営利法人との課税を体系的に構築する。

（6） 国・地方公共団体、消費税法別表三に掲げる法人（消法別表三法人等という）及び人格のない社団等（独立行政法人、一部の特殊法人、民法三四条に規定される社団法人及び財団法人、社会福祉法人、特定非営利活動法人、労働組合、中間法人等を含む）についても、一般の法人と同様に事業をしている以上、消費税の納税義務はある。しかし、これらの事業者の行う事業活動は公共性や公益性が高く、法令上の制約を受け、あるいは国や地方公共団体等の財政的援助を受けるなど一般の法人に比べて特殊である。事業単位の特例（消費税法六〇条一項）、資産の譲渡時期の特例（消費税法六〇条二項、令七三条）、仕入税額控除の特例（消費税法六〇条六項）、申告期限の特例（消費税法四五条の例外として、消費税令七六条二項）、といったような特例が存する（各事業者毎に特例の適用関係は異なる）。消費税は、法人を単位として計算されるのが原則であるが、国・地方公共団体は法令に基づいて設けられる一般会計、特別会計という会計単位ごとに予算・決算が行われている。この会計単位を一つの事業単位として消費税計算が行われる（消費税法六〇条一項）。したがって、原則として、異なる特別会計間の取引、あるいは一般会計と特別会計間の取引については消費税の対象となる。消費税法施行令七二条二項二号、同令七二条一項、同基本通達一六―一―一等参照。

（7）アメリカ、フランス、ドイツ等においては、課税機関が事後的に非課税団体に該当するか否かを判断する。非営利法人の根拠法が州法であったり、事前の認定手続が存在しないことによるものと思われる。イギリスは、チャリティ委員会により登録チャリティとして認定をうけると非課税となる。

（8）堀田力・山田二郎・太田達男『公益法人改革　これでよいのか政府の構想』四七頁（公益法人協会・二〇〇四）等参照。

（9）大正一一年に信託法が制定され、もう一つの公益活動のための制度である「公益信託」が設けられた。民法による法人型とならんで信託型まで制度化されたことは画期的なことであったが、公益信託はその制度的構成からみると民法上の公益法人、とくに財団法人にならってその簡易型ないし変形型として立案された。法律上支持された公益目的は完全に公益財団法人と同じで（民法四三条と信託法六六条）その社会的機能も同じであると考えられるが、その目的・機能を果たすための法律的技術という点で相違がある。公益信託の信託財産の運用益については、受託者が個人の場合は所得税を課さない（所得税法一一条三項）。なお、法人税法には類似の規定はないが同様に実務上は取り扱われている。委託者が個人の場合には、設定時に特定公益信託の財産とするために支出した金銭は、指定寄附金となる（所得税法七八条三項）。委託者が法人の場合には、認定公益法人への寄附金は一般寄附金として損金算入されるが、認定特定公益信託への寄附金は別枠で損金算入できる（法人税法三七条五項・六項）。

（10）ＮＰＯ法人については、川井健他（対談）「ＮＰＯ法人の検討」ジュリスト一一〇五号四頁（一九九七）、佐藤英明「いわゆるボランティア団体法人をめぐる課税関係」ジュリスト一一〇五号三〇頁（一九九七）、佐藤英明「いわゆるボランティア団体法人をめぐる課税関係」ジュリスト一一〇五号三〇頁（一九九七）等参照。公益法人等の七〇％以上を占める宗教法人については、平成五年一一月の税調答申においてもその検討の必要性は指摘されている。宗教法人が制度の濫用や悪用といったこれまで指摘されてきた問題もさることながら、公益法人税制の理論的枠組みのなかで宗教法人税制自体の合理性も精査される必要がある。宗教法人は公益法人等に位置づけられているが本質的には決定的な相違を有しており、「公益性」も大きく異なる。宗教法人についての憲法的枠組みを明確にしたうえで、宗教法人課税との関係を論ずる必要がある。北野弘久「政教分離原則と税制」法律時報五八巻九号三四頁（一九八六）、玉国文敏「宗教法人課税の在り方」ジュリスト一〇八一号一六頁以下（一九九五）、石村耕治「公益法人制度改革と宗教法人への影響」宗教法二四号二一頁（二〇〇五）等参照。

(11) 収益事業に係る所得の計算等（法基通一五—二—一以下）参照。たとえば、固定資産の処分損益について、不動産業に該当するもの（収益事業）を除き、収益事業の付随行為に該当すれば課税対象となる（法基通一五—一—六）が、付随行為に該当しない場合は課税対象とならない（法基通一五—二—一〇）とされている。

なお、平成一四年三月の「公益法人制度の抜本的改革に向けた取り組みについて」（閣議決定）を経て、平成一六年一〇月に「新会計基準」が決定された（平成一八年四月一日から実施）。新会計基準のもつ意義も無視できず、区分経理にあたえる影響は大きい。

(12) 武田昌輔『詳解　公益法人課税』八頁以下（全国公益法人協会・一九九三）、西野尚雄「公益法人税制とＮＰＯ法案」国士舘法学二九号七一頁以下（一九九七）等参照。

(13) シャウプ勧告第六章Ｂ。福田幸弘監修『シャウプの税制勧告』一四二頁以下（霞出版社・一九八五）参照。

(14) この立場からは、非営利からの「積極的（アクティブ）所得」（つまりビジネス活動から生じた所得）、さらには投資から生じた「消極的（パッシブ）所得」についてもどちらも非課税ということになる。Bittker & Rahdert, *The Exemption of Non-profit Organization from Federal Income Taxation*, 85 Yale L. Rev. 299, 317 (1976)。これらの基準のために、アメリカのＩＲＣ（事業の積極的活動から慈善により生じた利益に課税するという。）の試みはなんどなく失敗をしている。連邦最高裁判所は、「所得の目的」テストによって、事業活動が非営利において実質的に中心的な活動を占めている場合にさえ非課税を認めていた。我が国と同様である。「Feeder Corporation」（唯一の株主が非営利親会社である）においても、この親会社のために投資活動や事業活動を行っている場合にも、「所得の目的」のテストの適用範囲が拡張していく。この子会社の投資所得や事業所得が非課税となった（非課税の範囲の拡大）。いわゆる「Feeder Corporation」の問題である。連邦最高裁判所は、一九一六年の§五〇一(c)(2)の解釈をこのような法人にまで適用を拡大していった。

なお、一九五〇年の改正にあたっての下院のヒヤリングについては、The Macaroni Monopoly: *The Developing Concept of*

Unrelated Business Income of Exempting Organization, 81 HARV. L. REV. 1280 (1968). このような時期に、我が国のシャウプ勧告がだされているということに注意をすべきである。

（15） アメリカのこのような動向については、Yishai Beer, *Taxation of Non-Profit Organizations: Towards Efficient Tax Rules*, BRITISH TAX REV. 156 (2006).

（16） Richard Schmalbeck, *Reconsidering Private Foundatoin Investment Limitation*, 58 TAX. L. REV. 59 (2004). アメリカにおいて「不公正な競争」原理が、公益法人課税に導入されることにより「収益事業」からの所得についての課税が理論づけられる。「非関連事業所得」(unrelated trade or business income) は課税されるというルールについて、アメリカの上院財政委員会が示した合理的理由の第一は非営利団体によってもたらされる「不公平な競争」である。第二は、ある一定の範囲までは、非営利団体が免税所得を得るために金融商品を購入することによって（レバレジッド購入によって）税の相対的な利益を使用しうることであるとしている。一九五〇年の立法（及びその後の改正）は、「非関連事業所得」の課税を導入することによってこれらの脅威に対応している。そして、金融負債資産から生じた「パッシブ・インカム」を課税対象に含めるように改正することによって対応してきている。なお、連邦最高裁判所は、§511~513が、①「営業または事業」を構成する、②恒常的に運営が行われている、③非課税目的に実質的に関係をしていない、のであれば課税されると判断している。See, *e.g. U.S. v. American Bar Endowment*, 477 U.S. 105 (1986).

（17） Beer, *supra* note7, at 162.

（18） アメリカにおける議論については、Weisbrod, Burton, For Non-Profit Economy, 116, 117, 124-125, (1988); Henry B. Hansmann, *Unfair Competition and Unrelated Business Income Taxation*, 75 GINIA. L. REV. 206629-631 (1989); Bittker and Rahdert, *supra* note14 at 319, 322-326; Rose-Ackerman, *Unfair Competition and Corporate Income Taxation*, 34 STAN. L. REV. 1017, 1029, 1038-1039 (1982); Klein, *Income Taxation and Legal Entities*, 20 UCLA L. REV. 13, 61-68 (1972).

（19） 収益事業課税は「不公正な競争」原理によって、とりあえずは理論的な枠組みが与えられている。しかし、非収益事業になぜ課税が生じないかについての理論的根拠はない。アメリカ同様、関連所得は我が国でも非課税としての取扱いを受けているといってもよい。法人税法二条一三号、同法施行令五条一項にいう収益業三三業種のうちから一定のものを除いている。これは原則として、関連所得として非課税と解されよう。さらに、金融収益非課税の原則がとられていることから、公益法人には四種の収益が区別して取り扱われているといってよかろう。

(20) 一九五〇年アメリカ税制改革のフレイムワーク(の構成要素)は、現在の非課税は独断的な区別と疑義が存する経済的な合理性にもとづいている。また、課税事業所得(非関連所得)と非課税パッシブ所得との境界も明確ではない。同様に「関連活動」の意義も明確ではない。我が国も同様であるといえよう。これらの区別を支える合理的な理由を検証して、その有効性を検証することが必要であろう。現在のルールに対する有効な対応は、非営利団体の社会経済機能が充足されるべきところに応じて提供されるべきであり、そのときに効率性の視点から非課税の範囲が決定づけられるべきであろう。

(21) 収益事業該当性を巡る判例は最近の判例としては、医療機関が行う治験行為(東京高裁平成一六年三月三〇日判決)、特定非営利活動法人の提供する「ふれあいサービス」の事業(東京高裁平成一六年一一月一七日判決)、宗教法人が営むペット葬祭業(名古屋地裁平成一七年三月二四日判決)等があるが、収益事業に該当するとしている。裁判例はイコール・フィッティング論を前提としているといえよう。

(22) 公益法人公益信託税制研究会編『フィランソロピー税制の基本課題 現状分析と提言』Ⅱ・Ⅳ(石村耕治執筆)(公益法人協会・一九九〇)参照。

(23) Henry Hansmann, *The Rationale for Exempting Nonprofit Organization from Corporate Income Taxation*, 91–54 Yale L. Rev. 66–68 (1989).

(24) Bittker & Rahdert, *supra* note 14 at 307–330 (1976).

(25) この問題については、能見善久「公益的団体における公益性と非営利性」ジュリスト一一〇五号五〇頁以下(一九九七)参照。なお、公益の歴史と現状について、法的な視点によるものではないが、小松隆二『公益とは何か』六七頁以下(論創社・二〇〇四)参照。

(26) 法人擬制説に立ちながら利益の配分がない以上、法人税の課税は、生じないとする見解もある。田中治「公益法人課税改革の問題点——租税法の視点からみて」大阪府立大学経済研究五〇巻一号二一七以下(二〇〇四)参照。現実の法人税制が必ずしも法人擬制説によった制度設計になっていないとして、このような見解に疑問を呈するものとして、知原信良「非営利組織の課税問題」ジュリスト一二六一号一七八頁以下(二〇〇四)がある。藤谷・前掲論文㈣完一六五頁以下も参照。

(27) このような視点からの分析については、増井良啓「多様な事業組織をめぐる税制上の問題点」ファイナンシャル・レビュー六九号九五頁、一〇二頁以下（二〇〇三）が有益である。

(28) 増井・前掲論文一〇九頁参照。

(29) 収益課税制度においては税率が軽減されている。当初は、普通法人の税率と同じ税率（三五％）であった。昭和二七年に普通法人の税率を下げたときに公益法人等の税率がすえ置かれ、現在に至っている。

(30) 内部留保率は、「指導監督基準」の三〇％以下であるものが六〇％強、それ以外のものがその基準を超えているが、なかでも一〇〇％以上のものが一八％程度を占めている。一〇〇〇％以上のものも三％程度、一方〇％未満のものも一二％弱程度にのぼる。優遇措置を受けているから過大に蓄積することには問題があるとか、職員等の高額な給与として吸い上げられるといった批判も多い。なお、アメリカの「プライベート・ファンデェイション」には、ペイアウト・ルールが存在する。公的目的に純資産総額の最低五％を拠出することが課されている（IRC§4942参照）。

(31) 収益事業分から非収益事業部門への資金の振替を寄附金とみなす（現実に支出することは要件ではない。）。公益法人等の内部においても、収益事業部門の余剰資金等を収益事業以外の事業部門に属する資産として区分経理したときには、みなし寄附金として取り扱われる（法基通一五―二―四）。昭和二七年の公益法人税率三五％、寄附金控除限度額三〇％（実効税負担率二四・五％）から税率二二％、寄附金控除限度額二〇％である（実効税負担率一七・六％へ下がっている）。公益事業等は、公益事業遂行上、必要な資金をうるために収益事業を補充的に行うことが許されている（昭和六一年七月「公益法人の運営に関する指導監督基準」一―三は、収益事業からの収入はその経費以外は公益事業で用いることを求めている。）。

第七章　ガットと優遇税制

はじめに

「企業の国際化」の今日、企業が海外投資あるいは海外取引を行うに当たり、各国の優遇税制・租税条約等を考慮した、いわゆる「国際租税戦略」は企業の国際競争力に重要な影響を与える。そこで、資本輸入国あるいは資本輸出国において輸出振興・輸入振興に影響を与える「租税誘因」（これは、我が国において一般的に「租税優遇措置」あるいは「租税特別措置」と呼ばれているものを含む、広義の概念である。）は経済政策上極めて重要な意味をもつものの一つであり、(1) 経済的には直接的な効果が期待できるものである。しかし一方で、これら「租税誘因」又は「租税優遇措置」は、租税政策上その租税の公平や租税の中立性を腐食するものとして、多くの他の「租税優遇措置」と同様にその是非が問われている。(2)

しかし、海外投資又は海外取引におけるこれらの問題は、単にこれまでの国内税法における「租税優遇措置」と同様の観点からのみ論じることはできず、望ましい国際租税秩序の観点からの「租税優遇措置」あるいは「租税誘因」、望ましい国際経済秩序の観点からの「租税優遇措置」あるいは「租税誘因」が論じられる必要があろう。なお、本章では、このような問題意識に十分に答えるために、国際租税上の「租税優遇措置」をこれまでの狭義の「租税優遇措置」から広げ、(3) それは「海外投資あるいは海外取引を税という手段で促進するもの」を意味するものとして、検討を進めることにする。

一　国際租税秩序における「租税優遇措置」の位置づけ

国際的な事業活動等により生じた所得にかかる課税については、「租税の中立性（tax neutrality）」と「租税の公平性（tax equity）」という原則との調和がまず求められる。しかし、国際課税におけるこれらの原則については、経済学・財政学・租税法学の各学者の間にも議論があり、その内容によっては「租税優遇措置」についての評価は異なる。

1　「租税の中立性」と「租税優遇措置」

⑴　CEN、CIN、NNと租税政策

租税政策の立案者は、居住者・内国法人の外国所得に係る租税政策について三つの広範囲な枠組みをもっている。三つの競合する原則は、資本輸出の中立性（capital export neutrality: CEN）、国家中立性（national neutrality: NN）、資本輸入の中立性（capital import neutrality: CIN）である。(4)

CENは、多国籍企業の基地（設立場所）の決定・選択に税が影響を与えないことを最終的な目的にしている。CENの理想は、海外進出に当たり、所得課税の考慮を無視することのできるような一連の租税ルールを確立することである。CENの学際的な研究において、国家間での歳入分割（税源配分）の問題は二次的な問題であるといえるが、歳入庁においては多くの税収を得るということが、CENドクトリンの採用の背景に根強く存在している。CENは、資本が世界的な基準で最も効率的なところに置かれることにより、国家に富をもたらし、さらに最も生産的な世界経済に到達することができると信じている。原則的に、CENは、会社がどこに投資しようとも、法人の利益に同じ税率で課税されること、国外源泉所得と国内源泉所得を算定するために同じルールを適用し、海外で

稼得した所得も国内で稼得したものとして内国の税率で課税すること、さらに支払った外国税の外国税額控除を認めることにより、達成される。

よって、CENは、原則的に投資の場所を歪めるさまざまな政策を否定する。我が国は伝統的にCENを信奉する国であることから、海外投資あるいは海外取引にかかる税制に「租税優遇措置」を持ち込むことは「租税の中立性」を侵すことになるといえる。一方、CINの目的は、異なる国からの投資（所得）をある特定の課税管轄権のもとで同じように取り扱うことである。CIN学派は、低税率国に投資をする場合に、CENの論理のもとでは、自国の企業は結果的に稼得した国外源泉所得に自国の高税率で「課税の繰延べ（tax deferral）」なしで課税されることから、外国所得に対する課税を免除あるいは軽減する国に居住する外国多国籍企業の子会社と、あるいはさらにその低税率国の会社とも競争することはできないと主張する。そこで、CINにおいては、源泉国と居住国の投資が同じ方法で課税されること、ホーム国（基地会社国）がホスト国の国外源泉所得に自国の税を賦課しないことが求められる。

よって、たとえば、CENからは国外源泉所得を免税にすることは「租税の中立性」に反するということになるが、CINからはそれとは異なった評価を与えることができる。

なお、NNは、国家の富の増大が最終目標である。NN学派は、ホーム国が所有しているキャピタルから自国で最大のキャピタル・ゲインを得るという租税政策を望み、国内の税率を外国投資所得について高率に押し上げること（国外源泉所得を不利益に扱うことによってもたらされる「租税優遇措置」）により、この目的を達成しようとする。

⑵　アメリカにおける議論の展開

CINの主張は長年にわたり、また次第に力を得ているけれども、アメリカの政策立案者（我が国も同様）を説得するに至っていない。(5) CINは、海外投資について、現実に、属地課税（源泉地課税）を求める。CINの目的は、かなりの部分、外国法人の所得をアメリカ課税から免除することにより達成されるということになる。しかし、アメリカ財務省及び租税合同委員会は、海外投資にかかる「租税優遇措置」をどの程度で停止すべきかという判断が困難であるために、新しい事業活動による所得を課税から免除するということに消極的であるといわれている。(6)

外国の利得がアメリカ税率で課税されない場合には、アメリカに代わって、低税率国にかなりの非効率の額のキャピタルが存在することになるというCENの主張について、CIN支持者は、世界のキャピタルの源泉とその利用は、広範囲なグローバルなプールを通じて相互に関連しており、ある国が投資にとってより魅力的になるとすると、アメリカ会社又は外国会社が関連的であるか否かにかかわらず、その国は広範囲なグローバルなプールを通じてキャピタルを誘引することになるという。(7)さらに、CINの支持者は、外国経済活動は内国活動を犠牲にして生じるということを否定し、この逆が真実であるということ（アメリカ多国籍企業の外国活動がその多国籍企業の輸出を拡大するということ）の明確な証拠を掲げて、(8)アメリカ企業の外国活動と内国活動の間にトレイド・オフが生じるという見解は間違いであると結論づけ、真のトレイド・オフは、活動が外国基地会社とアメリカを基地にする多国籍企業のどちらによって遂行されるかにより生じると主張する。(9)よって、CINの立場からは、アメリカを基地とした輸出振興にかかる「租税優遇措置」の拡大が求められることになろう。

2　公平と「租税優遇措置」

海外投資又は海外取引にかかる「租税優遇措置」については、海外所得を持つ者と持たない者との異なる取扱い（所得のタイプによる不公平）、あるいは「租税優遇措置」を享受できる者と享受することのできない者との異なる取扱い（納税者のタイプによる不公平）などが公平原則・平等原則の要請から、これまでも議論されてきた。(10)我が国の場合、ここでの公平は、全世界所得主義（world-wide taxation）を前提とした「個人間の公平（individual equity）」である。しかし、一般的に、なにが公平かという「公平」の内容は、曖昧で明確なものではなく、特に国際租税の領域においてはより不明確なものとなっている。

国際租税において、公平の内容は、「個人間での公平」と「国家間での公平（inter-nations equity）」という観点からみることができ、さらにこれらの公平は、合法性、平等性、インテグリィティ（所得の包括性、グローバルな所得に外国所得を含むか否かという問題）、所得の再配分の各問題に分けて検討を加えることが有益であるが[11]、特に、フォーゲル教授は、公平のこれら内容を詳細に検討されたうえで、全世界所得主義よりも源泉地課税主義（属地主義）を支持される[12]。「租税優遇措置」の公平の議論は、全世界所得主義（＝CEN）と属地主義（＝CIN）のどちらが公平かという議論と深くかかわる。仮に、国際租税秩序のうえで属地主義が支持されるとするならば、「租税優遇措置」に対する公平基準（の内容）もこれまでとは大きく異なってくるであろう。

二　輸出所得の課税と「租税優遇措置」

先進工業国において存在する輸出の租税誘因のうち、いかなるものが問題となる「租税優遇措置」に当たるのかはそれほど明確ではない。我が国では、租税特別措置法に規定のあるものを租税特別措置としてこれまでその合理性を検討してきたきらいがあるが、いわゆる「租税支出」概念は[13]、国際租税の領域にまで適用されており、その概念は、⑴課税管轄権の決定の問題（具体的には、①ある課税規定が全世界所得主義における「正常な課税（normative tax）」に不可欠な規定か、あるいはそうでない規定かの判定（課税管轄権の問題）、②外国税額控除の対象となる税と対象にならない税の区別、③二重課税排除のための租税条約の精査によることになると考えられるが、外国人に対する課税が「正常な課税」あるいは「特別なルール」によるか否かの判断）、⑵国際的な協定（租税条約）における無差別条項に関して生じる論争の解決、などに適用されている[14]。ここでは、資本輸出国の輸出所得に対する課税関係を中心に、問題となる「租税優遇措置」（＝「租税支出」）をみていくことにする。「租税優遇措置」＝「租税支出」といった国際的な共通の尺度は、各国の国際租税制度における「租税支出」の比較に重要な役割を果たし、その結果、国際租税制度の構築に重要な役割を果たすであろうと考えられる。

二　輸出所得の課税と「租税優遇措置」

1　課税管轄権と課税免除

(1)　国外源泉所得の免税

全世界所得主義を採る国（徹底した国としてはアメリカ、日本など）において、居住者が海外で稼得した所得を課税除外とする、あるいは特別な課税除外を規定すると、全世界所得主義という課税の「正常な基準（normative basis）」を侵害することから、そのような措置は「租税支出」あるいは「租税優遇措置」になり[15]、政策的にも、CENを後退させることになると考えられよう。サリー教授は、このような租税政策はアメリカの輸出を拡大し、雇用を増加させるために必要であるとしてこれまで擁護されてきたが、アメリカ経済に直接的な効果を生んでいないとして批判される[16]。

(2)　全世界所得主義と「独立的な法的主体の原則（独立企業原則）」

全世界所得主義のもとでは、外国関連子会社の所得は配当等の支払いという形で送金された場合にのみ課税されることから、国外源泉所得を持つと居住国課税の繰延べが生じ、支店よりも子会社の運営を優遇し、差別することになる。よって、「課税の繰延べ」も「租税支出」として考慮されうるであろう。この租税誘因も、CENを後退させることになる。

しかし、各国においては、タックス・ヘイブン税制によりこの「課税の繰延べ」を排除する[17]。たとえば、アメリカにおいては、内国歳入法典にサブパートF規定（I. R. C. SS951–964）を導入することにより、「課税の繰延べ」に対処するが、サリー教授は、なお不完全であり、「租税支出」であると主張される[18]。ちなみに、CINにおいては、サブパートFによる「課税の繰延べ」に対する規制は、「課税の繰延べ」は低税率国で子会社が稼得した所得が海外に再投資される限り（稼得が長期にわたり投資されるので）イグゼンプションと同じ効果をもつことから、それは

「課税の繰延べ」に対する侵害として、逆に廃止されるべきであるということになる。[19]

2　輸出所得にかかる国外源泉所得と国内源泉所得との区分

五〇％ルール　アメリカにおいて、法人が居住国で商品を製造し、海外で販売する場合、この製造会社の利益のどれほどを国内源泉所得とし、またどれほどを国外源泉所得とするかについても租税誘因が生じると解される。アメリカの輸出源泉ルールは、「独立工場価格（independent factory price: IFP）方法」と「五〇対五〇方法」を伝統的に採用している。ＩＦＰ方法は、独立工場価格の額（独立した工場が非関連購入者に課する価格）までのあらゆる受取りをアメリカ源泉所得として取り扱い、一方で五〇対五〇方法は、輸出利益の半分をアメリカ源泉所得として、また半分を国外源泉所得として特徴づける。[20]多くの場合、五〇対五〇ルールは、ＩＦＰ方法よりも大きな額を国外源泉所得に移転しうることから、内国法人が外国税額控除限度超過額をもっている場合には、アメリカ課税からその所得を回避させることができる。この五〇対五〇方法によるタックス・ベネフィットは、後述する外国販売会社（foreign sales corporation: FSC）自体のタックス・ベネフィットを超えている。[21]

3　特別な輸出法人の優遇税制

一定の要件を充足する法人の輸出利益にかかる課税を優遇する国があるが、[22]なかでもこのような輸出優遇税制としてよく知られているのはアメリカの内国国際販売会社（Domestic International Sales Corporation: DISC、一九八四年に廃止）、我が国の輸出所得控除制度（一九六四年に廃止。後述**四 1**参照）である。

ＤＩＳＣとその効果　アメリカは、一九七一年に、貿易赤字（商品取引にかかる赤字二〇億ドル）が増大するに及んで、ＤＩＳＣ規定（I. R. C. SS 991-997）を導入した。ＤＩＳＣ規定のもとでは、アメリカ親会社とＤＩＳＣの課税合計所得の二五％が、アメリカ課税から免除された。[23]全世界所得主義のもとで、これら規定も「租税支出」を構成すると解される[24]。この制度は外国税額控除限度超過額をもたない輸出者にタックス・ベネフィットを享受することになり、ＤＩＳＣによる輸出は、立法後、急速に増大したといわれている[25]。

ＤＩＳＣ規定は、一九八四年の赤字削減法により、ガットの輸出補助金との調和を図るために、ＦＳＣ規定（I. R. C. SS 921-927）にとって変わることとなる。この規定のもとでは、ＦＳＣとアメリカ親会社との合算所得の一五％がアメリカ税からイグゼンプションされた。さらに親会社は、いわゆる外国所得の原則的なバスケットに含まれる国外源泉所得として、合算課税所得の二五％を特徴づけること（五〇対五〇方法を前提）が認められた。代わりに、この外国所得は外国税額控除限度超過額を利用することによって、アメリカ課税から回避されうることになる[26]。

4　準備金・特別償却制度

かなりの国が、租税法規により海外投資、輸出促進の目的で「特別な非課税（tax free）準備金」等の設定を認める[27]。我が国にも「海外投資等損失準備金」（措法五五条）、「輸出特別償却制度」（旧措法四六条の二）など同様のものが多くある。なお、海外での事業用資産、あるいは海外輸出製品製造のための事業用資産等に一定の加速度償却を認めることも、これらと同じ範疇に入れることができよう（後述四1の「海外支店用設備等の特別償却制度」（旧措法一七条、五一条）。これらも「租税優遇措置」であり、「租税支出」に該当する。

5　二重課税の排除（外国税額控除）

二重課税の排除については、外国税額控除方式、免除方式（イグゼンプション方式）あるいは両者の折衷的方式などが採られているが、どの方式を用いるべきかについて国際的に強制される基準は存在せず、どの方式を採るかというこの方式の選択に関して「租税支出」の問題は生じない[28]。

(1)　外国税額控除の限度額の計算

①　外国税額控除方式において、国別限度額方式（パー・カントリー方式）、一括限度額方式（オーバーオール方式）、取引項目別方式、さらにバスケット方式など、限度額管理が厳しいものから緩やかな方式までありうることから、国外源泉所得にかかる外国税額を超えて、居住国で税額控除できるとすると、やはり「租税誘因」となりうるが、各国がどのような方策を採るかは国際的な一つの正常なルールが存しないと考えられるので、この方式の選択に関しても「租税支出」は生じないと解されている。(29)

②　国内源泉所得と国外源泉所得にかかる費用配分が問題となるが、この費用配分は利益配分の問題とパラレルである。属地主義のもとでは、外国所得に帰属する外国関連調査開発（research and development: R&D）費用は、通常控除することは認められないが、外国税額控除のもとでは、R＆Dのコストが外国税額控除限度額を減じることになる。この配分基準は、海外投資において「租税誘因」として機能する。アメリカ財務省は、一九八一年に、アメリカで発生した調査開発費について、そのようなあらゆる費用はアメリカ国内源泉所得に配分されるとした(Reg. s 1. 861-8(e)(3))。これは外国税額控除の活用を増加させ、多国籍企業にアメリカでの調査開発活動のためのインセンティブを与えることを目的としていた。このような「租税優遇措置」は、「租税支出」に該当すると解されている。(30)

(2)　みなし外国税額控除（タックス・スペアリング・クレジット）等

我が国やドイツ、オランダなどは幅広く「みなし外国税額控除（tax sparing credit）」を採用しているが、アメリカは「租税支出」に当たるとして伝統的に「みなし外国税額控除」の導入には否定的である。投資促進を目的とする「租税優遇措置」であり、全世界所得主義を背景にするＣＥＮのもとでは間接補助金にあたり、「租税支出」としてみなされる。(31)

なお、その他、外国税額控除においては、次のような二〜三の問題が残る。

① 外国税額控除の対象となる所得税の定義（これは外国税の定義と深くかかわる。）が拡大、あるいは緩やかに解される場合（外国所得税のみが控除の対象となっているが、消費税等もその対象にしようとする動きがある。）も、海外取引への租税誘因になりうる。このことは、「正常な所得概念」を侵害するようになることから「租税支出」となりうる。(32)

② 間接国税額控除制度において、外国子会社の株式所有要件、適用対象となる関連外国子会社の範囲などを拡大することも、海外投資への「租税誘因」として機能しうる余地を残している。しかし、これは包括的な外国税額控除制度の技術的な遂行のために必要なものであり、「租税支出」を構成しないと解されている。(33)

6　二重課税排除条約

二重課税を回避するための一方的なステップ（たとえば、国内税法による外国税額控除）はいくつかの問題を解決することができない。(34) そこで、各国は租税条約を締結し、それが国際課税のうえで次第に制度的なものになってきているが、相互条約の締約により存在する基本的な問題は、これらの相互条約による国の一方的なルールの修正が「租税支出」か「租税ペナルティ（tax penalty）」（納税者に不利に機能し、租税支出を制約する規定）に該当するか否かである。

サリー教授は、源泉管轄（source jurisdiction）のルール、それに伴う詳細なルールは、経験的・実務的な決定、居住者に対する公平的な課税に必要であるとの判断、さらには現在における国際的な「正常な判断」との産物であり、「租税支出」に該当するか否かという分析は、自動的に、租税条約締約国の源泉管轄に修正を加え、影響を与える規定には適用されないと解されている。(35) そうすると、投資所得に対するフラットな税率での源泉徴収課税は「租税支出」を構成せず、またその他の源泉管轄に対する制約も「租税支出」を構成しないということになろう。

しかし一方、居住者課税又は居住地管轄（residence jurisdiction）に関する租税条約の条項には、「租税支出」にかかる分析が適用される。一般には、アメリカあるいは全世界所得主義を採用する国が締結した租税条約は、源泉管轄は制約するが、居住者管轄は制約しないといえる。アメリカの締結したいくつかの条約は、アメリカ居住者管轄を修正する（税を軽減する）ものがある。そのような軽減が制定法により行われたならば「租税支出」に該当するとすると、そのような国内規定と同じ効果を生み出す租税条約も同様に「租税支出」を構成することになろう。(36)

三　国際経済秩序と「租税特別措置」

海外取引の租税優遇措置（特に、先進国における優遇税制）を巡っては、国際経済秩序との関係を配慮する必要がある。

1　海外取引の優遇税制とガット規制

今日の世界経済秩序の一つである自由貿易主義の復活と確立を目的とするＧＡＴＴ（General Agreement on Tariffs and Trade: 関税及び貿易に関する一般協定）一六条に規定する輸出補助金との抵触がここでは最大の問題となろう。

(1)　ガットの輸出補助金

ア　ガット一六条の解釈　ガット一六条は、補助金を一律に禁止・制限する趣旨の規定を設けず、補助金一般（内国補助金であると輸出補助金であるとを問わず、輸出を増加させ、又は輸入を減少させる効果をもたらす直接又は間接の補助金をいう。Art. 16A）と輸出補助金（輸出補助金とは、直接であると間接であるとを問わず、国内価格以下の価格における輸出を可能にし、輸出増加の効果をもたらす補助金をいう。輸出補助金は、さらに一次産品に対する輸出補助金と、さらに二次産品に対する輸出補助金に別れている。Art. 16B）を区別して異なる扱いを定めている。一次産品に対する輸出補助金は、過去の輸出実績等に基づく当該産品の世界市場における公平な取分を超えることとならない限り、一次産品に対する輸出補助金は許容される（Art. 16.8）。これに対して、一次産品に対する輸出補助金は、残存する補助金を一九五八年一月一日以降できる限り早く廃止することを義務づけており、またその後、これに関して「ガット第一六条四項の規定に効力を与える宣言」（いわゆるA宣言）を採択している。[37] この宣言の受諾国には、ガット一六条四項により補助金の交付禁止義務が生じることになる。

輸出補助金の定義はガットには存せず、議論の別れるところではあるが、輸出補助金と考えられるものは、A宣言を策定した作業部会がリスト化した八項日（「関税及び貿易に関する一般協定第六条、第一六条、第二八条の解釈適用に関する協定」（以下、「解釈コード」という。）の付属書（BISD26S/80）は、さらにこの八項目に四項目を加えると共に、具体的かつ詳細な規定をおいている。）に、その代表的な輸出補助金をみることができる。このうち、税にかかる輸出補助金は、①輸出を理由とする直接税の免除等、②輸出に関連した直接税の特別控除、③輸出産品にかかる間接税の免除等、④輸出産品にかかる前段階の間接税の免除等、である。[38]

これまで、一定の非課税等の「租税優遇措置」がガット一六条四項にいう「一次産品以外の産品の輸出に対し、国内市場の買手が負担する同種の産品の比較可能な価格より低い価格で当該産品を輸出のため販売することとなるような」補助金に該当するか否かが争われてきた。後述する「フランス、ベルギー及びオランダの所得税制に関するパネル報告」（一九八一年一二月七・八日採択）、「米国の輸出振興税制（DISC）に関するパネル報告」（一九八一年一二月七・八日採択）にその例をみることができる。

イ　国境税調整

輸出産品にかかる間接税の免除等については、国境税調整（border tax adjustment）に関して特に議論があるところである。国境税調整とは、輸入品に対しては同種の国産品に課せられる内国税と同じ内国税を課し、他方輸出品に対しては課される内国税を輸出の際に免除又は払い戻すという仕組みをいう。[39] ガットで禁止されている輸出面での国境税調整は、製造業者・商社等に対して、輸出に関連して、直接税等の免除・軽減を行うこと、輸出産品に関して、間接税又は輸入課徴金のいずれか又は双方により、一又は数段階で実際に課せられた額を超える金額を払い戻すことである（解釈コードの付属書の(e)〜(i)項参照）。

輸入面については、ガット三条一項は、「内国税その他の内国課徴金は、国内生産に保護を与えるように輸入品……に適用してはならない。」とし、同条二項は、「輸入品に対しては、同種の国産品に直接、間接に課せられる内国税その他の内国課徴金を超えるものを直接にも間接にも課してはならない。」と規定する。内国民待遇の原則に則して輸入品に内国税その他の内国課徴金を課すことを認める。

国境税調整に関するガット・ルールには、①価格に影響を及ぼす措置は、間接税以外にも各国により行われているのに、それらに国境税調整を行わずに間接税のみに国境税調整をなぜ認めるのか、②間接税は完全に転嫁し、直接税は転嫁しないという前提であるが、直接税も転嫁することから、ガット・ルールは直接税中心の国に不利である、などの問題点が存している(40)。

また、「内国税その他の内国課徴金」の意味について、輸入品に対して同種の国産品の各段階で課される租税で課される税率で課税することを認めるのか、あるいは単に最終段階で課される租税の税率で課税をすることを認めるのか、について当初より争いがあった。後者の見解でいくと、多段階課税方式をとっている国が不利で、完成品に一段階の取引高課税を課している国が有利となって差別が生じることになる(41)。

(2)　「租税優遇措置」とパネル報告

ア　アメリカのＤＩＳＣ問題

「輸出パネル」は、最初ＤＩＳＣ規定の経済的な効果を調べ、それは、「輸出に本質的に関連したタックス・ベネフィットを授けている」と結論づけた(42)。そして、「仮に法人所得税が輸出関連活動について軽減されており、国内市場において国内活動に関して何の変化もないとすると、これは輸出活動の拡大を招くであろう」と述べた(43)。そして、アメリカのレポートによれば、ＤＩＳＣの設立により輸出は増加しており、また数多くのＤＩＳＣが設立されている現状をみると、ＤＩＳＣの規定が実質的に利益を付与しているのは明白であるとして、ＤＩＳＣは輸出補助金とみなされるべきであると結論づけた。(44) ＤＩＳＣ規定による繰延べが税の免除（又は軽減）に該当するか否かについて、「輸出パネル」は、不確定の期間にそれを与えるというだけの繰延べが税の免除又は軽減に該当するとは確信していないが、「輸出パネル」は、いかなる規定も税の後払い又は繰延べ払いに関する利息部分について通常課せられる利子を課していないので、その限りにおいて直接税の一部軽減・免除に当たると述べた。(45)

結果として、「輸出パネル」は、輸出補助金が輸出セクターにおいて、(a)価格の低下、(b)販売効果の増大、(c)単品当たりの利益の増加のいずれか、あるいは複数の結果を輸出面にもたらすと考えられ、ＤＩＳＣ規定は課税からの部分的な免除（イグゼンプション）を創り、ゆえに補助金に当たると述べた（「輸出パネル」は、輸出市場における価格の減少が自動的に内国市場での類似の価格の減少を伴うということを受け入れない。(46)）。

イ　フランス等三か国の課税免除措置問題　アメリカは、フランス、オランダ及びベルギーの法人所得税制について、これらの国は属地主義（territoriality principle）を採るため、内国法人の海外支店を介して稼得した所得に課税をしないことから、同様に輸出補助金であると主張していた。「輸出パネル」は、このような現実は、特別な政策的な意図によるのではなく、フランスのような原則的な課税によっても同一的な結果が生ずるが、輸出に対する利益が国内市場のための内国活動に適用されていないために、輸出に対する補助金を構成すると述べた。(47) また、「輸出パネル」は、海外からの配当に対するフランスの課税が利益を十分に留保することを認めた後に、異なる国の異なる税制がホーム国での販売についてよりも輸出について支払われた課税総額において、より少額の税額をもたらすという状況のもとでは、部分的な直接税の免除が存すると結論づけた。(48) それは、オランダ及びベルギー・アプローチに対しても同じ結論に到達した。(49)

(3)　ガットと国際租税秩序との調和

「輸出補助金」と「租税支出」あるいは「租税優遇措置」の関係は、ガットと国際租税秩序との調和にかかる問題であるが、この点でフランス等三か国の課税免除措置に関するパネル報告は一つの示唆を与える。そこでの報告の意見は、属地主義と輸出の二重課税の救済に対するイグゼンプション制度は、通常のタックス・システムの一部ではないという前提に基づいている。この解釈は、外国税額控除制度が唯一の通常の方法であるということになり、このような解釈が正しいとするならば、居住国からの輸出商品が海外活動に関係しない限りはガットの輸出補助金には当たらないものの、確かにイグゼンプション方式は輸出補助金に該当することになろう。これらの主たる論争は、他国がこの原則及びイグゼンプション方式の欠陥として何を考慮しようとも、この方法は、輸出及び他国での外国活動の拡大をもたらすためのイグゼンプション方式、あるいは属地主義というよりは、むしろヨーロッパの長い歴史的な事実を背景にした制度であり、かつこれは課税管轄権の問題であるといえよう(50)。

フランスさらに属地主義及びイグゼンプション方式を用いている国が、ガットの「輸出パネル」の決定を受け入れることができないというのは理解できよう。前記（二1(2)）の「租税支出」の議論からも、またさらにはＣＩＮの立場からもこのようなパネル報告の結論は支持できないであろう。

また、上記の「輸出パネル」は、「輸出」が直接関わらず、ガットの輸出補助金であるとは必ずしもいえない場合もあるとしながら、アメリカの被支配会社利益に対する「課税の繰延べ」も「租税支出」として支持し、そして、そのような「課税の繰延べ」の利益について、現行の課税（サブパートＦ）を除いた残余部分も輸出補助金であるということを仄めかしている(51)。このような点では一方で「租税支出」概念とのリンクが窺えるのである。

「輸出補助金」と「租税支出」概念は、原則として重なるべきものであると考えて差し支えないものと思われるが、なお理論的な研究が双方の立場から詰められるべきであろう。

2　ローマ条約と租税優遇措置

ローマ条約九二条一項は、構成国により付与された「助成（aid）」で、競争を歪め、または歪めるおそれがあるものでで構成国間の取引に影響を及ぼすものを制限する旨、規定している。ＥＣ委員会は、「メンバー国により与えられる援助」は優遇税制規定により与えられた財政援助を含むことを前提としている。(52)

この条約規定の適用は、市場を共通にする国により採用される規範的な租税制度の構築のための規定（ローマ条約九二条での助成を構成しない援助）と問題の援助に該当する規定を区別するための受入れ可能な基準を国際的な視点から発展させることにより、促進されることになるのであろう。(53)

四　租税特別措置法における優遇税制

1　輸出振興税制の問題

租税特別措置法における優遇税制は、国際収支を経常的な姿で均衡させるため、国際競争力を培養する趣旨で、昭和二八年度の税制改正により導入された①輸出損失準備金制度（旧措法八条の二等）、②輸出業者の所得の特別控除制度（旧措法七条の七等）、③海外支店用設備の特別償却制度（旧措法七条の二等）を嚆矢とする。(54) 輸出損失準備金、海外支店用設備の特別償却は、「課税の繰延べ」にかかるものであり、輸出所得の特別控除は免除（免税）にかかるものであり、その効果は直接的である。

なかでも、輸出所得の特別控除については、ガット違反との疑惑が当初からあり、当時、これに対して我が国は、間接税が輸出補助金として許されているということを背景にして、直接税であっても直接輸出取引にかかるものではないと反論していたようである。(55) 輸出業者の所得の特別控除制度において、輸出業者（個人・法人）から特別控除される金額は、輸出取引による収入金額に一定割合を乗じた金額（これはその後拡充されていくが、創設当時、たとえば、①輸出業者のする輸出については、その輸出による収入金額の一％相当額、②輸出業者の委託を受けて、輸出品につき加工した場合は、その加工による収入金額の八％相当額など）とその輸出にかかる所得金額の五〇％に相当する金額とのいずれか少ない金額である。[56] 上記のガットのコード等における輸出補助金の解釈からすれば、ガット違反については異論のないところであろう。また、仮に輸出取引しかない企業を考えると、所得が八〇％（創設時の五〇％がその後、八〇％、一〇〇％と拡大）まで控除され、さらに輸出所得の三割五分が輸出損失準備金に当てられるということになると、当該企業は全く税を免除されてしまうことになるといった状況を生じたことから、反論の余地はないであろう。ここではさらに、準備金による「課税の繰延べ」であっても、複数の準備金を併用活用することにより「課税の繰延べ」が生じる場合についての一つの問題提起を含んでいる。

さらに、この制度については、その他の二つの輸出振興税制を含めて、公平性及びその効果の面も税務当局により早くから疑問視されていた。[57] その後、我が国の租税特別措置法における輸出振興税制は、ガットとの調和による改正、我が国の経済環境の変化に合わせた整理・合理化により縮小の傾向にある（平成二年度には、輸入拡大からの輸入促進税制を創設）。[58] なお、前記の「輸出パネル」報告をみると、その「輸出補助金」の意義は緩やかに、広義に解されていることから、全く我が国が準備金等においてもガットの輸出補助金問題から解放されているとはいいきれないであろう。

2　消費税を巡る問題

消費課税における国境税調整（ガットは、消費税の課税管轄について仕向地原則に立つ。）について、同様に輸出補助金の問題が生じる。ガットは輸出品に課される間接税について、転嫁の問題から輸出免除を認めている。我が国の消費税は、売上金額より仕入金額を控除する仕入控除型であり、転嫁が確実に行われるインボイス型付加価値税を採用しておらず、税額が転嫁されるにしても確実ではなく（消法三〇条、消令四六―五〇条）、輸出免除を認めること（消法七条）により、還付金が超過して交付されることもありうることから、輸出補助金との批判もありえようとする見解も展開されている。[59] ガットにおける国境税調整は国境税調整の貿易に及ぼす影響、「国内税その他の内国課徴金」（ガット八条）等の意味を巡って、議論があるところであり、どの程度までその調整が認められるかについては未だ結論を見ていない。[60] しかし、我が国の「輸出免税」が解釈コードの付属書のg項にいう「輸出産品にかかる間接税の免除等」に当たると考えられることから、「輸出補助金」に該当することになろう。今後ガットでの作業を注意深く見守る必要があろう。

おわりに

本章は、海外取引における優遇税制について、主として、資本輸出国の輸出所得を居住者の観点から考察した。国際的な企業活動の高まりのなかで、世界経済の活発化のためには、税制の国際的な統一、あるいは国際的な租税秩序の確立を含めた国際経済秩序の確立が望まれる。しかし、現実には国家の課税立法権がもっとも先鋭にあらわれる場合の一つである「租税優遇措置」が国家の利害のもとで、海外投資又は海外取引に直接的・間接的に影響を及ぼし、国際経済にさまざまな攪乱効果をもたらしているという現実がある。

そこで、国際課税の原則のもとで、「租税優遇措置」の位置づけと評価を、「租税優遇措置」を含めて税制全体を政策的な観点もふまえて、多面的に検討する必要があろう。本章でも用いた「租税支出」概念は、そのための有力な一つの道具となりうるであろう。特に、資本輸出国は、国際経済秩序の規制（ガット）により「租税優遇措置」も制約を受けることから、隠れた「租税優遇措置」をも取り込んだ分析が必要となろう。また、国際租税政策も国際経済政策との整合性が要請されることから、「租税支出」と「輸出補助金」の関係も今後、さらに検討する必要があろう。

そして、国際課税原則のもとで、いかなるものが各国の国際課税制度のなかで「租税優遇措置」あるいは「租税支出」として構成され、国内租税原則のみでなく、国際課税原則のなかでそれらをどのように統制するのかも検討されることになろう。

（追　記） 本章にかかわる重要な論稿として、増井良啓「租税政策と通商政策」小早川光郎・宇賀克也編『行政法の発展と変革　下巻』五一七頁以下（平一三）がある。

（1） 田近栄治「税制と海外直接投資」貝塚啓明他編『グローバル化と財政』六三頁以下所収（有斐閣・平一一）：R. M. Bird, Tax Policy and Economic Development（1992）:Hartman, *Tax Policy and Foreign, Direct Investment*, 26 Jounal of Public Economics 107（1985）等参照。

（2） 租税特別措置の意義については、金子宏『租税法（四版）』八六頁以下（弘文堂・平四）、畠山武道「租税特別措置とその統制」租税法研究一八号一頁以下（平二）、和田八束『租税特別措置』七頁以下（有斐閣・平四）参照。

（3） アメリカを初めとして、多くの国で論じられている「租税支出」概念に近いものを念頭においている。この問題については、畠山・前掲論文一一頁以下、吉牟田勲「正常な標準的所得税構造とわが国の所得税構造」税研三巻一四号八頁以下（一九八七）等が詳しい。国際課税における租税支出の意義、リストについては、OECD, Tax Expenditures（1984）; S. S. Surry & P. R. McDaniel, International Aspects of Tax Expenditures（1985）参照。

（4） R. Musgrave, Taxation and Oparations Abroad 83（1960）を初め、多くの文献があるが、本章の以下のＣＥＮ、ＣＩＮ、ＮＮの議論は、G. G. Hufbauer, U. S. Taxation of International Income 47–61（1992）を主として参考にしている。

（5） 今日では、ＣＥＮは機能しないとする論考が多い。たとえば、Frisch, *The Eoonomics of Interncltional Tax Policy:Some Old and New Approaches*, 30 Tax Notes 581–91（1991）; Hufbauer, *supra* note 4, at 63–170.

（6） Hufbauer, *supra* note 4, at 58.

（7）*Ibid.*

（8）文献については、*Id* at 58 n. 22. を参照されたい。

（9）*Id*, at 58.

（10）我が国においては十分議論がされているとはいえないが、座談会「輸出振興と税制を巡って」税経通信一三巻四号一二二頁以下（昭三三）の税務当局者の問題点の指摘参照。畠山・前掲論文二四頁も併せて参照。

（11）R. Musgrave, Fiscal System 246–47（1969）.

（12）Vogel, *World-Wide vs. Source Taxation of Income –A Review and Revaluation of Argument* 77, 117–32, in Der Offene Finanz und Steuerstaat（1991, 初出 Intertax 1988 Nos. 8–11）を参照。

（13）「租税支出」概念に関するサリー（Surry）教授の見解、さらには各国の分析については、Surry & McDaniel, *supra* note 3, at 1–6; OECD, *supra* note 3, at 16–18. 本章では、サリー教授にならい、「租税支出」とは、租税規定のうちで正常な課税構造（normal tax structure）に不可欠でない、租税以外の社会的・経済的な目的を達成するために、正常な課税構造に付加されたもので、いわゆる政府補助金に該当するものとしておく。

（14）Surry & McDaniel, Tax Expenditures 156–57（1975）.

（15）*Id.* at 157–58.

（16）*Id.* at 156–60.

（17）各国のタックス・ヘイブン税制については、占部裕典「タックス・ヘイプン税制」村井正編『国際租税法の研究』二九頁以下（法研出版・平二）参照。

（18）Surry & McDaniel, *supra* note 14, at 158–60. *See* Hufbauer, *Taxation of Export Profits*, 28 National Tax Journal 43, 44–46（1975）.

（19）Hufbauer, *supra* note 4, at 123, 132, 136.

（20）I. R. C. S863(b); Reg. SS1. 863-8(b), 1.863-3T(b). *See* M. J. McIntyre, The International Income Tax Rules of The United States 3/A2c（2d ed 1989）; Lassar, *The Future of Mixed-Source Income. : The Intel Appeal and Other Threats*, Int'l T. J.65, 68–77（1995）.

（21）Hufbauer, *supra* note 18, at 44, 125. IRSは、Rev. Rul. 88–73とNotice 89–10, 89–11によりその適用を制約したが、なお高度な技術輸出に用いることができる。Id. at 192–94.

（22）Hufbauer, *supra* note 18, at 46.

（23）ＤＩＳＣの純輸出利益（合算課税所得）の二分の一がＤＩＳＣに配分され、二分の一がアメリカ親会社に配分される。ＤＩＳＣの所得の二分の一は、その親会社に配分したとみなされる。税はその未配分の二分の一について繰り延べられる。当時の法人税率四八％のもとで、輸出の利得については三六％の税率（輸出所得の五〇％は四八％の税率で、ＤＩＳＣ所得の二五％はその親会社に配分されたとして、四八％で課税、ＤＩＳＣ所得の二五％（未配分所得）は課税されない。〔0.5×0.48〕＋〔0.25×0.45〕＋〔0.25×0.0〕＝0.36）で課税されることとなる。なお、ＤＩＳＣ所得の国外源泉部分は独立した「バスケット」におかれ、他の所得にかかる外国税額控除限度超過額を吸収することができないことから、特に五〇対五〇方法が輸出により大きな利益をもたらすことに注目していた。

（24）Surry & McDaniel, *supra* note 3, at 160.

（25）ＤＩＳＣの輸出は一九七二年二二〇億ドルから一九八四年一二五〇億ドルまで成長し、それらはアメリカの商品輸出の五七％まで達したといわれている。Hufbauer, *supra* note 4, at 125–26. ただし、この効果を巡っては議論がある。

（26）ＦＳＣは、輸出活動を行うために、アメリカ親会社が設立する外国法人である。ＦＳＣはアメリカ外で実質的に営業活動を行っていることを示す一定の資格要件を充足しなければならない（I. R. C. S922）。ＦＳＣをもつアメリカ法人は、「外国取引所得」の一部を免除とすることができる（その部分の所得は、一〇〇％配当控除により、アメリカ親会社に対する非課税配当となる。）。ＦＳＣの資産はＦＳＣ所得に対する課税により減じられることから、税負担の低い国に設立される。ＦＳＣを通して商品を輸出するアメリカ多国籍企業は、アメリカ法人課税から輸入所得の四〇％までを免除あるいは回避することができた。その効果については、Baltz & Culpepper, *Effects of 1984 Export Tax and Legislation on Small Exporters*. 351 Int'l T. J.14（1988）. ガットとアメリカ租税政策については、Hill, United States Tax Policy and GATT, 5 The American Journal of Tax Policy 325（1986）が詳しい。ＦＳＣを通じての輸出は、一九八七年には八四〇億ドル（アメリカ商品輸出の三四％）に達した。Hufbauer, *supra* note 4, at 126.

（27）フランス、ドイツ等については、Hufbauer, *supra* note 18, at 47.

（28） Surry & McDaniel, *supra* note 14, at 161–62. 以下、本文で取り扱う外国税額控除の制度上の諸問題については、占部裕典「外国税額控除制度」租税法研究二一号九九頁（平五）参照。

（29） *Id.* at 162–63. この問題については特に、占部、前掲注（28）論文一一七頁以下参照。

（30） *Id.* at 164. R&A費用の詳細は McIntyre, *supra* note 20, at 3/B2b; Hufbauer, *supra* note 4, at 106, 208–209 参照。

（31） *Id.* at 278 n. 41. アメリカ、ドイツのこの租税支出を巡る議論については、Shannon III, *Tax Incentives and Tax Sparing*, 1992 Intertax 84（1992）. 竹内洋「南北問題の視点からみた国際租税法の動向」租税法研究二一号二六頁（平五）参照。

（32） *Id.* at 163–64. この問題については特に、占部・前掲注（28）論文一一〇頁以下参照。

（33） *Id.* at 164–65. ただし、この場合は、「外国法人の使用」による問題となる。

（34） 各国の異なる源泉ルールの存在は、イグゼンプションによっても外国税額控除によっても二重課税を回避させえない。*Id.* at 167–68.

（35） *Id.* at 167.

（36） *Id.* at 168–69. アメリカの「租税支出」リストは、ここまで及んでいない。

（37） ガットの補助金の解説としては、津久井茂充『ガットの全貌（コンメンタール・ガット）』四四四頁以下（日本税関協会・平五）が最も詳しい。併せて、吉牟田勲「ガット第一六条と輸出所得控除制度の廃止問題」税務弘報三〇巻九号一〇五頁（昭五七）、佐竹正夫「補助金の経済分析とGATT」貿易と関税三八巻四号五四頁以下（平二）も有益である。

（38） 津久井・前掲書四五六頁以下、Agreement on Interpretation and Application of Articles VI, XII and XXIII of the GATT（Subsidies and Countervailing Duties）April 12, 1979, GATT Publication 1979（O. J. EC1 80, No L 71, 72）, Part II 等参照。

（39） OECD, Taxing Consumption（1988）の chap. 7A 参照。

（40） このような問題提起はすでにアメリカからなされ、作業部会により、「国境税調整が国際貿易に与える影響」などが検討された。津久井・前掲書四六八頁以下参照。なお、付加価値税の輸出促進効果について、中里実「税制改革と貿易収支」税研三巻一八号三一頁（昭和六三）等参照。

（41） このような議論は、ガット三条二項の解釈を巡る西ドイツの提案に関してみることができる。津久井・前掲書四六七頁以下参照。

（42）General Agreement on Tariffs and Trade, United States Tax Legislation（DISC）, Report of the Panel L/4422（1976）15–16, para.67. この問題については、S. Hufbauer & G. Hufbauer, The International Discipline of Export Incentives and Countermeasures（1976）が有益である。

（43）*Ibid.*

（44）*Id.* at paras. 68–71.

（45）*Id.* at para. 72.

（46）*Id.* at para. 73.

（47）General Agreement on Tariffs and Trade, Income Tax Practices Maintained by France, Report of the Panel L/4423（1976）11, para. 49.

（48）*Id.* at para. 50.

（49）General Agreement on Tariffs and Trade, Income Tax Practices Maintained by the Netherlands, Report of the Panel L/4425（1976）; General Agreement on Tariffs and Trade, Income Tax Practices Maintained by Belgium, Report of the Panel L/4424（1976）.

（50）Surry & McDaniel, *supra* note 14, at 176.

（51）*Ibid.* 視点は異なるが、輸出の租税誘因となりうるものが複数で初めて「輸出補助金」を構成することがありうるのかも、今後十分検討される必要がある。

（52）たとえば、フランスの輸出インセンティブであった輸出者のための加速度償却は一九五七年に導入されたが、定率法（CGI art. 39–1–2）の導入により、これは後に廃止された。この制度は輸出者にかなりの利益を与えたが、この制度の復活について、大蔵大臣は共同市場を達成するローマ条約のもとでフランスの義務を侵害するために不可能であるという立場を表明している。Word Tax Series Taxation in France 10/9.3b n.192（1966）. また、ＥＣ委員会の見解は少なくともＥＣ裁判所においても支持されている。Commission of the European Communities v. Federal Republic of Germany, Court of Justice of the European Communities, Case Na70/12（July 12, 1973）, 1978–76 Reports of Cases before the Court. 813.

（53）Surry & McDaniel, *supra* note 14, at 177.

(54) 海外支店用設備の特別償却とは、海外投資促進のため、海外に支店等の事務所を設置した者にその事業所の用に供する減価償却資産等に高率の減価償却を認めるものであり、輸出損失準備金は、輸出にかかるキャンセル等による損失の補塡に当てるため、特別の準備金を設け、キャンセル、クレーム等が生じたときには、まずこの準備金を取り崩して、その損失の補塡に充てるとするものである。

なお、輸出促進税制の立法・改正経緯等については、桜井四郎「租税特別措置法の改正」税経通信『改正税法解説』八巻九号一五二頁(昭二八)、吉牟田勲「租税特別措置法(法人税関係)の一部改正について」税経通信『改正税法詳解』一九巻六号一四四頁(昭三九)等参照。さらに、GATTへの加入、昭和二八年度以後の輸出促進税制の変遷等を分析するものとして下條進一郎「GATTとわが国の加入問題について(上)」税経通信平成二八年五月号八頁以下(昭二八)、葛城禎他「特集 輸出取引と税制上の特例」税経通信二三巻一〇号六五頁以下(昭三八)、佐藤英明「輸出促進税」総合税制研究三号七九頁(一九九五)がある。

(55) 前掲注(10)(座談会)一八五頁以下。この制度は、西ドイツの当時の輸出所得控除制度に範をとったものであるが、この問題の経緯については、吉牟田・前掲注(37)論文一一四頁以下が最も詳しい。なお、西ドイツは当該制度を一九五五年に廃止している。

(56) この仕組みの詳細については、桜井四郎「輸出所得の特別控除」税経通信八巻一二号一四三頁(昭二八)等参照。その後の改正で、昭和三九年の廃止まで、数次にわたる輸出所得控除の拡充を行っている。

(57) 前掲注(10)座談会一三〇頁以下(国税庁田辺昇氏の発言)は極めて示唆に富む。国税当局と実業界では、輸出振興税制の効果の評価等に相違がある。

(58) 昭和三九年度の税制改正は、従来の膨大な輸出所得控除の関係規定を廃止するとともに、ガットに抵触しない範囲でこれまでの制度を調整するとともに、代替措置を用意した。(1)輸出特別償却制度の拡充(旧措法四六条の二)、(2)技術等海外所得控除の拡充(旧措法五八条)、(3)海外市場開拓準備金制度の創設(旧措法五四条)、(4)中小企業海外市場開拓準備金制度の創設(旧措法五五条)、(5)海外投資損失準備金制度の創設(旧措法五六条)等の大改正であった。渡部周治「新輸出振興税制の創設の経緯」税務弘報一二巻六号一五頁以下(昭三九)参照。その後、改廃は度々行われている。たとえば、中小企業海外市場開拓準備金は昭和四四年度改正で廃止され、さらに昭和四六年度改正で、昭和四三年に輸出特別償却と海外市場開拓準備金について認められていた輸出貢献企業の特別割増の制度が廃止され、昭和四七年度改正で技術等海外所得控除の輸出割増償却の廃止などを行った。現行制度としては、海外投資等損失準備金（措法五五条）及び技術等海外取引の特別控除（措法五八条、ただし、この規定は中小企業育成等を目的にしているともいえ、今日輸出振興の色彩は乏しい。）が残る。

（59）水野忠恒『消費税の制度と理論』一八一頁以下（弘文堂・平元）。「租税支出」と付加価値税について、Surry & McDaniel, *supra* note 3, at 86–90.

（60）ガットのこの問題に関する作業について、津久井・前掲書四六六頁以下参照。

第八章　タックス・ヘイブン対策税制の変遷と残された課題

一　タックス・ヘイブン対策税制の導入経緯及び立法趣旨

1　タックス・ヘイブン対策税制の必要性

被支配外国会社（controlled foreign companies: CFC）は、通常、独立した納税者として取り扱われ、その結果CFCに帰属する利益は、その居住国株主の課税ベースには算入されない（テリトリー原則あるいは独立納税者アプローチ）。このことは、外国法人の外国（設立国）所得は分配されるまで繰り延べられることを意味している。CFCを独立した納税主体として認識することは、全世界所得主義を採用する国とイグゼンプション・システムを適用する国、双方において生ずる。しかし、前述したように、この制度はしばしば、CFCが設立された国において課税される。

タックス・ヘイブン対策税制（CFC制度）は、CFCのあらゆる所得（アクティブ及びパッシブ所得）あるいは一部の所得（パッシブ所得）が支配している国の株主の課税ベースに含まれ、そして株主の国の税率で課税されることを意味している。その利益が配当として分配されなくとも、あるいは利得（ゲイン）として実現していなくとも課税されることとなる。タックス・ヘイブン対策税制は一九六二年にアメリカで最初に導入され、その後各国で導入されてきている。OECDは一九九六年のレポートでそのような立法を推奨している。タックス・ヘイブン対策税制あるいはCTCルールは多くの国で導入されているが、この最近の一〇年は、税率の低い国に設立された子会社への利益の移転が増加してきている。CFCルールはその効果を必ずしも達成していないともいえよう(1)。

そこで、G20/OECD BEPS などが、国内のCFCルールの強化を呼びかけている。この領域において、OEC

Dにおいて十分な作業が行われてきていないと認識されている。Action 3（行動3）は、適正な「タックス・ヘイブン対策税制」（CTCルール）のデザインを推奨することを目的として、またBEPSと戦うための手段における、タックス・ヘイブン対策税制の位置づけを明らかにすることを前提としている。(2)

なお、OECDにおいて、BEPS Action 3は、あらゆるアクション項目のもっとも無期限のものであった。事実、それは『CFCルールに関する勧告の発展』と記述していた。この作業は他の作業と共同することが必要であろう。CFC立法はBEPSに接近する手段の一つとして考えられるので、Action 3のアクションプラン、公的議論の双方は、CFC立法と他のアクションにみられる他の手段との相互関係に対して、オープン・エンド・アプローチを採用している。OECD国では、CFC立法は、伝統的に、「移転価格税制」や「法人税の居住地」のようなクロスボーダーの動きに適用されるルールのバックネットになってきている。(3)

移転価格ルールは、BEPSインセンティブの焦点である。仮に移転価格ルールがAction8-10, 12（強制的な開示ルール）及び13（移転価格文書とCbCR）で推奨されているように履行されるのであれば、CFCルールは、移転価格ルールが適正に機能しないときに、バックストップとして、第二次の役割を果たすであろう（移転価格ルールのバックストップとしてのCFCルール）。

2　租税回避規定か課税の繰延規定か

我が国における立法までの経緯については、立法担当者によって、以下のように詳細に述べられているところである。(4)

昭和四九年の第七二国会以来、衆議院外務委員会を舞台に、タックス・ヘイブンの範囲、移転価格操作、我が国税法あるいは租税条約の中にある規制の規定などが討議されていたが、衆議院外務委員会（昭和五二年六月）「多国籍企業等国際経済に関する件」と題する決議などを受けて、「昭和五三年度の税制改正に関する答申」（昭和五二年一二月二〇日・税制調査会）は、「(イ)いわゆるタックス・ヘイブンに所在する海外子会社等に留保された所得のうち、その持分に対応する部分を親会社の所得に合算して課税することとする。(ロ)いわゆるタックス・ヘイブンとしては、法人税が全くないか若しくは我が国法人税に比しその実効税率が著しく低い国又は国外源泉所得を非課税としている国等を対象とする。(ハ)その所得が合算課税の対象となる海外子会社等の範囲については、内国法人又は居住者が全体として発行済株式総数（出資総額）の五〇％を超える株式（出資）を直接又は間接に保有する海外子会社等とする。ただし、税負担の不当な軽減を防止するというこの制度本来の趣旨にかんがみ、少額の持分を保有するに過ぎない株主は合算課税の対象外とする。(ニ)正常な海外投資活動を阻害しないため、所在地国において独立企業としての実体を備え、かつ、それぞれの業態に応じ、その地において事業活動を行うことに十分な経済合理性があると認められる海外子会社等は適用除外とする。」という基本的考え方に基づき立法を行うことが適当であるとしている。

こうして、昭和五三年一月二八日にはタックス・ヘイブン対策税制を含む「租税特別措置法及び国税収納金整理資金に関する法律の一部を改正する法律」が国会に提出され、三月三一日に成立した。この結果、租税特別措置法の中に新たに二節が設けられ、第四節の二（居住者の特定外国子会社等に係る所得の課税の特例）［現行租税特別措置法四〇条の四］及び第七節の三（内国法人の特定外国子会社等に係る所得の課税の特例）［租税特別措置法六六条の六］の中でそれぞれ居住者（個人）と内国法人が軽課税国所在の子会社等を利用して租税回避を行う場合に対処する措置が導入されることとなった。」。

このような立法経緯の流れを正確に理解しておくことは有益である。タックス・ヘイブン対策税制は、①タックス・ヘイブンに設立された被支配外国会社に内国法人が本来課税されるべき内国源泉所得を移転させること、及び②被支配外国会社においてそのような所得を留保させること、による内国課税の回避を規制することをそのねらいとしている。一方で、それらは、決して真に事業活動を行っている者まで規制する趣旨ではないことももちろんである。タックス・ヘイブン対策税制は、内国法人が真の事業活動に従事している外国法人により国際的競争力を保持しようとすることを制限しないという意図をも有している。我が国のタックス・ヘイブン対策税制は「課税の繰延べ」を規制することを目的としたものではなく、「租税回避の否認」を目的としたものである。

このように、我が国におけるタックス・ヘイブン対策税制は、外国法人の設立国との関係において、租税回避行為のみをその対象としている。

3　CFCルールの適用とその拡大

CFCルールは、CFCあるいは同様の類似主体（居住国での課税を免れる組織）に生じた所得に対する課税を繰り延べることを否定する。CFCルールは課税の繰延べを例外として多くの国で採用されている。CFCルールはしばしば真の所得事業からの所得に対しては、外国の低税率国でCFCによって生じた所得に適用される。いくかの国のCFC立法はまた真の事業所得をカバーし、外国における税率とは無関係である（ブラジル）。CFCルールのデザインは、一九九六年OECDレポートの影響により、CFCルールを採用している国おいて共通の多くの特徴がある。G20/OECD BEPSのイニシアティブ前のCFCルールは、国際租税法において異なる役割を果たしていた。CFCルールは、アメリカで一九六二年に導入されたが、そのようなCFCルールは全世界課税、居住地国の課税ベースの保護、そして租税回避目的の規制にリンクしていた。OECDによるCFCルールの促進は、主として、租税回避目的によって正当化されていた。そして、OECDメンバー国による属地主義に対する次の動きは、低い税率国の使用を、そして居住国の管轄から所得を移転させることを防止することに移っていった。原則として、資本輸出の中立性という政策を実現するために、競争力の確保及び租税回避の否認などといった見解が、CFCルールの立法・作成の基礎となるといえる。一九九八年OECDレポートにおいて、CFCルールは租税回避ルールとしてよりも課税繰延べルールとして正当化されている(5)。

CFC立法は広範な範囲で、アクティブ・パッシブ所得をカバーする（完全包括システム）、又はパッシブ所得を含むより狭い範囲の所得（部分的包含システム）を有している。後者の動きは低税率国へそれを動かすことがより容易であり、その結果租税回避を容易に導く。

ＣＦＣ立法によってカバーされたＣＦＣは、外国法人のみでなく、パートナーシップ、信託、恒久的施設のようなほかの主体を、租税回避立法の妨げにならないために、原則として対象にしている。ＣＦＣルールは、ＣＦＣと特別の関係にある居住地の株主によって支配される外国法人（あるいはそれに相当する主体も含む。）に対してのみ適用される。この支配の意味は各国さまざまであるが、だいたい一〇％以上の持株が一般的である。出資の最低額はまた要件とされうるが、これはＣＦＣにおける内国親会社最低持分の条件と連動していることが多い。(6) ＣＦＣルールを確実に実行するために、間接的支配がＣＦＣ立法によってカバーされている。

Action 3は、支配は、直接又は間接支配をも含むように定義されるよう勧告している。法人主体のみでなくあらゆる居住者株主に適用される。

ＣＦＣルールは、ＣＦＣの管轄国以外の国でえた所得についても課税の対象にすることができる。これらのＣＦＣルールは、親会社国の課税ベースのみでなく、他の国の課税ベースのストリッピングを守るために、外国対外国へのストリッピングに焦点をおいているといえる。これに対して、いくつかのＣＦＣルールは、親会社国のベースを守ることのみに焦点をおいている。ＣＦＣ所得に親会社からシフトしたところの所得の一部のみを含めるということにしている。

親会社国ストリッピングのみに焦点をおいているＣＦＣルールは、ＢＥＰＳ調整（アレンジメント）に対して効果がない。しかし、G20/OECD BEPS のイニシアティブは、ＯＥＣＤ加盟国に、パッシブ所得の場合及び実体の存しない「透明な主体」の場合以外の場合に、外国対外国へのストリッピングに焦点をあわせるＣＦＣルールを導入することを思いとどまるべきであるということが論じられている。

ＣＦＣルールをかいくぐるために、居住者が外国の Mutual Fund（ミューチュアル・ファンド）に持分を取得することによって、内国税を繰り延べている。仮にそのような基金が広く所有されているのであれば、外国オープン型基金の所有者はＣＦＣルールの回避を許容すべきではなかろう。(7) このような状況に対応するために、いくつかの国では外国投資ファンド（ＦＩＦ）あるいはそれに類似したルールを採用している。そのような国ではＣＦＣルールを補強して、そして外国主体におけるパッシブ投資の繰延べを消滅させる、又は濫用に対抗することを目的としている。外国投資信託については、持分要件の存するＣＦＣ税制では十分に対応できないことから、諸外国の例に倣い、これを補完するＦＩＦルールを導入することが推奨される。

二　タックス・ヘイブン対策税制の法的構造

課税対象留保金額の算定にかかる規定を具体的に検討することにより、我が国のタックス・ヘイブン対策税制の法的構造を明らかにする。

1　我が国のＣＦＣルール

租税特別措置法六六条の六は、我が国の内国法人等が発行済株式のうちあわせて五〇％を超える株式を直接又は間接に保有している外国法人（以下、「外国関係会社」（同条二項一号、措置法施行令三九条の一四）という。）のうち、本店又は主たる事務所の所在する国又はその地域において課される税負担が著しく低いもの（以下、「特定外国子会社等」（同条一項柱書）という。）の所得（以下「適用対象金額」という。平成二一年度改正前の留保所得としての「適用対象留保金額」に代わる概念である。）を、我が国の内国法人等である株主の持株数（発行済株式の一〇％以上。措置法六六条の六第一項一号・二号。平成二二年度改正前五％）に対応する部分の金額（「課税対象金額」という。平成二一年度改正前の「課税対象留保金額」に代わる概念である。）をそれらの個人・法人等の益金に算入して我が国の所得税・法人税の課税の対象とすることとしている（以下、内国法人の特定外国子会社等に係る所得等の課税の特例を中心に記述する。租税特別措置法四〇条の四も同様の枠組みである）。

なお、上記の「本店又は主たる事務所の所在する国又はその地域において課される税負担が著しく低い」、すなわち、特定外国子会社等に該当することとされる著しく低い租税負担割合の基準（いわゆるトリガー税率）を二〇％未満（平成二七年度改正前二〇％以下）に変更している（措置法施行令三九条の一四第一項二号ニ、第二項一号。我が国は、タックス・ヘイブン国・地域を告示で掲名するという「ブラックリスト方式」であったが、平成四年度税制改正によりトリガー税率方式にこれを改め、その後負担割合（税率）を徐々に下げている。平成二五年度改正前までは二五％であったが、その後二〇％以下に改められていた。平成二七年四月より「以下」から「未満」への変更が行われた。僅かな変更であるが、これは英国が平成二七年四月より法人税率を二〇％に引き下げる予定であることから、英国に配慮したもの（二〇％〝未満〟にすれば、英国子会社が特定外国子会社に該当しなくなる。）といえる）。

一方、我が国のタックス・ヘイブン対策税制は租税回避規定であることから、税負担が著しく低い軽課税国等で事業活動を行い、租税回避目的を有しない特定外国子会社等については、その適用を除外するために、以下の全ての条件（適用除外基準）を満たす場合には、会社単位での合算課税の対象とならない（措置法六六条の六第三項）。平成二二年度改正により、適用除外とならない株式等の保有を主たる事業とする特定外国子会社等から、被統括会社の株式等の保有を行う統括会社を除外することとされている（措置法六六条の六第三項）。

(1)　事業基準（主たる事業が株式の保有等、一定の事業でないこと）

(2)　実体基準（本店所在地国に主たる事業に必要な事務所等を有すること）

(3)　管理支配基準（本店所在地国において事業の管理、支配及び運営を自ら行っていること）

(4)　次のいずれかの基準

ア　非関連者基準（非関連者との取引割合が五〇％超であること。ただし、主たる事業が卸売業、銀行業、信託業、金融商品取引業、保険業、水運業、航空運送業の場合に適用）

イ　所在地国基準（主として本店所在地国で主たる事業を行っていること。ただし、主たる事業が上記(1)ア掲記以外の業種の場合に適用）

ただし、一定の税負担の水準（二〇％）未満の外国子会社等が得る資産運用的な所得については、適用除外基準を満たす場合でも、内国法人等の所得とみなし、それを合算して課税することとしている（平成二二年度改正による、いわゆる「資産性所得の合算課税」の導入）。

2　タックス・ヘイブン対策税制の枠組みとその評価

タックス・ヘイブンを利用した租税回避（あるいは課税の繰延べ）を規制するためのタックス・ヘイブン対策税制の構築にあたっては、二つの大きなアプローチの仕方がある。一つのアプローチは、タックス・ヘイブン国に居住するいわゆる「被支配外国会社」とそれ以外の国に居住する被支配外国会社とを組織法的に区別せず、ある一定の取引にかかる所得（いわゆるテインンティド・インカム（弊害所得））をそのような被支配外国会社が稼得すると、その未配分所得は内国法人に帰属するというものである。もう一方のアプローチは、被支配外国会社がタックス・ヘイブン国に置かれると、その被支配外国会社はその取引類型や所得の種類にとらわれることなく、当該被支配外国会社の所得を内国株主に帰属させようとするものである。前者は取引的アプローチ、後者はエンタティ・アプローチと呼ばれている(8)。なお、後者は子会社を支店と同じ取扱いにするという意味でのエンタティ・アプローチではないことに留意をしておく必要がある。

取引的アプローチを採ると、被支配外国会社により稼得された所得の内容（本質）がまず問題となり、次に被支配外国会社のテインンティド・インカムに課せられる外国税率が問題となる。取引的アプローチを採ると被支配外国会社のテインテッド・インカムであっても、一定限度内の外国税率により課税されているテインテッド・インカムについては内国（居住地国の）税を課さないこととなる。

一方、エンタティ・アプローチについては、一般的には、被支配外国会社が居住している国の外国税率が、タックス・ヘイブンの定義において問題になる。エンタティ・アプローチの前提としては、まずどこの国がタックス・ヘイブン国（軽課税国）であるかが問題となり、所得の種類に着目することなく一律に税負担割合でタックス・ヘイブン国が特定される制度が必要となる（エンタティ・アプローチの前提にはこのような「軽課税国指定アプローチ」といわれるものが存する。）。次にタックス・ヘイブン国に居住する被支配外国会社の有無が問題となる。さらに一定の場合に限りこのような制度の適用を排除するために、被支配外国会社の事業の内容等が問題となる。

前述のような制度の枠組みから、我が国のタックス・ヘイブン対策税制が、後者のアプローチであるエンタティ・アプローチを採ることは明らかである。そのうえで、被支配外国子会社（我が国においては特定外国子会社等に相当）の所得をどのように算出して、その株主たる納税者（居住者・内国法人）の所得に合算させるかはタックス・ヘイブン対策税制の趣旨や立法目的との関係において立法裁量に委ねられているといえよう。たとえば、被支配外国子会社の法人格を剥ぎ取ってまったく内国法人と一体化して所得計算をすることも可能であろう。あるいは被支配外国子会社を内国法人とみなして、当該法人が負担すべき税を内国株主たる納税者に帰属させるという方法（税の帰属によるアプローチ）も可能であろう。さらに、内国株主たる納税者に被支配外国法人の未分配所得を帰属させるという方法（所得帰属理論によるアプローチ）もありえよう。(9)

先進国のタックス・ヘイブン対策税制を概観すると、取引的アプローチとエンタティ・アプローチのどちらかに依拠しているが、取引的アプローチ（被支配外国会社の所得がtainted か否か）と、エンタティ・アプローチ（被支配外国会社がtainted か否か）は同じ結果に到達するための課税テクニックの相違ともいえ、必ずしも双方排他的なものであるとはいえない。たとえば、取引的アプローチのもとでも、内国課税を回避するために設立されたものでない被支配外国会社、又はその所得の一定割合を配当している被支配外国会社を適用除外とすることもできる。逆にエンタティ・アプローチのもとで、それを純粋に適用すると、結果は「すべてか無か」になる。我が国のタックス・ヘイブン対策税制は、まさに後者のような制度を基本としているといえる。このような意味で、我が国のタックス・ヘイブン対策税制は経済的合理性のある所得までもその経済合理性を無視して課税してしまう可能性を有しており、そのような事態が生じないよう、同税制の立法経緯や理論的背景などをふまえた適切な解釈がなされることが必要であるといえる。(10)

租税システムのなかでどちらが相対的に優れているかはこの税制を通じてどの程度厳格に「課税の繰延べ」に対する規制を行おうとするか、にかかっているといえよう。我が国は、前述したような意味での、いわゆる所得帰属理論によるアプローチを採用しているといえる。

ここでいう所得の帰属とは一定の留保利益を株主に配分するものであり、このようなことは法人税法一一条や所得税法一二条にいう実質所得者課税のもとでは到底許されず、両者の適用場面はまったく異なる。

このように、タックス・ヘイブン対策税制は、本来、法的な意味でも経済的な意味でも所得の帰属していないものに所得を帰属させようとするもので、「所得の帰属」（法人税法一一条、所得税法一二条）の射程距離のまったく及ばないところに課税を及ぼすことに、その制度の（立法の）根幹があるのである。税法的に帰属したとみなすという意味での所得帰属理論を用いていることから、被支配外国会社のタックス・ヘイブンでの事業活動に経済的合理性が存する場合にまで課税をすることには、タックス・ヘイブン国の課税管轄権を侵害するおそれが存することに留意をしなければならない。

この点について、タックス・ヘイブン対策税制の立法担当者は、「昭和五三年度の税制改正により、租税特別措置法の一部改正という形で導入されたタックス・ヘイブン対策税制の骨子は、いわゆる軽課税国に所在する外国法人で我が国の法人又は居住者により株式（又は出資）の保有を通じて支配されているとみなされるものの留保所得をそれら我が国株主の持分に応じてその所得に合算して課税する、というもので被外国法人から我が国株主に配当が送られてくるときには、その配当は当然株主所得に含められて我が国での課税を受けることとなるが、外国法人がその設立の地で留保している所得を、我が国株主の課税所得の計算上収益ないし収入とみなして課税してしまうという税制は、見方によってはかなり強烈なものに映るかもしれない。[11]」と、タックス・ヘイブン対策税制の法的効果について述べる。

このように、措置法六六条の六は、特定外国子会社等の適用対象金額のうち、わが国の居住者及び内国法人等である株主の持株数に対応する部分の金額（課税対象金額）をそれらの個人・法人等の益金に算入してわが国の所得税・法人税の課税の対象とすることとしている。わが国は、いわゆる「所得帰属理論によるアプローチ」を採用しているといえる。ここでの帰属は、法人税法一一条にいう「帰属」とはその意味するところは異なることに留意をしておく必要がある。

3　OECD最終レポート

最終レポートは、所得帰属のルール[12]の構築において、CFC所得を株主に帰属させるための次の五段階からなるプロセスについて説明している（6.1）。

①所得を帰属させるべき納税者の決定、②帰属させるべき所得金額の算定、③納税者がその所得を申告すべき時期の決定、④その所得の取扱いの決定、⑤その所得に適用される税率の決定。

最終レポートでは、帰属閾値を最低支配基準と連動させることを推奨しているが、各国はそのCFCルールの根底にある政策的な検討事項に応じて、異なる基準を選択することもできるとしている。

最終レポートは、各株主に帰属する所得金額の計算について、CFCに対する株主の持分割合及びかかる持分の保有期間もしくは影響に基づいて行うことを推奨している。さらに、法的及び経済的支配を合算すると一〇〇％を超える場合、帰属ルールにおいて、ＣＦＣの所得の一〇〇％超を帰属させることができないように正確を期すべきであると指摘している。最終レポートでは、ＣＦＣルールが国内法と整合した形で運用されるよう、各国が所得を含める時期及びその取扱いの方法を決定することを提言している（6.2.2）。

税率については、親会社の国の税率を適用することを推奨しており、各国は通常の税率での税の代わりに「上乗せ税」を検討できるとしている。

最終レポートでは、ＣＦＣの定義について次の二つの提言を行っている。①法人と、パススルー事業体（パートナーシップと信託）及び恒久的施設（PE：Permanent Establishment）の双方にＣＦＣルールを適用できるように広範な定義を採用するとともに、国・地域によって取扱いが異なることを利用したＣＦＣルールの適用逃れを阻止するハイブリッド・ミスマッチ・ルールを含める、②少なくとも法的支配基準と経済的支配基準の両方を適用し、どちらか一方の基準を満たすことで、支配が決定されるようにする（ディスカッション・ドラフトでは、支配に関する定義は一つの独立した基本構成要素とされていた。）という二つの提言を行っている[13]（2.1）。

最終レポートは、次の二つの場合には、ＢＥＰＳの懸念のある所得を稼得しているパススルー事業体にＣＦＣルールを適用することを提言している。

① 母国においてはパススルーであるが、親会社の国で課税される事業体、

② 他のＣＦＣに所有され、ＣＦＣルールの適用がなければ課税されない事業体。

また、外国事業体が別の国にＰＥを有している状況と、親会社の国がＰＥの所得を非課税としている状況においては、ＰＥをＣＦＣとして扱う必要があると述べている。

最終レポートは、ハイブリッド商品又はハイブリッド事業体に対するＣＦＣルールの適用回避に、各国が取り組むべきと提言している。そして、一つの取り得るアプローチは、次の場合にＣＦＣへのグループ企業間の支払いを計算に入れるように要求することだとしている。①支払いがＣＦＣ所得に含まれない場合、②親会社の国・地域に

おける当該事業体とアレンジメントの区分が、支払者又は受領者の国・地域における区分と同じであり、その支払いがＣＦＣ所得に含められていた場合。ディスカッション・ドラフトではこの提言を、限定的に適用する選択肢と広範に適用する選択肢の二つに分け、グループ企業間の支払いが税源侵食的な支払いである場合に限り、限定的な適用を認めるとしていた。

支配の定義に関して最終レポートは、①要求される支配の種類、及び②その支配の程度という二つの要素に焦点を当てている。その上で、少なくとも法的及び経済的支配を含む支配基準を提言し、各国はこれを、「事実上の（de facto）」支配基準又は会計上の連結に基づく基準によって補完することができるとしている（2.2.2）。また、支配の程度に関しては、居住者（法人、個人その他を含む。）が最低でも五〇％超の支配権を有している場合、そのＣＦＣを支配されているものとして扱うことを提言しているが、各国がそれぞれの支配基準をより低い水準に設定しても問題はないとしている（2.2.2.2）。最終レポートでは、支配基準において株主の持分を合算する方法として、行動一致基準、関連当事者の合算、集中保有基準という三つのアプローチのいずれかを使用することを提言している。ただし、いずれのアプローチの下でも、非居住者納税者の持分を含めると、支配の規定の複雑さが増す可能性があると述べている。このように、最低基準としての提言は、支配の決定において非居住者を考慮に入れていない。最後に最終レポートは、直接的又は間接的支配のいずれかが存在する場合、ＣＦＣルールを適用すべきと述べている。

最終レポートは、ＣＦＣルールの適用範囲について、ＣＦＣの適用除外と基準要件を取り上げている。親会社の国・地域で適用されている税率と類似している実効税率が課せられている企業については、ＣＦＣ課税の対象から除外することを認めるという内容の税率に基づく適用除外を含めることを提言している。かかる税率に基づく適用除外を導入した場合、実効税率が親会社の国・地域において、適用されている税率を有意に下回っている全てのＣＦＣがＣＦＣルールの適用対象となる。最終レポートはまた、この適用除外はホワイト・リストなどのリストと組み合わせることができると述べている。

低課税基準の適用に関して、ベンチマーク分析はＣＦＣの国・地域の税率を、特定の固定税率又は親会社の国・地域の税率の一定割合と比較している（3.2）。最終レポートでは、ほとんどのＣＦＣルールが最大で法定法人税率の七五％にあたるベンチマークを適用していることに言及しているが、ディスカッション・ドラフトとは異なり、ベンチマークを七五％又はそれ以下に設定することを推奨していない。むしろ最終レポートはベンチマークについて、ＣＦＣルールを適用している国の税率を有意に下回っているべきと述べている。ベンチマークの適用については、ＣＦＣの実効税率（ETR：effective tax rate）の使用を推奨しており、ＥＴＲを使用した方が、法定税率を使用するよりも正確な比較になると述べている。ＥＴＲ算出の際の対応所得は、ＣＦＣ所得が親会社の国・地域で稼得されたとした場合の課税標準、又はＩＦＲＳ（国際財務報告基準）などの国際会計基準に基づき計算された課税標準のいずれかに、ＣＦＣ所得の低課税をもたらす課税標準減額の調整を加えることを推奨している。また、ＥＴＲは、広義又は狭義のいずれでも算定することができるとしている。広義の場合、ＥＴＲは企業又は国ごとにその国内の所得を合算して計算し、狭義の場合は、所得の種類ごとに計算する。

最終レポートはまた、デミニマス基準又は回避防止要件を使用したアプローチについて論じているが、どちらのアプローチも推奨していない。

三　課税対象金額の算定

１　基準所得金額、適用対象金額の計算

課税対象金額の算定にあたっては、まず特定外国子会社等の所得の金額を算出することが求められている（措置

法六六条の六第一項、二項二号）。特定外国子会社等の各事業年度の「決算上の所得金額」に、我が国の法令（本邦法令の規定）に準拠して基準所得金額（平成二一年度改正前の「調整所得金額」に代わる概念である。）の計算を行う。すなわち、適用対象金額の算定にあたって、我が国の法令に基づいて計算することとしており、たとえば法人税法等による場合においては、法人税法や租税特別措置法の規定を適用して計算をすることとしている。我が国の法令によって修正を加える主な事項として上記政令（措置法令三九条の一五第一項一号）は、受取配当等の益金不算入、還付金の益金不算入、法人税額等の損金不算入、国外関連者に対して支出された寄附金についての全額所得加算、青色申告を提出した事業年度の欠損金の繰越しなどを挙げている（この段階で特定外国子会社等の欠損を内国法人と通算することは予定されておらず、条文上からは禁じられていると解されよう。）。

ただし、この基準所得金額に関しては、このように日本の法令に準拠して計算することを原則としながらも、特定外国子会社等の現地の法令に準拠して計算することも認められている（措令三九の一五①②）。なお、選択的に現地の法令によって計算をするといった場合も認めていた（その場合においても我が国の法人税法等の規定に基づき一定の調整を行うこととなっている。欠損金についていえば、現地法令で繰越欠損金を認めているため当該金額を損金経理している場合には、この金額を加算することとなっていた。）。いずれの方法を選択したとしても基本的には上記の基準により算定した場合と同一の金額が算出されることとみなしていたといってよい。「本税制が特定外国子会社の留保所得の内国法人への帰属というシステムを採っている以上、その合算の基礎となる金額の計算は原則として我が国税法の所得計算の基準に従って統一的に行うことが望ましいわけです。この考え方に立ち、本税制は、特定外国子会社等の所得を原則的に我が国の法人税法及び租税特別措置法の規定の例に準じて計算することとしています。しかしながら特定外国子会社の所在地国の税に関する法令による所得計算であっても、一定の調整（例えば国外源泉所得が課税所得に含まれないような税制の国の場合にそれを未処分所得の金額に含める。）を加えればそれによることも可能とされました。これは、納税義務者が我が国の法令に従って所得を再計算することが過重な負担になるかもしれないことを考慮し、納税者の便宜のために設けられたものです。なお、一度準拠した法令を他の法令に変更しようとするときは、あらかじめ所轄税務署長の承認を受けることが必要とされています（措令二五の九⑥、三九の一四⑥）」と説明されている。(14)

しかし、現実にはどちらを選択するかによって乖離が存在する場合があるところ、これに関しては、租税特別措置法施行令には、基準所得金額の準拠法令について、継続適用の制限はあるものの、このような場合に、特に準拠法令を制限する旨の定めは設けられていないことから、現地法令に準拠して計算しても問題はないといわざるをえないであろう。

さらに、基準所得金額の計算における準拠法令に関しては、租税特別措置法施行令三九条の一五第九項は変更の事前承認が必要であるということを定めるのみで法人税法施行令三〇条や五二条のように「相当期間を経過していないとき」と「計算が適正に行われ難いと認めるとき」に方法の変更を認めないということとはされていないものの、変更を税務署長の承認事項としていることから、恣意的な利益操作は認めない、ということになるものと解されよう。(15)

租税特別措置法六六条の六第二項二号において、適用対象金額の計算においては、上記の金額に当該各事業年度において有する法人所得税の額を加算し、また還付をうける法人所得税の金額がある場合には、その額を控除するとされ（措置法令三九条の一五第一項二号・三号）、また租税特別措置法六六条の六第二項二号によると、適用対処金額は当該各事業年度開始の日前七年以内に開始した各事業年度において生じた欠損の金額に係る調整を加えた金額をいう（措置法令三九条の一五第一項一号）と定義されている。

基準所得金額に当該事業年度開始の日前七年（平成一七年度改正前までは五年）以内に開始した繰越欠損金額がある場合には、それを控除した金額が未処分所得となる（繰越欠損金額が存しなければ、基準所得金額と適用対象金額は一致する。措置法六六条の六第二項二号）。特定外国子会社等の未処分所得の金額の計算にあたり、平成一七年度改正においては控除する欠損金額について、内国法人に係る欠損金の繰越期間を考慮し、その繰越期間が七年に延長されていた（措法六六の六②２、措令三九の一五⑤）。

特定外国子会社等の適用対象金額は上記の基準所得金額から、当該特定外国子会社等の当該事業年度開始の日前七年以内に開始した事業年度に生じた繰越欠損金額がある場合にその金額を控除した残額である。これは、内国法人において欠損金についても当初五年間であったが、法人税法で七年（その後、法人税法は九年間に改正）の繰越しが認められていることと歩調をあわせたものである。この段階においても、特定外国子会社等の所得は、その法人内においてのみ処理されることが予定されていると解釈することができる。

さらに、基準対象金額から「当該各事業年度において子会社（略）の数若しくは金額の占める割合又は当該他の法人の発行済株式等のうちの議決権のある株式等の数若しくは金額のうちに当該特定外国子会社等が保有している当該株式等の数若しくは金額の占める割合のいずれかが百分の二十五以上であり、かつ、その状態が当該特定外国子会社等が当該他の法人から受ける配当等の額の支払義務が確定する日（略）以前六月以上（略）継続している場合の当該他の法人（略）から受ける配当等の額（略）」を控除した金額と定義されている（措置法令三九条の一五第一項四号）。

2　課税対象金額の算定

当期の基準調整金額から、当期中に納付の確定した法人所得税及び当期に行った利益の配当等の加減算を行うことにより「適用対象金額」を算定する（措置法六六条の六第一項、措置法令三九条の一五第一項）。

措置法令三九条の一六は、「法第六十六条の六第一項に規定する政令で定めるところにより計算した金額は、同項各号に掲げる内国法人に係る特定外国子会社等の各事業年度の同項に規定する適用対象金額に、当該特定外国子会社等の当該各事業年度終了の時における発行済株式等のうちに当該各事業年度終了の時における当該内国法人の有する当該特定外国子会社等の請求権勘案保有株式等の占める割合を乗じて計算した金額とする。」（平成二一年度改正前においては、法第六六条の六第一項の未処分所得の金額（以下、この項において「未処分所得の金額」という。）につき当該未処分所得の金額に係る税額及び利益の配当又は剰余金の分配の額に関する調整を加えた金額は、特定外国子会社等の各事業年度の未処分所得の金額から①当該各事業年度において納付をすることとなる法人所得税の額、②当該各事業年度に係る利益の配当又は剰余金の分配の額の合計額を控除した残額としていた。）と規定する。

すなわち、課税対象金額は、適用対象金額に、居住者又は内国法人が直接又は間接に保有する特定外国子会社等の株式の持分割合又は出資金の保有割合（「特定外国子会社等の発行済株式等のうちに居住者及び内国法人の有する『請求権勘案保有株式等』の占める割合」を乗じて課税対象金額を算定する。「請求権勘案保有株式等」とは、内国法人が直接に有する外国法人の株式等の数又は金額（当該外国法人が請求権の内容が異なる株式等を発行している場合には、当該外国法人の発行済株式等に、当該内国法人が当該請求権に基づき受けることができる法人税法第二三条第一項第一号に規定する剰余金の配当、利益の配当又は剰余金の分配（剰余金の配当等）の額がその総額のうちに占める割合を乗じて計算した数又は金額）及び請求権勘案間接保有株式等を合計した数又は金額をいう（措置法施行令三九条の一六第二項一号）。「請求権勘案間接保有株式等」は、外国法人の発行済株式等に、①当該外国法人の株主等である他の外国法人の発行済株式等の全部又は一部が内国法人により所有されている場合、②当該外国法人と他の外国法人との間に一又は二以上の外国法人（出資関連外国法人）が介在している場合であって、当該内国法人、当該他の外国法人、出資関連外国法人及び当該外国法人が株式等の所有を通じて連鎖関係にある場合、の区分に応じて定める割合を乗じて計算した株式等の数又は金額をいう（措置法施行令三九条の一六第二項二号））を乗じて計算した金額をいう。

欠損金（損失）の取扱い　適用対象金額の計算は、各々の特定外国子会社等ごとに行うこととされているので、ある子会社の欠損をほかの子会社の利益と相殺（通算）することは認められていない（措置法通達六六の六―一一参照）と解している。関係条文を読むかぎり、特定外国子会社間についての損益の通算の規定がないこと、外国法人も個別法人毎に課税単位として課税されることから、このような解釈は当然に肯定されうるものであると解される。

我が国のタックス・ヘイブン対策税制は導入時から、「課税対象留保金額」の概念を中心に合算所得金額を計算することとしていた。「課税対象留保金額」の算定にかかる規定は、特定外国子会社等の「未処分所得」を前提に当該課税対象留保金額を算出する構造となっており、内国法人の所得の金額との接点はその計算にあたり存せず、すなわち、内国法人の所得の金額の算定にあたり、あるいは特定外国子会社等の適用対象留保金額の計算に至る過程においても条文上、特定外国子会社等たる外国法人の欠損金を内国法人の収益（あるいは益金）から控除することを認める規定は存しなかった。平成二一年度税制改正による外国子会社配当益金不算入制度の導入により課税対象金額の算定について規定の改正はあったものの、導入時の法的枠組み、理論的枠組みに変化はない。内国法人の益金から特定外国子会社等の欠損金を損金として控除することが禁止されていないと解するのではなく、我が国の法人税法（あるいは所得税法）の前提である内国法人の所得計算にあたり、外国法人は別法人格として我が国は課税権を有せず（外国法人が国内源泉所得を有している場合においても、その株主たる内国法人の所得と損益が通算されることはないことは明らかである。）、外国法人たる特定外国子会社等の欠損金を控除する余地は存しないと解される。

特定外国子会社等の欠損金の取扱いは、合算所得の法的性格が事業所得であるか配当所得であるかの検討にあたって、重要な意義（事業所得としての構成は、内国株主への欠損金の帰属という理論的な結びつきが存する。）を有するといえよう。

ここで、内国株主への損失の帰属については、二つの理論的枠組みが考えられる。被支配会社の所得を内国株主の配当として扱う「みなし配当理論」と外国支店アナロジーのもとで被支配外国会社を支店とみなして外国支店を通じて直接に被支配外国会社の所得を稼得したとする「所得直接稼得理論」がありえよう。我が国の制度は課税留保所得金額を内国株主の所得と合算するのであるが、上記の関係規定から導き出される算定構造からして、「みなし配当理論」を前提としているものと考えざるを得ないのである。(16) なお、現在多くの国でタックス・ヘイブン対策税制が導入されているが、このような損失を認める国は存しない（なお、フランスのみが合同申告との関係において部分的にそれが許容されている。）。

ちなみに、松山地裁平成一六年二月一〇日判決は欠損金損金算入肯定説に立つが、高松高裁平成一六年一二月七日判決は、欠損金算入否定説を支持している（最高裁平成一九年九月二八日判決・民集六一巻六号二四八六頁も同旨）。高松高裁判決が現行法の解釈としては支持されうるものである。(17) 我が国のタックス・ヘイブン対策税制が特定外国子会社等の損失と内国法人株主（親会社）と利益とを通算することを否定しているということは、とりも直さず、合算課税の対象となる所得が事業所得ではないことを示しているといえよう。

3　OECD最終レポート――所得計算のルール

最終レポートは、CFCの所得の計算について、①どの国の規定を適用すべきか、②CFC所得の計算に何らかの特別な規定が必要か、の二点について提言している(18)（5.1）。また、CFCの所得計算には、親会社の国の規定を使用することを推奨している。最終レポートでは、この方法はBEPS行動計画の目標と一致しており、事務手続の負担を軽減するものとしている。さらに、CFCの損失の相殺については、同じCFCからの利益又は同じ国の他のCFCからの利益との相殺に限定する特別な規定を国が導入すべきと提言している。このような規定は、損失の相殺を同じ種類の所得との相殺に限定する規定とともに適用することができる。最終レポートはまた、損失の移転に関する規定をCFC所得の計算に適用できると述べている（5.1）。

最終レポートは、所得を定義するいくつかのアプローチの骨子を示しているが、CFCルールに「BEPSにおける不確定な所得を、親会社の国・地域の支配株主に確実に帰属させる」所得の定義を含めるよう提言するにとどまっている(19)（4.1）。最終レポートでは、各国が国内政策と一致したCFCルールを設計できるように柔軟性を持たせる必要があることを認めており、各国が「CFC所得を定義するための自国のルールを自由に選択できる」と述べている。最終レポートはまた、所得を帰属させるためにCFCルールが用いることのできるアプローチを列挙し、網羅的でないリストを提示している。さらに、国がどのアプローチを使うかに関係なく、「CFCルールは最低でも、移転価格ルールに基づき低機能のキャッシュボックスに配分された資金提供に対するリターンを捕捉すべき」であると述べているが、親会社の国からの税源移転を防ぐことに重点を置くCFCルールの場合、含められる所得の範囲が限定される可能性があるとも指摘している。(20)

最終レポートには、ディスカッション・ドラフトで説明されていた形式基準分析は含まれておらず、代わりにCFC所得を定義する方法として、(i)分類別アプローチ、(ii)実態アプローチ、(iii)超過利潤アプローチ、(iv)取引単位又は企業単位アプローチが取り上げられている。(21) また、各国は全所得方式を適用することもできるとしている。OECDは四月三日、BEPS行動計画3の公開討議草案を公表した（五月一日まで意見募集）。BEPS対策の観点から効果的なCFC税制（外国子会社合算税制）の見直し案を提示している。「CFC所得の定義」の見直しである。公開討議草案では、日本の制度とは異なったアプローチが提案されている。取引アプローチ（Transactional approach）と呼ばれるものであり、事業体ではなく、個々の所得に着目し、実質分析を行なった上で、BEPSの懸念がある所得（①配当、②利子及び他の金融所得、③保険所得、④販売及び役務提供の所得、⑤ロイヤルティ及び他のIP（知的財産）所得）のみを合算するものである。BEPS対策として効果的だが確かに、問題のある所得のみを合算するという意味で、理論的にはBEPS対策としては効果的とみられる取引アプローチだが、導入された場合には大きな問題がある。事務負担が増大し、課税当局との解釈を巡るトラブルが生じる恐れがあるなどといわれていた。(22)

① 分類別分析（categorical analysis）

最終レポートにおいて、分類別分析に関する説明の中で、所得の分類は、(i)法的分類、(ii)当事者の関連性、(iii)所得の源泉の要素又は指標のうち各国が最も適切とみなすものに応じて、国ごとに定義されていると認めている。その上で、国・地域が一般には法的分類に従って所得を分類しており、その分類には、(i)配当、(ii)利子、(iii)保険料所得、(iv)ロイヤルティ及び知的財産（IP：Intellectual Property）による所得、(v)販売又は役務提供所得などがあるとしている（4.2.1）。

最終レポートは、配当所得をパッシブ所得として扱うことを提案しているが、配当が関連会社のアクティブ所得からの支払いである場合、配当が親会社によって稼得され、親会社の国において非課税扱いとなる場合、及び配当が有価証券を売買するCFCの能動的な取引又は事業と結び付いている場合には、CFC所得から除外されるとしている。

利子及び金融所得については、当該所得が関連当事者から稼得されている場合、CFCの資本が過大である場合、利子に貢献する活動がCFCの国・地域外を拠点として行われた場合、又は当該所得が能動的な金融業から稼得されたものではない場合において、この種の所得はBEPSの懸念を生じさせる可能性がより高いと指摘している。

CFCルールが保険料所得に焦点を当てるケースとして、(i)CFCの資本が過大の場合、(ii)保険契約の当事者又は補償対象であるリスクがCFCの国・地域外に所在している場合、(iii)保険料所得が関連当事者との契約又は保険から生じている場合（特に、関連当事者も保険料支払いについて控除を受けられる場合）の三つの状況を提案している。

最終レポートは、ロイヤルティ及びIPによる所得は、移動性が非常に高く、価値が創出された場所から別の場所へと移転されやすいという懸念について言及しており、IP所得が次のような課題をもたらすと述べている（4.2.1.1）。

ア　IP所得は多種多様な形態で利用し分配することが可能なために特に操作しやすく、しかも各国のCFCルールの下でそれぞれの形式的分類が異なる可能性があること。

イ　正確な比較対象がないことが多いため、IP資産の評価は往々にして難しいこと。

ウ　多くの場合、基礎となるIP資産から直接稼得した所得と、関連するサービスや商品から稼得した所得の区別が難しいこと。

最終レポートはさらに、こうした課題を考えると、実際にIPから生じた、BEPSの懸念がある所得を全て帰属させるには、ロイヤルティ所得に焦点を当てるだけでは十分ではないと述べている。

最終レポートは、CFCの国で製造された物品の販売、又はCFCの国で提供されたサービスによる所得は、一般にBEPSの懸念はないとしているが、次の二つの状況においては懸念を生じさせる可能性があると指摘している。一つは、企業が関連当事者から物品・サービスを購入し、自身はほとんど付加価値を付けずに販売することによって所得を稼得する場合、もう一つは、IPがCFCに移転され、CFCによる付加価値がほとんどないまま、そのIPから所得が稼得される場合であると。かかるIPからの所得は通常、販売及び役務提供所得とみなされるため、この場合もCFC所得に含まれない可能性がある。最終レポートは、法的分類に基づいた分類別アプローチについて、こうした二つの状況を考慮に入れずにあらゆる販売及び役務提供所得を除外すると、BEPSの懸念のある所得を捕捉できない可能性があると指摘している。法的分類に加えて、最終レポートは、分類的アプローチにおいては所得の稼得につながった当事者の関連性と所得の源泉にも着目し得るとしている。現行のCFCルールの多くは、関連当事者間で生じた所得は容易に移転できるとの理由から、かかる所得を含めていると指摘しており、現行のルールは、この目的のために関連当事者による関与がどのぐらい求められるかによって異なるとしている。

所得の源泉については、最終レポートでは、分類別アプローチは税源移転防止ルール又は源泉国ルールの形態を取ることができるとし、その基本原則は、CFCの国・地域以外の国から稼得した所得の方が利益移転に関する懸念を生じさせる可能性が高いとしている。親会社の国からの税源移転の防止に主眼を置く国は、親会社の国・地域で創出された所得のみをCFC所得として分類することになる。税源移転防止ルールを設けている国はまた、CFCの国以外の国で創出されたあらゆる所得をCFC所得として扱うこともできる。このより広範なアプローチは、親会社の国のみに焦点を当てる限定的なルールよりも操作されにくくなるが、CFCによって実施された活動から真に稼得された所得を帰属させてしまう可能性がある。広範な税源移転防止ルールはまた、所得がCFCの国で稼得された場合は当該所得をCFC所得から除外するという源泉国ルールの形態を取ることもできる。

② **実態分析**（substance analysis）

最終レポートにおいては、CFC所得が基礎となる実態から分離されているかどうかを判断するために、人員、施設、資産及びリスクなどの様々な指標を利用できると述べている。しかし、どのような指標を利用するかに関わらず、CFCがそれ自身で所得を稼得する能力を有しているかどうかが要点になるとしている。さらに、現行の実態アプローチの大半は、独立したルールとして適用されているわけではなく、より機械的なルールとともに適用されていると指摘している。

また、最終レポートにおいては、実態アプローチにおいて閾値基準又は比例分析のいずれかを利用できると述べている。閾値（すなわち、二者択一的な）基準では、一定の活動量（一つ又は複数の指標を通じて特定される）があれば、CFCの全ての所得を除外することが認められるようになる。比例分析では、CFCが実施した活動の量に比例する所得のみがCFC所得から除外される。

複雑性と移転価格規則との相互作用をめぐる懸念を受けて、最終レポートでは、実態アプローチについて四つの選択肢を示し、どの所得がCFC所得にあたるかを判断するにあたっては、CFCが実体のある活動に従事したかどうかが着目されると述べている。

第一の選択肢では、CFCの稼得した所得に対してCFCの従業員が実体のある貢献をしているかどうかを判断するために、関連する事実及び状況を重視する。この選択肢は特定のセーフハーバー、レシオ、その他の機械的な基準を含めるような形で策定できるとされている。

第二の選択肢では、グループ内の企業によって実施される重要な機能全てを検討し、それらの企業が非関連会社の場合、CFCが特定の資産を所有する、又は特定のリスクを引き受ける可能性が最も高い企業にあたるかどうかを判定する。この選択肢は、重要な機能に関する一定の閾値を下回った場合にCFCの全ての所得を含める閾値基準として策定する、又は稼得するために必要とされる重要な機能をCFCが担っていなかった所得のみを含める比例基準として策定することもできる。

第三の選択肢では、CFCが実際にその所得を稼得するためにCFCの国において必要な事業所及び施設を有し

三　課税対象金額の算定

ていたかどうか、また、ＣＦＣがその中核的機能の大半を実施するために、ＣＦＣの国内において必要な技能を備えた従業員を必要数雇用していたかどうかを評価する。この選択肢も、閾値基準又は比例基準として策定することができる。

第四の選択肢は、第三の選択肢を変形したもので、行動5に基づき策定されたネクサス・アプローチを用いることによって、ＢＥＰＳプロジェクトの他の分野との整合を図るように設計されている。ＣＦＣルールに、実態アプローチとして一種のネクサス・アプローチを織り込むことで、ネクサス・アプローチの要件を満たすＣＦＣによって稼得された所得はＣＦＣ所得に含められない一方、ネクサス・アプローチによって定義される適格ＩＰから生じたその他の全ての所得はＣＦＣ所得として扱われる。この選択肢は、適格ＩＰ資産から生じた所得にのみ適用されるため、最終レポートでは、他の種類の所得については別の実態アプローチと組み合わせる必要があると指摘している。

最終レポートは、実態アプローチはＣＦＣルールの正確性を高めるものの、それに伴う複雑性と費用の増大と比較検討しなければならないと述べている。

③　超過利潤分析（excess profits analysis）

ＣＦＣ所得を定義する方法として、最終レポートにおいて説明されているもう一つのアプローチは、定式的な超過利潤分析である（4.2.3）。このアプローチでは、ＣＦＣの資本に対する「通常所得」を計算する。「通常所得」を超える所得は、全てＣＦＣ所得とされる。最終レポートは、このアプローチの後に、最終段階として実態に基づく除外措置を設けている国々もあると述べている。

最終レポートは、「通常所得」を「利益率」に「適格資本」を乗じたものと定義している。利益率は経済的な概念であり、まずリスクのない利益率を見積るところから出発し、リスク・プレミアムによってそれを増加させる。経済分析によればリスクを含んだ率として約八％から一〇％がしばしば算定されるが、これは産業、レバレッジ、及び国によって異なってくる。最終レポートでは、「適格資本」を、低課税国・地域で行われる能動的な取引、又は事業で使用される資産に関連する資本としている。最終レポートでは、このアプローチの機械的な性質と、移転された所得を十分正確に対象にできるかどうかを比較検討しなければならないと指摘しているが、このアプローチを強制的な実態に基づく適用除外と組み合わせるべきかどうかについて合意は形成されていない。

④　取引単位及び企業単位のアプローチ（transactional and entity approaches）

最後に、ＣＦＣ所得の定義を企業単位で適用すべきか、それとも取引単位で適用すべきかについて論じている（4.2.4）。企業単位のアプローチでは、所得の少なくとも一定割合がＣＦＣ所得の定義に当てはまるかどうかに応じて、全ての所得をＣＦＣ所得とするかしないかの判断をすることになる。一方、取引単位のアプローチでは、個々の所得の特徴によってその所得がＣＦＣ所得に該当するか否かを決定する。最終レポートでは、取引単位のアプローチは一般に、所得の捕捉にかけてはより正確であるものの事務手続の負担とコンプライアンス費用が増大する可能性があるとしている。

四　二重課税の排除等

1　課税済み所得からの配当

平成二一年度改正前（外国法人受取配当益金不算入規定導入前）においては、特定外国子会社等がすでにタックス・ヘイブン対策税制によって合算課税をされた留保所得を原資として、後年度に配当等を行った場合についても、二重課税を避けるために「課税済み留保金額」に相当する金額を損金に算入して、調整等を行うこととなっていた（旧措置法六六条の八第一項参照）。さらに、合算課税の対象となる特定外国子会社等が合算の対象となる他の特定外国子会社等から配当を受け取った場合などについてもその配当について二重課税が生ずることとなるため、特定外国子会社等が他の特定外国子会社等から受け取った配当（控除対象配当等の金額）はその未処分所得の計算上所得に含めないこととしていた（旧措置法令三九条の一五第三項）。その他、特定外国子会社等がその支払った配当について受取配当軽課税国に所在する外国関係会社又は他の特定外国子会社等に配当等を支払った場合（旧措置法令三九条の一六第二項参照）、受取配当軽課税国に所在する外国関係会社又は他の特定外国子会社等が、その受取配当を原資としてさらに配当等を行った場合（旧措置法令三九条の一六第二項等参照）についても、二重課税についての一定の調整が行われていた。

特に、平成一七年度改正において、課税済留保金額の損金算入期間は、本制度が租税回避を防止する観点で設けられており、損金算入を認めるためには、課税済留保金額と配当等との関連性が必要であることから、五年間に制限されていた。景気や業績の変動がある場合の配当の実態を踏まえると海外子会社等から国内の親会社に対する配当の機会を確保する必要があることから、そうした実態を考慮し、損金算入期間が一〇年に延長されていた(23)。

平成二一年度改正で外国法人受取配当益金不算入制度が導入されたことから、内国法人が直接に剰余金等の配当を受ける場合と平仄をあわせるために、一定の改正が行われた。特定外国子会社等の所得は、出資割合に応じて親会社にて合算課税され、合算済所得（特定課税対象金額）を原資とする剰余金の配当等は、全額益金不算入となり二重課税が排除される。「特定課税対象金額」とは、内国法人の剰余金の配当等を受ける日を含む事業年度及びその事業年度開始の日前一〇年以内に開始した各事業年度において益金の額に算入された課税対象金額の合計額（過去一〇年で合算対象となった金額）をいう（措置法六六条の八第四項）。特定課税対象金額を超える配当等は、特定外国子会社等が外国子会社（持株比率等二五％以上、六カ月以上保有）に該当する場合と該当しない場合で取扱いを異にし、外国子会社に該当する場合は、剰余金の配当等の九五％が益金不算入（外国源泉税の損金不算入、外国税額控除の適用はない。）となる。外国子会社に該当しない場合は、剰余金の配当等は全額益金算入となるが、外国税額控除の適用により二重課税は排除される（措置法六六条の七、法法六九条。ガーンジーの法人所得税制に基づき納付された所得税が「租税」に当たるとした事例として、最高裁平成二一年一二月三日判決・民集六三巻一〇号二二八三頁参照）。

なお、個人（居住者）の場合には、特定外国子会社等の所得は、その個人の出資割合に応じて、雑所得にかかる総収入金額に算入され（措置法四〇条の四第一項）、特定外国子会社等の株式等を取得するための負債利子が必要経費とされるにすぎない（所得税法三五条二項二号、措置法施行令二五条の二一第三項一号）。特定外国子会社等から受ける剰余金の配当等は、原則として配当所得として課税されるが、過去三年以内に雑所得の総収入金額に算入された金額（課税済金額）に達するまでの金額は、配当所得の金額から控除することによって、二重課税が排除される（措置法四〇条の五第一項、措置法施行令二五条の二三）。

平成二一年度改正で外国法人受取配当益金不算入制度が導入されたことから、それに相応した二重課税等の排除方法が導入されたが、その基本的な考え方は平成二一年度改正前と変化はないといってよい。上述したような対応については基本的には相応の処理であると解される。しかし、なお二重課税の問題は残っているといえよう。

2　株式処分と二重課税の排除

平成二一年度税制改正前においては、タックス・ヘイブン対策税制を適用して特定外国子会社の課税対象留保金額を内国株主の益金に算入した上に、さらに特定外国子会社等の株式の売却に伴う譲渡益についても益金に算入して課税をすることは、明らかに同一所得に対して二重課税が生じており、いわゆる法的な意味での二重課税が発生していたといえよう。このような二重課税は法的な意味で排除されなければならず、我が国においては排除されている。にもかかわらず、タックス・ヘイブン対策税制の適用において、このような二重課税に対する調整規定が存しないのは、タックス・ヘイブン対策税制の適用を受ける内国株主に対する不合理な差別であり、その結果、納税者に著しく過重な税負担を課すものであるといえよう。このような場面において二重課税を排除しないで放置しておくという状況は憲法一四条のもとで違憲の状態が生じているということである。

平成二一年度税制改正において、特定外国子会社等（居住者・内国法人によりその株式等の五〇％超を保有され、かつ、税の負担が二〇％未満の国又は地域に所在する外国法人）の株式等を一〇％以上保有する株主（居住者・内国法人）に対して、その特定外国子会社等の留保所得を合算して課税するというものであったが、外国子会社配当金益金不算入制度の創設に伴い、その計算方法等が改正された。従来は、合算対象となる特定外国子会社等の留保所得（適用対象留保金額）からその特定外国子会社等が支払う配当等の金額を控除していたところ、外国子会社配当金益金不算入制度の創設により、適用対象留保金額から当該配当等の金額を控除しなくても二重課税の排除が可能となったため、特定外国子会社が支払う配当等の額は、合算対象とされる金額の計算上控除しないこととなった。平成二一年度税制改正により、特定外国子会社等がその子会社から受ける配当等の金額、及び特定外国子会社等が他の特定外国子会社等から受ける配当等のうち合算対象とされた金額から充てられたものの金額を控除することになった。これは、合算対象となる所得があくまで特定外国子会社等の所得であり、特定外国子会社等の子会社から支払われる配当等を合算対象とするのは制度の目的からしてふさわしくないこと、及び、特定外国子会社等が他の特定外国子会社等から受けた配当が合算課税の適用後に配当されたものである場合、当該金額を控除しないと二重の合算課税をしてしまうことになるためである。

内国法人が特定外国子会社等の「課税対象金額」について合算課税がなされ、そしてすでにその特定外国子会社等の所得に外国法人税が課税されているとすると、同一の所得に対して我が国と特定外国子会社等の設立国によって法人税が賦課され、二重課税が生ずる。そこで、特定外国子会社等に課せられた外国法人税のうち、合算課税の対象となる「課税対象金額」に対応する部分の金額は、その内国法人が納付する控除対象外国法人税の額とみなして、法人税法の所定の通常の外国税額控除制度により、内国法人の法人税額から控除されることとなっている（措置法六六条の七第一項、措置法施行令三九条の一八）。

平成二五年度改正において、適正な二重課税排除の視点から、無税国に所在する特定外国子会社等にかかる益金算入額であっても、その益金算入額の計算の基礎となったその外国子会社の所得のうちに、本店所在地国以外の国で課税された税額は、当該特定外国子会社等にかかる益金算入額の金額を国外源泉所得として外国税額控除額の限度額を計算することとされている（措置法施行令三九条の一八第九項）。また、外国税額控除の適用をうけた外国法人税が、適用をうけた年度の開始の日以後七年以内に減額された場合には減額された年度において調整が行われる（措置法六六条の六第二項二号）。

3　未処分利益に対する課税と株式処分による利得との関係

タックス・ヘイブン対策税制の立法担当者は、この問題について以下のように言及している[24]。

「本税制では、たとえ内国法人が、既に課税の対象とされた特定外国子会社等の株式を売却することによって、キャピタル・ゲインを得たとしても、そのための調整は何ら行われないこととなっている（措置法通達六六の六―一六）。これは、一般論として、我が国の税法は、株式の売却益についてそのすべてが法人の留保利益から成るものとは考えていないことから、一般の収益と同様に課税することとしており、換言すれば、株式の売却益に対しては受取配当等に認めているような益金不算入の制度は認めていないことと同じ趣旨に基づくものであると考えられる。

これに対し、本税制の対象となる特定外国子会社等は、一般の法人に比して閉鎖的な法人が多く、株式の売買価格は、かなりの程度その法人の留保利益を反映しているのではないか、という見方もあろう。しかしながら、特定の業種については、むしろその企業の収益力が大きく株価を左右することも考えられ、また、そもそも軽課税国に所在する法人の株式は、本来的に売買の対象とはされないものと考えられる。このような理由から、本税制においてのみキャピタル・ゲインについて特別な取扱いをすることは適当ではない、という立場をとったものである。」

この点については、立法担当者も株式の売買価格と留保利益との関係がかなりの程度で反映していることは承知しているところである。しかし、特定外国子会社等の株式を売却するなどの方法による、配当以外の方法による出資持分の回収のみを図ることとして特定外国子会社等の株式の売却による出資持分の回収については二重課税の調整を必要なしとしたものである。調整措置の対象となる課税済配当等の範囲がきわめて限定されているのは、我が国のタックス・ヘイブン対策税制における合算制度が配当を擬制することを念頭におき、かつ二重課税の調整における その簡便性を図ったことによる。しかし、「特定の業種については、むしろその企業の収益力が大きく株価を左右することも考えられ、また、そもそも軽課税国に所在する法人の株式は、本来的に売買の対象とはされないものと考えられる。このような理由から、本税制においてのみキャピタル・ゲインについて特別な取扱いをすることは適当ではない」として一刀両断に二重課税の排除措置を放棄してしまうことが法的に許されたのであろうか。

この点については、被支配外国会社である特定外国子会社等の株式が内国株主（内国法人）により処分されるときにも二重課税が生じると解される余地が多分に存する。すなわち、内国株主の持株の処分前に、内国株主が被支配外国会社の未分配所得について内国課税されている場合には、その株式処分により実現した利得は既に課税済の所得を反映していると考えられる。よって、課税済の未分配所得から被支配外国会社が配当を支払った場合には、被支配外国会社の未分配所得が内国株主に課税されているため、その法人株式の処分により実現した利益の一部に再び課税することになり二重課税を生む(25)。

そこで、このような場合の調整が理論的にも法的にも必要であるにもかかわらず、そのための規定をおいていない場合にはその限りで措置法六六条の六以下のタックス・ヘイブン対策税制が違憲無効となりうることもありうる。

たとえば、措置法第六六条の六に基づく特定外国子会社等の課税対象留保金額三〇〇億円の加算漏れを理由とする法人税額等の更正が行われたものの、その内容は、甲社の株式保有に伴うもの（子会社売却益二五〇億円）で当該係争年度（平成一八年四月期）の収入及び利益のうちの九九・五五％を占めるものである。また、平成一八年四月期と平成一七年四月期（二〇〇〇年）事業年度末における保有資産の相違は子会社株式であると仮定する。この売却に伴う売却益が平成一八年四月期における課税対象留保金額の内容である。内国株主は、この株式を上記のように平成一八年四月期末日に譲渡しており、本件更正処分により当該年度について留保金額について課税が生じている。このことは、高橋・前掲書一七九頁において「（特定外国子会社等の）株式の売買価格は、かなりの程度その法人の留保利益を反映しているのではないか、という見方」が該当する場面である。これ以上の場面は存しないと言ってもよい。全国において明らかに同一所得に対して二重課税が生じており、「タックス・ヘイブン対策税制における課税対象留保金額は、措置法の各規定に基づき所定の調整を行って算出されるものなので、当該課税対象留保金額と、当該特定外国子会社等が計上した株式売却益が同義でないこと」といった説明はできない。

なお、法人税法において、我が国においては、配当と株式譲渡との関係については、株式譲渡によるキャピタル・ゲインについて配当部分が包含されうることは承知され、規定のうえでも考慮されている。両者の関係について、タックス・ヘイブン対策税制との関係においてのみ無視されるいわれはない。課税庁において有利な場合においてのみ規定が存在して、納税者において有利な場合には存しないと言うのは不合理である。

たとえば、前者のような場面として、法人税法において株式の譲渡と配当との関係についてどのようなスタンスを採用しているかについて、「受取配当等の益金不算入」規定（法人税法二三条）が参考となる。法人から個人が配当等を受ける場合、所得税において「配当控除」の規定を設けて、二重課税を回避している。同様に法人についても、法人税法上で「受取配当等の益金不算入」の規定が設けられている。各事業年度の益金の額に算入しない金額は、(1)（特定株式等以外の受取配当等の額－特定株式以外の負債利子の額）×八〇％、(2)特定株式等にかかる受取配当等の額－特定株式等にかかる控除負債利子の額の合計額である。つまり、特定株式等に係る配当額は、全額益金不算入になるのに対し、特定株式等以外のものは、益金不算入額の八〇％相当額となる。特定株式等とは、内国法人（公益法人等及び人格のない社団等を除く。）の発行済株式又は出資金額の二五％以上を、その配当等の額の支払義務が確定する日以前六カ月以上有している株式又は出資をいう。ここで、益金不算入とならない配当等の範囲として、一定の配当金又は分配金について、「①支払法人で損金処理していること、②株主等として支払を受けていないこと、③そもそも二重課税に関係しないこと」を理由として益金不算入の対象とならないとしている。短期所有株式等にかかる受取配当等もそのようなものの一つである（「短期所有株式等」とは、法人が受ける配当等の額の元本である株式等をその配当等の計算基礎期間の末日以前一カ月以内に取得し、かつ、末日後二カ月以内に譲渡した場合におけるその譲渡した株式等をいう。）。この短期所有株式等の規定が無いとすれば、配当の受領を目的として課税回避行為が行われるおそれがある。配当交付後は通常、配当権利落ちとして株価等が下落し、その下落による株式等の売却損が損金となり、配当が益金不算入である場合には、租税回避が生ずる。よって、これを避けるためにこの規定が設けられ、短期所有株式等にかかる受取配当等が益金算入されることとなっている。

法人税法等において、配当と株価との関係はその課税関係において無視することができない問題であることに留意をすべきである。

「タックス・ヘイブン対策税制における課税対象留保金額は、措置法の各規定に基づき所定の調整を行って算出されるものなので、当該課税対象留保金額と、当該特定外国子会社等が計上した株式売却益が同義でないこと」との理屈により、本件のような場合の二重課税が切り捨てられることは法的に許されない。

タックス・ヘイブン対策税制における未分配所得の課税は、あたかも被支配外国会社である特定外国子会社等がその所得を現実に完全配当し、内国株主がその法人にその額を出資した場合と同一である。よって、配当は内国税を課せられるので、この出資は被支配外国会社への、それと同額の内国株主の投資コストの増大を導いたと考えることができる。この見解は、みなし配当理論のもとでは妥当な結果である。また、所得直接稼得理論のもとでは、被支配外国会社の存在が無視され、株式処分による利得は存在しなかったことになる。そこで、どちらの説によろうとも内国税法（措置法六六条の六、四〇条の四）によりその利得に課税がなされているならば、同様に、二重課税の調整が必要である。本来、このような調整規定が存しないことが法的に問題である。

しかし、このような主張に対しては「仮に二重課税が生じたとしてもこのような二重課税を排除するか否かは優遇税制としての立法政策上の問題である」といったような反論もありうるかもしれない。

たしかに、最高裁平成一七年一二月一九日判決（民集五九巻一〇号二九六四頁）は、「法人税法六九条の定める外国税額控除の制度は、内国法人が外国法人税を納付することとなる場合に、一定の限度で、その外国法人税の額を我が国の法人税の額から控除するという制度である。これは、同一の所得に対する国際的二重課税を排斥し、かつ、事業活動に対する税制の中立性を確保しようとする政策目的に基づく制度である。」と判示する。すなわち、最高裁判所は、外国税額控除制度を二重課税排除のための政策目的として理解をしているところである（同旨、最高裁平成一八年二月二三日判決・裁判所時報一四〇六号八頁）。

しかし、本件がこのような最高裁判決の射程距離にはないことは明らかである。このような主張は十分に納得のいくものではない。二重課税の排除がわが国おいて政策的なものであることから、そのような二重課税の排除規定をおくか否かは立法裁量であるとの見解についても採用することはできない。

上記最高裁判決で議論の対象となっているのは、我が国に本店をおく法人（内国法人）（法人税法二条三項）や我が国に住所をおく個人（居住者）（所得税法二条三項等）が国外で事業活動等を行い得た国外所得を含めて我が国で課税される（いわゆる全世界所得課税主義のもとで課税される）場合（法人税法五条、所得税法七条一項一号等）に、当該外国での事業活動等から得た所得についても国外で課税される（当該国外所得の発生地国が当該国での国内源泉所得について国内源泉所得主義のもとで課税される）ことから生ずる二重課税を排除するための措置として直接外国税額控除制度に係るものである。あるいは同様に、海外に支店ではなく子会社形態で進出した場合における間接外国税額控除制度に係るものである。最高裁判決はこのような外国税額控除制度（二重課税排除）の趣旨を政策目的として理解をしている。

これに対して、本件は、本来の課税原則では我が国の課税権が生じない外国法人（ここでは特定外国子会社等）に対して、租税回避規制の目的で措置法六六条の六により、その未処分所得（留保所得）を我が国において課税することとしており、我が国の課税管轄権のもとでの二重課税の問題である。特定外国子会社等という外国法人に対して課税対象留保金額を強制的に配当等（適用対象留保金額あるいは課税対象留保金額の性質を事業所得との見解も存するようであるがこの点については前述したように本件にかかる「二重課税の排除」についての争点では問題とならない。）として擬制をしてわが国で課税することとしており、法人税法六九条や法人税法四一条にかかる二重課税の場面と同様に論ずべき問題ではない。法人が未処分利益を現実に配当して処分もしていないにもかかわらず配当等とみなして課税して、さらにタックス・ヘイブン対策税制の適用対象となった法人の株式を譲渡したときにさらに課税をする場面であり、我が国の課税管轄権のもとで、内国株主に対して同様の所得に対して二度課税するものであり、法的な意味での二重課税が生じていることは明らかである。このようなことは国内税法のもとではまったく許容されていない。

よって、このような二重課税の問題は、日星租税条約違反の問題ではなく国内税法における問題であることを付言しておく。

同様な問題は内国法人がみなし配当を受けた後に株式を譲渡する場合にも生ずる。たとえば、法人税法六一条の二第一項はそのような場面にかかわる規定であり、以下のように規定する。

（有価証券の譲渡益又は譲渡損の益金又は損金算入）

第六十一条の二　内国法人が有価証券の譲渡（略）をした場合には、その譲渡に係る譲渡利益額（第一号に掲げる金額が第二号に掲げる金額を超える場合におけるその超える部分の金額をいう。）又は譲渡損失額（同号に掲げる金額が第一号に掲げる金額を超える場合におけるその超える部分の金額をいう。）は、その譲渡に係る契約をした日（その譲渡が剰余金の配当その他の財務省令で定める事由によるものである場合には、当該剰余金の配当の効力が生ずる日その他の財務省令で定める日）の属する事業年度の所得の金額の計算上、益金の額又は損金の額に算入する。

一　その有価証券の譲渡に係る対価の額（第二十四条第一項（配当等の額とみなす金額）の規定により第二十三条第一項第一号（受取配当等の益金不算入）に掲げる金額とみなされる金額がある場合には、そのみなされる金額に相当する金額を控除した金額）

二　その有価証券の譲渡に係る原価の額（その有価証券についてその内国法人が選定した一単位当たりの帳簿価額の算出の方法により算出した金額（算出の方法を選定しなかつた場合又は選定した方法により算出しなかつた場合には、算出の方法のうち政令で定める方法により算出した金額）にその譲渡をした有価証券の数を乗じて計算した金額をいう。）

このような場合においては、我が国におけるみなし配当は株式譲渡にあたり控除されることとなっている。このような排除規定をたとえば措置法六六条の八の規定において課税済配当による二重課税の調整のみでなく、控除規定をとくべきであったにもかかわらず、我が国のタックス・ヘイブン対策税制においてはこの点の問題を軽視してきた（立法不作為の状態）。

その結果、タックス・ヘイブン対策税制が適用される内国法人（特定外国子会社等）は租税回避行為にあたるとした場合に著しく過大な税額を課すこととなり、そのような内国法人を不当に差別することとなる。国税の課税標準等又は税額等の計算の基礎となるべき事実の全部又は一部を隠ぺいし、又は仮装した場合に賦課される重加算税よりもはるかに重い負担を課すこととなっている。よって、本件のように明確な二重課税が生じている場合に二重課税を排除する規定を有しない措置法六六条の六以下のタックス・ヘイブン対策税制は憲法一四条に反しており、そもそもその限りにおいて違憲であるといえよう。

このような状況のもとでは、本件更正処分を行うべきではなかったといえる。特定外国子会社等の株式の売却益に対する課税に加えて、内国株主に措置法第六六条の六を適用すれば、内国株主は同一の所得について二重に課税されることになり、極めて不合理な結果となることは明らかである。本件において、課税庁はこのような二重課税を排除すべきにもかかわらず行われた更正処分は違法であるといわざるを得ない。

本件のような二重課税排除の問題は立法政策上の問題ではないことに留意をすべきである。

ちなみに、諸外国においてもこの二重課税の排除は原則として行われているといえよう。[26]二重課税排除の方法について、(1)内国株主に帰属させられた未分配所得の額まで内国株主に対して被支配外国会社の株式コストを増大させることを認める（たとえば、アメリカやカナダ）、(2)現実配当の場合と同じ方法で二重課税の調整を行うことを認める（ドイツ）、(3)株式処分による利得をその被支配外国会社の先に課税された所得に係るイギリス税の額ほど減少することを認める（イギリス）、などいくつかの方法が考えられる。

たとえば、アメリカにおいては、支配外国会社の未分配所得の額について、内国株主に被支配外国会社の株式の取得価額（コスト・ベイシス）を増大させることを認めて、二重課税を排除している（IRC §961）。被支配外国会社におけるアメリカ株主の株式の取得価額は、被支配外国会社のサブパートF所得とアメリカ株主資産への被支配外国会社の投資についてアメリカ株主所得に含まれた金額ほど増加する（IRC §961（a））。アメリカ株主が被支配外国会社から受け取った配当はすべて（アメリカ株主所得から除外される）、その配当が先に課税されたサブパートF所得から行われているので、被支配外国会社におけるアメリカ株主の株式の取得価額を計算するときに控除される（IRC §961（b）(1)）。累積配当がその取得価額を超過すると、その超過部分は外国法人の株式の交換、売却からのゲインとして取り扱われる（IRC §961（b）(2)）。

アメリカ株主が総（合計）議決権株の一〇％以上を所得している被支配外国会社の株式を交換・売却したときに生じるゲインは、サブパートFにより課税されていない（被支配外国会社の一九六二年後の）E&Pの範囲までは配当として取り扱われる（Reg. §1248（a））。結果としては、アメリカ株主が被支配外国会社の利得を、株式の売却によるゲインとして実現することは、そのような利得がアメリカ税を現在課せられていない（すなわち、アメリカ株主税から繰延べの利益を受けている。）金額までは、不可能である。E＆Pの制限に服するゲインの総額は、アメリカ株主所得に含まれる。しかし、そのゲインは配当として扱われるので、法人株主は間接外国税額控除をうけることができる。間接外国税額控除は被支配外国会社のアメリカ個人には適用されない。しかし、外国法人の株式の交換・売却について個人株主が支払う税額について、個人がアメリカ法人を通して外国所得を稼得したならば支払うであろう税負担よりも個人がより大きな租税負担を課せられないように特別な制限規定がおかれている（IRC § 1248）。また、被支配外国会社の清算における被支配外国会社の株式について実現するゲインはすべて、あたかも株式が売却されたのと同じ方法で、配当として取り扱われ、そしてアメリカ株主は間接外国税額控除を行うことができる（IRC § 1248（a））。

また、イギリスにおいても、イギリスに居住する内国法人（イギリス居住会社）が当該居住会社のもとでタックス・ヘイブン対策税制によりイギリス課税に服した被支配外国会社に係る株式を譲渡した場合には、譲渡によるキャピタル・ゲインはイギリスにおいて賦課された税と相殺することができる（IF1984, Sch. 18, para. 3 参照）。このような救済は、税額控除方式に比べて、キャピタル・ゲインに係るイギリス税を完全には控除できない。このような救済は、被支配外国会社の会計年度の末において被支配会社に帰属させた利益が残っているときにのみ活用されうる。必要に応じて、先入先出法によって、処分された株式を判断するために使われる（IF1984, Sch. 18, para. 3 (7)）。イギリス居住会社が被支配会社の株式及び非株式利益をもっている場合には、株式の処分にかかる救済はそれに応じて軽減される。非株式的権利については、このような処分による救済は用いられない。

被支配外国会社が、イギリス居住会社が株式を処分する前に配当を支払っていた場合には、次のような場合には、配当が表章している課税利益についての法人税部分においては適用することができない。

(1)　配分が実質的に処分された株式の価値を減少させる効果ある場合

(2)　イギリス居住法人が配当についてSch. 18, para. 4（2）のもとで救済をうけている場合（後続的配当について救済をうけている場合）

これらの二つの場合は、被支配外国会社の未分配について二重課税は生じていないので、救済は必要ない。株式の売買による救済措置は、株式の処分が行われ、そして被支配会社の課税済利益についてイギリス居住法人に対して賦課処分が終了した年度（会計年度）の終了後三カ月以内にイギリス居住会社が請求しなければならないこととなっている（IF1984, Sch. 18, para. 3（6））。

しかし、この株式譲渡にともなって生ずる二重課税は、そもそも平成一八年四月期に生じているのであるから、当該年度においてこの二重課税は是正されるべきこととなる。内国株主による特定外国子会社等の株式処分対価の増額（平成一九年四月期納税済み）による二重課税の排除（職権による減額更正処分）は平成一九年四月期について行われるべきであったといえる。二重課税の調整が行われた後に、株式譲渡契約の無効にともなう課税関係が問題となるのであり、二重課税排除の問題と株式譲渡契約の無効にともなう課税関係の問題とはまったく別次元の、別個の問題として、平成一七年四月期において処理をすべきこととなる。

五　二重課税防止又は排除のルール

最終レポートは、二重課税が起こり得る三つの状況、すなわち、(i)帰属済みのＣＦＣ所得が外国法人税の対象となる場合、(ii)同一のＣＦＣ所得について複数の国・地域のＣＦＣルールが適用される場合、(iii)ＣＦＣが実質的に、ＣＦＣルールによって既に居住者株主に帰属させた所得から配当する、又は居住者株主がＣＦＣの持分を処分する場合に焦点を当てている。[27]また、二重課税に関する懸念は、二つの国・地域間で移転価格調整が行われた場合や第三国・地域でＣＦＣ費用が生じた場合などの他の状況においても生じ得ると指摘している。そして、こうした状況やその他の状況が二重課税につながることがないよう、ＣＦＣルールを設計すべきと述べている（7.1）。

最初の二つの状況について、最終レポートは、各国が中間会社に対するＣＦＣ課税を含む、実際に支払われた外国税額の控除を認めることを提言している。三番目の状況については、ＣＦＣの所得が既にＣＦＣ課税の対象となっている場合、ＣＦＣの持分から生じた受取配当とＣＦＣ持分の処分益を非課税とすることを提言している。しかし、配当と譲渡所得の詳細な取扱いは、国内法との整合性を保つために、国の決定に委ねられている。最終レポートはさらに、各国は既存の二重課税救済規定が二重課税のあらゆるケースを救済するのに有効かどうかを検討する必要があると述べている。

六　みなし配当所得と事業所得との区別

株主が内国法人の場合、当該株主に帰属する課税対象留保金額については「収益の額とみなして」合算課税することとしている。これに対して、株主が居住者の場合には、当該株主に帰属する課税対象留保金額については「雑所得に係る収入金額とみなして」合算課税することとしている。このような文言は、下記のような理由からである。(28)

「我が国におけるタックス・ヘイブン対策税制の導入は、以上述べてきたように我が国経済の国際化と国際的租税回避の事例に対処し、内外における規制の動きにも応えようとしたものである。課税当局は従来からもタックス・ヘイブンの子会社等を利用する我が国租税負担の不当な軽減に対しては、既存の租税法観の適用範囲内で規制を行っていたが、既に述べたように税制自体あるいは執行面で必ずしも問題なしとしなかった。このような状況の中で、課税の要件を明確化し、執行面でも安定性を確保することが必要であることが強く意識されるようになり、所定の要件を満たすような海外子会社等の留保所得を国内株主の持分に応じてその所得に合算して課税し得るような簡明な措置を導入することが必要不可欠になりつつあると判断されたのである。

我が国の税制においては、アメリカ、西独等と同様に合算課税方式がとられているほか、業種別に適用除外要件を考え、また軽課税国を指定し、そのような軽課税国に所在する子会社等で我が国株主と一定の資本関係にあるようなもののうち適用除外要件を満たさないものが現地で留保する所得を合算課税の対象にする、という仕組みがとられている。この場合、アメリカや西独のように課税対象となるような所得のタイプを特定化するというアプローチはとられておらず、軽課税国所在の子会社等が適用除外要件を満たさないときはそのすべての留保所得を合算課税してしまうという点が大きな特徴となっている。」

我が国のタックス・ヘイブン対策税制は、子会社といったエンタティに着目した合算課税方式を採用したものである。確かに条文の文言においては、株主の持分に応じて計算される課税対象金額は法人税においては「内国法人の収益の額とみなして」（措置法六六条の六第一項）、あるいは所得税においては「雑所得に係る収入金額とみなして」（措置法四〇条の四第一項）合算課税されることとされている。これは、株主たる内国法人あるいは居住者にかかる課税対象留保金額が、通常であれば当該内国法人あるいは居住者に対する利益の配当又は剰余金の分配として交付されるべき性質のものであり、株主は子会社等にそうさせるだけの支配力をもっているにもかかわらず、子会社等が配当を全くあるいはわずかしか行わず、留保所得を蓄積しているところに税の回避を推認し得る、という考え方の表われといえよう。留保利益を利益の配当等として交付すべきところ課税の時点では株主に何ら金銭の交付等が行われていないので、配当としてのみなし規定をおいていない。これに対して、所得税法は法人と違い、所得分類が問題となるので雑所得に含めている。留保利益の算定を通じて課税対象留保金額を算定していることから、特定外国子会社にとっては利益の配当又は剰余金として認識されるべき部分に相当する金額であるといってよかろう。

この部分については現実に内国株主に配分される（交付される）わけではないことから、積極的に「みなし配当」（現行規定のもとではみなし配当規定は経済的な利益を現実に享受しているとの前提がある。）との定義をおくことを避けている。

しかし、このことのみをもって、株主の持分に応じて計算される課税対象留保金額を事業所得として判断することはできない。租税特別措置法六六条の六における課税対象留保金額の算定にかかる規定から、まず「みなし配当理論」をとっていることを確認しておく必要がある。[29]このことは、我が国のタックス・ヘイブン対策税制は特定外国子会社等に直接課税するものではないことから、いわゆる「恒久的施設なければ課税なし」という租税条約上のルールに抵触することはないといえる[30]（最高裁平成二一年一〇月二九日判決・民集六三巻八号一八八一頁、最高裁平成二一年一二月四日判決・裁判所民二三二号五四一頁）。

七　適用除外要件

1　適用除外要件の内容

タックス・ヘイブン対策税制は、実効税率が低い国・地域、いわゆる軽課税国による租税回避行為を防止することを目的としており、特定外国子会社等に該当する現地法人が独立企業としての実体を備え、かつその国・地域において事業活動を行うことについて十分な経済合理性があると認められる場合には適用されない。下記基準のすべてを満たす場合には十分な経済合理性があると判断され、合算課税は行われない。この基準を適用除外要件という（措置法六六条の六第六項、六八条の九〇第六項）。

(1)　事業基準

(2)　実体基準

(3)　管理支配基準

(4)　非関連者基準又は所在地国基準

(1)　**事業基準**

現地法人である特定外国子会社等の営む「主たる事業」が、以下のものでない必要がある。

・株式又は債券の保有

・工業所有権又は著作権等の提供

・船舶又は航空機の貸し付け

課税実務においては、特定外国子会社等が営む事業は原則として総務省による日本標準産業分類を基準として判定し（措通六六の六―一七）、その現地法人が二以上の事業を営んでいる場合には、収入金額又は所得金額の状況、使用人の数、固定施設の状況等のそれぞれの事業に係る事実関係を総合的に勘案して、何が主たる事業であるかを判定することとされている（措通六六の六―八）。

なお、主たる事業の判定は各事業年度ごとに行うことからその後のビジネスの状況により、その現地法人の主たる事業が変更することもありうる。

なお、平成二二年度改正により、株式の保有を主たる事業とする現地法人のうち、一定の被統括会社の株式を保有する統括会社については、上記にかかわらずこの事業基準を満たすこととする事業統括持株会社に係る特例が設けられている。この事業統括持株会社に係る特例の場合、主たる事業が株式の保有であったとしても、統括会社の保有するすべての株式の簿価のうち、被統括会社の株式の簿価が五〇％を超える場合には、事業統括持株会社としてその地において株式を保有することに一定の経済合理性があるものとして、事業基準を満たすものと取り扱うことができる（措置法六六条の六第三項七項、措置法施行令三七条の一七）。

(2)　実体基準

特定外国子会社等の現地法人がその国・地域において、その主たる事業を行うに必要と認められる事務所・店舗・工場その他の固定施設を有している必要がある。

(3)　管理支配基準

特定外国子会社等の現地法人がその国・地域において、その事業の管理・支配及び運営を自ら行っている必要がある。この基準は、これまでの裁判例に基づき、株主総会及び取締役会の開催状況、役員の構成及び職務執行の状況、会計帳簿の作成及び保管の状況などのような事実関係を総合的に勘案して判定するものとされている（措通六六の六—一六参照）。現地法人が日本の親会社と協議し意見を求めていることをもって、ただちに管理支配基準を満たさないということにはならないが、実質的な経営権を持つ主要役員が現地に常駐せず、他の現地役員が経営に一切関与していないような場合には、管理支配基準に疑義が生じる。

(4)　非関連者基準又は所在地国基準

この基準は、その現地法人が営む主たる事業により、非関連者基準又は所在地国基準のいずれかが適用される。その主たる事業の判定は上記(1)の判定と同様である。

(a)　非関連者基準　　現地法人の営む主たる事業が、①卸売業、②銀行業、③信託業、④金融商品取引業、⑤保険業、⑥水運業、⑦航空運送業のいずれかである場合、非関連者基準が適用される。この基準が適用される現地法人については、その法人の収入金額もしくは仕入金額の五〇％超が関連者以外の者との間で行われている必要がある。

なお、平成二二年度改正により、卸売業を主たる事業とする現地法人のうち、一定の被統括会社との間で取引を行う統括会社については、上記五〇％超の判定において有利となる物流統括会社に係る特例が設けられている。この物流統括会社に係る特例の場合、上記五〇％超の判定上、統括会社が被統括会社との間で行う取引を関連者以外の者との間における取引と取り扱うことができることから、五〇％超基準を満たしやすくなるということになる。

(b)　**所在地国基準**　現地法人の営む主たる事業が右記①～⑦に掲げる七事業以外である場合、所在地国基準が適用される。この基準が適用される特定外国子会社等については、その主たる事業を本店所在地国で行っている必要がある。

華南地域で一般的な来料加工形態による委託製造活動につき、香港法人に対するタックス・ヘイブン対策税制の適用が日系企業におけるポイントの一つとなってきていたが、これは上記(a)と(b)の基準に係る判定が争点となったものである（中国来料加工をめぐるタックス・ヘイブン対策税制の適用にあたり、このような基準を示した判決として、東京地裁平成二四年七月二〇日判決・訟月五九巻九号二五三六頁、大阪高裁平成二四年七月二〇日判決・税資二六二号順号一二〇〇六等参照）。

平成二二年度税制改正により、資産性所得課税制度が新たに導入された。資産性所得課税制度とは、従来タックス・ヘイブン対策税制では、軽課税国に設立した一定の子会社（特定外国子会社等）であっても、適用除外基準を充足すれば、いかなる所得も日本における合算課税の対象にはならない。いわゆるエンタティ・アプローチを採用することに起因する問題である。しかし、適用除外基準を満たす特定外国子会社等に、資産性所得を付け替える行為を防止するため、特定外国子会社等が有する資産性所得については、その特定外国子会社等が適用除外基準を満たす場合であっても、合算課税の対象とされることとなった。

特定所得とは資産運用的な性格を有する所得として次のようなものをいう。

① 特定法人（特定外国子会社等が一〇％未満保有する他の法人）の株式等の配当等に係る所得又はその譲渡による所得
② 債券の利子に係る所得又はその譲渡による所得
③ 工業所有権、著作権等の使用による所得
④ その他一定の所得

特定外国子会社等が特定所得を有する場合は、当該特定所得の合計額（部分適用対象金額）のうち、内国法人等が特定外国子会社等の株式を保有する割合に応じた金額が、当該特定外国子会社等の各事業年度終了の日の翌日から二月を経過する日を含むその内国法人等の事業年度の所得の計算上、益金の額に算入される。ただし、⑴各事業年度における部分適用対象金額に係る収入金額が一、〇〇〇万円以下である場合、⑵各事業年度の所得に占める部分適用対象金額の割合が五％以下の場合、のいずれかに該当する場合は、その該当する事業年度については、部分適用対象金額を有している場合であって、合算課税の対象とはならない。

2　適用除外規定の理論的背景と適用除外制度の枠組み

我が国のタックス・ヘイブン対策税制は、エンタティ・アプローチを採用している。しかし、上記の同税制導入の趣旨・目的から当然に導かれる帰結として、タックス・ヘイブン国（軽課税国等）においても真に事業活動を行っている企業については、タックス・ヘイブン対策税制の適用を排除することが理論的に求められる（前掲「昭和五三年度の税制改正に関する答申」参照）。そして、わが国のタックス・ヘイブン対策税制は、㈠被支配外国会社により遂行されている業種、㈡被支配外国会社の居住地国での実質的存在の有無（すなわち被支配外国会社がいわゆる「ペーパーカンパニー」か否か）、㈢被支配外国会社が得た所得の内容、に主として着目し、タックス・ヘイブン対策税制の適用除外要件（具体的には、特定外国子会社等が、①実体基準、②管理支配基準、③所在地国基準あるいは非関連者基準の三要件）を充足する場合は適用除外を認める。

エンタティ・アプローチを採用する国（たとえば、イギリス）においてはこのような枠組みは共通しており、適用除外の判別にあたり、いわゆる「事業活動テスト（active test）」と呼ばれるものを採用しているといってよかろう。これらは、積極的な事業活動により生じた所得については結果的に課税しないための枠組みである。

取引的アプローチにおける積極的事業活動による所得に対する免税と積極的事業活動に従事する被支配外国会社

（CFC）に対する適用除外は、同じ方向性を志向するものとして密接に関連する。しかし、我が国のタックス・ヘイブン対策税制は、被支配外国会社（特定外国子会社等）に外国子会社が該当すれば、当該法人の課税対象留保金額がその所得の種類や特徴を問わず、全て内国株主の所得と合算されることとなるが、さらに適用除外の場合においても、その枠組みいかんによっては同様の問題が生ずる。たとえば、我が国の適用除外制度においては、非持株会社等基準と業種としての「株式の保有」及び「適用除外規定」の解釈において、そもそも適用除外を受けられない特定外国子会社等の事業（業種）判定（非持株会社等基準）においても、その他の適用除外要件（実体基準、管理支配基準等）を判別するときの事業（業種）判定においても、「主たる事業」の判定を前提とした業種業態アプローチが採用されていることから、実質的に合算の対象とならないはずの所得（ティンティド・インカムでない所得）にタックス・ヘイブン対策税制が適用されてしまい、あるいは反対に、実質的に合算の対象となるべき所得（ティンティド・インカム）にタックス・ヘイブン対策税制が適用されない結果となるといった問題が生じているのである。この問題については、かねてより以下のように指摘することができた(31)。

「租税条約の目的は、法的な意味での二重課税を排除することを目的としており、経済的な二重課税の排除を問題にする必要はない。我が国のタックス・ヘイブン対策税制は法的な意味での二重課税は問題とならないが、さらに現行タックス・ヘイブン対策税制のもとでは、そのような経済的な二重課税も原則として排除されうることとなっているといってよかろう。経済的な二重課税が後に排除されることとなる場合が存するが、それは許容されうる程度のものと解しうるであろう。」

具体的には、(1)特定外国子会社等（甲社）は卸売業を行っているにもかかわらず親会社の資金調達等がいきづまり、一時的に株式を保有したとしても、現行の適用除外要件のもとでは株式の保有を（主たる）事業として行っており、非持株会社等基準を充足しないと判断され、非関連者基準、実体基準や管理支配基準もそれぞれ充足すると解されても、甲社が措置法六六条の六第三項に規定する適用除外要件を充足しない（非持株会社等基準（特定外国子会社等の主たる事業が、株式若しくは債券の保有、工業所有権その他の技術に関する権利等や著作権の提供、船舶・航空機の貸付けにあたらないこと）を充足していない。特定外国子会社等の持株機能に係る損益として機能別の利益に分類すると、持株機能に係る利益の規模が卸売機能等に係る利益の規模を大きく上回っていることから、特定外国子会社等は非持株会社等基準を充足しない。）と判断される可能性が実務上は大である、また、⑵甲社が租税回避目的を一切有せず、タックス・ヘイブン国あるいは関連国の法規制等にやむをえず従った行為に起因してタックス・ヘイブン対策税制の適用除外要件を充足しなくなった場合に、措置法六六条の六の規定は、子会社等が当該軽課税国に所在することに『経済合理性』がある場合には適用されないことと解することができるのか、といった場面などを想定することができよう。前者⑴は、措置法六六条の六第三項に規定する適用除外要件に係る法解釈上の問題であるが、タックス・ヘイブン対策税制の枠組み自体がかなりの割切りを伴った粗雑な制度であるので、その解釈にあたっては、同税制の立法経緯や理論的背景などをふまえ、同税制の趣旨及び目的に鑑みた解釈をしていく必要がある。タックス・ヘイブン対策税制の立法経緯や理論的背景などをふまえた解釈は、後者⑵とも深くかかわる。⑵は、タックス・ヘイブン対策税制のうち、適用除外（要件）の制度的枠組みに直接かかわる問題である（この問題は平成二二年度改正による「部分的適用対象金額」の概念の導入により一部解消されたと評価しうる。）。

なお、適用除外とならない外国法人（被支配外国会社）のテインンティド・インカムのみが国内株主に帰属するとすることも可能であるが、この場合には二段階システム（まず、ある被支配外国会社が適用除外となるか否かを判断し、適用除外とならないと判断されれば、次に、そのテインンティド・インカムを計算する。）を要することとなり、このようなシステムは現在制度的には採用されていない。

タックス・ヘイブン対策税制の構築にあたり、純粋にどちらかのアプローチを採用する国はなく、どちらかのアプローチに主軸をおきながら、他方のアプローチ（あるいはその結論）を組み込む傾向にある。この結果、双方のアプローチのもたらす結果は、タックス・ヘイブン対策税制においてかなり接近したものにすることが可能である。

我が国のタックス・ヘイブン対策税制は明らかにエンタティ・アプローチを採用しているが、これは行政の簡便さ等を第一に重視したものであるといえる。

しかし、立法当時から、タックス・ヘイブン対策税制における適用除外要件において事業（すなわち「業種」である。この点については、次の⑴「『事業』の意義」において述べる。）に着目した判断を行っていることなどは、取引的アプローチとエンタティ・アプローチの混合がみられ、エンタティ・アプローチから生ずる欠陥（タックス・ヘイブン国への進出に経済的な合理性が存する場合等においてもタックス・ヘイブン対策税制が適用されてしまうことといった問題）を是正しようとする趣旨もうかがえるところではある。たとえば、我が国の適用除外要件のうちの非関連者基準は取引的アプローチに接近した例として説明し得る。しかし、タックス・ヘイブン対策税制の基本的枠組みにおいてそもそもエンタティ・アプローチを採用していることから、適用除外要件の充足等の判断にあたっては、その結果に合理性が欠けることのないよう、その立法経緯や理論的背景などをふまえた解釈をしていく必要があることに留意する必要がある。

取引的アプローチは所得に着目することから、軽課税国指定アプローチを前提とするエンタティ・アプローチよりも精巧に立法・運用でき、さらに実効性があるといえよう。ただし、エンタティ・アプローチは取引的アプローチよりも、行政の簡便さ・容易さ、コンプライアンス負担、行政負担（コスト）の点で勝っている。このことは裏を返せば、エンタティ・アプローチがその国にとってどれほど適しているか、又は魅力的であるかは、経済政策、租税政策上（そのタックス・ヘイブン対策税制の目的が課税の繰延の否認か租税回避の否認か）、我が国が内国税率と軽課税国（タックス・ヘイブン国）の税率の差にどれほど寛大であることができるか（軽課税国等の定義にかかわる問題である。）にかかっているといえる[32]。

⑴　「事業」の意義

旧措置法六六条の六第三項（平成二一年改正前）において、具体的な事業として現れるものは、次のもの（事業）

である。

(ア)　株式（出資を含む。）若しくは債券の保有、工業所有権その他の技術に関する権利、特別の技術による生産方式若しくはこれらに準ずるもの（これらの権利に関する使用権を含む。）若しくは著作権（出版権及び著作隣接権その他これに準ずるものを含む。）の提供又は船舶若しくは航空機の貸付け

(イ)　卸売業、銀行業、信託業、証券業、保険業、水運業又は航空運送業

(ウ)　「卸売業、銀行業、信託業、証券業、保険業、水運業又は航空運送業」以外の事業

(エ)　不動産業、物品賃貸業

(オ)　「卸売業、銀行業、信託業、証券業、保険業、水運業又は航空運送業、不動産業、物品賃貸業」以外の事業

我が国において適用除外の対象となる原則的な事業は、消極的な方法で(ア)の事業を除いたその余の事業という規定をしており、法は、消極的な規定方法を採用している。

また、措置法六六条の六第三項でいう「事業」は、「業種」すなわち「事業」の種類を列挙しており、ここでいう「事業」とは、企業による個々の経済的行為（「業務」レベルに留まるもの）を指すものではなく、それを超えて、企業全体を通じての有機的な一体としての経済活動を意味していると解される（措置法通達六六の六―八、六六の六―一七参照）。

二つ以上の事業（業種）に該当する場合においては、以下のとおり、措置法通達は、それぞれの事業に属する収入金額又は所得金額の状況、使用人の数、固定施設の状況等を総合的に勘案して判定することとしている。

（主たる事業の判定）

六六の六―八　措置法令第三九条の一四第二項第四号の規定を適用する場合において、外国関係会社が二以上の事業を営んでいるときは、そのいずれが主たる事業であるかは、それぞれの事業に属する収入金額又は所得金額の状況、使用人の数、固定施設の状況等を総合的に勘案して判定する。（平五年課法二―一「三十一」に

より改正）。

（事業の判定）

六六の六―一七　特定外国子会社等の営む事業が措置法第六六条の六第四項第一号又は措置法令第三九条の一七第五項第一号若しくは第二号に掲げる事業のいずれに該当するかどうかは、原則として日本標準産業分類（総務省）の分類を基準として判定する。（平一七年課法二―一四「三十五」により追加）

（注）措置法第六六条の六第四項の規定を適用する場合において、特定外国子会社等が二以上の事業を営んでいるときは、そのいずれの事業が主たる事業であるかどうかの判定については、六六の六―八に準ずる。

たとえば、製造業と卸売業に相当する場合については、どちらが主たる事業であるかは、単に収入金額や売上金額のみによるのではなく、固定施設の状況等を総合的に判断することとなる。特定外国子会社等が世界的な事業展開をする場合に、旧措置法六六条の六第三項は、まず「主たる事業」が何かを特定することを求めている。主たる事業の業種を問うているといってよい。その場合に複数の事業を遂行しているが「主たる事業（業種）」が製造業となれば、次に製造業としての適格要件を充足しているか否かを判断することとなる。

そこでの制度的な問題を問うたのが、静岡地裁（第一審）平成七年一一月九日判決（訟務月報四二巻一二号三〇四二頁）等であった。同判決は、株式保有が「主たる事業」か否かが争われた事案であるが、一審判決は、①一九八八年六月七日から同年七月三一日までの事業年度において、ホンコン・ヤオハン社の一九八八年六月七日から同年七月三一日までの事業年度において、ホンコン・ヤオハン社の株式一三万三七五〇株をヤオハンジャパン社の関係会社から五三五〇万ドルで取得している（その後、右株式は同年八月二五日に五三五〇万株に分割され、その直後の同年九月二二日に香港証券取引所に上場された。）（以上の事実は争いがない。）が、同事業年度中においてその他の事業活動は行われておらず、損益計算書上の売上はゼロとなっていた、②ホンコン・ヤオハン・ファイナンス社は、設立第二期である一九八九年三月期に至り、主たる事業活動を「投資持株会社」として営業を開始し、ヤオハンジャパン社の関係者に、市場価額よりも相当低廉な一株一ドルないし一ドル五〇セントで売却する一方、同社は右代金（売却益を含む。）及び借入金等をもって、ホンコン・ヤオハン社の株式合計七四〇〇万株を証券会社からほぼ市場価格で取得し、同期末には売却前の株式数五三五〇万株をはるかに上回る一億二五万株を保有するに至っていた、③ホンコン・ヤオハン・ファイナンス社の一九八九年三月期の期末資産は、合計一億七五八九万一四六八ドルであり、同社の総資産金額に占める保有株式の金額の割合は約九三パーセントとなり、他方、金融業にかかわる貸付金は存在しなかった（なお、同年度中には貸付の実績自体がないことに争いはない）、④ホンコン・ヤオハン・ファイナンス社の一九八九年三月期の収入は、保有株式に係る受取配当金五〇一万二五〇〇ドル、保有株式を一時売却したことによる投資有価証券売却益一三〇九万八八〇五ドル、銀行預金利息五九万八六九〇ドル及びその他の収入一一万四〇〇〇ドルの合計一八二二万三九九五ドルであり、保有株式に係る収入がその殆ど（受取配当金及び投資有価証券売却益で全体の約九六パーセント）を占めているが、同社は、損益計算書上、その内受取配当金五〇一万二五〇〇ドルを投資持株会社としての売上高に計上した、⑤ホンコン・ヤオハン・ファイナンス社は、本件係争年度の翌事業年度である一九九〇年三月期（以下、「一九九〇年三月期」という。）において、ヤオハンジャパン社グループの香港における統括会社であるヤオハンインターナショナル社（一九八九年八月ころ設立）に対し、一九八九年一〇月五日から貸付を開始したが、同期の収入は、保有株式に係る受取配当金三三九万一〇六〇ドル、有価証券売却益七一四万七九二六ドル（ただし、保有にかかるホンコン・ヤオハン社の株式の売却によるものではない。）、銀行預金利息三一万四六五一ドル及び貸付金利息二一〇二万〇四三六ドルの合計二一八七万四〇七三ドルであるが、損益計算書上の売上高に計上しているのは、貸付金利息ではなく、受取配当金の三三九万一〇六〇ドルであり、決算報告書においては、なお事業目的を「投資持株会社」であると記載していたことを事実として認定し、ホンコン・ヤオハン・ファイナンス社の一九八九年三月期の事業年度における「主たる事業」は株式の保有であると認められ、措置法六六条の六第一項のタックス・ヘイブン課税の適用除外を定める同条三項には該当しないと結論づけている（東京高裁平成八年

六月一九日判決（税務訴訟資料二一六号六一九頁）、最高裁平成九年九月一二日判決（税務訴訟資料二二八号五六五頁）も同旨である。）。

一審における原告の主張のうち、営業資金調達のために行った株式の保有等は主たる事業である金融業の一環としてなしたものであり「株式の保有」事業には該当しないとする点は、「株式の保有」が事業（業種）に該当するか否かという点に関する主張としては成り立ち得るところである。この点は、最終的には事実認定の問題であり、裁判所は、前記各事実によれば、そもそも原告による「株式の保有」は金融業の一環としてなされた業務ではなく、独立した事業（業種）であると認定したものと理解することができる。また、原告の主張のうち、措置法六六条の六第三項の適用除外要件に該当するか否かの判断において、特定の一事業年度の事実だけから判断すべきものではないとする点は、「主たる事業」の判断基準として正鵠を得ているものと解される。

問題となる「株式の保有」の意義に関し、タックス・ヘイブン対策税制における理論的かつ制度的な問題にここで言及しておく。被支配外国会社が得る所得をパッシブ所得とそれ以外の積極的な事業活動による所得に大別したとき、各国において前者は原則としてテインンティド・インカムとされ得る。従って、「株式の保有」により得る配当等はパッシブ所得に位置づけられるのか否かが問題となる。

パッシブ所得として、一般的には利息、配当、賃料、権利使用料及び株式等の資産処分により生じたキャピタル・ゲインが挙げられる。タックス・ヘイブン対策税制において、たとえば、利息は一般的にはパッシブ所得であるが、同じ利息であっても、銀行業や貸金業等の事業活動から生じた利息はテインティド・インカムから除かれるべきであろう。実際、我が国は、措置法六六条の六第三項の適用除外が受けられない業種の掲記に際して、銀行業や貸金業を含めていない。

また、関連者に対する貸付からの利息（例えば、多国籍企業グループにおいて、被支配外国会社がそのグループ内の関連会社に資金援助すること等によって得た利息）についても、被支配外国会社が関連者に貸し付ける資金が積極的な事業活動に使われるものであるような場合は、当該貸付けは銀行預金のようなパッシブな利息を生む投資とは通常性質が異なるので、その利息はパッシブ所得とはみなされないとするのが合理的である。

理論的には、被支配外国会社が双方の意味を持ち得る利息を取得している場合には、トレイシング・アプローチ（貸金の使途によってどちらの意味の利息か判断するアプローチ）、按分アプローチ（利息を比例按分して事業所得とパッシブ所得を計算するアプローチ）などが使われるべきであろう。我が国においてはこのような手法はとられてはいないが、措置法六六条の六第三項の適用除外規定が事業（業種）に着目した判断基準を採用していることから、同様の問題については、「事業」であるのか「事業に至らない付随的業務」であるのかというアプローチにより解決することが予定されているといえる。

なお、配当や株式の譲渡によるキャピタル・ゲインからの所得も一般的にはパッシブ所得であることが多いが、利息と同様に積極的な事業活動による所得に位置づけられる可能性も十分にあり、事業活動との関連性において個別に検討をするべきである。取引的アプローチを採る国では、一定の要件を充たす関連外国法人から受け取った配当を免税とすることも許容している。外国法人が専ら積極的に事業に従事している場合に、関連法人に対して当該外国法人により支払われた配当や株式の譲渡によるキャピタル・ゲインからの所得を事業活動所得としてみなすことは、上述の利息同様合理的であろう。エンタティ・アプローチを採る我が国では、タックス・ヘイブン国（軽課税国等）で設立された被支配外国会社が適用除外を受ける場合を除き、配当は結果的には全てパッシブ所得となる。反対に、適用除外の対象に該当するタックス・ヘイブン所在の会社は、結果的に「主たる事業」の変更をきたさない範囲で全ての配当をパッシブ所得から除外できることになる。配当について、明文で、利息同様、外国持株会社に一定の条件のもとで適用除外を認める国（たとえば、イギリス）も存するところであるが、我が国ではこの問題は措置法六六条の六第三項の解釈・適用の問題（「株式の保有」が事業であるか付随的業務であるか）として取り扱われることとなっている。かねてより、以下のように問題点を指摘し、解決策を提示していたところである。(33)

上記の業種（株式（出資を含む。）若しくは債券の保有、工業所有権その他の技術に関する権利、特別の技術による生産方式若しくはこれらに準ずるもの（これらの権利に関する使用権を含む。）若しくは著作権（出版権及び著作隣接権その他これに準ずるものを含む。）の提供又は船舶若しくは航空機の貸付）は、そもそも適用除外の対象にならないものである。「特定外国子会社等の営む主たる業種が株式（出資を含む。）若しくは債権の保有、工業所有権その他の技術に関する権利若しくは特別の技術による生産方式及びこれに準ずるもの……」である場合には、その特定外国子会社等は、最初から適用除外の対象とはならないこととされている。これらの業種は、いくら軽課税国等に実体等が存しており、そこで事業活動が行われていても適用除外が受けられない。これは、「これらの事業は、その性格からして我が国においても十分行い得るものであり、わざわざタックス・ヘイブン対策税制国に所在することについて税負担軽減以外の積極的な経済的な合理性を見いだすことは困難であるという考え方に立脚したものである。」として、立法趣旨が説明されているところである。(34)

旧措置法六六条の六第三項にいう「株式の保有」が適用除外の対象から除かれている趣旨は、その事業の性格からして我が国において十分に行い得るものであり、タックス・ヘイブン国に所在することに経済的な合理性が見いだし難いものであると一般的には解されているためである。非持株会社等基準としての「株式の保有……を主たる事業とするもの」という文言は、「株式の保有」が事業として行われていることを前提としている。したがって、「株式の保有」の意義については、株式の保有を事業として行っていることが、文言上求められている。このことは、上述した立法趣旨からも明らかであった。(35)

さらに、このことは、タックス・ヘイブン対策税制、特に適用除外の制度趣旨、理論的な背景及び関係規定の法的構造からも明らかである。株式の譲渡によるキャピタル・ゲインや配当からの所得は一般的にはテインテッド・インカム（パッシブ所得）として位置づけられることができることから、そのような所得を生み出す「株式の保有」は適用除外の対象から除くこと（非持株会社等基準）となっている。通常は、株式の譲渡や配当からの所得を目的とした株式の保有や「持株会社」としての事業を指していると解される。

よって、株式の保有について、資金繰り等のため、あるいは開業の準備行為として保有しているといった場合には、当該株式の保有自体が独立の業種として捉えられることはなく、積極的な事業活動（たとえば製造業）のなかに吸収され、取り込まれてしまうこととなる。他の事業を営む目的で子会社の株式を保有しているような場合には、当該事業目的に付随するため、「株式の保有」は独立した事業ではないと解することが可能となる。

「株式の保有」を事業目的としている場合について、本業を行う一方で、他の会社を支配するものを事業持株会社、他の会社の支配を本業とするものを純粋持株会社というが（抜殻方式で持株会社化したときにほんの一部でも事業が残っている場合においても純粋持株会社と呼ばないことがあり得る。）、このような「株式の保有」も、措置法六六条の六第三項でいう「株式の保有」に該当すると解され得ることは上述のとおりである。事業持株会社の場合は、持株会社とは呼ばず「親会社」と呼ばれることが多いが、このような複数の事業を行っているといえる状況にある場合においては、「主たる事業」を判断することが求められる。ただし、本業を遂行するために必要な株式の保有は本業の付随的業務（独立の「事業」に該当しない。）にすぎず、本業に吸収され得るものであるから「主たる事業」の判断はそもそも不必要であるといえよう。

このような指摘は、平成二二年税制改正による統括業務にかかる規定をおくことによって一定の解決をみたといえる。

(2)　実体ある事業持株会社（物流統括会社）の適用除外

事業の海外展開に際して、グローバル経営の効率化や地域ごとの業務統合を図るために、地域統括会社を設立し、本社権限の一部を移譲することは広く行われている。地域統括会社は、その傘下の事業会社の統括機能を担保するために、持株会社機能を併せ持つことが多い。地域統括会社の所在国におけるインフラ、金融制度、税制等を考慮して、香港、シンガポール、上海、オランダなどに設立されることがある。これらの国はもともと低税率で、地域統括会社に対して税制上の優遇措置を与えていることが多く、その結果地域統括会社の実行税率は低くなる。その結果、平成二二年度税制改正前までは、事業基準との関係において、事業目的が株式等もしくは債券の保有、無形資産の提供又は航空機もしくは船舶の貸付ではないことであり、持株会社機能を有する地域統括会社は、この基準を満たさないことになった。

しかし、地域統括会社の活動は、当税制により阻害される可能性があるとの見方から、平成一七年度税制改正において、適用除外基準の要件をすべて満たさない場合であっても、①事業基準、②実体基準及び③管理支配基準の要件を満たすときは、その事業に従事する者の人件費の一〇％（わが国の産業全体の平均的な人件費利益率と同水準）相当額を適用対象留保金額から控除することとされた（措法六六の六③、措令三九の一六⑦）。これは、本制度が租税回避を防止する観点から設けられているものであることから、適用除外基準を満たさなければ当然に合算課税を行う必要があるが、その子会社等が軽課税国等において実体を備えるなど一定の要件を満たし、かつ、実際に従業員がその地で事業に従事しているときには、全ての適用除外基準を満たしていなくても、その国において事業を行うことについて一定程度の経済合理性を認めることが可能であり、その限りにおいて適用対象留保金額を調整することとするものである。人件費の範囲については、特定外国子会社等の事業に従事する役員及び使用人に係る人件費の額の合計額（特定外国子会社等の未処分所得の金額の計算上損金の額に算入されるものに限られる。）とされていた（措法六六の六③、新措令三九の一六⑦）。これは、地域統括会社に対して一定の経済的合理性を認め、人件費の一〇％程度と想定される統括業務の利益は合算対象所得に含めないこととしたものであるが、賃料、旅費等の統括機能にかかる経費が存在することを考えると人件費の一〇％は十分でない可能性があった。

平成二二年度税制改正においては、持株会社機能を有する地域統括会社は、一定の条件を満たせば、事業基準を満たさないとする「株式保有業」に該当しないこととなったことに伴い（新措置法六六の六③）、人件費の一〇％相当額を控除する措置は廃止された。一定の条件とは、①統括会社の傘下の会社の発行済株式総数又は金額の二五％、又は議決権の二五％を所有していること、及び、②本店所在地国に統括業務に従事する人員を有することであり、この条件を満たす会社を「統括会社」と定義する（措令三九の一七①③）。上記に加えて、非関連者基準の判定において、卸売業を主たる事業とする統括会社が被統括会社との間で行う取引については、関連者取引に該当しないこととされた（新措令三九の一七⑧⑩）。これにより、物流統括会社が、非関連者基準を満たすケースが増える可能性がある。地域統括会社の利用に対する税制上の制限が一部緩和されたが、理論的には当税の対応であるといえる。

(3)　適用除外要件の位置付け

非関連者基準の業種（卸売業、銀行業、信託業、証券業、保険業、水運業又は航空運送業）にかかる企業は、実体基準・管理支配基準・非関連者基準を充足すると、適用除外となり得るものである。「これらの業種は、その事業活動の範囲が必然的に国際的にならざるを得ず、これらの事業を営む特定外国子会社等に対して、地域経済との密着性を重視する前述の所在地国基準を適用することには無理があり、それよりもその事業の大宗が関連者以外の者との取引から成っているかどうかで判断するのが適当であろうと考えられたためである。その事業を専ら関連者との取引に頼っているような場合においては、その地に所在していることについての税以外の経済的合理性は極めて希薄であると考えられる。この基準を設けた背景には、タックス・ヘイブンを利用した租税回避が関連者取引を通じて行われるのが通例であり、また諸外国の立法例においても、関連者との取引が課税要件の重要な構成要素となっていること等が参考にされた。[36]」と説明されている。これらの業種については、関連者外のものとの取引の多寡によって「経済的な合理性」を判定しようとするものである。

「卸売業、銀行業、信託業、証券業、保険業、水運業又は航空運送業」以外の事業、すなわち「不動産業、物品賃貸業」と「卸売業、銀行業、信託業、証券業、保険業、水運業又は航空運送業、不動産業、物品賃貸業」以外の業種にかかる企業は、実体基準、管理支配基準、所在地国基準という適用除外要件を充足することによって、適用除外となるものである。適用除外制度の基本形である。

① 実体基準

特定外国子会社等が「その主たる事業」を行うに必要と認められる事務所、店舗、工場その他の固定施設をその本店所在地国に有する必要があるというものである（措置法六六条の六第三項）。実体基準について、このような固定施設等の存在は、軽課税国等に進出した子会社の業種業態に応じて個別に判断せざるをえないが、当該特定外国子会社等のタックス・ヘイブン国での事業計画によっても時系列的に変化をするものであることから、必ずしも課税対象事業年度の全体にわたって事務所等を備えていなければならないというものではない。

すなわち、特定外国子会社等においては、事業転換、休業中及び設立準備中などの状況も当然に起こり得ることであることから、まず「主たる事業」がいかなる業種であるかが判断されたならば、それに即してその実体を個別に判断することとなる。

実体基準とは、特定外国子会社等が、事業を行うに必要と認められる事務所等の固定施設を、その本店又は主たる事務所の所在する国又は地域において有することを要件とするものである。東京地裁平成二年九月一九日判決は、「［タックス・ヘイブン課税の適用除外規定は、］特定外国子会社等が独立企業としての実体を備え、かつ、その所在地国で事業活動を行うことにつき十分な経済合理性がある場合にまでタックス・ヘイブン課税規定を適用することは、我が国企業の正常な海外投資活動を阻害する結果を招くことになるので、これを避けるべく設けられたもの」（［ ］内は筆者挿入）であると述べる。措置法六六条の六第三項の文言上、「主たる事業を行うに必要と認められる固定施設」がある以上、当該事業を行う実体を備えていると認められるものであり、「独立企業としての実体を備えているというにふさわしい固定施設を有しているか否か」という要件は存在しない。本件では、「卸売業」としての実体基準の充足が問われることとなる。なお、たとえば、事務所は一時閉鎖されているとしても、そもそも実体基準は、適用除外の対象となる事業が当該事業年度を通じて固定施設を有していることを要件とするものではないことから、その前後をふくめて総合的に判断せざるを得ないであろう。

②　管理支配基準

管理支配基準についても、「主たる事業」について、「事業の管理、支配及び運営を自ら行っているものである場合」と規定しており、「管理、支配及び運営」の対象は事業である。適用除外のための三要件（①実体基準、②管理支配基準、③所在地国基準あるいは非関連者基準）は、「主たる事業」についての要件である。

管理支配基準の適用において、そもそも特定外国子会社等がその対象であることから、親会社等の管理支配は少なからず予定されるところであり、そのような意味から少なくとも株主総会や取締役会は重要な要因とはいえない。管理支配基準の判断に際しては、当該特定外国子会社等の行う主たる事業について、内国法人がその末端に至るまで一々指揮・監督を及ぼすなど、明らかに内国法人が自ら当該特定外国子会社等の主たる事業を管理、支配及び運営しているようなことがないかを、個別具体的な事実を事案に即して総合的に考慮した上で判断すべきであるといえる。

管理支配基準は、三要件のうちで最も柔軟な対応が求められるべきものである。その所在地国で事業活動を行うことにつき十分な経済合理性があると認められれば、あえて管理支配基準を厳格に適用して経済合理性を否定しなければならない理由はないからである。

㋐　管理支配基準の判断基準及び通達の解釈

管理支配基準は、その事業の管理、支配及び運営を自ら行っていることである（措置法六六条の六第三項）。自ら事業の管理、支配等を行っていることの意義については、措置法通達六六の六―一六は、「措置法第六六条の六第三項の規定の適用上、内国法人に係る特定外国子会社等がその本店又は主たる事務所の所在する国又は地域において、事業の管理、支配及び運営を自ら行っているかどうかは、当該特定外国子会社等の株主総会及び取締役会等の開催、役員としての職務執行、会計帳簿の作成及び保管等が行われている場所並びにその他の状況を勘案の上判定するものとする。」と規定するが、このような通達に反している場合に直ちに、この要件を充足していないといえるかは問題である。

同通達は、「例えば、当該特定外国子会社等の株主総会の開催が本店所在地国等以外の場所で行われていること、当該特定外国子会社等が、現地における事業計画の策定等に当たり、当該内国法人と協議し、その意見を求めていること等の事実があるとしても、そのことだけでは、当該特定外国子会社等が事業の管理、支配及び運営を自ら行っていないことにはならないことに留意する。」として形式的な適用を行うことを求めていない。[37]

措置法通達は、「事業の管理、支配及び運営を自ら行っているかどうかは、当該特定外国子会社等の株主総会及び取締役会等の開催、役員としての職務執行、会計帳簿の作成及び保管等が行われている場所並びにその他の状況を勘案の上判定するものとする」が、経済的合理性が明らかに存する場合においては、これらの通達の要素の有無を形式的に判断することには意味が存しない。適用除外制度は、税負担の軽減以外の積極的な経済的な合理性を見いだす場合に、タックス・ヘイブン対策税制の適用を排除するものであり、安易に通達の要素のみによって判断することは許されない。また、タックス・ヘイブン対策税制は、外国法人のうち、我が国の居住者及び内国法人によってその発行済株式等又は議決権のある発行済み株式数の五〇パーセントを超える株式を直接、間接に保有している「外国関連会社」を念頭においていることからすれば、そもそも上記措置法通達の定めるような判定要素をもって管理支配基準を厳格に要求すること自体に不当な制約があるといえよう。

この要件は、あまりにも厳格に解すると「経済的な合理性」を有する企業までタックス・ヘイブン対策税制による租税回避規定の網にかけてしまい、租税回避規定としてのタックス・ヘイブン対策税制の枠組みを超え、タックス・ヘイブン対策税制の適用は不適正なものとなる。この点について、東京高裁平成三年五月二七日判決は、「(当該事件における特定外国子会社は、内国法人の)一〇〇パーセント出資による子会社であることから出資者たる内国法人と特定外国子会社との間に資本の論理が働き、内国法人が強力な発言権を行使し、特定外国子会社に対し指揮、監督を行うことは充分考えられるところであるが、資本の論理も子会社としての独立性を否定しない限度に止まるべきものであって、その指揮、監督が事業の末端までに及ぶに至れば、特定外国子会社の独立した企業としての実態を否定するに至る」と述べている。すなわち、管理支配基準の判断に際しては、特定外国子会社等の行う主たる事業について、内国法人による指揮、監督が特定外国子会社等の事業の末端までに及び、特定外国子会社の独立した企業としての実態を否定するに至る場合に限って、当該特定外国子会社等が管理支配基準を充足していないこととされるべきなのである。

(イ)　管理・支配の対象

また、特定外国子会社等が複数の事業活動を行っている場合、管理支配基準は、「『その事業』の管理、支配及び運営を自ら行っているものである場合」と規定していることから、管理支配基準については子会社の管理・支配が問題となるのではなく、「主たる事業」の管理・支配が問題とされる。「その事業」が「主たる事業」を指すことは、文言のうえから明らかであるし、適用除外要件の理論的枠組みからも子会社の管理支配と解することはできない。特定外国子会社等が当該設立地であるタックス・ヘイブン国（軽課税国等）で遂行している事業について経済的な合理性が存すればよいのであるから、子会社の管理・支配と解することは理論的に誤りであり、事業の管理支配という意味での管理支配基準を導入したと解さざるを得ない。さもなければ、適用除外の適用範囲を不当に狭めることとなる。[38]

この規定に関し、「その事業の」という文言を入れた根拠は、たとえば、次のような場合を想定すれば明らかである。適用除外要件は、複数の事業が存する場合には、主たる事業について判断されることとなる。特定外国子会社等が設立地であるタックス・ヘイブン国で卸売業、中国で製造業を行っていると仮定した場合において、卸売業が主たる事業と判断された場合において、卸売業たる主たる事業が適用除外の対象となる事業である。「その事業」は「主たる事業」であり、「その事業の運営」との文言から管理支配基準の適用にあたり、主たる事業の認定が不可欠である。

適用除外要件については、企業の実体（主体）からよりも、業種からの分析の方が適用除外の支柱をなす。よって「管理・支配」の主体を特定外国子会社等とする見解[39]は採用することができない。

この点、前掲東京高裁平成三年五月二七日判決は、「また、ＡＬＨ社（注：当該事件における特定外国子会社等）の株主総会の開催が控訴人の本店所在地で行われ、ＡＬＨ社の事務処理の方針を控訴人において最終的に決定していることのみをもって、ＡＬＨ社が事業の管理・支配及び運営を自ら行っていないということはできないにしても、前記認定事実によれば、それだけでなく、ＡＬＨ社の事業の実態をも併せて見れば、ＡＬＨ社が事業の管理・支配及び運営を自ら行っていないことが明らかとなるのである。」旨述べている。管理支配基準について、特定外国子会社等の「事業」を基準にして判断すべきこととしており、この判示からすれば、当該東京高裁判決も、管理支配基準の判断において検討すべき「事業」とは即ち当該特定外国子会社等の「主たる事業」であることを当然の前提としているのである。

(ウ)　管理支配基準と管理支配地主義の目的の差異

なお、適用除外要件の一つとして管理支配基準を採用するに至った際、イギリスの管理支配地主義がタックス・ヘイブンを利用した租税回避にも有効なものとして機能していたことから参考にしたものと解されるが、その趣旨は事業活動テストをより徹底させる趣旨であったと解される。その結果、上記通達（措基通六六の六―一六）で示されている管理支配基準の判定要素（当該特定外国子会社等の株主総会及び取締役会等の開催、役員としての職務執行、会計帳簿の作成及び保管等が行われている場所並びにその他の状況）は、イギリスの管理支配地主義における法人の居住地判断の際の判定要素に非常に似通ったものとなっている（テレビ会議システムを活用した場合の管理支配基準の充足については、二〇一四年一月七日に、適用除外基準の一つである管理支配基準に関して、経済産業省から国税庁に対し具体的な事例についての照会も参照）。しかし、法人の居住地の判断についての基準である管理支配地主義と、主たる事業についての基準である管理支配基準とはその趣旨が全く異なるのであり、管理支配地主義において判断要素とされている事項を、そのまま管理支配基準に当てはめるのは妥当でないことは明らかであり、この点においても、上記通達の示す判断要素を重視すべきでなく、「経済合理性」が認められる場合にこれらの要素を形式的に判断することは意味のないものであることを認識すべきである。

従って、上記通達のような解釈のもとで管理支配基準を運用し、この基準のみを充足しないとして適用除外要件への充足を否定することになれば、法人の居住地国の判断において本店所在地国基準を採用する我が国の法人課税制度のもとで、イギリスの管理支配地基準類似の基準を用いて外国法人を規制することになりかねず、タックス・ヘイブン国へ進出した企業、当該外国法人に不当な負担を強いる結果となり妥当ではない。

ちなみに、イギリスは、このような制度を適用除外要件として置かない（ただし、我が国の実体基準等に類似の基準は存する。イギリスでは、従業員が事業の規模に応じて存在すること、さらには被支配外国会社が非居住者に提供する役務がいかなる場合であろうとイギリスで提供されないことなどを求めている。(40)）。

(4)　資産性所得課税制度の導入

平成二二年度税制改正により、資産性所得課税制度が新たに導入された。資産性所得課税制度とは、従来タックス・ヘイブン対策税制では、軽課税国に設立した一定の子会社（特定外国子会社等）であっても、適用除外基準を充足すれば、いかなる所得も日本における合算課税の対象にはならない。いわゆるエンタティ・アプローチを採用することに起因する問題である。しかし、適用除外基準を満たす特定外国子会社等に、資産性所得を付け替える行為を防止するため、特定外国子会社等が有する資産性所得については、その特定外国子会社等が適用除外基準を満たす場合であっても、合算課税の対象とされることとなった。

特定所得とは資産運用的な性格を有する所得として次のようなものをいう。

① 特定法人（特定外国子会社等が一〇％未満保有する他の法人）の株式等の配当等に係る所得又はその譲渡による所得
② 債券の利子に係る所得又はその譲渡による所得
③ 工業所有権、著作権等の使用による所得
④ その他一定の所得

特定外国子会社等が特定所得を有する場合は、当該特定所得の合計額（部分適用対象金額）のうち、内国法人等が特定外国子会社等の株式を保有する割合に応じた金額が、当該特定外国子会社等の各事業年度終了の日の翌日から二月を経過する日を含むその内国法人等の事業年度の所得の計算上、益金の額に算入される。ただし、(1)各事業年度における部分適用対象金額に係る収入金額が一、〇〇〇万円以下である場合、(2)各事業年度の所得に占める部分適用対象金額の割合が五％以下の場合、のいずれかに該当する場合は、その該当する事業年度については、部分適用対象金額を有している場合であって合算課税の対象とはならない。

3　適用除外要件規定の評価とその適用

(1)　適用除外要件と「十分な経済的合理性」との関係

軽課税国に所在することについての「十分な経済的合理性」の有無を業種に即して具体化したのが適用除外要件である(41)。各々の基準の関係をどのようにみるか（独立要件か相互考慮要件か）については、措置法六六条の六第三項の法的構造からすれば、各々要件が独立しており、三要件（①実体基準、②管理支配基準、③所在地国基準又は非関連者基準）を充足することが求められている。

三要件のうち、実体基準及び管理支配基準はかかる「十分な経済的合理性」があると認められるための（逆にいえば、ペーパーカンパニーではないと言い得るだけの）独立企業としての物的・機能的な必要条件を示したものであるが、所在地国基準と非関連者基準は本税制の適用除外要件の主柱をなすものである(42)。

前者の二要件のうち、管理支配基準はその事業がタックス・ヘイブン国で管理・支配されていれば足り得るものであり、特に非関連者基準との関係において意義を有するものである。逆に実体基準・所在地国基準を充足する場合には、厳格に管理支配基準の充足を求めることに意味は存しない。これらの要件を充足するための具体的な内容は当該事業との関係により、具体的に決まってくるといえよう。

またさらに、各要件もお互いに影響し合うことにより、具体的な要件の内容が決まってくるといえる。これら三要件は、十分な経済的な合理性の有無を判断するための具体的な基準であり、特定外国子会社等がタックス・ヘイブン国で行っている当該事業（適用除外の有無の判断対象となる業種）を考慮した上で、各々の適用除外要件を充足しているか否かを判断するという意味で、要素の単独的評価、すなわち、各要件を単独で充足する必要はあるものの、相互に考慮・影響し合う要件である（相互考慮要件）。

このように個別の要件（基準）の解釈・適用にあたっては、「十分な経済的合理性」を読み込むことが求められているのであるから、被支配会社（特定外国子会社）のタックス・ヘイブン国（軽課税国等）の存在の主たる理由が我が国からの所得の移転による税負担の軽減でない場合（言い換えれば、被支配会社がタックス・ヘイブン国に存在する主たる理由が事業目的にある場合）には、そもそも適用除外要件の充足を議論するまでもなく、タックス・ヘイブン対策税制の適用はないと解さなければ、措置法六六条の六第一項で規制対象にすることとしている租税回避行為の範囲との間で、矛盾が生ずることとなる。

基本的にはエンタティ・アプローチをとる我が国のタックス・ヘイブン対策税制のもとで、その解釈適用にあたり、特に適用除外の立法趣旨（「軽課税国に所在する子会社であっても、その地に所在することに十分な経済的合理性があれば課税対象とはされない」[43]としている。）を欠いた結果を引き起こす場合には、企業の営業の自由を不当に制約することとなり、またタックス・ヘイブン対策税制を租税条約において受け入れている国との前提条件を破壊し、租税条約との抵触も引き起こすことにも十分に留意をしておく必要がある。そして、仮に、適用除外要件に関する前記のような立法論解釈又は目的論解釈によっても、そのような不当な結論とならざるを得ない場合には、むしろ、右のような考え方を採用することが、立法趣旨に合致したタックス・ヘイブン対策税制の解釈であると言うべきであろう。

(2)　エンタティ・アプローチにより経済的合理性を無視した課税がなされてはならないこと

タックス・ヘイブン対策税制は、①タックス・ヘイブンに設立された被支配外国子会社に国内源泉所得を移転させること、②被支配外国子会社においてそのような所得を留保させること、による内国課税の回避を規制することをそのねらいとしている。一方で、それらは、決して真に事業活動を行っているものまで規制する趣旨ではないこともちろんである。内国法人が真の事業活動に従事している外国法人により国際的競争力を保持しようとすることを制限しないという意図をも有している。

なお、純粋な資本輸出の中立性は、被支配外国子会社のすべての所得について内国課税を要求するのに対して、資本輸入の中立性は、特別の国・地域で活動する納税者がすべて同じ税負担に服すること（純粋に資本輸入の中立性を適用すると国外源泉所得の内国課税からの免税を正当化する。）を求める。この二つの相矛盾する中立性のバランスが、被支配外国子会社課税システムのあり方を大きく決定づける。

我が国をはじめ、フランス、イギリスなどのタックス・ヘイブン対策税制を採用している国々においては、共通のフレイムワークのなかで、その課税アプローチは多様であり、また規定等の内容も異なるところである。

被支配外国会社が稼得する所得を、投資所得やポートフォリオ投資から生じるパッシブ投資所得（パッシブ所得）とそれ以外の積極的な事業活動による所得に大別すると、タックス・ヘイブン対策税制を採用する国すべてにおいて、前者は、原則としてテインティド・インカムとされ得るが（なお、どのような所得が「パッシブ所得」として位置づけられるのかについては、次の項において述べる。）、後者についてはどこまでの内容のものをテインティド・インカムとするかについては、各国で相違がある。なお、わが国のようにエンタティ・アプローチを採用する国においては、この問題は適用除外規定により結果的には具体化されることが予定されている。

我が国においては、例えば製造業に従事するかたわら卸売業にも従事する特定外国子会社等の所得一〇〇のうち、四九パーセントが製造業からの収入（積極的な事業活動による所得であり、さらにタックス・ヘイブン国で事業活動を行うについて経済的合理性が存する場合を想定する。）であり、また五一パーセントが卸売業からの収入による所得である（かつ、そのうちの五一パーセントが関連者取引であるとする。）とすると（なお、ここでは説明の便宜上収入割合のみに依拠しているが、「主たる事業」の判断に際して収入金額のみによるべきではない。）、タックス・ヘイブン対策税制の適用の結果、積極的な事業活動による所得（「タックス・ヘイブン対策税制の導入経緯及び立法趣旨」において述べたとおり、同税制の趣旨からして、経済的な合理性が存するとして、タックス・ヘイブン対策税制の適用外となるべき所得）七三・九九（＝100－100×0.51×0.51）が、タックス・ヘイブン対策税制の対象として内国（日本の）税率のもとで課税されることとなる。このような不合理な結果の回避は適用除外要件によって実現されなければならず、適用除外要件はかかる「経済的な合理性」をチェックするために十分な判断基準となるよう解釈・適用されなければならないのである。

よって、仮に適用除外要件により「経済的な合理性」が担保されないとすると、我が国のタックス・ヘイブン対策税制の適用対象となる内国法人・居住者を不当に差別して、営業の自由をも侵害することとなり、憲法違反（一四条・二二条一項違反）、さらには租税条約違反（日本のタックス・ヘイブン対策税制と租税条約との抵触問題）については、かかる抵触が存しないとする考え方においても、その大前提として、タックス・ヘイブン対策税制が租税回避行為のみを規制するものであり、経済的な合理性の存する場合にまで適用されないということが想定されている。すなわち、租税条約違反を否定する考え方の下でも、経済合理性を無視したタックス・ヘイブン対策税制の解釈・運用がなされる場合には、それに基づく課税処分は、租税条約に違反するという結論が導かれるべきなのである。そのような事態が生じないよう、適用除外要件の適用にあたり、「経済的合理性」を考慮した判断が求められるのである。

なお、租税法の条文の解釈にあたっては、原則として文理解釈が要求されている。しかし、常に文理解釈しか許されないわけではなく、一定の場合には立法論解釈や目的論解釈が採用され得ることは否定できない。最高裁平成一七年一二月一九日判決が「……制度をその本来の趣旨及び目的から著しく逸脱する態様で用いるものは、当該制度の濫用であり、同制度の適用を認めない」旨判示している。

上述したように、エンタティ・アプローチを採用する我が国のタックス・ヘイブン対策税制は、その文言のみに依拠して適用した場合、かなりの不合理な結果を導きだすおそれがあることは明らかである。措置法六六条の六の規定の解釈にあたり、その前提となる法制度そのものが問題となるような場合には、厳格な文理解釈の要請は後退せざるをえない。納税者のために存する租税法律主義（に基づく文理解釈）がこのような場面にまで及ぶと解する必要はない。

このような視点からいえば、平成二二年度税制改正において、事業実体を伴っていると認められる統括会社（事業持株会社・物流統括会社）の所得（一定の資産性所得を除く。）について合算対象外となるよう立法措置を構じたところではあるが、これはこのような視点からいえば一定の評価に値するといえよう。しかし、なお不合理な経済的な合理性が存する課税がタックス・ヘイブン対策税制に取り込まれているという問題は残っているといえる。

一方これに対して、平成二二年度税制改正においては、資産運用的な所得として外国子会社が受けるポートフォリオ株式・債券の運用による所得、使用料等について親会社の所得に合算して課税することとして、上記の租税回避規制の視点から適用除外要件による部分的な租税回避の利益を防ぐこととしている。いわゆる取引的アプローチの部分的配慮ともいえよう。

エンタティ・アプローチをとる我が国のタックス・ヘイブン対策税制のもとで、その解釈適用にあたり、特に適用除外の立法趣旨（「軽課税国に所在する子会社であっても、その地に所在することに十分な経済的合理性があれば課税対象とはされない」としている。）を欠いた結果を引き起こす場合には、企業の営業の自由を不当に制約することとなり、またタックス・ヘイブン対策税制を租税条約において受け入れている国との前提条件を破壊し、租税条約との抵触も引き起こすことにも十分に留意をしておく必要がある。

(3)　二重課税防止又は排除のルール

最終レポートは、二重課税が起こり得る以下の三つの状況に焦点を当てている。

(1)　帰属済みのCFC所得が外国法人税の対象となる場合、

(2)　同一のCFC所得について複数の国・地域のCFCルールが適用される場合、

(3)　CFCが実質的に、CFCルールによって既に居住者株主に帰属させた所得から配当する、又は居住者株主がCFCの持分を処分する場合。

さらに、二重課税に関する懸念は、二つの国・地域間で移転価格調整が行われた場合や第三国・地域でCFC費用が生じた場合などの他の状況においても生じ得ると指摘している。また、こうした状況やその他の状況が二重課税につながることがないよう、CFCルールを設計すべきと述べている。

最初の二つの状況について、最終レポートは各国が中間会社に対するCFC課税を含む、実際に支払われた外国税額の控除を認めることを提言している。三番目の状況については、CFCの所得が既にCFC課税の対象となっている場合、CFCの持分から生じた受取配当とCFC持分の処分益を非課税とすることを提言している。しかし、配当と譲渡所得の詳細な取扱いは、国内法との整合性を保つために、国の決定に委ねられている。最終レポートはさらに、各国は既存の二重課税救済規定が二重課税のあらゆるケースを救済するのに有効かどうかを検討する必要があると述べている。

八　コーポレート・インバージョン対策合算税制

新会社法の施行に伴い、平成一九年五月以降、外国法人の日本子会社が外国親会社の株式を対価として内国法人を吸収合併するクロスボーダーの三角合併が可能となったことから、これを利用したインバージョンも可能となった。コーポレート・インバージョン（corporate inversion：外国親会社の設立）は、自国に本拠を置く多国籍企業グループが外国に法人を設立し、この外国法人がその企業グループの最終的な親会社になるようにする組織再編成等の処理をいう。通常は、この処理の過程又はこれに伴って、内国法人に外国親会社又は外国関連会社に対する多額の負債が計上され、また、内国法人の保有する資産（外国子会社株式や無形資産）が外国親会社又は外国関連会社に移転される（以下、インバージョンと併せて「インバージョン及びこれに伴う企業グループ内の資産移転等」という。その結果、自国の課税ベースが失われる懸念があるというものである(44)）。

法人の居住地の判定基準の制度については、英国等が採用する管理支配地基準は、居住法人がインバージョンを行っても、その外国親会社が国内で管理支配されていれば居住法人として課税されることから、インバージョンの影響を受けにくいと考えられる。一方、日本が採用する設立準拠地基準は、法人の課税所得の範囲についての制度を、内国法人は全世界所得、外国法人は国内所得としている国においては、インバージョン及びこれに伴う企業グループ内の資産移転等において国外所得を生む資産が内国法人から外国法人に移転されれば、国外所得に対する課税関係においてインバージョンの影響を受けることになる。また、タックス・ヘイブン対策税制、過少資本税制及び移転価格税制という国際的租税回避を防止する制度については、法人の居住地について設立準拠地基準を採用する国において、国際的租税回避を企図してインバージョン及びこれに伴う企業グループ内の資産移転等が行われると、制度面で対応できない場合や執行に困難が生じる場合があることから、間接的にインバージョンの影響を受けることになる。

我が国は、平成一九年度税制改正において、一定の要件で軽課税国にインバージョンされた外国親会社を特定し、インバージョン時には、この外国親会社の株式が対価として交付される場合の合併等の適格性を否認するとともに、交付を受けた株主の旧株の譲渡益に課税することとした。コーポレート・インバージョンに関連して、タックス・

ヘイブン親会社株式を対価とする場合の企業グループ内法人間合併等の適格性否認（租税特別措置法六八条の二の三第四項）、非適格合併等でタックス・ヘイブン親会社株式を交付する場合の株主課税（租税特別措置法六八条の三）、内国法人がタックス・ヘイブン子会社株式を軽課税国の外国親会社に現物出資する場合の適格性否認（租税特別措置法六八条の二の三第四項）規定が創設された(45)。

また、インバージョン後においては、その外国親会社の国内株主に対するタックス・ヘイブン対策税制の適用範囲を拡大した。これは、インバージョンの問題が顕在化していない現状における最低限の制度の導入と考えられる。租税特別措置法第六六条の九の六第一項では、「特殊関係株主等が特殊関係内国法人の発行済株式等の総数の八〇%以上を軽課税国にある外国関係法人のうち特定外国法人に該当するものを通じて間接に保有する場合には、その特定外国法人が各事業年度において留保した所得のうち、課税対象留保金額に相当する金額はその特殊関係株主等である内国法人の収益の額とみなして益金の額に算入する。」と規定している。

組織再編を利用して、親子関係を逆転させることにより、外国子会社合算税制の適用を免れるという租税回避行為を防止するために設けられた制度である。仮に、三角合併等により日本法人甲が軽課税国にあるペーパーカンパニー乙社（タックス・ヘイブン対策税制の適用対象外）の子会社となり、これまで甲の株主であった日本法人等が乙の株主となり甲を間接的に保有するとする。株主は乙を通じて甲を支配しているので実質的な支配効果は変わらず、甲が乙へロイヤリティやマネジメントフィー、借入金利子、保険料などを支払うことにより甲の所得は海外へ流出する。移転価格課税の問題に発展する可能性があるが、それでもなお対処しきれない課税回避行為がある。タックス・ヘイブン対策税制は、日本法人がタックス・ヘイブンにある子会社に留保した利益について親会社である日本法人の所得に合算課税する制度で、逆のケースであるタックス・ヘイブンの会社が親会社となる場合には対応することができない。そのため、特殊関係法人等である内国法人に係る特定外国法人に係る所得の課税の特例、いわゆるコーポレート・インバージョン対策合算税制が創設された(46)。

この制度の内容は、外国子会社合算税制に類似している。外国子会社合算税制との重複適用となる場合には、外国子会社合算税制が最優先適用されることからこの制度の対象は、株式の保有割合が一〇％未満の少数株主グループのみということになる。この制度は、内国法人の株主（特殊関係株主等）が、三角合併等の組織再編により、軽課税国に所在する外国法人（特定外国法人）を通じてその内国法人（特殊関係内国法人）の発行済株式等の八〇％以上を間接保有することとなった場合には、その特定外国法人が各事業年度において留保した所得をその持株割合に応じて、その特定外国法人の特殊関係株主等である内国法人の収益の額とみなして、益金の額に算入するものである（措法六六条の九の二第一項）。

おわりに

我が国におけるタックス・ヘイブン税制の導入は、タックス・ヘイブンの子会社等を利用することにより、我が国の租税負担の不当な軽減に対する租税回避規定として、所定の要件を満たすような海外子会社等の留保所得を国内株主の持分に応じてその所得に合算して課税し得るよう、エンタティ・アプローチを機軸として導入した。

我が国のタックス・ヘイブン税制においては、アメリカ、西独等と同様に合算課税方式がとられているほか、業種別に適用除外要件を考え、また軽課税国を指定し、そのような軽課税国に所在する小会社等で我が国株主と一定の資本関係にあるようなもののうち適用除外要件を満たさないものが現地で留保する所得を合算課税の対象にする、という仕組みがとられている。この場合、アメリカや西独のように課税対象となるような所得のタイプを特定化するというアプローチはとられておらず、軽課税国所在の子会社等が適用除外要件を満たさないときはすべての留保所得を合算課税してしまうという点が大きな特徴となっていたが、実体ある事業持株会社（物流統括会社）の適用除外、資産性所得課税制度の導入などにより、事実上取引的アプローチへ接近しつつあり、徐々に精緻なものになりつつあるといえる(47)。ＯＥＣＤ行動３に基づくＣＦＣルールに関するＯＥＣＤの作業は、最終レポートをもって完了した。重要なのは、最終レポートでは、提言はミニマム・スタンダードではないと述べ、提言を実行に移すかどうかは各国の選択に委ねられるとしていることである。最終レポートは、国によって政策の目的と、それらの政策の目的における優先順位が異なることを認めている。その一方で、ＣＦＣルールの設計について、各国が新たな制度の導入又は現行制度の変更を検討している場合に考慮すべき詳細な提言を盛り込んでいる。これらの提言が各国によって採用された場合、グローバル企業の課税に大きな影響を及ぼす可能性がある。

〈追記１〉 タックス・ヘイブン対策税制の法解釈上の問題については、「タックス・ヘイブン対策税制の課題と今後の展望」（研究報告）第六〇回租税研究大会記録二一七―二七四頁（二〇〇八）を参照されたい。

〈追記２〉 平成二九年度税制改正大綱の中で、タックスヘイブン対策税制の改正が下記の通り述べられている。

〈平成二九年度税制改正大綱（一部抜粋）〉

「平成二九年度税制改正においては、外国子会社を通じた租税回避を抑制することを目的とする『外国子会社合算税制』を総合的に見直す。具体的には、『外国子会社の経済実体に即して課税すべき』との『ＢＥＰＳプロジェクト』の基本的考え方を踏まえ、経済実体がない、いわゆる受動的所得は合算対象とする一方で、実体ある事業からの所得であれば、子会社の税負担率にかかわらず合算対象外とする。」

具体的な改正項目は以下のようである。

① 租税負担割合基準（いわゆるトリガー税率：二〇％）の廃止

現行では、外国関係会社等の租税負担割合が二〇％以上であれば、一律、合算課税の対象とならないが、改正法では、このような合算課税の対象となるかを判定するための租税負担割合基準（いわゆるトリガー税率：二〇％）が廃止される。改正法では、租税負担割合二〇％以上であれば、原則として合算課税はない（二〇％未満でも、所定のペーパーカンパニー等ではなく、租税負担割合が二〇％以上であれば、原則として合算課税の対象とならない。）。二〇％未満であれば、「経済活動基準」のすべてを満たす場合に、受動的所得の合算課税（少額免除基準あり）の対象に、「経済活動基準」のいずれかを満たさない場合には、会社単位の合算課税の対象となる。

② 実質支配基準の導入

合算対象とされる外国法人の判定方法ならびに当該税制の適用対象となる内国法人等の判定方法に「実質支配基準」が導入される。

③ 特定の外国関係会社等に係る合算課税制度

租税負担割合が二〇％以上（三〇％以上の場合は除く）であっても、ペーパーカンパニー等、特定の外国関係会社に該当する場合には、会社単位での合算課税が適用される。

④ 適用除外基準の見直し

会社単位の合算課税制度が発動されるか否かを判断する際の「適用除外基準」についての内容の見直しが行われ、「経済活動基準」として新たに定義づけされる。

⑤ 部分合算課税対象となる所得範囲の見直し

部分合算課税の対象となる所得の範囲が、「資産性所得」から「受動的所得」とされ、その範囲が拡大される。

⑥ 部分合算課税時の少額免除基準の見直し等

部分合算課税の適用にかかる少額免除基準（一千万円から二千万円に引き上げ）が見直される。

⑦ 外国関係会社に係る財務諸表等の添付

租税負担割合が二〇％未満の外国関係会社、租税負担割合が三〇％未満の外国関係会社（ペーパーカンパニー等、一定のものに限られる。）に係る財務諸表等を確定申告書に添付する必要がある。

（1）　立法当時における問題点を検討したものとして、占部裕典「タックス・ヘイブン税制」（財）比較法研究センター編『国際租税回避の法政策的研究（NIRA OUTPUT）』（第一編二　二五頁～五一頁、一四七頁～一六八頁（総合研究開発機構・一九八八）、占部裕典「タックス・ヘイブン対策税制の問題点」税務弘報三八巻一号一四一頁〜一四九頁（一九九〇）参照。その後の問題点については、占部裕典「タックス・ヘイブン対策税制の課題と今後の展望（研究報告）」第六〇回租税研究大会記録二一七〜二七四頁（二〇〇八）が詳しい。

（2） OECD, Designing Effective Controlled Foreign Company Rules, Action 3-2015 Final Report（OECD/G20 Base Erosion and Profit Shifting Project series）（2015）参照。OECD/G20 BEPS Project については、OECD, BEPS 2015 Final Reports Final BEPS package for reform of the international tax system to tackle tax avoidance; Report to G20 Development Working Group on the impact of BEPS in Low Income Countries; Action Plan on Base Erosion and Profit Shifting　http://www.oecd.org/ctp/beps.htm 参照。行動3に関するディスカッション・ドラフト、及び「CFCルールの強化」にかかる最終報告等の邦文概要については多くのものがあるが、「OECDがBEPS行動3に基づくCFCルールに関する最終レポートを公表」（Japan tax alert 二〇一五年一一月六日号）、「OECDがBEPS行動3に基づくCFCルールに関するディスカッション・ドラフトを公表」（Japan tax alert 二〇一五年四月二二日号）、財務省主税局参事官室「BEPSプロジェクトの各行動計画の概要」国際税務三六号三四頁、三七号四四頁（二〇一六）等参照。

ディスカッション・ドラフト同様、最終レポートも、CFCルールのいわゆる「基本構成要素」について提言を行っているが、最終レポートでは、提言はミニマム・スタンダードではなく、「それらを実施することを選択した国・地域が、納税者による外国子会社への所得の移転を効果的に防止するルールを設けることを目的としている」と述べている。また、各国の政策目的とかかる政策目的の優先順位の違いを明確にし、これらの提言は、各国がその全体的な税制の政策目的と一致した方法で活動できるように柔軟性を付与しているとしている。提言している基本構成要素について、「今だCFCルールを設けていない国は、提言されているルールを直接導入し、CFCルールを設けている国は、提言に沿うように現行のルールを修正することを可能にする」ものと述べている。

最終レポートは、「CFCルールの設計と目標は、様々な政策上の選択を反映しているため、国・地域によって異なる可能性がある」ことを認めている。そのため、CFCの設計に関連する政策的な検討事項を、各国共通の政策的な検討課題と、各国がそれぞれ異なる優先順位を付けることができる特定の政策的な検討課題の二つに分けている。共通の政策的な検討課題には、(1)抑止効果、(2)移転価格規則との相互作用、(3)事務及びコンプライアンスの負担を軽減し、租税回避を効果的に防止、(4)二重課税の回避があげられている。経済協力開発幾簿（ＯＥＣＤ）「税源浸食と利益移転（ＢＥＰＳ）プロジェクト」に係る最終レポートでは、有効なＣＦＣ税制に必要な構成要素について、ＣＦＣ税制の「基本構成要素（ビルディング・ブロック）」を示す形で推奨されている（行動３：外国子会社合算税制（ＣＦＣ税制）の強化）。最終レポートは、効果的なＣＦＣルールの設計のための六つの基本構成要素として、ＣＦＣの定義（支配の定義を含む）、ＣＦＣの適用除外と基準要件、ＣＦＣ所得の定義、所得計算、所得帰属、二重課税の防止及び排除を取り上げている。

（３）BEPS Action 3に引用されている他の手段との協力についての言及は、ＢＥＰＳイニシアティブとの内容においてＣＦＣルールの役割は移転価格税制ルールとそれらのルールとの関係、法人税居住国の意義、及びＣＦＣルールとアクション２において提案されているようなアンチハイブリッド手段との間における表現が関係していなければならないということを意味している。公開議論草案 BEPS Action 3は、ＯＥＣＤによって二〇一五年五月に公表されたが、上述のトピックスのいくつかに光を当てている。しかし、多くのケースにおいて、それは暗黙的な示唆によって（厳格な言及ではなく）なされているにすぎない。

公開議論草案は、ＣＦＣルールのデザインに照らして通常考慮しているところの、さまざまな政策的配慮をしている。外国所得への課税と競争的な維持とのバランスをどのようにして採るかについて、行政的なコンプライアンスのコストを制約するために、ＣＦＣルールが二重課税を導かないようにどのような方法で行うか、ＣＦＣルールを移転価格税制のルールとどのように関係させるか、といったことについて意識している。公開議論草案は、ＣＦＣルールの背景にあるいくつかの政策的配慮を共通に認識している。なお、ＣＦＣルールは、OECD BEPS Action 1, 2, 4, 5, 8-10, 11, 15の多くと密接に関係している。

二〇一五年四月一〇日付のＥＹグローバル・タックス・アラート「OECD releases discussion draft on CFC rules under BEPS Action 3」日本語版：「ＯＥＣＤがＢＥＰＳ行動３に基づくＣＦＣルールに関するデイスカッション・ドラフトを公表」）参照。

（４）高橋元監修『タックス・ヘイブン対策税制の解説』八二頁～八三頁（清文社・一九七九）参照。

（５）OECD Harmful Tax Competition: An Emerging Global Issue 1998.

（６）占部裕典「タックス・ヘイブン対策税制の現状と課題」ジュリスト一〇七五号三一頁～三七頁（一九九五）において指摘している。

（７）占部・前掲注（６）論文三五頁参照。

（8）占部裕典「タックス・ヘイブン税制」村井正編『国際租税法の研究――国際的租税回避の理論と政策』四八頁～五四頁（法研出版・一九九〇）。
（9）占部・前掲注（8）論文七八頁～七九頁。
（10）占部・前掲注（1）論文（「第一編二　タックス・ヘイブン税制」）二五頁～五一頁、一四七頁～一六八頁（一九九〇）。
（11）高橋・前掲書八一頁。
（12）以下について、OECD BEPS Action 3-2015 Final Reports, Chapter 6.
（13）以下について、OECD BEPS Action 3-2015 Final Reports, Chapter 2・3.
（14）国税庁『昭和五三年改正税法のすべて』一六一頁（一九七八）。
（15）同旨 Tax & Amster（ロータス21）2011. 4. 11 No. 398に掲載。具体的な事例についても同解説参照。
（16）占部・前掲、注（8）論文八三頁。
（17）占部裕典・大屋貴裕「特定外国子会社等の欠損を内国法人の損金に算入することの可否」（はしがき・事例・研究者の視点執筆）税経通信五九巻一一号一九〇頁～二〇四頁（二〇〇四）。
（18）以下について、OECD BEPS Action 3-2015 Final Reports, Chapter 5.
（19）以下について、OECD BEPS Action 3-2015 Final Reports, Chapter 4.
（20）OECD BEPS Action 8, 9-10によると（「移転価格ガイドラインの一章の改定についての検討草案8, 9-10）、「BEPSアクションプランは、独立当事者原則の範囲内あるいは範囲外」であるところの特別手段について言及している。このステージにおいて、可能な手段を境界のうちか外かであるかどうかを判断することは重要ではない。しかし、目的は、手段の効果を考慮することである。仮に特別な手段が独立価格原則を超えて導入されるのであれば、二重課税が引きおこされるかもしれないということは気にかけるべきではない。これらの特別の主たる目的は、政府のためにBEPSタスクを制限すること、価値の創造と関係した（に応じた）移転価格の結果を作り出すことである。これらの特別な手段は、国際的な移転価格の基準の一部であり、そして二重課税を防止するような方法について考慮することが必要であるということは認識している。さらに、Public Discussion Draftにおいて、優先的なオプションが示されていることを考慮して読まれるべきではない。」と述べている。
　Public Discussion Draftは、次のようなルールとして移転価格ルールに言及する。「企業間の取引の価格及びその他の条件が仮に企業でまったく関係が存しないとした場合のそのようなものと異なるときに、生じているゆがみを正すために、関係企業課税所得を調整することである。仮に企業が、移転価格ルールがこのような目的を十分に達成することができないときには、関係するあらゆる管轄国の課税権に戻ることになろう。ＣＦＣルールと同様に、移転価格ルールの一定の調整によってこの目的を達成することができる」。

Public Discussion Draft において、ＢＥＰＳイニシアティブにおける移転価格の促進は、租税回避を妨げる目的であるということを認識はしているが、価値の創出を主たる国の課税権と結びつけることを目的としている（機能的分析）。そして、移転価格ルールは、租税回避規制の目的を認識しているものの、主として課税権の分配として定義されているといえる。

（21）以下について、OECD BEPS Action 3‐2015, Final Reports, Chapter 4.（4.2）。
（22）この段階での論点について、*Ana Paula Dourado*, The Role of CFC Rules in the, BEPS Initiative and in the, EU 2015 B.T.R. 340 参照。
（23）「平成一七年度税制改正の要綱」四　国際課税（平成一七年一月一日）参照。
（24）高橋・前掲書一七九頁。
（25）占部・前掲注（1）論文（「タックス・ヘイブン対策税制」）八一頁～九三頁、占部裕典「タックス・ヘイブン対策税制の法政策的考察（2）」九州国際大学社会文化研究所紀要第二六号九五頁～九八頁（一九九〇）参照。
（26）諸外国の動向については、占部裕典『国際的企業課税法の研究』六八頁以下（信山社・一九九八）参照。
（27）以下について、OECD BEPS Action 3‐2015 Final Reports, Chapter 7.
（28）高橋・前掲書九二頁～九三頁。
（29）同旨、田代有嗣・吉牟田勲『海外子会社の法律と税務』三九七頁［吉牟田執筆］（商事法務・一九八九）。
（30）占部裕典「タックス・ヘイブン税制と租税条約の抵触関係について」同志社法学（安藤仁介教授古稀記念論集）三一四号二〇五頁～二七七頁（二〇〇六）。
（31）占部・前掲書注（26）一七二頁。
（32）両者のアプローチの比較の詳細については、占部・前掲注（26）三三頁以下、六四頁以下参照。
（33）占部裕典「特定外国子会社等の『株式の保有』とタックス・ヘイブン対策税制の適用」同志社法学六〇巻三号一九九頁―二

六四頁（二〇〇八）。
(34) 高橋・前掲書一三〇頁〜一三一頁。
(35) 高橋・前掲書一三〇頁。
(36) 高橋・前掲書一三三頁〜一三四頁。
(37) 東亜由美「タックス・ヘイブン課税の趣旨と子会社の従属性をめぐる問題点」『新・裁判実務大系18 租税争訟』四六二頁（青林書院・二〇〇五）も同様な趣旨であろう。
(38) 「主たる事業」との関連で判断すべきである、と解する見解として、占部裕典・租税判例百選〈第三版〉（別冊ジュリスト一二〇）九八頁〜九九頁（一九九二）。「外国子会社が自らその事業を管理支配していないとして、その親会社である内国法人についてタックス・ヘイブン課税規定の適用が除外される場合に当たらないとされた事例」（東京地裁平二・九・一九）、判例評論三九〇号（判例時報一三八五号）一五四頁〜一五八頁（一九九一）参照。
(39) 今村隆「タックス・ヘイブン対策税制の適用除外」『現代裁判大系 税務訴訟』二六〇頁、二六一頁（新日本法規・一九九九）。
(40) 占部・前掲書注(26)四七頁以下、七〇頁参照。
(41) 高橋・前掲書九五頁〜九七頁参照。
(42) 高橋・前掲書一三二頁。
(43) 高橋・前掲書九五頁。
(44) インバージョンは、一九九〇年代以降米国において問題視されるようになり、米国財務省は、これに伴う課税問題に関する暫定報告書として、二〇〇二年五月に、"Corporate Inversion Transactions : Tax Policy Implications"（以下、「米国インバージョン報告書」という。）を作成している。
米国におけるインバージョンに対応する税制は、クロスボーダーの組織再編による国内資産の国外移転に対するキャピタルゲイン課税の繰延べに関するものと、インバージョン後に米国企業から外国親会社に移転することになる所得に対する課税に関するものとがある。前者は、組織再編等により米国法人が保有する国内資産が外国法人に移転された場合には、原則としてその国内資産の国外移転について課税繰延べを認めないという規定である（IRC §367）。後者は、インバージョンにより外国親会社となった外国法人については、株主構成に変化が少なく、実質的に事業を行っていない法人を「代理外国法人」とし、これにインバージョンする際に米国法人に生じる一定の所得については繰越欠損金との相殺を認めず、さらに、代理外国法人のうち株主構成にほとんど変化がない法人は米国法人として課税するという規定である（IRC §7874）。また、国外事業所得に対する課税制度については、外国税額控除制度を改正し、九種類の所得毎に控除額を計算するバスケット方式を二種類の所得バスケットに削減し、制度を簡素化して国外事業所得に対する国際的二重課税の排除を容易にしている。以上の詳細については、山崎昇「コーポレート・インバージョン（外国親会社の設立）と国際税務――クロスボーダーの三角合併解禁に伴う国際的租税回避の懸念」税務大学校論叢五四号一〇頁以下（二〇〇七）参照。

(45)　緒方健太郎ほか「国際課税関係の改正」『平成一九年度　税制改正の解説』五五一頁～五五六頁（大蔵財務協会・二〇〇七）参照。

(46)　緒方ほか・前掲注（45）解説五六六頁～五七七頁参照。

(47)　わが国のこのような改正による評価については、本庄貢『国際課税における重要な課税原則の再検討 中巻』三一〇頁以下BEPS, Action 3（ＣＦＣの強化）のディスカッション・ドラフトとビジネス界・主な租税実務家の意見の焦点」（初出二〇一五）（日本租税研究協会・二〇一六）等参照。

第九章　金融所得課税と納税環境

一　金融所得課税を取り巻く納税環境
――「税制調査会金融小委員会報告」の示す納税環境整備の方向性

税制調査会金融小委員会「金融所得課税の一体化についての基本的な考え方」（平成一六年六月一五日）（以下、「税制調査会金融小委員会報告」という。）においては、金融所得課税の一体化を実現するためには、「制度の適正な執行と納税者利便の向上を図るための納税環境の整備が必要であるとしたうえで、金融所得課税の一体化をすすめるにあたっての納税環境について、いくつかの指摘を行っている。

税制調査会金融小委員会報告は、最初に、利子所得も含め金融所得全般にわたり、できる限り損益通算の範囲を広げていくことが適当であり、そのためには申告制度とそれに先立つ源泉徴収制度が重要であるとしている。「株式譲渡損失との損益通算を認める範囲を、利子所得も含め金融所得全般にわたり、できる限り広げていくことが適当である。その際、損益通算の範囲拡大に適切に対応できるよう、申告に先立って支払時点で徴収をしておく源泉徴収制度の取引の把握のための資料情報制度などの執行体制の整備が必要である。」としている。

二つめに、損益通算を行うために申告を行うと、支払者が提出した支払調書の内容と納税者が提出した申告書の内容とを税務当局がマッチングしなければならないこととなるが、「その場合、官民双方にとってより簡便な方法による正確なマッチングを通じて適正な納税を実現するためには、なんらかの納税者番号制を利用することが必要である」としている。

三つめは、納税者番号制の導入にあたってはプライバシー保護のための特別な措置を検討すべきであるとしている。

金融所得課税に係る納税環境を具体的に検討していくうえでは、金融所得課税の一体化が今後実体法的にどのように進展していくのか（たとえば、株譲渡に係る損失の繰越控除や損益通算の範囲等）、金融所得の確定、徴収といった租税手続がどのようなものとして構築されていくのかなどが重要である。上記の税制調査会金融小委員会報告の示す納税環境整備の方針が今後も維持できるかは不透明な点もある。たとえば「平成二二年度税制改正大綱――納税者主権の確立に向けて」（以下、「平成二二年度税制改正大綱」という。）は、社会保障・税共通の納税者番号を導入することとしており、そのかぎりでいえばすでに税制調査会金融小委員会報告が示すような、納税者番号制は前提としてとり得ないこととなろう。また、平成二二年度税制改正大綱は金融所得課税の一体化については、「すべての所得を合算して『総合課税』が理想ではありますが、金融資産の流動化等にかんがみ、当面の対応として、景気情勢に十分配慮しつつ、株式譲渡益・配当課税の税率の見直しに取り組むとともに、損益通算の範囲を拡大し、金融所得の一体課税を進めます」としており、必ずしも現行の金融税制が望ましいとする前提は窺えない。現行の金融所得課税の枠組みが必ずしも税制上望ましいとはいいきれないとする立場からは、金融所得課税に係る納税環境整備はもっと広範囲なところにまで見据えた議論しておく必要があるといえよう。

なお、一般的な問題としても、金融商品に対する課税が今日の納税環境整備に与える影響は大きい。その理由の第一は「金融大改革の影響」である。これはあらたな金融商品の登場、さらにはファイナンスの「エレクトロニクス化」により、金融商品の課税関係に係る実体法規の整備の必要性という実体法上の問題をもたらし、一方ではこれは対外取引の自由化によるクロス・ボーダー的な資産移動をもたらしている。海外資産からの国外所得等への適正な課税が困難になるという意味で、資料情報制度の整備という租税手続法上の問題を引き起こしている。このようなことから、外国為替制度などを含む、これまでのわが国の資料情報制度あるいはこれと関連するシステム（これは主として源泉徴収制度に係わると思われる）への改正に向けての課題をつきつけている状況にあるともいえよう。

第二の理由はファイナンスの「エレクトロニクス化」にも象徴されるように、情報通信革命を背景としたサイバー・スペースでの電子商取引等の拡大による影響である。金融商品はもっともこのような取引に適合するものである。このような取引の拡大は今日、恒久的施設概念といった物理的・地理的要因に基づく国内源泉所得課税に対する限界を露呈させている。すなわち所得税法や法人税法等の租税実体法規に係る解釈上の限界を露呈させている。また、これらは租税法規の解釈上の問題に止まらず、いわゆる「足の速い（つかない）取引」として脱税や組税回避の拡大へ大きな道を開きつつあるといえよう。

これら二つの要因は、資料情報制度において、特に、(1)現行の租税制度における支払調書、源泉徴収票、支払報告書といった「法定調書」の提出制度（所法二二四条以下、措法三七条の一一の三以下等参照）をこのような環境のなかでどのように修正していくのか、(2)源泉徴収制度はこれまで課税庁の資料情報収集あるいは税務調査などの限界を制度的に代替する機能を果たしているが、この源泉徴収制度や申告資料情報制度と申告制度を今後どのように結び付けて考えていくのか、(3)ペーパーレスあるいは電子情報の拡大といった環境において、資料情報との関係で所得の有無についての立証責任をどのように考えていくのか、さらには(4)税務行政において、資料情報制度はどのように構築され、かつ資料情報の開示や納税者の情報への（納税者又は関係行政機関から）のアクセスをどのように考えるのか、といった点に大きな影響を与えているものといえよう。

金融所得課税に係る納税環境は、全ての所得に係る納税環境を体系的に整備していく中で検討をしていく必要があり(1)、金融所得課税に係る納税環境を部分的に論じることの意義は少ないといえようが、本章ではこのような広範囲な納税環境を意識しながら、以下、金融所得課税との関係に焦点をおいて納税環境の整備を論じることとする。

二　「源泉徴収制度」の果たす役割

金融所得課税において、その所得の特徴からして「源泉徴収制度」は前述したように所得の確定（あるいは捕捉）と税の徴収という意味では重要な機能を有している。国内の多くの金融商品には、預貯金の利子、株式などの配当や売却益などは、その性格によって利子所得、配当所得、事業所得あるいは雑所得や譲渡所得などに区分されることから、その課税方法は、総合課税、申告分離課税、源泉分離課税など、さまざまである。このことから、金融所得課税を担保するための納税環境のうち「源泉徴収制度」はきわめて重要である。現在、わが国は納税者番号制を制度化していないものの、法定資料等により所得情報をかなりの部分得ることが可能であるが、源泉徴収における支払調書等の交付（利子所得を除く）を含めて、「源泉徴収制度」が税収確保に直截的な役割を果たしており、不可欠なものである。

また、非居住者等に対する利子等の国内源泉所得に係る「源泉徴収制度」について、所得税法二一二条一項は、非居住者又は外国法人に対し、国内において一定の種類の国内源泉所得の支払をする者は、その支払の際、これらの国内源泉所得について所得税を徴収しなければならない旨を規定している（所得税法七条五項は、外国法人に対して所得税法一六一条一号の二から七号、九号から一二号までの国内源泉所得については所得税を課すこととし、その徴収にあたっては源泉徴収の方法によることとしている。）。さらに、所得税法二一二条二項はなお、国内源泉所得が国外において支払われるときには、その支払者が国内に住所等を有し、又は非居住者・外国法人で国内に事務所・事業所その他これに準ずるものを有するときには、国内において支払われたものとみなす旨を明記している。利子・配当等の国内源泉所得が生ずれば、当然支払者が国内に住所等を有することとなるから、非居住者や外国法人による国外の支払については、居住者等に比べて「源泉徴収制度」は、広範囲に機能しているといえる。

しかし、インターネット取引などのサイバー・スペースを利用した金融商品取引等により所得源泉地の把握が困難となり、また金融ディリバティブによって所得の種類や源泉地を容易に変えることができることなどから、金融所得課税の前提としての「源泉徴収制度」にも限界はある。このような限界に対しては別の資料情報制度で補完をすることが必要になろう。

三　特定口座（源泉徴収選択口座等）の活用と利用所得の拡大

平成一五年度改正において、利子・配当・株式譲渡益に対する課税については金融商品側の中立性を確保し、それらの課税について簡素合理化をはかるともに、投資家の利便の向上に資する観点から見直しが行われた。「特定口座制度」は、個人投資家の確定申告による煩雑さを軽減するために設けられた制度であり、租税特別措置法三七条の一一の三は特定口座内保管上場株式等に係る所得計算等の特例規定をおく。「貯蓄から投資へ」という時代の流れの中で、証券投資に関する税金は預貯金に比べて軽減されているところであるが（平成二一年・二二年の二年間は特例措置として、五〇〇万円以下の売買益や一〇〇万円以下の配当金等については、引き続き一〇％の税率が適用される。）、外国上場株式を含む上場株式等（措令二五条の一〇の二参照）の売買益については、申告分離課税に一本化されており（措法三七条の一〇第五項）、そして「特定口座（源泉徴収あり）」を利用すれば確定申告は不要である（措法三七条の一一の四）。すなわち、申告分離課税では取引の利益計算と税額計算、そして申告と納税を投資家自身が行わなければならないことから、手続きを簡素化するために、証券会社によっては特定口座を設けており、特定口座を利用すると証券会社が投資家に代わって売買の記録・計算をし、特定口座（「源泉徴収なし」と「源泉徴収あり」の選択肢がある。）、源泉徴収あり（源泉徴収選択口座）を選択すると、証券会社が税額計算と納税をするので確定申告は不要となる。また、平成二一年より、上場株式・公募株式投資信託の売買損と配当金等との間の損益通算の仕組みが導入され、これに伴い、平成二二年度税制改正において、上場株式・公募株式投資信託の配当金等についても、源泉徴収ありの特定口座における取扱いが可能となった（措法三七条の一一の六）。

そこで、今後、金融所得の課税に対する一元化が進展するに及んで、損益通算等をどのような方法で行うかが重要な問題となる。税制調査会金融小委員会報告は、最初に、利子所得も含め金融所得全般にわたり、できる限り損益通算の範囲を広げていくことが適当であり、そのためには申告制度とそれに先立つ源泉徴収制度が重要であるとしているところであるが、すでに「特定口座」の利用は一千数百万口座まで達しており、この活用を制度の中心におくことも十分に考えられよう。(2) 一方で、特定口座で取引のされていない金融商品に係る所得との損益通算、複数の金融機関の特定口座を跨ぐ損益通算などは申告によらざるを得ないことから、申告制度を原則とすると金融機関が発行する特定口座年間取引報告書等が税務当局や納税者に交付されなければならないということになろうから、今後、納税者番号制が導入され、これらの法定資料等が活用しやすくなるとすれば、確定申告制度を原則にして一体化の制度化をすすめることとなろう。また、上場株式などについて、証券会社を通じた年間の売買で最終的に損失が出た場合は、翌年以降三年間、株式等の売買益からの繰越控除や損益通算が可能であるが（措法三七条の一二の二。利用している間は売買の有無にかかわらず、毎年確定申告が必要）、このような繰越控除や損益通算も原則として申告制度とすべきであろう。

四　法定調書（法定資料制度）の拡大

居住者等が支払いを受ける上場株式等の配当・公募株式投資信託の収益分配金については、確定申告を不要とすることができるが（措法八条の五）、確定申告をする場合には「総合課税」（配当控除可能）又は「申告分離課税」（上場株式等・投資信託の売却損失との損益通産可能）を選択することができ、確定申告をするときには「支払通知書」の添付が求められている（措法八条の四、措令四条の二、四条の四、所法一二〇条三項、所令二六二条等）。申告を条件に損益通算を可能としたことから、上場株式等の配当・公募株式投資信託の収益分配金に関して「支払通知書」が個人投資家に対しては交付される。

なお、平成二二年改正により、「特定口座（源泉徴収を選択）」内に受け入れた配当に対しては「特定口座年間取引報告書」を税務署に提出することとなっている。税務署には支払調書、特定口座年間取引報告書が税務署に、支払通知書、特定口座年間取引報告書、取引報告書（一般口座）が個人投資家に交付されることとなる（措法三七条の一一の三第七項等）。金融所得課税の一体化にともなって法定調書の対象が拡大することとなろうが、納税者番号制度が導入されると、その番号が法定調書に記され、交付の効率化、マッチングの効率化が図られることにはなる。上場株式等以外の株式等（非上場株式）の株式売却益については申告分離課税であり、非上場株式の売却損は同じ年の株式売却益との相殺が認められる。未上場株式の株式配当については、源泉徴収のうえ、総合課税による申告に服することから、源泉徴収に係る支払調書が不可欠である。

一般的に、金融所得課税においては法定調書の対象範囲等が問題となるが、現在は、法定調書は五三種類存するが、総枚数一億九四三九万枚である。オープン型証券投資信託収益の分配の支払調書（提出義務者：証券会社）五七九三万枚、配当、剰余金の分配および基金利息の支払調書（株式会社）一五〇四万枚、先物取引に関する支払調書（証券会社一五〇万枚）、株式等の譲渡の対価の支払調書（証券会社四六一万枚）などである。(3) わが国の法定資料制度の特徴は源泉徴収制度との強い結びつきにおいて導入されてきている点に特徴があるといえる。所得税の適正な申告を担保するために、源泉徴収義務者に対して、法定資料の提出が義務づけられている（所得税法二二五条、二二六条）。なお、法定調書は課税の公平を図るうえで必要なものと考えられるが、納税者に負担を負わせるために、一定額以下のものにはその提出等が免除されている。このような「所得発生情報伝達型」の資料情報制度は確かに総合課税のもとでは源泉徴収義務と結びつき易いといえるが、このような結びつきがどこまで維持できるのか、すなわち海外資産（あるいは海外資産からの所得）については限界がある。外国銀行への預金や外国証券会社への口座開設により預金利子や証券投資の結果得られる配当、利子、キャピタル・ゲインなどを把握することがますます困

難になる。ストックに対する資料情報も適正な金融商品課税を行うためには不可欠であるといえよう。(4)

五　納税者番号制の導入

税制調査会金融小委員会報告は、「全国民を対象とする全国一連の番号である必要はなく、新たな番号を活用することも可能である。」として、金融所得課税の一体化における損益通算の範囲の拡大に際しても必ずしも納税者番号制が前提となるものではないとしている（納税者番号を利用して申告をするものと、それを利用しないものとの関係において、納税者番号の利用を選択制とすることも提案している。）。しかし、平成二二年度税制改正大綱は、「社会保障制度と税制を一体化し、真に手を差し伸べるべき人に対する社会保障を充実させるとともに、社会保障制度の効率化を進めるため、また所得税の公正性を担保するために、正しい所得把握体制の環境整備が必要不可欠です。そのために社会保障・税共通の番号制度の導入を進めます。番号は基礎年金番号や住民票コードなどの既存番号の活用、新たな付番など様々な選択肢が考えられます。付番・管理する主体については、(4)で詳述する歳入庁が適当であると考えます。以上、徴収とも関連しますが、主として給付のための番号として制度設計を進めます。その際は、個人情報保護の観点が重要なことは言うまでもありません」として納税者番号制の方向性を示している。これまでの所得税の公正性を担保するためといった視点からこれまでは納税者番号制度が検討されてきたが、あらたな機能を負わせられた納税者番号制度がもとめられている。税制面で利用する番号が備えるべき要件として、①悉皆的に付番されていること（課税の公平を確保できるよう、課税所得を生じうるものに悉皆的に付番されていること）、②一人一番号が確保されていること、納税者本人（民）が取引相手方（民）に番号を告知し、取引相手方がその番号を記入した法定調書を税務当局（官）に提出するという「民—民—官」の関係で利用できる番号であること、④取引相手方

（第三者）が法的調書に記載すべき納税者本人の番号を容易に確認できるように、目で見える番号であること、などが求められるであろう。(5) 番号制度導入後は、現行の法定調書等（現在の法定調書より範囲を拡大したもの）における支払いを受ける者あるいは支払者に番号が付されることとなるものと解される。(6) 納税者番号制が導入されれば、金融所得課税において、今以上の損益通算、損失の繰越控除が可能となるものと解され（ただし、どこまでのものを申告書で行うかは別途議論が必要である。）、特定口座の活用から確定申告制度への原則導入への途が開かれるものと思われる。

なお、現在、主要国においては資料情報制度として納税者番号制度が導入されているが（アメリカ、オーストラリア、イギリス等）、保有する情報の対象と法定資料情報の対象は前者が必ずしも広いというわけではない。(7) 利子についてはわが国は源泉分離課税により課税関係が終了することから資料情報（法定資料）の対象にはしていないが、フローについては配当、株式譲渡といった金融商品は対象としている。金融資産のストックについてはまったく課していないが、このような情報まで法定調書の範囲を拡大する必要があろう。

特に、海外資産、海外での金融商品にかかるフローの情報をどのよう確保するかが問題となろう。

六　外為法改正と「国外送金等に係る調書提出制度」

一九九八年（平成一〇年）に外為法が改正されたことにより、取引決済方法、資金調達の方法、資産運用の方法が大きく変わり、現行租税法規が十分予想していなかった課税上の問題が生じるとともに、外国銀行への預金から得られる利子、外国証券を通じた証券投資信託から得られる収益（配当金、利子、キャピタル・ゲイン）、不動産等の海外資産から得られる収益（不動産所得、キャピタル・ゲイン）に対して課税漏れが生ずる可能性が高くなるなどの問題が生じてきた。そこで、一九九七年（平成九年）に「内国税の適正な課税の確保を図るための国外送金等に係る調書の提出等に関する法律」（以下、「調書提出法」という。）が公布され、翌年四月から施行された。平成一〇年四月一日から新しい外為法（外国為替及び外国貿易法）が施行されるのにあわせ、銀行などの金融機関や郵政官署（現日本郵政公社）が税務署へ顧客の国外送金等に係る調書を提出すること等を定める「国外送金等に係る調書提出制度」が導入された(8)。

個人や会社など（顧客）は、原則として、国外送金等をする際に、その氏名・名称及び住所などを記載した告知書を銀行や郵便局などの窓口に提出する必要がある。ただし、本人確認の済んだ一定の口座（本人口座）を通じて国外送金等をする場合には、告知書の提出は不要。銀行や郵政官署などは、二〇〇万円を超える顧客の国外送金等について、その顧客の氏名・名称、住所、送金金額などを記載した調書（国外送金等調書）を税務署に提出しなければならない（調書提出法三条一項、四条、同施行令八条参照）。国外送金等の主体（顧客）は、外為法の規制対象よりも広範囲なものを取り込んでおり（調書提出法二条、三条）、この法律の趣旨からこの点はおおむね妥当なものと考えられる。「国外送金等調書」の制度のうちもっとも問題となったのは国外送金等調書の対象となる送金金額の下限が二〇〇万円超で妥当か否かという点である。大口送金を一回二〇〇万円以下の複数取引に分散すればこの規制を回避することができ、検討が必要である。国外送金等調書により対象となる件数は、法人を中心に、総送金件数の一部になるものと予測されている。さらに、問題は、企業が海外の支店あるいは子会社等を用いて海外でネッティング決済等を行った場合には、それらの情報は日本の課税庁にまったく入ってこないということである。このことは結局、海外支店又は子会社等（特に特定外国子会社等）の国外源泉所得をもわが国の課税権から覆い隠すことになろう。「国外送金等に係る調書提出制度」の趣旨が、直接課税事実を把握するのではなく、資本取引あるいはキャッシュ・フローを把握することを念頭において、その資産運用からの所得の発生を把握あるいは牽制する趣旨であれば、改正外為法のもたらす「ボーダーを通さない資金移動による課税へのインパクト」としての機能を十分に埋めたことにはならないと思われる。その他、金融機関を通さない国外送金等も可能であることなどから、この制度においては「金融機関の範囲」（調書提出法二条、同施行令二条参照）等が再検討されるべきであろう。「外為法の事後報告制度等」（五五条、五五条の二、五五条の四・五・六等参照）も課税の担保的機能を有しているが、国外送金等に係る調書提出制度」とあわせても諸外国に比べた場合には（たとえば、アメリカなどと比較した場合には）資料情報の網の目は粗いといわざるを得ないであろう。

七　外国税務当局との情報交換

タックス・ヘイブンへの不透明な資金の流れ等を把握するため税務上の情報交換の重要性が認識され、ＯＥＣＤモデル条約二六条に規定する情報交換規定と同様の情報交換規定を有する租税条約等や情報交換協定ネットワークが急速に拡大してきている。わが国においてもタックス・ヘイブン国（自治領）などとの協定の署名（たとえば、バミューダ）や締結交渉（たとえば、ケイマン）が行われている[9]。国外所得である金融所得に関する情報は、わが国の法定調書や金融所得課税においては重要である。平成二二年度改正においては、租税条約実施特例法が租税条約以外の国際約束に関する規定を定めることとなったことに伴い、法律の題名が「租税条約等の実施に伴う所得税法、法人税法及び地方税法の特例等に関する法律」（以下「租税条約等実施特例法」という。）に改められた。租税条約の情報交換規定に基づく情報提供との関係で守秘義務との関係を明らかにするために、情報提供の根拠規定をわが国の国内法にもおくことが望ましいと考えて租税条約等実施特例法に外国への情報提供の根拠となる規定をおいた（外国税務当局への情報提供に関する要件については、同法八条の二）[10]。また、同法は財務大臣に行政取決めに基づき情報提供を行うことができる権限を付与しており、国会の承認を要しない行政取決めのもとでも情報提供を行うことができるようになり、今後、より迅速な情報交換ネットワークの拡大が可能になるものと期待されている。

八　法人税との調整（配当の二重課税調整）

大口以上の上場株式の配当および公募株式投資信託の収益分配金については、事業参加性のある所得というよりも他の金融所得と同様の金融商品から生ずる所得であるという点から、上限なしの申告不要制度が導入されている（措法八条の四）。しかし、上場株式等の発行済み株式総数の五％以上を所有する大口株主については事業参加的側面が強いため、その配当を金融所得として課税することは必ずしも適当ではないということから、事業所得とのバランスを踏まえて、総合課税を維持すべきであるとしている。そのうえで、配当については、法人税との調整のための配当控除や株式を取得するための負債利子控除が設けられているところである。税制調査会金融小委員会報告は、「一般投資家の金融所得という位置づけで分離課税とするならば、配当控除や負債利子控除の位置づけについて再検討が必要となる。なお、法人課税と配当課税とを通じた負担の観点からいえば、分離課税とした場合、法人税の負担を含めたとしても、個人の負担水準としては相当程度軽減される」としている。配当の二重課税調整は中立的な税制を構築する視点からは導入することが望ましく、税制調査会金融小委員会報告が指摘するように、理論的には再検討が必要であろう[11]。しかし、配当の二重課税調整は、わが国のような配当控除（税額控除方式。所得税法九二条）を採用する国もあれば、インピュテーション方式を採用する国（イギリスは、部分的インピュテーション方式）、さらには配当所得一部控除方式（ドイツ、フランス）を採用する国もある。制度的には個人の所得税段階での配当課税のあり方と併せて現行の「配当控除制度」を検討する必要があろう。

おわりに

金融所得はその所得の特徴からして利子所得、配当所得、事業所得あるいは雑所得や譲渡所得などに区分されることから、その課税方法は、総合課税、申告分離課税、源泉分離課税など、さまざまである。このことから、金融所得課税を担保するための納税環境は、金融所得課税のあり方、その一体化の進展にあわせて、「源泉徴収制度」、「法定資料制度」、「特定口座制度」、「申告制度」、さらには「納税者番号制」などを体系的に、かつ相互補完的に活用することとなろう。さらに、金融商品の特殊性などを踏まえたうえでの納税環境の整備も不可欠である。配当の二重課税調整問題、居住者等の国外所得に対する課税、非居住者等の国内源泉所得に対する課税に係る納税環境の整備も不可欠であろう。

（追　記）　金融所得課税の一体化により、平成二八年以降、公社債や公募公社債投信等（以下、「公社債等」という。）に対する税制上の取扱いが、大きく、次頁の図に示すように改正された。改正では、国債・地方債・外国国債・外国地方債・公募公社債・上場公社債などの公社債が対象で、デリバティブなどはまだその対象となっていないが、「金融所得課税一体化」へのスタートが切られたことには変わりはない。

（1）　税務行政における資料情報制度を中心とした納税環境については、①納税申告・情報申告（電子申告）による情報、法定調書による情報、税務調査による資料情報（調査対象法人等の資料、資料箋、投書その他の個別情報（税務情報のソースと種類））、②納税者等の保有する資料情報・記録（電子データ保存等）（納税者における税務情報の記録保存）、③資料情報の整理システムと使用（電子化システムとプログラム、納税者番号制、資料情報の名寄せ等）（課税庁における税務情報の管理活用）、④資料情報の管理と納税者からのアクセス（関係行政機関間での情報交換、税務情報の公開と納税者のプライバシー保護）、⑤資料情報

商品区分別税制上の取扱い一覧（税制改正前後比較表）

平成27年（2015年）まで

商品区分	所得	申告	税区分	損益通算
利付債	利子	申告不可	源泉分離課税 20.315%*1	―
	譲渡損益*2	―	非課税	不可
	償還損益	要申告	総合課税 （雑所得）	損失はいずれの所得とも通算不可*3
公募公社債投信	分配金	申告不可	源泉分離課税 20.315%*1	―
	譲渡損益	―	非課税	不可
ゼロクーポン債等	譲渡損益	要申告	総合課税 （譲渡所得）	損失は総合課税内の所得と通算可能
	償還損益	要申告	総合課税 （雑所得）	損失はいずれの所得とも通算不可*3

平成28年（2016年）から

<table>
<tr><th>商品区分</th><th>所得</th><th>申告</th><th>税区分・損益通算</th></tr>
<tr><td rowspan="2">利　付　債
公募公社債投信
ゼロクーポン債等</td><td>利子
分配金</td><td>申告不要</td><td rowspan="2">確定申告をする場合、申告分離課税に統一
（20.315%*1）
公社債等の利子・分配金譲渡（償還）損益 ⇔（損益通算）上場株式等の配当等・譲渡損益
確定申告により損益通算可
「源泉徴収ありの特定口座」であれば口座内で自動的に損益通算が行われ確定申告することなく納税・還付可</td></tr>
<tr><td>譲渡損益
償還損益</td><td>源泉徴収ありの特定口座は申告不要</td></tr>
</table>

＊1　本資料の税率は、復興特別所得税込みの所得税15.315％、住民税５％の源泉徴収税率である。確定申告した場合は所得税15％・住民税５％となるが、他の所得に係る所得税を含めた基準所得税額に2.1％を乗じた復興特別所得税額を併せて納付することになる。

＊2　利率の著しく低い債券、最高利率が最低利率の1.5倍以上の債券等の譲渡損益は「ゼロクーポン債等」と同じ取扱いとなる。

＊3　償還時の為替差損については、雑所得（総合課税）内において控除することが可能である。

出典　http://www.smbcnikko.co.jp/promo/tax2016/ をもとに一部修正。

と課税方法〔中心は源泉徴収義務の関係〕、⑥資料情報申告義務あるいは納税者の資料保持義務違反に対する罰則等〔資料情報申告・保持義務の実行性〕、⑦税務調査権（質問検査権）と資料情報（調査による資料情報収集手続き等、資料保存期間等と課税処分の除斥期間等との関係）〔個別資料情報の確保と手続き〕、⑧外国税務当局との情報交換にもとづく情報交換〔国外源泉所得の把握〕、⑨資料情報申告・保持義務と立証責任〔資料情報の電子化と立証責任の転換〕を中心に体系的に理解する必要があろう。特に、現在、政府で検討中の納税者番号制が導入されれば、金融所得課税に係る納税環境の中核を担うこととなるであろうが、これらの上記の問題が消滅するわけではない。納税環境全般について、占部裕典「資料情報制度――現行制度の法的評価と今後の課題」租税法研究二七号四八頁以下（一九九九）参照。

（2）金融調査研究会「今後のわが国の金融所得課税のあり方（提言）」（二〇〇七）参照。その他、金融所得課税を取り巻く納税環境の方向性については、森信茂樹・大崎貞和・酒井克彦「金融課税一体課税――残された課題（鼎談）」税務弘報五七巻六号六三頁（二〇〇九）等参照。

（3）税制調査会納税環境整備小委員会資料（内閣府ＨＰ）参照。

（4）ストックに係る資料情報については、アメリカの制度が参考となる。占部・前掲論文五七頁以下参照。

（5）税制調査会納税環境整備小委員会資料（内閣府ＨＰ）参照。

（6）情報保護法との関係については、占部・前掲論文六二頁以下参照。

（7）税制調査会納税環境整備小委員会資料参照。

（8）外為法改正と税制への影響については、占部・前掲注（1）論文四九頁以下参照。

（9）宍戸浩継「日本・クウェート租税条約、日本・バミューダ租税協定、情報交換規定を改正する議定書の締結について」税経通信六五巻七号（平成二二年度改正税法詳解特集号）二六三頁以下参照。タックスヘイブンとの情報交換規条約については、増井良啓「タックス・ヘイブンとの租税情報交換条約（ＴＩＥＡ）」税大ジャーナル一一号一頁（二〇〇九）、赤松晃『国際課税の実務と理論』一八八頁以下（税務研究会出版局（二〇〇九））参照。

（10）田中義人「国際課税関係の改正について」税経通信六五巻七号（平成二二年度改正税法詳解特集号）二六二頁参照。

（11）この問題の検討については、さらに金融調査研究会・前掲注（2）報告書（提言）（二〇〇七）等参照。

第一〇章　資料情報制度——現行制度の法的評価と今後の課題

はじめに――問題の所在

今日、税務行政における「資料情報制度」として、どの範囲のものを体系的に論ずるかは議論の存するところであると思われるが、①納税申告・情報申告（電子申告）による情報、法定調書による情報、税務調査による資料情報（調査対象法人等の資料、資料箋、投書その他の個別情報）〔税務情報のソースと種類〕、②納税者等の保有する資料情報記録（電子データ保存等）〔納税者における税務情報の記録・保存〕、③資料情報の整理システムと使用（電算化システムとプログラム、納税者番号制、資料情報の名寄せ等）〔課税庁における税務情報の管理・活用〕、④資料情報の管理と納税者からのアクセス〔関係行政機関間での情報交換、税務情報の公開と納税者のプライバシー保護〕、⑤資料情報と課税方法〔中心は源泉徴収義務との関係〕、⑥資料情報申告義務あるいは納税者の資料保持義務違反に対する罰則等〔資料情報申告・保持義務の実効性〕、⑦税務調査権（質問検査権）と資料情報（調査による資料情報収集手続き等、資料保存期間等と課税処分の除斥期間等との関係）〔個別資料情報の確保と手続き〕、⑧資料情報申告・保持義務と立証責任〔資料情報の電子化と立証責任の転換〕を含めて法的に体系的に理解する必要があろう（以下、「広義の資料情報制度」という）(1)。今日、「資料情報制度」というと、「外国為替及び外国貿易管理法」（旧外為法）の抜本的な改正により（改正後の「外国為替及び外国貿易法」を、以下、「外為法」という。）、導入が注目された「国外送金等に係る調書提出制度」（以下、「資料情報制度」という場合には原則としてこの制度をさす。）を指すようである。本章では、「内国税の適正な課税の確保のための国外送金等に係る調書の提出等に関する法律」に基づく「国外送金等に係る調書提出制度」を中心に論じ(2)、その後に関連する周辺問題（広義の資料情報制度）に言及する。よって、税務上の資料情報制度の体系的な分析に欠けるおそれがあるがお許しいただきたい。

一　「国外送金等に係る調書提出制度」の創設の背景

「国外送金等に係る調書提出制度」は周知のように直接的には旧外為法の改正がインパクトとなって登場してきたものである(3)。しかし、「国外送金等に係る調書提出制度」の創設は、今日の「広義の資料情報制度」が共通して抱えている「緊急の課題」の背景や原因とそれらを同じくするものがある。

その理由の第一は「金融大改革の影響」である。これはあらたな金融商品の登場、さらにはファイナンスの「エレクトロニクス化」により、金融商品の課税関係に係る実体法規の整備の必要性という実体法上の問題をもたらした(4)。しかし、一方ではこれは対外取引の自由化によるクロス・ボーダー的な資産移動をもたらし、海外資産（からの所得）への適正な課税が困難になるという意味で、資料情報制度の整備という租税手続上の問題を引き起こした。このようなことから、外国為替制度の抜本的な改革は、単に旧外為法に代わる税法版での情報確認制度を構築すればよいという問題にとどまらず、税務執行面でのこれまでのわが国の資料情報制度あるいはこれと関連するシステム（これは主として源泉徴収制度に係わると思われる。）への改正に向けての課題を突きつけている。

第二の理由は、上述したファイナンスの「エレクトロニクス化」にも象徴されるように、情報通信革命を背景としたサイバー・スペースでの電子商取引等の拡大による影響である。このような取引の拡大は今日、恒久的施設概念といった地理的要因に基づく国内源泉所得課税に対する限界、すなわち所得税法や法人税法等の租税実体法規に係る解釈上の限界を露呈させている(5)。また、これらは租税法規の解釈上の問題に止まらず、いわゆる「足のつかない取引」として脱税や租税回避の拡大へ大きな道を開きつつあるといえよう。

これら二つの要因は、資料情報制度という租税手続において、特に、(1)現行の租税制度における支払調書、源泉徴収票、支払報告書といった「法定調書」の提出制度（所得税法二二四条以下等参照）をこのような環境のなかでどのように修正していくのか、⑵源泉徴収制度はこれまでは課税庁の資料情報収集あるいは税務調査などの限界を制度的に代替する機能を果たしていたが、この源泉徴収制度と資料情報制度を今後どのように結び付けて考えていくのか、⑶ペーパーレスあるいは電子情報の拡大といった環境において、資料情報との関係で立証責任をどのように考えていくのか、さらには⑷税務行政において資料情報制度はどのように構築され、かつ資料情報の開示や納税者の情報への（納税者又は関係行政機関からの）アクセスをどのように考えるのか、といった点に大きな影響を与えるであろう。

二　外為法改正と「国外送金等に係る調書提出制度」

1　外為法改正と税制への影響

まず、一で述べたような環境のなかでの象徴的出来事の一つが外為法の改正であるが、この改正と「国外送金等に係る調書提出制度」の創設に係る問題からみていく。

一九九七年（平成九年）九月の外国為替等審議会による外国為替管理制度についての抜本的見直しの答申を基本として、[6]一九九八年に外為法が施行されたが、周知のように①外国為替業務の認可制度を廃止する（旧一〇条削除）、②「特殊な決済方法」による支払等に関する許可制度を廃止する（旧一七条削除）、③資本取引について、原則として許可又は事前届出を不要とする（旧三条一項、二二条削除）などの改正を行った。[7]この改正により、⑴銀行を通さない対外決済の自由化が進むようになることから、企業内グループ内でのマルチネッティング、多通貨間でのネッティング、一括清算ネッティング等が自由に行われるようになる、⑵企業の決済方法もドル建てにするなど契約条件もこれまでと異なり、それにともなって個人輸入や並行輸入も増大する、ことなどが考えられる。また、⑶企業や個人が海外銀行口座や海外証券総合口座を保有し、その口座を使って決済・投資が自由に行われるようになる、さらに、(4)国内の投資家が海外での預金口座を通じて、外国証券会社から株式や債権を購入するといった資産運用や投資が増加し、また証券の一任勘定取引、いわゆるラップ口座の利用が可能となり（これは、指定証券会社を通さない海外証券投資の事前届出制度が削除されたことによる。旧二二条削除）、海外証券投資等が拡大する、(5)居住者間の外貨建て取引が拡大し、グループ企業などでのグループ全体としての為替管理、資金決済さらには資金調達が拡大する（企業内銀行）、いわゆるインハウス・バンキングも増加することなどが考えられる。(8)

このように企業の取引決済方法、資金調達の方法、資産運用の方法が大きく変わり、以下のような、現行租税法規が十分予想していなかった課税上の問題が生じてきた。(9)

(1)　外国銀行への預金から得られる利子、外国証券を通じた証券投資信託から得られる収益（配当金、利子、キャピタル・ゲイン）、不動産等の海外資産から得られる収益（不動産所得、キャピタル・ゲイン）に対して課税漏れが生ずる可能性が高くなる。

(2)　不正な所得が海外に流出することにより、わが国での課税が困難となる。

(3)　国内企業等が海外で資金調達を行い、これに国内投資家が投資をすることで、課税漏れが生ずる。

(4)　これまでは所得を入り口の段階で仮に捕捉できなくとも消費の段階で把握できたが、オフショア銀行などを決済口座とするクレジット・カード、手形、電子マネーを利用することにより、所得の有無を消費段階でも把握するとが困難となる。

(5)　外為法の自由化は電子商取引を増加させ、その結果、電子商取引に対する課税ポイントが特定できなくなる。

(6)　日本よりも税率の低い国を利用して、相続税、贈与税の回避が行われやすくなる。

以上の問題が示すことは、現行の資料情報制度では、外為法による規制あるいは牽制効果が存しなくなった後、課税庁が国外源泉所得を把握するための端緒、あるいはそのための担保システムが存在しないということである。

2　「送金等に係る調書提出制度」等の内容と評価

金融課税小委員会中間報告、税制調査会答申を受けて[10]、平成九年に「内国税の適正な課税の確保を図るための国外送金等に係る調書の提出等に関する法律」（以下、「調書提出法」という。）が公布され、翌年四月から施行された[11]。この法律のもとでは、国外送金又は国外から送金等の受領をする者に対しては、その者の氏名、住所等一定の事項を記載した「告知書」を金融機関・郵便官署へ提出することが義務づけられるとともに、また金融機関等に対しては告知書の住所、氏名等について本人確認が義務づけられている（調書提出法三条一項）。そして、同法は、送金金額が二〇〇万円を超えるものについては、金融機関等が税務署に「国外送金等調書」を提出することを義務づけている（同法四条、同施行令八条）。

まず、「国外送金等」の範囲、国外送金等の主体（顧客）は、外為法の規制対象よりも広範囲なものを取り込んでおり（調書提出法二条、三条）、この法律の趣旨からこの点はおおむね妥当なものと考えられる[12]。「国外送金等調書」の制度のうちもっとも問題となったのは国外送金等調書の対象となる送金金額の下限が二〇〇万円超で妥当か否かという点である（当初の一〇〇万円超とする法案がその後修正された[13]）。大口送金を一回二〇〇万円以下の複数取引に分散すれば通常送金手数料がかかることから分散化への歯止めはあるといえようが、やはり抜け道はあり、この額は世界的な基準からいっても高く、小口分散回避規定の導入も含めて今後検討が必要であるようにも思われる[14]。事実、「国外送金等に係る調書提出制度」の導入により対象となる件数は、法人を中心に総送金件数の二割程度になるものと予測されている[15]。国外送金をする者の告知書の提出がすべての「国外送金等」に要求されており、また本人口座からの振替においてもその口座を通すこととなることから（これらの情報は銀行等に保存される。）、課税庁がすべて課税のための端緒としての情報を失うわけではないが、そのような情報はこれら金融機関に「反面調査」をし、そこから個々に入手することとなるので資料情報収集には限りがあるといえよう[16]。

さらに、問題は、企業が海外の支店あるいは子会社等を用いて海外でネッティング決済等を行った場合には、それらの情報は日本（の課税庁）に全く入ってこないことである。このことは結局、海外支店又は子会社等（特に特定外国子会社等）の国外源泉所得をもわが国の課税権から覆い隠すことになろう。「国外送金等に係る調書提出制度」の趣旨が、直接課税事実を把握するのではなく、資本取引あるいはキャッシュ・フローを把握することを念頭において、その資産運用からの所得の発生を把握あるいは牽制する趣旨であれば、改正外為法のもたらす「ボーダーを通さない資金移動による課税へのインパクト」としての機能を十分に埋めたことにはならないと思われる。その他、金融機関を通さない国外送金等も可能であることから、この制度においては「金融機関の範囲」（調書提出法二条、同施行令二条参照）が狭義にすぎるのではないか[17]、また告知書の記載事項について、振替先の口座番号、振込口座番号等は必要はないか（同法三条一項一。二号参照）[18]、罰金等の金額が低く（同法七条）、この制度の実効性を挙げるためには送金額等に応じたスライド制を採用すべきではないか[19]、などといった問題もあろう。

外為法の事後報告制度も課税の担保システムとして機能するが、外為法は、銀行等がその一顧客と本邦から外国に向けた支払に係る為替取引を行おうとするときには、あらかじめ当該顧客の真偽を確認するように努めなければならないとする、銀行等の本人確認義務規定（一八条）をはじめ、支払等の事後報告（五五条）、銀行等の本人確認の実施状況の報告（五五条の一）、資本取引（対外直接投資を含む。）の事後報告（五五条の三）、特定資本取引の事後報告（五五条の四）（以上、新設）、対内直接投資等の事後報告（五五条の五・六）等の規定をおいている。しかし、この報告を要しない支払等の範囲（外国為替の取引等の報告に関する省令一条は、五〇〇万円以下の小規模の支払はこの報告義務の対象とならないとする。外為令七条も併せて参照）、報告を要しない資本等の範囲（資本取引の内容により、一億円以下と一〇億円以下に区別して報告義務を免除する。外国為替の取引等の報告に関する省令五条参照）が諸外国に比べると高く、十分な機能を果たさないと考えられる。

また、外為法は、銀行等の本人確認に係る実施状況についての確認規定をおいているが、罰則規定が存しない（ただし、報告義務に違反すると罰則規定がある。五五条の二参照）など、問題を残している。このような外為法上の資料の活用も可能であるが、その情報としての有用性はそれほど高いとは考えられない。[20]「国外送金等に係る調書提出制度」と外為法の事後報告制度を併せてみた場合に、資料情報の網の目は後述するアメリカ等の資料情報制度（後述四参照）に比べると粗く、総合的な担保的機能、牽制的機能も低いということができよう。

三　源泉徴収制度の機能と資料情報制度との関連性

外国為替制度の改正は、現行の源泉徴収に頼った利子所得課税等に大きな影響を与えるといえよう。

1　居住者に支払われる利子等と源泉徴収制度

居住者に支払われる一定の所得は、所得税法上は、源泉徴収のうえ総合課税に服するが、たとえば所得税法一八一条においては、「居住者に対し国内において第二三条第一項（利子所得）に規定する利子等……又は第二四条第一項（配当所得）に規定する配当等……の支払をする者は、その支払の際に、その利子等又は配当等について所得税を徴収し、……国に納付しなければならない」と規定する（非居住者、外国法人に対する所得の源泉徴収については、同法二一二条一項参照）。ここで国内において支払うとの意義が問題となるが、本条でいう「支払」の定義について、所得税基本通達一八一〜二二三共―一に、「現実に金銭の交付をする行為のほか、元本に繰り入れ又は預金口座に振り替えるなどその支払の債務が消滅する一切の行為」が含まれるとしている。

また、租税特別措置法三条一項は、「居住者又は国内に恒久的な施設を有する非居住者が……所得税法の施行地において支払を受けるべき……利子等については」、他の所得と区別して、一五％の一律源泉分離課税を行う旨を規定している。「建設作業等」を一年を超えて行う非居住者及び「代理人等」を置く非居住者の利子で事業に帰せられない者については、所得税法が原則適用される（同法三条二項参照）。これが源泉徴収の対象になることには変わりはないが、恒久的施設を有する場合には一定の手続きのもとで源泉徴収による納付を免れる（所得税法二一四条参照）。

このような規定のもとでは、日本にある銀行が預金者（日本の居住者）の海外口座に振り込んだ場合にこの規定の適用を受けることは当然であるが、日本の銀行のイギリス支店に預金をし、その支店の口座に預金利子を振り込んだ場合にも、日本の銀行が源泉徴収義務を負うか否かは必ずしも明確ではなく、おそらく源泉徴収義務は存しないものと思われる。(21) また、たとえば居住者がアメリカの銀行のロンドン支店に口座をおき、そこでの預金利子を日本の銀行の口座に振り替えた場合には、居住者において、それは総合課税の対象になるが源泉徴収義務は存しないことから、居住者は確定申告をしなければならないであろう。(22) 結果的には、多くの場合課税漏れといった事態が想定される。

外為法の改正により、源泉徴収の対象とならない利子所得等を簡単につくり出すことが可能となり、また仮に日本の銀行の海外支店からの預金について、源泉徴収されたとしても（現行規定の解釈上、源泉徴収課税は生じないであろうが）、税引後の残額がある海外預金口座に振り込まれると、課税庁はその口座預金の資産運用により発生した所得を把握することができなくなる。

たとえば、イギリスにおいては利子所得に対する源泉税（二〇％）が非居住者には免除されている。(23) そこで、外為法の改正に応じてイギリスに円預金をすると、日本でもイギリスでもこの居住者は源泉税の課税を免れることになるであろう。外国銀行への預金や外国証券会社への口座開設により預金利子や証券投資の結果得られる配当利子、キャピタル・ゲインなどを把握することがますます困難になる。

なお、非居住者に対する利子等の源泉徴収制度について、所得税法二一二条一項は、非居住者又は外国法人に対し、国内において一定の種類の国内源泉所得の支払をする者は、その支払の際、これらの国内源泉所得について所得税を徴収しなければならない旨を規定している。さらに、所得税法二一二条二項はなお、国内源泉所得が国外において支払われるときには、その支払者が国内に住所等を有し、又は非居住者・外国法人で国内に事務所・事業所その他これに準ずるものを有するときには、国内において支払われたものとみなす旨を明記している。利子・配当等の国内源泉所得が生ずれば、当然支払者が国内に住所等を有することとなるから、非居住者や外国法人による国外の支払については、居住者等に比べて源泉徴収制度は広範囲に機能しているといえる。

さらに、電子商取引などのサイバー・スペースを利用した商取引・金融取引等により所得源泉地の把握が困難となり、また金融ディリバティブによって所得の種類や源泉地を容易に変えることができるので、源泉徴収制度はますます機能不全に陥ることになる。(24)

ここで一般的な資料情報制度（法定資料制度）との関係に言及すると、わが国の法定資料制度の特徴は源泉徴収制度との結びつきおいて導入されてきている点に特徴があるといえる。所得税の適正な申告を担保するために、源泉徴収義務者に対して、法定資料の提出が義務づけられている（所得税法二二五条、二二八条。なお、法定調書は課税の公平を図るうえで必要なものと考えられるが、納税者に負担を負わせるために、一定額以下のものにはその提出等が免除されている。）。わが国の法定資料制度は源泉徴収制度との密接な結びつきにおいて機能しているという点に留意しておく必要がある。(25)このような「所得発生情報伝達型」の資料情報制度は確かに総合課税のもとでは源泉徴収義務と結びつき易いといえるが、このような結びつきがどこまで維持できるのか、すなわち海外資産（あるいは海外資産からの所得）については原則として海外で税務調査権が及ばないことから、居住者や内国法人の海外資産の所在（及びそれからの所得）に係る情報申告制度が今後ますます重要になってくるものと思われる。

四　外国の資料情報制度

わが国はアメリカとは租税実体法規に相違があることから、単純にアメリカの法定資料のフォームの数だけでアメリカの資料情報制度が充実しているなどと評価することはできない[26]。アメリカの納税申告、資料情報等の制度は、内国歳入法典（ＩＲＣ）による規定（Subtitle F. Chapter 61. 特に情報申告については、§§ 6031〜6060参照）と通貨・海外取引関連法等（USC Title 31）による規定によっている。この点では、わが国と類似している。すなわち、所得税法による支払調書等のいわゆる「法定調書」、「国外送金等に係る調書提出制度」と外為法の事後報告制度等の規定と形のうえでは同じように二重構造となっている。

通貨及び海外取引報告法（Currency and Foreign Transaction Reporting Act USC Sub chap. II）等における金融機関等あるいは納税者等の報告義務については、(1)通貨及び海外取引報告法・連邦規則（Code of Federal Regulation: CFR）§ 103. 22によって、原則として、各金融機関は一万ドル超の現金取引（振替を含む。）について、報告書を税務当局に提出しなければならない、(2)通貨及び海外取引報告法・連邦規則M103. 23によって、現金の米国内への持込み、米国外への持出しについて、一万ドルを超える支払手段を携行・郵送等するものは、その報告書を税関に提出しなければならない、さらに(3)通貨及び海外取引報告法・連邦規則§ 103. 24によって、米国外の銀行・証券等の金融口座に年間いずれかの時点で総額で一万ドル超の金融上の権利を有する者、口座上の資金を処分できる署名権限等を有する者は、各年度ごとに報告書を内国歳入庁長官に提出しなければならない、としている。(1)については小口報告回避規定があることは注目すべきことである。(3)における海外金融口座等の記録は納税者が保存し、いつでも提供できる状態にしておかなければならない。この制度に対応するものはわが国には存しない。

これら報告義務をはじめ、金融機関等の確認義務・記録保存義務として、多くの金融上の申告制度がある[27]。重要なものを列挙すると以下のようである。

(1)　通貨及び海外取引報告法・連邦規則§ 103. 34aは、銀行が預金口座等について開設日から三〇日以内に顧客の納税者番号を確認・保存しなければならないと規定する。さらに同条（b）は、一万ドルを超える信用供与の記録の保存義務、米国外の者、口座又は場所への一万ドル超の通貨等の支払手段、資金、小切手等の移動の記録等の保存義務を課している。

(2)　同法・連邦規則§103. 33（e）は、銀行が国内外を問わず銀行を通じた送金について、送金者側の銀行等として三〇〇〇ドル以上の支払指示を受ける毎に、各々の支払指示について、一定の情報を原本、マイクロフィルム等の複写又は電子記録により保存しなければならないと規定する。

(3)　同法・連邦規則§103. 33は、金融機関等が米国内と米国外との間の一万ドル超の資金移動を結果としてもたらすことを意図して行われた助言・要請・指示の記録等の保存義務を課している（国内通貨・通貨取引の報告については、同法§5313、支払手段の輸出入の報告については、同法§5316参照）。

また、わが国とは違って、財務省長官は適当であると認めるときには、指定された金融機関等に対して、指定され外国金融機関等との取引に係る情報についての報告書を提出することを求める規則を公布することができる（通貨及び海外取引報告法・連邦規則§103. 25）。

一方、内国歳入法典は、年間一〇万ドル以上の利子・配当を支払うすべての者（銀行等）又は年間一〇万ドル以上を支払うすべての者は、財務長官が定める書式・規則（規則により、利子・配当の総額、配当受取人の氏名・住所・納税者番号）に従って申告書（Form 1099・1042S. 1099・1045S等）を提出しなければならない（§§6042（a））と規定する。

また、財務省は、内国歳入法典について、特に最近、海外資産情報に係る規定の整備をすすめるとともに、さらに非居住者や外国法人に対する源泉徴収規定に係るレギュレイション（財務省規則）の整備を進めている。たとえば、アメリカ人が外国信託へ通貨又はその他の財産を譲渡したとき場合には九〇日以内に報告しなければならなかったが、罰則が強化されるとともに、(28) 外国信託から配分を受け取ったアメリカ人は、信託の名前、総額等の内国歳入庁が指定する情報を申告しなければならないこととなった。(29) また、アメリカの市民権を放棄する者、長期にわたる法的居住外国人（グリーンカード保有者）は、新しい租税回避規則のもとで連邦税の徴収を簡単にするために、新住所地、資産、負債などの情報を含む国籍離脱の届出をすることが求められている（§6039G）。(30)

これらの申告制度はわが国の資料情報制度より広範囲なものをカバーしているといえよう[31]。また、わが国と決定的に違う点は、内国歳入法典、通貨及び海外取引報告法、銀行秘密法（Bank Secrecy Act）などとの連携のもとに「資産情報伝達型の資料情報制度」が確立されているということであろう。

五　資料情報制度と関連問題

(1)　現行の総合課税を前提としたうえで、一部金融商品からの所得を源泉分離課税とするわが国の制度のもとでは、課税の公平という趣旨から単に外為法に代替するという意味での「国外送金等に係る調書提出制度」では不十分である。電子商取引、電子マネーの拡大からもこのことはさらに高まるといえよう。しかし、「経済活動情報」のどこまでを税務情報として収集すべきであるか又は収集することができるかなど、詰めた検討が必要である。たとえば、課税庁が海外資産情報（海外預金口座、投資情報など）を申告させることも可能であろうが、税務当局自体がこれらを税務情報として収集すべき情報か否か検討の余地がある。

なお、カナダ、アメリカ、フランスなどでは既にこのような海外資産情報申告制度が導入されている。また、このような資料情報制度の導入は、一九九七年のＯＥＣＤの租税委員会でも確認されている[32]。わが国においてもこのような制度の導入が検討されるべきであろう。

(2)　源泉徴収制度については前述したように、現行制度において利子所得等に対して源泉徴収制度が機能しないといった事態が考えられることから、関連規定等の見直しが必要である。また、資料情報制度の視点からいえば、源泉徴収義務者に資料情報報告義務を負わせるという現在の法定資料制度は限界にきているともいえよう。

(3)　総合課税を前提とするわが国の資料情報制度のスキームは、所得の種類や特質、資料情報の内容に応じたパッチ・ワーク的なものにならざるをえないであろう。国内・国外の課税を通じた統一的な資料情報制度を構築することは不可能であろうと考えられる。ある場面では、納税者側に資料情報の保持義務（いわゆる「記録保持義務」）を負わせ、それを前提にしてのみ一定の経費控除を認めるといった資料情報制度や外為法に代わる制度として導入された「民間国外債の利子非課税措置に係る本人確認制度」等の手法など、多様な資料情報制度が考案されるべきである[33]。

(4)　アメリカにおいてはバック・アップ源泉税（back up withholdin tax）（内国歳入法典§3406）を導入し、あらゆる申告すべき支払について、受取人が要求されている方法で支払者に正確な納税者番号（TIN）を与えないときには、あるいは長官が支払を示した納税者番号に誤りあると支払者に通知した場合などには、支払者はそのような支払の三一％に相当する税（かつては二〇％）を当該支払者が徴収しなければならないとしている[34]。これは、納税者番号制、資料情報の提供などの実効性に関して、有益な制度であると思われる。

(5)　アメリカにおいては、原則として納税者に立証責任がある。わが国とは逆であるが、一九九八年の内国歳入庁の改革法案（HR2676）のもとでは、一定の条件のもと（たとえば納税者の保護と権利のタイトルのもとで要求されているあらゆる記録を保持しているなど）、所得税の納付税額について、納税者が信頼に値する証拠を提出する場合には、事実認定に係る立証責任を政府に転換するとしている（内国歳入法典。§7491-3001の改正）[35]。わが国においても情報処理のコンピューター化に応じて、資料情報申告制度との関係で立証責任が再検討される時期にきているといえよう。

(6)　税務調査権との関係において、内国歳入庁の調査官には帳簿調査権限、宣誓のもとでの証言聴取権限、サモンズ（行政召還状）の発布権限がある。第三記録保持者（銀行等）に対するサモンズの発布も可能である（一九九八年内国歳入庁の改正法案によるとシビル・アクションにおいて第三者情報にアクセスするためにサモンズを発布することを禁じているようである[36]）。わが国においては、質問検査権（所得税法二三四条、法人税法一五三条―一五六条）のもとでの反面調査や二三五条の税務職員の官公署等への協力要請によっては、広範囲に一般的な資料情報を収集することはできない。資料収集を目的とした税務調査権の行使については、一般的な資料情報制度（いわゆる「法定調書」

の制度）のもとで収集できる事項を明定していることとのバランスが留意されるべきであると思われる。

(7)　税務情報の名寄せ等の方法・程度が問題となるが、わが国ではＫＳＫ（国税総合管理）システムが採用されており、申告や決算業績や資料情報などの各種の情報を蓄積・管理し、システム内で照合分析することができるようにすることにより、税務調査対象も絞り込めるようにすることをその目的の一つとしている。(37)

アメリカにおいては、税務情報処理のためのＴＳＭプログラム（Tax Systems Modernization Program）が問題視され、現在その新たな開発に向けてオーバーホールが行われているが、いわゆる内国歳入庁のコンピューターによって、このような個人のマスターファイルに名寄せされ、ＤＩＥシステム（判別に関するシステム、ディスクリミナント・ファンクション・システム）などにより税務調査の選定が行われているのは周知のとおりである。ＴＩＰＲ（情報申告照合プログラム、インフォメイション・リターン・プログラム）あるいはマッチング・プログラムは、内国歳入庁が第三者の情報――賃金、利子、配当、一定の控除――を Form 1040の納税者の申告書と照合することを可能にし、過少申告者や現在六〇〇万人といわれる無申告者に対して活用されている。(38)このようなシステムは、納税者番号制度の導入、電子申告などにより、初めて可能となるものである。わが国において、それに向けての環境整備が緊急の課題であるといえよう。ＫＳＫ（国税総合管理）システムの構築のみがそれらに先行することは問題であろう。

なお、個人情報ファイルについては、その設置から情報の収集、保有、頒布のプロセスまで規制を加える必要があると思われるし、マッチング（照合）規制も考慮されなければならないと思われる。アメリカにおいては、これについては、プライバシー法等とそれを受けた規則が係わっている。

(8)　税務情報の開示と税務情報へのアクセスについて、わが国では議論が十分に交わされていない。アメリカにおいては、内国歳入庁にも他の行政機関と同様にＡＰＡ（行政手続法）が適用されるが、税務手続きについては特に例外が二つある。

一つは、情報公開法で、行政機関が維持している情報をだれもがアクセスすることを認めている。もう一つは、プライバシー法である。これは行政機関が個人について情報を集め、維持している場合、その情報について個人の「プライバシー権」を認めている。情報公開法はだれでもが必要な理由を示すことなく情報を手に入れることを認める一方、プライバシー法は内国歳入庁を含む行政機関が保有している情報を個人が得ることを保障している。この二つの法はまた、内国歳入庁による情報の開示をも規定している。

しかし、内国歳入法典§6103は、この二つの法律による納税申告、納税申告情報の開示を制限している。[39]また、内国歳入法典§6110も情報公開法の特別法として位置づけることができ、アクセスがレター・ルーリング、決定レター、テクニカル・メモランダムに関係している場合については、情報公開法の適用が制限されることを規定している。これら規定の相互関係等についてはわが国でも十分な成果があるので詳細は割愛するが、わが国の納税者番号制導入にはアメリカでみることができるように、このような目的外利用の禁止・外部提供の規制、自己情報開示請求権、情報訂正権等を個人情報保護法、情報公開法により十分に保障する（税務行政上の例外規定を含めて）ことが導入の前提条件であることには異論がない。

(9)　クロス・ボーダー取引等に対する課税については、租税条約上の情報交換規定の重要性がますます高まるものと思われる。租税条約における情報交換は、締約国の条約適用に関する事実を判断するためのみでなく、条約に関係なく国内課税法規の適用にあたっても重要である。しかし、最近の問題は、条約締約国が、国内法規により情報公開に制約を受けているが、一方の締約国において情報の完全な開示が可能であるといった場合、いわゆる締約国に一方的な情報享受の利益が生ずる場合に問題となる。ＯＥＣＤモデル租税条約§26（2）はこの問題に配慮している。[40]ＵＳモデル租税条約§26（3）は、ＯＥＣＤモデル租税条約と違って、情報提供の要請を受けた国は銀行等の金融機関が情報公開を国内法で禁じられていたとしても、情報提供義務があることなどを規定している。[41]

なお、国家間の情報交換においては、可能な限りそれをすみやかに行うために、一九九二年のＯＥＣＤスタンダード・マグネチック・フォーマット（OECD standard magnetic format）の使用に対する勧告が考慮されるべきであろう。[42]

おわりに

金融改革やインターネットに代表される情報化社会において、納税申告制度を十分に担保する資料情報制度を確立することは極めて困難である。このことは、特に国際課税の領域における課税方法の「源泉徴収化」という世界的な潮流を生み出しているともいえよう（総合課税制度の放棄につながる場合もある。）。しかし、居住者の海外所得に対しては「源泉徴収制度」すらも制度的に機能しない場面が存することから、この場合には資産情報申告義務を納税者や金融機関等、一定の関係者に課すことが必要となってこよう。けれどもこのような制度については罰則規定をもってしてもその実効性を確保することは容易ではなかろう。上述したように、現行の源泉徴収制度の機能不全部分の修正、納税者番号制の導入、立証責任の転換、税務情報の国際的な協力等と関連づけながら議論を今後すすめていく必要があろう。さらには将来、資料情報制度のあり方、資料情報制度の限界が租税の徴収方法のみでなく課税ルールの枠組みそのものを変えることを余儀なくさせることがありうるかもしれない。

なお、本章で示したような資料情報申告制度は「苛斂誅求」的な制度であるとの批判もあるようであるが、本来現行税制で課税対象とされている所得を把握するための手続きであり、放置すること自体の不公平の方が問題は大きいといえるであろうし、そのような批判は資料情報申告制度の実効性の点からみてもおそらくあたらないであろう。

（追　記）　適正な課税・徴収の確保を図る観点から、平成二四年度の税制改正において、国外財産を保有する者からその保有する国外財産について申告をしてもらう仕組み（国外財産調書制度）が創設された。概要は以下のようである。

居住者（「非永住者」の方を除く。）で、その年の一二月三一日において、その価額の合計額が五〇〇〇万円を超える国外財産を有する場合には、その国外財産の種類、数量及び価額その他必要な事項を記載した調書（以下「国外財産調書」という。）を、その年の翌年の三月一五日までに、所轄税務署長に提出しなければならない（国外送金等調書法五、六、一〇、国外送金等調書令一〇～一二、国外送金等調書規一二、一三、別表第一、第二参照。http://www.nta.go.jp/shiraberu/ippanjoho/pamph/hotei/kokugai_zaisan/pdf/kokugai_faq.pdf）。

（1）「広義の資料情報制度」における個々の制度あるいはそれと密接に関係する制度については、租税法学会の第二七回総会において各々報告が行われた（これら報告の詳細は学会誌を参照されたい。）。よって、重複する内容は本章においても極力避けることとする（これらの関連については、本章五参照）。今後、広義の資料情報制度にどのようなものを取り込むかはともかくも、租税法体系の租税手続法のなかで、資料情報制度の占める地位はますます高くなるであろう。*See* James & Wallschutzky, *The Shape of Future Tax Administration*, 49-5 BULLETIN（IBFD）10（1995）.

（2）外為法改正による租税法への影響を包括的に検討した論文として、中里実「外国為替法改正と租税法」税経通信五二巻八号二五頁以下（一九九七）等が有益である。

（3）外国為替審議会答申「『外国為替及び外国貿易管理法』の改正について――わが国金融・資本市場の一層の活性化に向けて」（平成九年一月一六日）は、「国際的なマネー・ローンダリング防止等に対する国際社会の要請の高まりを踏まえ、高額の支払い手段等の輸出入について、税関に対し事前に報告する制度を導入することが適当である。また、その他の対応として、クロスボーダーのマネー・ローンダリング等を防止するため、高額の海外送金や両替について、銀行や両替を業とする者等に本人確認を求める等の方法が考えられる。なお、税務当局等関係当局についても、適切な対応について検討する必要があろう。」（答申4（4））と述べている。衆議院大蔵委員会附帯決議（平成九年四月二三日）は税について資料情報制度の整備等の対応を求め、及び参議院大蔵委員会附帯決議（平成九年五月一五日）も金融・証券税制の見直しの他、課税回避を防止するために海外送金等の報告制度などの整備を求めている。これらの経緯については、水野哲昭「一八年振り外為法抜本改正」法律のひろば五〇巻一一号四頁以下（一九九七）等参照。

（4）金融ビッグ・バンのもたらす影響については、中里実「金融取引に対する課税の動向」税研七四号二七頁以下（一九九七）、同「情報金融革命と金融革命の中の租税法」ジュリスト一一一七号三四頁以下（一九九七）、同・前掲注（2）論文二五頁以下等参照。

（5）電子商取引等のもたらす影響については、増井良啓「電子商取引と国際課税――ＩＭＦの五月九日ロンドン会議の報告」

租税研究五八七号八〇頁以下（一九九八）、同「電子商取引と国家間税収配分」ジュリスト一一一七号四一頁以下（一九九七）、岩崎政明「電子商取引・電子有価証券取引に関する租税政策の動向（上）（下）」ジュリスト一一三三号一八八頁以下、同一一三四号一三六頁以下（一九九八）、同「グローバル電子商取引に対するアメリカの租税政策」横浜国際経済法学六巻二号一〇七頁以下（一九九八）等が詳しい。特集「コンピューター・ネットワークと法」ジュリスト一一一七号（一九九七）に掲載のその他関係論文も併せて参照。

（6）外国為替審議会報告書「国際的金融取引の現代的展開と取引環境の整備――外国為替管理制度の抜本的な見直しについて」（平成八年六月）及び前掲注（3）参照。いわゆる「日本版ビッグ・バンについて」（平成八年一一月）も参照。

（7）外為法改正の概要については、とりあえず、外国為替貿易研究グループ編『逐条解説改正外為法』（通商産業調査会出版部・一九九八）、長谷川俊明『新外為法とリスクマネジメント』（中央経済社・一九九八）、山田熙編著『改正外為法と海外投資の税務』（ぎょうせい・一九九八）等参照。

（8）外為法改正が企業活動等にもたらす影響については、長谷川・前掲書五九一頁以下が詳しい。

（9）外為法改正が税制にもたらす影響について、税制調査会「平成九年度の税制改正に関する答申」（平成八年一一月一八日）は、外国為替制度の見直しにより「税制の面からは、課税回避資金の海外への送金・隠蔽、クロスボーダー取引を利用した租税回避行為増大、海外における収益の把握の困難化、といった問題が生ずる。」と述べ、「これらの問題に対しては、欧米諸国の例を参考に、課税の適正化のための諸措置を検討することが適当である。」（答申四1（1））と述べる。その他、中里・前掲注（2）論文（産業構造審議会産業金融小委員会の配付資料を引用）、武田近・久保田昌人「金融ビッグバンと税務の執行」税務弘報四八巻五号一六三頁以下（一九九八）、川田削「金融取引のグローバル化と調査確限の強化」税理四〇巻一〇号二頁以下（一九九八）、その他、税経通信五二巻一四号（一九九七年一〇月）の特集「国際化・情報化時代の法人調査への対応」における各論文を参照。

（10）前掲注（9）の税制調査会「平成九年度の税制改正に関する答申」（平成八年一一月一八日）、税制調査会金融課税小委員会「金融システム改革と金融関係税制」（平成九年一二月）（四、2　改正外為法に対する税制面での対応）参照。

（11）「国外送金等に係る調書提出制度」の解説については、鍋谷彰男「内国税の適正な課税の確保のための国外送金等に係る調書の提出等に関する法律（法令解説）」税務弘報五三巻二号一七七頁以下・税経通信五三巻六号二二四頁以下（一九九八）、武田近「電子取引と資料情報制度の概要」税経通信五三巻二号一七七頁以下（一九九八）、矢内一好「外為法改正と国外送金に係る

調書の提出」税務弘報四六巻四号六一頁以下（一九九八）等参照。

(12) 国際クレジット・カードを海外で利用した場合の代金の支払もトラベラーズ・チェックの購入も「国外送金」に該当しないことから、これらの決済に関係して租税回避の余地を含む可能性はあろう（調書提出法二条四号参照）。

(13) 日本経済新聞平成九年九月一七日（二〇〇万円で決着）、平成九年九月二七日（外為自由化後の適正課税への一歩）等参照。

(14) 小口分散回避規定の例として、取引の小口分割を含む「仕組み取引」及びその幇助に対する禁止・罰則規定（Currency and Foreign Transaction Reporting Act, Code of Federal Regulation: 通貨及び海外取引報告法 §5324、連邦規則 §103.22）。近時、外国系銀行にはこの送金手数料すら要しないものがあり、これは小口分散化の誘因となろう。内国歳入法典 §6050 I (a)(2) も併せて参照。

(15) 注（13）の日本経済新聞参照。

(16) 所得税法二二四条、法人税法一五三条、相続税法六〇条等に基づいて行われる個別税務調査の際に収集するしか途はなかろう。それがどの程度牽制的な効果をもつかは疑問である。納税者番号制の導入などと併せて実効性が議論されるべきであろう。

(17)「金融機関」にはいわゆるノンバンク、企業内銀行等は含まれない（調書提出法四条、二条三号、同令二条参照）。アメリカでは、「金融機関」に両替商、電信会社、トラベラーズ・チェック、又は送金為替の発行者・換金業者なども含まれる（通貨及び海外取引報告法 §5312、連邦規則 §103.11 (n)）。

(18) 国外送金等をする者（顧客）は、告知書に氏名（又は名称）、住所（又は居所等）、送金原因、そのほか参考となるべき事項を記載しなければならない（調書提出法三条一項各号、同規則三条二項、六条二項・一一項）。告知書等の様式については具体的な規定が存せず、外国送金依頼書を兼ねることができると解されている。全銀協の外国送金取引規定三によると、送金の依頼にあたっては受取人名、受取人口座番号又は受取人の住所・電話番号等が要求されている。佐藤正寿「外国送金取引規定ひな型について」金融六一七号四頁以下（一九九八）参照。なお、告知書等の保存期間と税務調査の可能な期間（更正の除斥期間等）との関係も問題になろう。

(19) 告知書又は国外送金等調書の不提出及び虚偽記載による提出については、一年以下の懲役又は一〇万円以下の罰金に処することとされている（調書提出法七条）。わが国のその他の支払調書提出義務違反の罰則も同様（所得税法二四二条等参照）。これらとのバランスをとっているのであろう。アメリカは、行政罰として一〇〇〇ドル以下の罰金、刑事罰として一年以下の懲役又は一〇〇〇ドル以下の罰金を課しており（又は併科）（通貨及び海外取引報告法 §§ 5321-5322、連邦規則 § 103.22）、この点では大差はない。

（20）この他の資料としては、関税法及び同関係法令、「外国為替の取引等の報告に関する省令、輸出貿易管理令」等により様々な申告・届出・報告等が義務づけられているが、税務資料としての一般的な利用は法的には疑問である。

（21）所得税法の施行地において支払を受けるべき場合に該当しないといえよう。所得税法二一二条一項のような規定が存しない以上、このような問題が生ずる。外国為替法の改正と源泉徴収制度については、中里・前掲注（2）論文等の指摘参照。

（22）たとえば、国内に営業所等を有する金融機関が受け取る利子についての源泉徴収不適用の規定である租税特別措置法八条は、日本法人である銀行の海外の支店あるいは営業所であっても「国内に営業所を有する銀行」に含まれると規定している（同法令三条の三参照）。

（23）所得税法・法人税法（Income and Corporation Taxes Act 1988）§§ 347A, 347B-348, 350-353、日英租税条約一一条参照。

（24）電子商取引における直接税・間接税に係る税務行政上の問題については、増井・前掲論文等参照。電子商取引における問題については、課税庁と企業が協力的な関係に立つのであれば、このような新しいコミニュケイション・テクノロジーに現存の課税制度で十分であり、あらたな課税制度は原則として不要であろう。*See* OECD, Electronic Commerce and Taxation (1998); OECD, The Taxation Global, Trading of Financial Instruments (1998).

（25）法定調書とは、所得税法、相続税法、租税特別措置法、地方税法の規定により特定の所得等に関する支払の事実について調書として提出することが義務づけられているものであると定義できるが、基本的には支払者（源泉徴収義務者）にその負担を課している。たとえば、所得税法二二四条は受領者の氏名等の告知義務と支払者の確認義務を規定し、同条二二五条が支払者の支払調書の提出義務を規定している。なお、利子所得等の分離課税については、支払調書の提出が免除されているが（租税特別措置法三条一項等）、このような取扱いも今後検討が必要であろう。

（26）*See* Michael I. Saltman, IRS Practice and Procedure Chap. 2 (1997). アメリカの納税者は、情報申告フォームをインターネットを通じて取り寄せることができるが、それらの申告書のうち、一万ドルを超える現金支払の Form 8300、為替取引申告 Form 4798 等が参考となる。

（27）アメリカのこのような制度を紹介した文献として、石村耕治「米国の現金取引報告法の構造と運用実態（1）（2）」旬刊経理情報五七七号一一頁、五七八号一七一頁（一九九〇）がある。

（28）*See* Lifson & Guadiana, *Recent Legislation Imposes New Compliance and Tax Burden on Individuals with Foreign Connec-*

tions, 27 Tax Adviser 6768（1996）. なお、外国関係会社等との取引に関する報告・記録保存義務については、ジャパン・ビジネス・グループ「外国関係会社等との取引に係る報告。記録保存義務等に関する米国財務省最終規則について」国際税務一一巻九号一五頁以下（一九九一）等参照。

(29) *See* Marin Jr., *New Reporting Rules Sttifer Penalties for Foreign Trusts Seek to Curb Perceived Abuses*, 85-6 J. Taxn 334（1996）.

(30) Lederman & Hirsh, *New Tax Liabilities and Reporting Obiligations Imposed on Expatriates*, 1996 J. Taxn 334（1996）; Lederman & Hirsh, *New Tax Reporting Rules for Departing U. S. Person, and Property after IRS Guidance and TRA '97*, 87-3 J. Taxn149（1997）.

(31) アメリカ以外の国については、たとえば、フランスにおいては、①フランス国外に金融機関の口座を保有・開設又は閉鎖する者は、各年度毎に、口座管理機関の名称・住所、口座番号、（個人の場合）氏名・生年月日、出生地、現住所（個人事業者にはさらに事業者登録番号）を税務当局に申告しなければならない（Code général des Impôts: 租税一般法§1649 A）、②金融機関等は、海外への資金移動について、日付、金額、当事者の身元、口座情報等を記録・保存し、税務当局の要請に応じて情報を報告しなければならない（Livre dos procedures fiscales: 租税手続法§96 A）、③五万フラン以上の現金等をフランス国外へ持ち出す者、又は国内へ持ち込む者は、氏名、住所、生年月日等を税関に申告しなければならない（租税一般法§1649, 4A）などの規定をおいている。金融機関等は、顧客による口座の開設、閉鎖時に一定の情報を税務当局に申告しなければならない（租税一般法§1649 A）。預金利子等についても、金融機関等は受取人の氏名等の報告義務がある（租税一般法§42, 3）。フランスには納税者番号制度は存在しない。イギリスも国内の銀行口座についての法定資料制度は同様に有するが、海外預金口座についてはフランスほど厳しいものではない。たとえば、英国外の「同族会社」の持分を有する者は、当該会社の資産等に関する情報を税務当局の要請に応じて報告する義務がある（Tax Management: 租税管理法§28）。

(32) OECD, Harmful Tax Competition: An Emerging Global Issue（1998）における Annex: Recommendations and Guidelines for Dealing with Harmful Tax Practices 参照。日本経済新聞一九九七年七月四日（海外資産に申告制導入）等参照。

(33) 外為法改正前までは居住者又は内国法人が国外で直接民間国外債の利子を受け取ることは想定できなかったことから、非居住者又は外国法人を対象とする本非課税措置の濫用については本人確認手続きを要件としていなかった。しかし、本章で論じた資料情報制度と同様に、外為法改正によりこの非課税措置の濫用が懸念されたことから、わが国の法人が海外で発行する債券の利子を非居住者又は外国法人が受け取る場合の非課税措置について、次の一定の本人確認の手続きが取られた場合にはその利子について所得税を課さないこととされた（租税特別措置法六条）。

(1) 非居住者又は外国法人が利子を受け取るときに、その者の氏名・住所等を記録した申告書を利子の支払者を経由して税務署長に提出した場合。

(2) 非居住者又は外国法人から債券の保管の委託を受けている金融機関が、利子の受領者が非居住者又は外国法人である旨等の情報を利子の支払者に通知し、利子の支払者がその情報に基づき作成した確認書を税務署長に提出した場合。

(34) 内国歳入法典§§ 1441–1442のもとでの源泉税手続きを修正するために、内国歳入庁は提案規則（Pro. Reg.）を公表している。すべての所得の種類に源泉徴収を実施するための統一的なスキームを確立すること、アメリカ人に所得を支払うときの情報申告及び同法典§ 3406のもとでのバック・アップ税とこのスキームを結合させることである。同法典§ 3406においては、情報申告を義務づけられており、そして正確な納税者番号を記載しない者に支払うべき配当・利子その他の所得から支払者が三一％の税を源泉徴収することを要求している。外国人に対する支払は原則として同法典§§ 1441–1442により源泉税に服する。一方、アメリカ人に対する支払は情報源泉税と（納税者番号を正確に記載しないときには）バック・アップ源泉税を義務づけられる。提案規則は、特別な支払がアメリカ人と外国人のどちらに対して行われたとして取り扱われるかを判断するための一連の手続きを規定している。

(35) アメリカの税務訴訟における立証責任は納税者にあるが（IRC § 3001）、一九九八年内国歳入法典（IRS）改革法において、納税者が所得税の納税義務の確定に際して信頼に値する証拠を提出したときには、事実問題に関する立証責任はいかなる裁判手続きにおいても課税庁に転換する旨を規定した（IRC §§ 7491）。立証責任が課税庁側にある国としては日本、フランス、ドイツ（所得についてのみ）等が上げられる。*See* OECD. DROITS ET OBLIGATIONS DES CONTRIBUTABLES (1990).

(36) サモンズについては、水野忠恒「行政調査論序説――アメリカ合衆国における租税調査および行政調査制度の概観」金子宏・塩野宏・小早川光郎編『行政法の諸問題（中）』一四七〇頁以下（有斐閣・一九九〇）等参照。*See* Brauman, *Foreign Evidence Gathering And Discovery for U.S.Civil Tax Determination Purposes'* 30 INT'L LAWYAR 589 (1996); TOWNSEND, AUDITS AND APPEALS: DEVELOPMENTS, Chap. §§ 26. 01–26. 62 (1996).

(37) 熊藤啓介「ＫＳＫ（国税総合管理）システムの導入について」税経通信五一巻六号一八五頁以下（一九九六）、松本富由「ＫＳＫ（国税総合管理）システムの導入について」税務弘報四三巻一三号一八五頁以下（一九九六）等参照。法定資料外の情報が入力されているが、入力される資料情報の範囲については、システムの目的、個人情報保護等との観点から十分な検討が必要であろう。各国の税務行政における電子化改革については、Glenn, P. Jenkins（ED）, Information Technology and Innovation in Tax Administration（1996）が詳しい。

（38）アメリカのプログラムについては、Martin Kaplan & Naomi Weiss, What The IRS Dosent Want You to Know 118-43（1996）、水野忠恒・黒田敦子「アメリカにおける納税申告及び納税の電子化の現状」税経通信五三巻一二号一六二頁以下（一九九八）等参照。*See* J. W. Langer, *Quality, Features of Return Preparation Software Continue to Improve*, 87-5 J. Tax'n 269（1997）.

　納税者番号制度については、金子宏「納税者番号制度の意義と機能――税制調査会小委員会報告書の紹介と検討」成田頼明先生退官記念『国際化時代の行政と法』七七頁以下（良書普及会・一九九三）、石村耕治『納税者番号制とプライバシー』（中央経済社・一九九〇）等参照。なお、特集「納税者番号制度のコンテンツ」税研六九号（一九九七）も併せて参照。

（39）内国歳入庁は、情報公開法のもとでのアクセスを拒むためには、内国歳入法典§§6103におけるコンフィデンシャリー・ルール（秘密性のルール）により拒むことができる。情報公開法のもとで調査ファル、金融機関の情報等が公共の利益のために例外的に開示から除かれる。内国歳入庁は、プライバシー法のもとで、同意なくして文書化され、記録システムに組み込まれた情報を開示することを、一定の基準のもとで制限している。なお、プライバシー法は、納税者が不正確な情報を修正するために、内国歳入庁の一定の情報にアクセスすることを認めている。5 USC §§552*a*（a）, 552. *See* Saltzman, supra note 26, Chap. 4. このような問題については、金子宏「税務情報の保護とプライバシー――納税者番号制度を視野にいれて」租税法研究二一号三三頁以下（一九九二）参照。アメリカの税務情報の保護については、佐伯彰洋「アメリカにおける税務情報の秘密保護と情報公開」同志社法学四二巻五号二八頁以下、四二巻六号四六一頁以下、四三巻一号六三頁以下（一九九一）、石村・前掲注（27）論文（(3) 完）旬刊経理情報五七九号二二頁以下、五八〇号二四頁以下（一九九〇）参照。

（40）*See* OECD, Tax Information Exchnge between OECD Member Contries 33-37（1994）.

（41）アメリカの情報交換については、U. S. Mode Income Tax Convention（1996）§26参照。*See* Richard L. Doernberg & Kees van Raad, The 1996 United States Model, Income Tax Convention 224-36（1997）. USモデル租税条約§26の中心は、情報開示が国内法により禁止されている場合の情報交換である。

（42）*See* OECD, *supra* note 40, at 39-40.

第一一章　環境税の導入と法律問題

はじめに――環境税の発展

環境問題の認識が高まる中で、一九七〇年代から、特に一九九〇年に入ってから、税（taxes）、課徴金（charges）、排出権取引（tradeable permits）、ディポジット制度（deposit refund systems）などのいわゆる「経済的手段（あるいは環境税）」が、環境対策として、ＯＥＣＤ加盟国あるいはＥＵ加盟国のなかで、特に発展をみせてきている。[1] 環境税（エコ税あるいはグリーン税とも呼ばれる。）がいかなるものを包含するかについて統一的な定義はない。環境税について、EUROSTATのための報告書は、「課税ベースが環境に特別なマイナスのインパクトをもつ物理的ユニット（あるいは相当物）である場合には、当該税は環境カテゴリーに該当する」[2]と定義する。タックス・ベースに焦点を合わせることにより、この定義は、税の導入（立法）理由よりもむしろ、導入する税の機能に着目した定義であるといえよう。本章でもこの定義に従い、経済的手段＝環境税として扱う。環境問題に対する政策としては直接規制と経済規制があるが、特に環境税（狭義の環境税）を含む経済的手段（広義の環境税）は、次のような理由から広く認知されている。[3]

(1)　環境問題が発生すると外部経済を内部化するために公共介入を行なう必要がある。環境税はとくに外部経済の内部化のために効果的な手段である。つまり、商品、サービス、活動の価格に直接、環境サービスの原価や損害を混合（付加させる）させるために有効である。そして、環境税は「汚染者負担原則（Polluter Pays Principles: PPP）」に適合しやすく、環境政策と経済政策を連動させた効果が期待できる。

(2)　環境税は、消費者及び生産者双方に対するインセンティブを作る。資源の利用を環境効果的な使用（行動）に変化させることができる。直接規制を補完し、さらには技術改革及び構造改革を促進する。

(3) 環境税は、環境支出を促進するための歳入を生む。その結果、労働に対する税、資本及び貯蓄に対する税を軽減させることができる。

(4) 特に、交通（航空、海上交通等を含む）、廃棄物（包装類、バッテリー等）、化学肥料等から汚染物質の放出（発散型汚染源）に対して効果的な政策手段となる。

環境政策は直接規制と経済規制との補完的な関係（ミックス・ポリシー）のもとに行なわれてきたが、最近は、①直接規制が限界に近づく一方で、さらなる効果的及び効率的な環境政策の必要性が高まり、②環境政策においても、市場での競争力の促進、政府介入の効果の促進、消費者の求める規制改革（緩和）との調和などが強調され、さらには③ここ数年、ＯＥＣＤ加盟国などでは税制改正が急激に進んでおり、特に法人税や所得税といった所得課税の税収減少が生じており、政府は一般的な政府支出や特別な環境プログラムのための支出などを得るために政府歳入が必要となっていることなど、を背景にして、経済的手段（あるいは環境税）の使用が増加している。[4]

経済的手段は、機能的な視点からいえば、一九六〇年代から一九七〇年代にかけては、環境サービスや環境軽減措置のためのコストをカバーするための「コスト・カバーリング課徴金（cost-covering charges）」として導入され、一九八〇年代から一九九〇年代にかけては、生産者や消費者の行動を変えるための「インセンティブ税（incentive taxes）」及び主として歳入を上げるために用いられる「環境財政目的環境税（fiscal environmental tax）」として導入され、さらに最近においてはグリーン・タックス改革（green tax reform）としてインセンティブ税と財政目的環境税との統合が論じられてきている。一九九〇年代より、租税システムのグリーン化がＯＥＣＤ加盟国において行なわれてきており、肥料、パッケイジング、バッテリーといったものに対するシンプルなエコ税から、今日は包括的で洗練されたグリーン税改革（それは所得課税制度の再構築などを含んでいる。）にまで議論の対象は広がってきている。[5] そこでは、汚染といったバッド（bads）への課税が労働（給与）などといったグッド（goods）の税に取って代わる。世界的な認識としては、経済的手段（あるいは環境税）は、環境政策としての位置づけから行財政改革の骨格の一つとあるいは税制の一つの柱として位置づけられようとしている。なお、ＯＥＣＤとＥＵとは、今日密接な協力関係のもとに、多くの環境レポートを提出している。(6)

わが国においても、現在「環境税」について様々な視点から議論が展開されて、その制度化が検討されてはいる。その内容は、(1)炭素税に代表されるような、新たな「環境税」の導入に向けての検討、(2)既存の税制（たとえば自動車諸税）のグリーン化、(3)地方公共団体を中心とした地方環境税（たとえば、三重県産業廃棄物税）の創設など、多様なもの含んでいる。しかし、わが国において、環境税は環境経済学等の分野において成果をあげているものの、税制としては単なるインセンティブ税としての理解が一般的であり、租税理論や法制度論として環境税が十分に検証されたことはないといってよかろう。平成一二年七月に公表された政府税制調査会の中期税制改革答申『わが国税制の現状と課題――二一世紀に向けた国民の参加と選択』においても「環境問題への対応」としての記述があるが一般論が単に展開されているにすぎず、その認識は低調といえよう。(7)

一　環境税の基礎理論――環境と経済

環境問題に関する限り、エコノミストは環境資産について所有権という観念がなく、経済的非効率及び社会・経済的損失（ロス）をつくりだすことを承知している。一九二〇年にフランスの経済学者ピグー（Pigou）は、環境問題が外部不経済に起因するとして、規制されえない市場に存する環境的資源の保護のために環境に価値をつけることを主張し、外部不経済を内部化するために税又は補助金を提案した。このような基本的な見解は今日ほぼ意見の一致をみている（たとえば、スウェーデンでは、エリック・ダーマン（Erik Dahmen）が一九六八年にこの見解を押し進めた。）。負の外部的効果（negative external effects）という文言は、経済理論においては、市場の失敗の形態である環境問題（環境低下）に適用される。負の外部的効果は、一人以上の企業家による生産及び（又は）一人以上の個人の消費がその他の企業家の生産条件の悪化及び（あるいは）他の個人の生活水準の悪化を、その悪化ももたらした者がなんら補償をすることがないことによってもたらされる。負の外部的効果は、生産者のコストとその生産者の真のコストとの差額、別の表現をすれば、純粋な経済的なコストと社会経済的なコストとの差額をもたらす。これらの二つのコストと外部効果との関係は、簡略化して述べれば、「社会・経済的コスト＝純粋な経済的コスト＋外部的効果」であるといえる。経済的な理論によれば、外部効果は、外部効果を引き起こす生産価格の中に、外部効果に税相当額を課することにより、内部化されなければならない(8)。

このような理論の中で明確にされている基本的な立場は、「だれも環境については所有者がいない、その結果価格も存しない」ということである。価格が存しないということは需要が高くなり、結局のところ過大消費をもたらす。環境は過大に私的に消費され、富栄養化、酸性化、種の絶滅、オゾン層の破壊、その他世界中において直面している環境的脅威などを引き起こす。

きわめて簡略化して述べると、経済学者の主たるポイントは、市場がエコシステムを機能させることによって重要な資産を管理することを必要としているということである。国家の役割はこれらの環境資産の「事実上の所有者」であるといえ、環境税の導入は、環境に価格をつけ、経済人は、たとえば大気や水に汚染物質を放出するのに、かれらが商品やサービスを使用するときに支払うのと同じように、環境効果についてかれら自身のコストを負担するということになる。ゆえに、環境のための経済的手段の使用は、生産方法などを選択するときに有害な環境効果を回避するためのインセンティブとなる。また環境税に服する生産物の購入者は、その税が生産物の価格に影響を与えるので、環境コストを考慮にいれる。よって、長期及び短期にわたって生産者や消費者の決定に影響を直接的に与える経済的手段の使用は、市場が環境インパクトを軽減するための機能を利用する方法である。

理論的には、税及び課徴金は、付加的な放出による社会へのコストが付加的な取扱いのコストと同じになるような点で設定される必要がある。(9) 環境税における税負担や納税義務者・課税ベースなどはこのような理論を踏まえて展開される必要があり、所得課税のそれら（たとえば応能負担原則など）とは異なる基準が適用される。しかし、環境に価格をつけることは現実には困難であるが、環境資産の価値を金銭的に見積もる方法は経済理論上はいくつか展開されている。(10)

二　環境税の特徴と法的構造

経済的制度は、エネルギー税などについては伝統的には消費に対する課税（consumption taxes）という方式を採るものが多い。また、環境への汚染物の放出について、放出される物質と量に基づいて課税する汚染税（排出税）又は課徴金（pollution taxes or fees）という方式が採られる。また、いくつかの外部経済の結果として稼得した利益を専有する納税者に課される、いわゆる「たなぼた利益税（windfall profits taxes）」といわれるようなものもある。さらに、多くの国は所得税や事業税をその歳入の根幹としていることから、税額控除や所得控除により、個人の経済投資又は経済的な活動に影響を与えるという手法を採ることもある。なお、信託ファンドへの支払い（payments into trust found）という形を採るものもある。たとえば、タンカーにおける原油運搬のような特別の活動に対して税や手数料を課し、原油汚染による被害、清掃費用といったような、関連環境事業に用いられる基金を創るために用いる。

1　環境税と課徴金の相違

税は政府による強制的で非対価的な徴収であり、納税者に対して政府が与えたサービスは通常そのような税負担に比例するものではない。課徴金は強制的かつ対価的な支払であり、サービスはその課徴金の支払額に比例して与えられる。また、課徴金は特別なファンドに即して支払われ、特別な環境目的に用いられる。しかし、必ずしも与えられたサービスに直接的に比例しているというわけではない。環境経済学の理論は、環境はもはや「無料の権利」としてあたえるべきではないという見解に基づいている。この点から、環境政策において用いられる経済的手段は課徴金であるとみなされるといってよかろう。このような認識は環境税の法制度化にあたっても重要であろう。この場合に、特別な対価が汚染者に対して認められた放出量に対する権利であり、また限りある資源に対する与えられた量を使用する権利である。

排出課徴金（又は排出税）は、排出汚染物質の量と質をベースにして支払うものである。[11]たとえば、排水排出課徴金は、フランス、ドイツ、オランダにおける水質管理の骨格を形作っている。多くの他の国々においても程度差はあるが広く用いられている。大気汚染課徴金あるいは大気汚染税は、フランスやスウェーデンにみることができる。フランスでは、イオウの放出に対する税が採用されており、スウェーデンでは、窒素酸化物の放出に課徴金が課せられている。騒音課徴金及び騒音税は二〜三の国で航空機に対して課せられている。生産税は、生産物が生産、消費又は処分されるときに汚染を生み出す生産物の価値に対して課せられ、相対的に価値が増加することになる。これはＯＥＣＤ加盟国において環境税の中心となっている。エネルギーに対する税（燃料に対する炭素税及びイオウ酸化物税）はかなりの国（ドイツ・イタリア・イギリス・フランス）おいて広範囲に導入されている。その他の例としては、肥料、殺虫剤及びバッテリーに対する税などが存する。

しかし、環境政策を適用する場合において、税と課徴金という文言は法的には慎重に区別をして用いられている。憲法上、税はかならず議会によって立法化されなければならない（租税法律主義）と解されており、この点での相違が強調される。わが国において、税は租税法律主義のもと厳格に課税要件が規定されていなければならないが（憲法三〇条、八四条）、課徴金についてはそのような憲法上の要請はこれまで論じられてきていない。[12]課徴金においても租税法律主義が及ぶか否かはともかくも、少なくとも課徴金の賦課においても「法律による行政の原理」が及ぶと解すれば、その間に実質的な法的な相違は存しないように思われる。課徴金を形式的に租税法律主義や租税平等主義といった原則の埒外にわざわざおいて議論する必要性は乏しいように思われる。また、地方自治体レベルでは、地方自治法や特別法に分担金や受益者負担金の規定が存するがこれらの規定にない環境対策としての課徴金等を条例で制定することができるか否か問題となろう。特別の規定によるほかは条例でも賦課することはできないとの解釈もありえようが（地方自治法二条三項二一号、二二〇条）、強制徴収の手段はともかくも、現行法に反しない限り条例による賦課は可能であるものと思われる。(13)

2　補助金と排出取引権

(1)　補助金と排出取引権による環境ベネフィット

補助金や排出取引権は、直接規制よりも環境税と同様、経済的には効果的である。環境補助金は環境税と同様の環境ベネフィットを生み、生産を減少させ、汚染のコストを最少化し、技術革新のためのインセンティブを与える。しかし、環境税と違い、税収をもたらさないばかりか、政府支出を増大させる点でつねに問題を生む余地がある。税のリリース（軽減等）を与える場合は、その特徴は環境税というよりも環境補助金であるといえよう。(14)排出取引権は、環境税や補助金、直接規制に代わって、あるいはさらにそれらに付加して用いられている。排出・放出量の増加は相当する物質の増加放出量以上の減少量によって相殺されなければならないという原則に基づいている。同じ管理領域にある事業者から放出権又は放出許可権を購入するという過程による。排出取引権の目的は、環境保護を促進し、経済的な活動を保護と調整をとりながら汚染管理のためのコストを最少にすることである。環境取引権は多くの利点を有している。汚染管理のためのロー・コスト・インセンティブを有しており、さらに市場での許可の数が固定されるので、その環境目的の達成を確実に図ることができる。新しいプラント建設による排出については、古いプラントの排出取引権を購入することにより解決される。経済的成長と環境保護がこの領域においては調和する。さらに環境取引権は、期間的なインデグゼシーョン（景気調整）が必要である税に反して、インフレ調整が自動的になされる。たとえば、アメリカにおいてはこの排出取引権は、一九七七年の空気洗浄法（Clean Air Act）によって導入され、環境ベネフィットをもたらしている。一方、排出取引権についてはいくつかの問題もある。その排出権が無料あるいは有料で配分されているが、現実には過去の放出記録に基づいて配分されている。当初の権利は汚染者に与えられている。結果として、一定の領域においては排出権ルールはきわめて複雑であり、排出許可の再配分のための取引コストを増大させる。

ヨーロッパの国々は、特別な税の控除、投資控除その他の環境補助金という手法よりも環境税という手法を好む。(15) しかし、いくつかの国は割増減価償却制度（accelated cost recovery system）や補助金という手法を採用している。(16) これらの差別的取扱いは憲法一四条のもとで検証されることになろう。

(2)　税のインセンティブと汚染者負担原則

立法者は、税を増大させるよりも補助金を与えることを好むが、補助金は汚染者原則のもとで軋轢を起こす。汚染者負担原則は当初ＯＥＣＤで導入され、後にＥＣにおける公的な政策として採用された。(17) 汚染のコストは、内在化され、商品の価格に賦課されるべきであるという、環境経済学の中心的な原則である。このような原則を法的に（特に憲法上）どのように位置づけるかが今後の租税法における課題となろう。憲法一四条における問題として法理論的な検討が行なわれる必要があろう。この原則のコロラリーは、公的なセクターが汚染者に補助金を支出することとは、多くの場合にコストの内部化という目的に反することになるから与えるべきではないということになろう。

そこで、政府は、自分らの政策が汚染者負担原則を侵害する課徴金の使用を回避するために、税による補助金を使用する場合には注意をしなければならない。環境に有害な行動を促進することもあるが、外部不経済の効果をもつ活動に補助金を与えることは、外部効果が存在する市場の失敗を補強する効果をもつ。環境にインパクトを与える補助金は廃止すべきか、経済的手段へシフト（転換）させられるべきである。税額控除は直接的な補助金の性質をもっている。一方、環境対策施設に対する割増減価償却は、単に控除のタイミングに関して議論が存する（最終的な償却額は原則として同じである）。さらに複雑な問題は、税率の軽減（税率による差別化）が補助金とみなされるかどうかである。

3　わが国の環境税

わが国においては、化石燃料を課税対象とするエネルギー税としては、国税関係として、原油等関税、石油税、揮発油税、地方道路税、石油ガス税、航空機燃料税、都道府県税関係として、軽油引取税（法定外税としての石油価格調整税）がある。また、特殊なエネルギー税としては、国税として電源開発促進税、都道府県税として法定外税である核燃料税などがある。課税客体としては、消費税的な性格を有するものが多い。自動車諸税は、国税としての自動車重量税、都道府県税としての自動車税と自動車取得税、市町村税としての軽自動車税がある。これらは財産税的なもの（ただし、自動車取得税は流通税である。）であるといえよう。これらの諸税は、いずれも立法趣旨からしても環境対策から切り離された歳入目的の税目である。環境への負荷を増大させる経済的活動を付随的に抑制する効果をもつ諸税として「潜在的な環境税」と呼ばれることもあるが、付随的に抑制する効果を上げているのかははなはだ疑問であり、わが国に環境税といわれる税目は今日まで存しないといってよかろう。たとえば、自動車税は、固定資産税に代わる財産課税の一つとしての性格をもつとともに、車による道路の損傷に対する原因者負担金あるいは歴史的には奢侈品課税としての性格をもっていたのである。[18] ただし、わが国において、これらは税制改革によっては環境に影響を及ぼすように転換すること（いわゆるグリーン化）は可能である（後述する自動車税等における環境対策による税制改正参照）。

わが国の税制において環境対策が明確に示されているのは、以下の税制であろう。

(1)　所得課税におけるエネルギー関連税制（税額控除・割増償却）

エネルギー需給構造改革推進設備等を取得した場合の特別償却又は法人税額の特別控除制度（租税特別措置法四二条の五）においては、青色申告法人がエネルギー構造推進設備等の取得をし、その日から一年以内に国内にある法人の事業の用に供したときには、基準取得価額（たとえば電気ガス需要平準化設備及び電気供給安定化設備にあっては取得価額の七五％相当額）の三〇％相当額の特別償却と基準取得価額の七％相当額の税額控除（当期法人税額の二〇％相当額を限度として、税額控除限度超過額は一年間の繰越しが認められる。）とのいずれかの選択が認められている。ただし、税額控除の適用は、中小企業者用エネルギー有効利用設備等を取得した一定の中小企業者等のみに認められている。

また、特定設備等の特別償却制度（租税特別措置法四三条）においては、公害防止用設備等を事業の用に供したときには初年度において取得価額の一定割合を控除することができる。なお、平成一二年度においてこの対象となる公害防止用施設の対象にダイオキシン類の排出抑制に資する設備の追加が行なわれ、取得価額の一六％が特別償却できることとされている。同制度には、再生資源分別回収設備の特別償却等も含まれている。

(2)　差別化によるエネルギー関連税制（自動車諸税のグリーン化）

平成一三年度においては自動車税のグリーン化が進み、これまでの自動車取得税の改正とあわせて地方自動車関係税による環境税制が展開されている。自動車重量税等の国税はその対象となっていない。この手法が現在における経済的手段の中心である。

ア　自動車取得税　平成一一年度の税制改正において、自動車取得税の軽減による環境対策を採用した。すなわち、一定の燃料基準を満たす低燃費車について、その課税標準を価格から三〇万円を控除した額とする特別措置を講じている。この措置は平成一二年にさらにその適用対象を限定し、その適用期限を延長している（地方税法附則三二条六項）。また、電気自動車、天然ガス自動車、メタノール自動車及びバス・トラックのハイブリッド自動車について、自動車取得税の軽減税率を二・四％から二・七％（ハイブリッド自動車のうち乗用車は二・〇％から二・二％）に上げている（本件特例措置も適用期限延長。地方税法附則三二条三項・四項）。また、平成一四年度排出ガス規制適合車に係る税率の特別措置は、ガソリン・ＬＰＧの軽トラック及びディーゼル自動車・軽量貨物車に対する規制であり、新基準達成車の早期取得と早期供給を促進するために、現行税率から一〇〇分の一（平成一三年四月一日～平成一四年九月三〇日）あるいは一〇〇分の〇・一（平成一四年一〇月一日～平成一五年二月二八日）を各々控除する（地方税法附則三二条一一項。なお、平成一二年排出ガス規制適合車に係る税率の特別措置（「早出し特例」）は、平成一三年二月末で廃止。旧地方税法附則三二条九項）。さらに、改正自動車ＮＯｘ・ＰＭ法に基づく施策を税制面から支援するために、窒素酸化物対策地域内に主たる定置場を有する、窒素酸化物排出基準又は粒子状物質排出基準に適合しない一定のトラック・バス等を完全廃車して、それに代わって最新の自動車排出ガス規制に適合したトラック・バス等を取得した場合には、税率の軽減措置（一・三％から順に二年毎に軽減幅を縮減）を講じている（地方税法附則三二条八項。なお一定の期間に限っては、同上地域外の取得でも適用。地方税法附則三二条九項）。

イ　自動車税

環境負荷の大きい自動車に対する課税は、平成一三年度及び平成一四年度に新車新規登録から一一年（ガソリン車又はＬＰＧ車については一三年）を経過した自動車（電気自動車、天然ガス自動車・メタノール自動車、一般乗合用バス及び被牽引車は除く）に対して、翌年度の定期賦課以降、税率の概ね一〇〇分の一〇を重課する形で行なわれる（法附則一二条の三第一項・二項）。環境負荷の小さい自動車に対する課税は、平成一三年度及び平成一四年度に新車新規登録された自動車の燃費等に応じて、当該登録の翌年及び翌々年度の定期賦課処分について、税率の概ね一〇〇分の五〇、一〇〇分の二五、又は一〇〇分の一三が軽減される形で行なわれる（法付則一二条の三第三項〜八項）。また、自動車税の標準税率についてもこれまでの内かん税率が法定化された（法一四七条一項・二項）。

重課基準や軽課基準をどのようなものとするか（たとえば、年数経過による触媒性能を基準とすることは制度としては機能しないかなど）は今後の検討課題であろう。自動車の性能、軽課・重課の対象台数、平均使用年数、環境に対する国民の意識、その他の自動車税（特に国税としての自動車重量税）との整合性などを踏まえて精緻化していく必要があろう。上記の制度による重課自動車は七五〇万台、軽課自動車が三二〇万台と見込まれており、税収については、平成一四年度の重課額と平成一四・一五年度の軽課額、平成一五年度の重課額と平成一五・一六年度の軽課額が各々見合い、全体として税収中立的となっている。自動車税についてはグリーン化がかなり進んでいるといえようが(19)、わが国の環境税の体系化においてはいわゆる化石燃料税との整合性（納税義務者・課税ベース・税率等）がまず最初に検討されるべきであろう。

(3)　法定外税・超過不均一課税による地方環境税

地方税法に基づく自動車諸税のグリーン化などは結果的には全国一律に行なわれるものであるが、最近では法定外税（四条三項・六項、五条三項・七項）や地方税法の超過不均一課税（六条二項）による地方公共団体独自の環境税の導入が議論されている。前者は、法定外目的税の規定のもとですでに導入された三重県の産業廃棄物条例をはじめとして、多くの地方団体において環境関連の独自課税案が示されており、今日もっとも注目を浴びている環境税の領域であろう(20)。後者としては、東京都が低公害車の普及を促進する観点から、低公害車・指定公害車について軽課し、これら軽課対象自動車以外で新車登録後一〇年を超える自動車に重課するといった制度を具体的に提案している。このような税は神奈川県や岡山県でも検討されているが、まだ実現はみていない。

法定外目的税は、二〇〇〇年四月に施行された地方分権一括法により自治体課税権が拡大されたことにより導入されたものである。法定外税を創設するためには、総務大臣に事前協議を行いその同意を得なければならないが

（地方税法二六一条、六七一条、七三三条）、同意の条件は、⑴国税又は地方税と課税標準を同じくせず、住民の負担が著しく過重にならないこと（一号要件）、⑵地方公共団体における物の物流に重大な障害を与えないこと（二号要件）、⑶国の経済政策に適合すること（三号要件）、である。地方公共団体がこれまでの化石燃料税、エネルギー税及び自動車諸税に環境税を上乗せする場合には、一号要件の「国税又は地方税と課税標準を同じく」しないかが問われることとなる。また、地方環境税によるインセンティブを真に達成するためには、一定の「住民の負担が過重になる」ものであることがそもそも要請されうることから、二号要件との整合性が問われる。ここでは汚染者負担原則を法解釈上、どのように取り込んでいくかが検討される必要があろう。さらに、地方環境税の導入はすくなからず経済政策に影響を与えるが、「国の経済政策に照らして適当で」あることとの要件も問題となろうが、根幹となる「国の経済政策」に明らかに抵触しない限り三号要件は充足されると解すべきであろう。(21) 地方税法六条は、地方団体が、「公益上その他の事由により」課税免除や不均一課税を行なうことを認めている。これらの規定は明らかに公平の原則に反する措置である。このことから課税免除や不均一課税を行うことが許される理論的根拠は、公平の原則を侵害することによって生ずる弊害よりも課税免除等による利益の方が大である場合に限られるという結論とならざるを得ない。(22) 地方公共団体は、課税免除や不均一課税の基礎にある政策目的の価値と公平の原則を比較衡量して、課税免除や不均一課税を行うか否かを判断すべきであるが、その判断基準は「公益上その他の事由」である。課税客体に対して課税しないことが直接公益（広く一般社会の利益）を増進するなどの場合に限り採用することができるといえよう。ただし、国の環境税制に抵触するような不均一課税等については、法律との抵触問題が生ずる可能性がある。

なお、本条の不均一課税による重課（たとえば公害の発生源である石油化学工場に対して）も可能にみえるが、重課の方向での不均一課税は同法七条によるべきであると思われる。(23) 一定の汚染物質の排出企業等を「その一部に対して特に利益がある事件」として不均一の課税又は一部課税を行うことも可能であろう。ただし、「一部」とは地域的な一部であり、人的な一部ではないと解されており、議論の余地がありうる。

三　環境税の検証と導入への問題

1　環境税の使途と効果の検証

環境税に関する現在の税収傾向をみると、EU一五カ国において一九九七年の総税収に占める環境税の歳入割合は、エネルギー税五・八一%、自動車税一・二六%、汚染税（排出税）〇・二五%（合計で、一九九〇年と比較すると八・六%伸びている。）である。なお、環境税（ECの分類に応じた非エネルギー税）は、一九九三年におけるEU税の一・五%のみである。二～三の国（オランダ五・一%・デンマーク四%）がかなり高割合を示している。エネルギー税と分類されたものは、かなりの大きな割合を示している（平均でEUで五・二%である。）。デンマーク、オランダ、ポルトガルさらにギリシャは一〇%まで上がり、イタリアとイギリスは六～七%である。一九八〇年以来、労働関係の税が増え、資本関係の税が減少している。エネルギー税及び環境税の割合は相対的に安定している（一九九〇年では、わが国の資産・所得課税の税収は先進国のトップクラスであるが、いわゆる環境税の税収はアメリカについで低い）。エネルギー税のわずかな増大はあるが、EUレベルはその他の環境税の課税ベースの拡大がみられる。北ヨーロッパの国々においては、グリーン・タックス・リフォーム（グリーン税改革）が進められている（他の税、たとえば労働税のようなものをより低くするために新しい税収を使用している。）(24)。

わが国においては、現在いわゆる道路特定財源（揮発油税・石油ガス税・自動車重量税の国の特定財源の三税と自動車取得税、軽油引取税、自動車重量譲与税、石油ガス譲与税、地方道路譲与税などの地方の特定財源五税からなる。道路整備緊急措置法（三条等参照）の見直しが注目を浴びているところである。道路特定財源を構成する主要な税目には道路財源の不足を理由にこれまで税率を上乗せしてきており、道路財源の使途を見直す場合にはこれまでの上乗せ税率の見直しを環境税の視点から行なわざるを得ないであろう。これまでの受益者負担の原則が汚染者負担の原則のもとで再構築を迫られることになる。現在の自動車諸税の税率はそもそもインセンティブ効果を目的としたものではないのであるから、あらたな炭素税の導入、あるいは自動車諸税の課税強化との議論次第では、これらの特定財源の一部を当然に環境対策に振り分ける必要が出てこよう(25)。

環境税の導入に関する評価はいくつかの国で行なわれている。評価された税は環境ベネフィットをあげている(26)。ほとんどのケースで、コスト効果をもっている。特別に効果のあった税はスウェーデンの大気汚染税、オランダの水質汚染税、スウェーデンの自動車等の燃料に対する炭素賦課金及び税の差別化制度である。インセンティブ税は、税が汚染の緩和を促進するために十分に高いときには環境的に効果がある。コスト・リカバリー課徴金の環境的な効果に対する重要な成果は、関連する環境支出の使用によってその効果がもたらされている。評価の対象となった環境税は相対的に短い期間（二～四年）で機能しているといえよう（たとえば、スウェーデンではイオウ酸化物に対する課税により、燃料のイオウの含有量が四〇％減少）。ほかの環境政策と比較して効果的である。ただし、税はポリシー・パッケージとして機能をしているので、その税の評価とその環境への影響の評価は簡単ではなく、税自体の効果を明らかにすることが難しい。

さらに、税は、複数の環境効果をもち、四つの関連重要領域（環境、開拓と競争、雇用及び既存の税制度）における政策を進めることができる二次的なベネフィットを有している。環境税の理論的な評価は非常によく発達している分野であるといえるが、一方、そのような環境税を採用した場合において、評価の実施、信頼に値する情報の活用、政策パッケージについて工夫された評価メカニズムのもとで、環境税の仕組みが具体的に検証されなければな

らない。環境税制度のなかに評価規定をおくことはきわめて重要である。(27)

2　環境税の導入問題

環境税、特にエネルギー税を導入するにあたって考慮しなければならないいくつかの法的・経済的障害がある。たとえば、(1)競争に対するインパクトと雇用に対する影響、(2)低所得者層に対する影響（低所得者は高所得者に比べて逆進的に税を負担することになる）、(3)国家の課税権と世界の取引ルールとの抵触、(4)税が機能するためには税額が高額でなければならないとの認識、(5)行動の変化（税の少ない行動への移転）と歳入の維持との軋轢、(6)環境的に道理に反する効果を規定する補助金や規制の存在、(7)環境税に消極的なその他の政策や文化の存在、などがあげられる。(28)

なかでも競争に対する環境税の影響及び規制の影響は、ＯＥＣＤにおいて特に検討されており、その影響はほとんど存在しないと結論づけられている。(29)今日まで導入された多くの税は規制に比べると小さいが、特にエネルギー税は、税によりコストが増大するとそれは価格の値上がり（あるいは利益の減少）により吸収されることから競争に影響を与えるであろう。非常に競争的な市場においては、わずかな価格の増加であっても特別な領域（セクター）、企業等に影響を与える。放出に対する課税は主として外国企業と比較して国内企業に影響を与える。一方、生産物に対する課税は外国企業に影響を与える。その結果、ＥＵの国内市場やＧＡＴルールと衝突する可能性がある。(30)

競争に関する税の影響は、また環境に影響を与える可能性がある。たとえば、課税が生産のための場所のリロケイションを導くならば、それは環境的損害をほかの場所にシフトさせることになる。グローバル的なものであればある国から別の国へそれはシフトすることになる。環境税を課税しない国（フリー・ライダー）の二酸化炭素の効率が課税している国より悪化しているとすると、環境的なロスが生ずることになる。

ＯＥＣＤ加盟国における現行の価格制度と税制度は一般的に環境外部性を価格に転嫁することを失敗しているために化石燃料を用いる工業を優遇している。これは新しい（再生された）エネルギーの利用を助成しないかぎりは新しいエネルギーを不利益に扱うこととなる（イギリスは助成している。しかし、このような税の九二％が放出防止あるいは原子力産業に費やされている。）[31]。また、エネルギー集約的でない企業（通信、小売り、人的サービス業などは歳入リサイクルの存するエネルギー税制からのネット・ゲインナー（純利得者）となる。そこで競争の問題は、勝者と敗者の問題に配慮しなければならない。

また、環境税の公平への影響も無視することのできない問題である。たとえば、環境税の主たる提案は、環境に害を及ぼす消費（たとえばガソリン税）に対する税、消費者に価格を転嫁することのできる事業者（汚染者）によって支払われる税に関係する。消費税ベースでの課税は所得税に課税する場合に比べて逆進的である（税の不公平）[32]。これは炭素税、バッケージ税及びその他のエコ税などにみることができる。汚染者が支払った税の配分的効果も明確ではなく、なんらかの補償的手段が採られない限り、逆進的となる。

おわりに――グリーン税改革

税制度のグリーン化には、⑴新しいエコ税の導入、⑵侵害的な補助金及び税規定の排除及び修正、⑶存在する税の再構築、という三つの相互的・補完的アプローチが重要である[33]。

まず、炭素税などの新しいエコ税の導入が必要となる。近年、新しい環境税が、汚染をもたらす商品の製造、消費、又は処分にあたり適用されている。多くの場合、これらの税はケース・バイ・ケース基準で特別の環境問題に対処するために用いられる。また、地方環境税の機能とその法的な限界も認識しておく必要があろう。

これと同様に重要なことは現存する税法規定及び補助金が歪んだ環境効果をもたらさないように是正することである。たとえばディーゼル燃料に対する軽課税（多くの国でディーゼル燃料税は通常、ガソリン税の半額となっている）は、道路運送のオーバーラップ（特に、貨物運送）及びディーゼル自動車の増加を生んでいる。運輸燃料の税の軽課税や課税除外は財政的にも環境的にも疑問が残る。環境を歪めている税及び直接間接的な補助金を検証することは、環境効率的なグリーン税改革にとって重要である。

また、多くの既存の税制が環境にやさしい方法で再構築されるべきである。そのようなアプローチは、汚染にかかる生産物又は活動に課税することにより生産物等の価格を相対的に変えることが目的である。このアプローチはいくつかの国で発展させられている。たとえば、有鉛対無鉛のガソリンに対する税について税負担の相違をもたらす。フィンランド、スウェーデンではより環境にやさしい無鉛のガソリンについて軽減税率が適用されている。一六カ国においては、車の販売税（売上税）及び（又は）毎年の自動車税はより汚染のすくない車への使用を促進するように修正されている。わが国では近年この方向での改正が進んでいる。エネルギーは汚染及び税収の主たる源泉であるので、エネルギー税と価格の再構築は税改革の非常に重要な点である。存在するエネルギー税は再構築されうるし、付加的なエコ税が課せられるうる。ＯＥＣＤ加盟国の多くではガソリン価格に税の占める割合は高いので、改革の余地がある。フラットな税率に変え、燃料税は少ないとしても汚染物質の内容に基づいて課税されるべきであろう。

環境税改革は、総合的な税負担が増加しないように、ほかの税の減少によって補われるエコ税の付加をもって、しばしば歳入中立性との関係で適用されうる。「パッケージ」として税のシフトと税改革の導入は、遂行を簡単にするための鍵となる。グリーン税改革は、環境保護を超えた目的を遂行することができ、資本や労働に対する税を減じるためにグリーン税を用いる可能性は、最近かなりの国において意図されている。(34) ＯＥＣＤ加盟国は現在、高い失業率を抱えており、グリーン財政改革は環境と雇用双方において利益を与えるよう改正が企てられている。このいわゆる「二重の利益配当（double dividend）」は、かなり意図的に議論をされており、特に、ＥＵは、労働に対する税負担を減少させることを望んでおり、炭素税やエネルギー税によってその減収は賄われることになるであろう。わが国においても自動車諸税のグリーン化といった小手先だけの環境税制ではなく、環境税を税制度の体系の中にしっかりと位置づけた改革を検討する必要がある。

（1）Runar Brannlund & Ing-Marie Gren（Ed.）, GreenTaxes（1999）; OECD, Environmental Taxes in OECD Contries: a Survey（OECD Environment Monograph No71）（1993）; OECD, Environmental Taxes in OECD Contries（1995）; OECD, Pollution Abatement and Control Expenditure in OECD Coutries（OECD Environment Monograph, OCDE/GD（96）50）（1996）等参照。

（2）ATW-Resarch, Mannual: Statistics on Environmental Taxes. Commissioned by the European Commission（1996）. *See* EUROSTAT, Structures of the Taxation Systems in the European Union, Office for Official Publications of the European Communties（1996）.

（3）*See* European Enviromental Agency, Environmental Taxes: Imprementation and Environmental Effectiveness 15–22（1996）.

（4）*See id.* at 14.

（5）グリーン税改革については、OECD, Environmental Taxes and GreenTax Reform（1997）; Smith, S., Equity and Environmental Tax Polices: How far do distributional constraints limits the scope for green tax reform?. Paper for conference on "The Environment in the 21th Century", Abbaye de Fontevranud, France, 8–11（Sep. 1996）参照。

（6）ＯＥＣＤの報告書については、OECD, Environmental Taxes and GreenTax Reform（1997）の参考文献を参照されたい。また、ＥＵの報告書については European Enviromental Agency, Environmental Taxes: Imprementation and Environmental Effectiveness（1996）の参考文献を参照されたい。その他、European Enviromental Agency, EEA, Report Environmental Taxes-Recent Developments（2000）参照。

（7）中期答申の解説については、矢野秀利「環境税と特定財源問題」税経通信五五巻一二号（税制調査会中期答申特集号）一八

源立地対策と電源多様化対策の特定財源とされている。核燃料税の使途は、都道府県の一般財源とされている。自動車重量税の税収の四分の三は、国の一般財源に充当され（運用として、その〇・八が道路整備財源に充当されている）、四分の一が市町村の道路特定財源として譲与されている。自動車税は、都道府県の一般財源として用いられている。自動車取得税は地方公共団体の道路特定財源として、七／一〇が市町村に、三／一〇が都道府県と指定市に配分されている。軽自動車税は、市町村の一般財源に充てられる。

(27) OECD, Evaluating Economic Instruments for Environmental Policy (1997); OECD, Evaluating Efficiency and Effectiveness of Economic Instruments (1996). *See* European Enviromental Agency, *supra* note (6) at 28-32.

(28) *See* European Enviromental Agency, *supra* note (6) at 33-43.

(29) OECD, Implementation Strategies for Environmental Taxes 45 (1996). *See* European Commission, White Paper on Growth, Competitiveness and Employment (1993).

(30) 環境関税は、輸入は国内生産物と同じレベルでの税を支払うことを保障する。内国市場での競走的な効果を中立化することにより、一方、輸出のリベートは、外国で競争する内国企業（課税された企業）の可能性が阻害されないことを保障する。しかし、適切な輸入に対する関税の計算は、特に環境税ベースが工業生産（投入量）、最終生産品よりもエネルギーのような場合には困難である。それは、保護主義として解釈される可能性がある。

　国境税調整は国際的な取引ルール（反保護主義）と抵触する。特に、工業的生産量や家計に焦点をあわせるために、その調整は、内国と外国製品を差別的に取り扱う。しかし、アメリカのフロン税は輸入に（輸入製品のなかに仕組まれているフロンの計算に基づいて）課税されている。フロン・ガスは、それらが広範囲な国際的環境同意によって支持されているし、またそれらはすばやく当然に段階的に停止することができるために、特別なケースといえよう。炭素やエネルギーに基づいた輸入関税はそう簡単に受け入れられないであろう。

(31) 競争に対する潜在的な負の影響の最小化と環境ゲインの最大化（あらゆる福祉の促進）の間のトレイド・オフが通常存する。たとえば、もっとも悪質な汚染者がいわゆるエネルギー税から非課税とされ、一方もっとも環境の汚染の少ない分野が課税されうることがある。二酸化炭素・エネルギー税のＥＣの提案は、六つのエネルギー集約的なセクターを非課税とした。そして、類似のエネルギー税がＯＥＣＤの他の国々で課せられることを条件とした。一九九五年の修正提案で、非課税は残されたが条件条項は削除された。一九九九年以来炭素税を導入している四カ国は、これらの税においてエネルギー集約的な工業を非課税とした。しかし、フィンランドの二酸化炭素・エネルギー税は、エネルギー集約的な工業を一般税率から控除しなかった。なお、環境税は、直接規制同様、技術革新への拍車を促すことによって、競争を高め、また、労働（所得）から環境への税の転嫁は競争の促進を生むと論じられている。*See* OECD（1997）, *supra* note（6）at 19–27.

（32）European Enviromental Agency, *supra* note（6）at 36–37.

（33）OECD（1997）, *supra* note（6）at 33–36.

（34）たとえば、デンマークは、一九九四年から一九九八年にかけて包括的な税制改正を行い、所得や労働に対する税負担を環境物質の排出や汚染に対する税にシフトしてきている。また、スウェーデンは、一九九一年に、ＧＤＰの六％に相当する税の再配分をもたらす税改正（基本的な目標は、多くの歪められた税を減じることであった。たとえば、所得税の軽減）を行い、税収を安定的に保つために、いくつかの間接税を増大し、新しいエコ税（特に二酸化炭素、イオウ酸化物、窒素酸化物に対する税）を導入した。European Enviromental Agency, *supra* note（6）at 39–42.

第一二章　環境税の課題——法的な視点から

はじめに

環境税はわが国においては経済的な視点から論じられることが多いが、本章では、少し法律的な視点から環境税について検討を加える。

環境税を法律的な視点から検討を加えるにあたり、まだまだ環境税というものが制度として目に見えるような形で我々の前に登場してきていない。例えば法案という形ででも目に見えていれば議論はかなりしやすいと思われるが自動車関連税のように補足的に環境的視点を加味したものはあるものの一般的で税制の根幹を成すような環境税は存しない。ただ、後から検討するように、中央環境審議会のほうから平成一六年の八月に、地球温暖化対策推進大綱というものの評価見直しに関する中間取りまとめが出された。これは、同委員会の地球温暖化対策税制専門委員会が「温暖化対策税制の具体的な制度の案――国民による検討、議論のための提案」をちょうど一年前に公表しており、今後これをどうするかというのが今度の大綱の評価見直しにかかっているという部分があった。

この大綱、いわゆる中間取りまとめの中で環境税を早急に導入すべきとの方向が出てきたので、今後恐らく環境税、日本では環境省はこれを「温暖化対策税」と呼んでいるが、この導入に係る議論に少し拍車がかかるように思われる。

よって本章では、一年前に出た中央環境審議会の「温暖化対策税制の具体的な制度の案」をベースにして検討又は議論を行ないたいと思う。これが我々の目に見えるような形での議論をしやすい、唯一の素材だろうと考えている。それを中心に議論を進めていくが、その周辺部分の問題、例えば環境税がどうして法的に課税できるのかといったような租税理論的なことも重要な論点となるので合わせて、検討したいと思う。

現在、環境税そのものについては、これを法律的な視点から研究している研究者は日本には存在しないといっても過言ではないかと思う。税法学的な視点からの著作はほとんどなく、論文等であるのは、中央環境審議会の「温暖化対策税制の具体的な制度の案」という取りまとめ等に当たっており、地球温暖化対策税制専門委員会委員である東京大学の中里教授と一橋大学の水野忠恒教授、二人が書かれたものぐらいである。現在、両氏が恐らく税法学者として、環境税についての法的な問題をいちばん意識しておられるのだろうと思う。ただ、そのお二人は委員会の中ということで縛りがいろいろとあるかと思われるので、私がその提案等を客観的に検討させていただきたいと思う。

議論の結論としては、個人的には炭素税に代表されるような環境税の導入は将来的には避けて通れないだろうと思っている。ともあれ、環境税の導入の是非は避けて通れない問題であるので、それに当たって環境税導入に向けての基礎的な、租税理論的かつ法理論的な面での検討、さらには課税要件等を少し具体的に法律的に検討してみる必要がある。さらに、既存の環境税制、隠れた環境税制といってもよいと思うが、エネルギー関連税制、例えば自動車諸税などのグリーン化税制、さらには所得課税の段階でもいろいろと認められている措置法上の特例措置としてのエネルギー関連税制、いわゆる税額控除とか割増償却を認めているが、そういうものも合わせて環境税という枠の中では検討していかなければならない。環境税の導入に当たっては、広範囲な経済的手段の検討は避けて通れない問題だろうということもあり、そういう問題にも言及したいと思う。

さらには、環境税は一応国税、国のレベルと一般的には理解されていると思うが、現在、現実には法定外税等という形でいわゆる地方環境税が各都道府県、あるいは市町村で導入あるいは検討されている段階である。そういったものと今基幹税として導入されようとしている環境税との関係をトータルで見ていく必要があると考えているので、そういうものも可能な限り検討していきたいと思う。

さらにまた、所得課税におけるエネルギー関連税制とか、差別化によるエネルギー環境税制、自動車関連のグリーン化税制といわれるもの、そういうものの見直しと併せて、環境に対してさまざまな補助金的なものがあるが、環境に対して果たしてそれがプラスなのかマイナスなのかという意味で、侵害的な補助金、いわゆる環境に対して逆効果のあるようなもの、そういう補助金の排除・修正も念頭に置かなければならないと思われる。これは環境税を導入した場合の使途の問題であるが、使途の面で特にそれを環境対策だけに使うのか、あるいはもっと幅を広げて所得税・法人税を減税して、例えば社会保険料等に充てるということもありうると思うが、減税をするという形で少し使途を工夫するといったようなこともありうるかと思う。

環境税の導入に当たっては、税体系の中でトータルに相互補完的なアプローチが必要であろうと思う。環境省でこの問題を議論するというのは環境省という枠内で議論をしているので、どうしてもそういう視点の欠落は避けられないというような印象を持っている。

一　環境税の発展

税に限らず環境に対する経済的手段をいろいろ考えていくと、もっと幅広いものが含まれてくる。人によっては課徴金とか排出権取引、デポジット制度なども経済的手段として、広い意味での環境税であるというふうに定義づけられている。環境税というように特定するかどうかはともかく、何らかの環境対策が必要であるという点について、恐らく広く認知されているだろうと思う。

今日、なぜ環境税をはじめとする経済的手段が一般的には認知されているかというと、四つぐらいその理由があげられるように思う。まず最初に、環境問題が発生するといちばん最初に外部経済を内部化するために公共介入を行う必要がある。環境税というのは特に外部経済の内部化のためには非常に効果的な手段であると考えられている。

言い換えると商品とかサービス活動の価格に直接環境サービスの原価とか損害を混合（付加）させるためには、非常に有効であろうかと思う。環境税というのは、汚染者負担原則（PPP: Polluter Pays Principles）に非常に適合しやすく、結果的には環境政策と経済政策を連動させた効果が非常に期待できると一般的には解されていると思う。

また次に、環境税は消費者・生産者双方に対して非常にインセンティブを持っているといわれている。資源の利用を環境効果的な使用（行動）に変化させることができる。直接規制を補完し、さらには技術革新を促進させる。三番目に、環境税は、環境支出を促進するための、当然であるが歳入を生む。前述したように、その結果、中央環境審議会から出ている制度の案も使途をどうするかというところは非常に大きな問題であるけれども、場合によってはいわゆる労働に対する税というか、所得税等を軽減するという形で、環境税の使途を環境対策に限らないということも十分考えられるということで、財政も、使途を非常に広範囲に考えられるところに特徴があるかと思う。

さらに四番目に、特に交通、あるいは廃棄物とかいったものからの汚染物質の放出、すなわち発散型汚染源に対して効果的な政策手段となっている。

このように、一般的に広義の環境税は広く認知をされている状況にあるかと思う。

ほかにも行政法的な、大気汚染防止法といった、いわゆる直接規制というか、そういう形でのいろいろな環境法制があるが、そういうものは環境法制そのものが設定した目的に達すると、それ以上軽減するという行動は普通には起こさないわけであるけれども、税制とか経済的な手法を使うと、環境に対する負荷を効率的にさらに軽減することができるという意味で、直接規制にはない非常に有効的な面を持っているといえると思う。

こういった広範囲な環境税制の中で、いろいろな組み合わせで、いわゆるポリシー・ミックスという形で税制を中心とした経済手段を環境対策として積み上げていくという方向は広く示唆されている。ただ、こと各論としての、基幹となる環境税になると、ここについては賛否両論というか、いわゆる経済派と環境派という二極化が起きてしまうといったような状況にある。ただ、諸外国においては、周知のように、特にＯＥＣＤ加盟国、さらにはＥＵ等では非常に環境税制が進んでいるということもあり、さらにはそういう国が一定の環境対策について成果を上げているということで、地球温暖化対策税というのは先ほど述べたような形での総合的な検討が必要であるが、何らかの形でわが国も近々、十分に導入は考えられるだろうと思っている。

温暖化対策税としての環境税に特化して、これからみていく。この環境税そのものについては少し段階的に、歴史的にみていくと、発展してきているところがある。一九六〇年代から七〇年代にかけて環境税は大気汚染のための経費を念出するという意味で、いわゆるコスト・カバーリング的・課徴金的な色彩を持っていたといったところがある。そういった環境税が一九八〇年代から九〇年代にかけては生産者や消費者の行動を変える、いわゆるインセンティブな効果を非常に重視するという意味でインセンティブ税という形で、少し変質していった。さらには、環境税で財政収入を賄う、いわゆる歳入を上げるという意味で財政目的環境税といっていいかと思うが、そういった色彩も徐々に帯びてきた。

さらに最近に至っては、かなりの国で採られているが、グリーン・タックス改革という形で、インセンティブ税と財政目的環境税が統合されている。「統合する」という意味は、環境税として取った税収の一部を所得課税制度の再構築に使う、いわゆる減税に使うということである。環境汚染に対する税という、俗にいうバッドへの課税を、労働からの所得である給与といったようなグッドへの税に取って代えるといった傾向に最近至っている国もあり、環境税の歴史的経緯を見てみるとかなり推移があるということがいえるのではないかと思う。

日本は今日、どこのレベルの議論をしているのかというと、恐らくインセンティブ税という辺りの議論をしているのではないかと思う。環境省案は税収の使途を環境対策として用いるといっているので、インセンティブ税あるいは財政目的環境税といった辺りの議論をしているのだろうと思う。

中央環境審議会から平成一五年八月に公表された「温暖化対策税制の具体的な制度の案」を環境省案というように呼ぶこととするが、この環境省案というものはインセンティブ税のレベルの議論をしている。ですから、将来的には恐らくグリーン・タックス改革といったような所得課税に結び付いたような議論も、当然起こりうるであろうと予測される。

諸外国、特にOECDとかEUというのは非常に今日密接な協力関係のもとに多くのいろいろな環境レポートを出しているわけであるが、そのようなものをみてみると、日本はかなり遅れているといえるが、過去においても環境省中心にいろいろな研究会等で環境税をめぐる議論はあり、いわゆる制度化の検討はされてきたわけである。その流れの先に来たのが環境省案であろうと思われる。しかし、わが国において環境税というのは、法学者の視点から見ると、どちらかというと経済学的な視点で議論が進んできたという面がありまして、法制度として、税制としての面ではやはり検討が遅れてきたというのは否めない事実であろう。よって、経済先行型の環境税、あるいは環境省案を租税法理論や憲法の理論のもとで一度十分に検証してみることは必要であり、重要なことであろうと思われる。つまり、環境省案というのが唯一たたき台として目に見えるものだろうと思うので、前述したように、可能な限りこの案を念頭において議論してみたいと思う。

税制として、法制度として考えてみると、二〇〇〇年（平成一二年）の七月に公表された政府税調の「わが国税制の現状と課題」、そして「二一世紀に向けた国民の参加と選択」というサブタイトルがついていた中期改革答申の中で、環境問題への対応として一応環境税の導入について記述はあるわけであるが、一般論的な議論が展開されているに過ぎず、その認識はきわめて低調であったといえると思う。法制度の視点からの検討は非常に低調であったということは否定できない。

二　環境税の基礎理論――環境と経済

環境税を導入しますと、環境政策と経済政策は連動するという話がよくあるわけですが、少しその辺りを考えてみたいと思います。多くのエコノミストは当然環境問題に関する限り、環境資産については所有権という観念がなく、そのことが経済的な非効率とか社会経済的な損失、ロスを作っているということは当然のごとく承知しているわけである。一九二〇年ぐらいだったと思うが、フランスの経済学者のピグーが、環境問題が外部経済に起因するとして、規制されない市場に存する環境的資源の保護のために、環境に価値（値段）をつけるということを主張して、外部経済を内部化するために税又は補助金を提案したということはよく知られているところである。こういった基本的な見解、経済的な考え方というのは、広く環境税の導入の背景として一致を見ているといってよいと思われる。

負の、ネガティブな外部的な効果という文言は、経済理論においては市場の失敗の形態である環境問題、いわゆる環境低下に適用されている。負の外部的効果というのは、生産状態の悪化とか生産水準の悪化をもたらした者が何らかの補償をしないということによってもたらされると理解されている。この負の外部的効果というのは、生産者のコストと生産者の真のコストとの差額、別の表現をしますと、純粋な経済的なコストと社会的な経済的コストとの差額をもたらすといえるかと思う。この二つのコストと外部的効果との関係は簡略に述べると、社会・経済的コスト＝純粋な経済的コスト＋外部的効果であるといえると思う。

従って、経済的な理論によれば、外部効果というのは経済効果を引き起こす生産価格の中に外部的効果に相当する税額を付加することによって内部化されなければならないということになる。こういった理論は一般的には認知されていると思うし、その理論の中で明確にされている基本的な立場というものは、だれも環境については所有者がいない、オーナーがいない、その結果その価格も存しないということであろうかと思われる。価格が存しないということは、需要が高くなり結局環境は過大に私的に消費されて環境破壊を引き起こす。そうすると、国家がこれらの環境資産の事実上の所有者であるとみなして、環境税の導入というのは環境に価格をつけて、例えば経済人が大気や水中に汚染物質を放出する場合に、彼らが商品やサービスを購入するときに支払うのと同じように環境効果についても彼ら自身にコストを負担させるということであると経済的にはいえるのだろう、と思う。

三　環境税の特徴と法的構造――環境税の根拠と税負担の配分基準

こういう経済的、理論的な考え方を背景にしたうえで、法的な視点に少し舵を切っていきたい。

1　なぜ環境税は課しうるのか

なぜ環境税は課しうるのか、先ほどの議論からいくと汚染者負担原則、いわゆるＰＰＰという原則を課税の根拠とすることができるかどうかということが法的にはかなり問題になる。いい換えると、環境税というものが法的に考えた場合どうして課税できるのか、これは既存の課税の根拠とは大きく違ってくるわけである。環境税は、応能課税原則とか応益課税原則とかいろいろいわれるが、そういった原則から担税力のあるものに課税するという、今まで議論されてきた課税の根拠とは同じ土俵では議論ができないような税になるのではないかと思う。

そうすると法的には何が課税の根拠になるのかということであるが、例えば環境省案の、「温暖化対策税制の具体的な制度の案」では、いわゆる政策目的として導入するということが非常に強調してある。政策目的であれば法律で税と銘打てば何でも導入できるのかということに問題はつながってくるが、環境税を課しうる法的な根拠を既存の応益課税原則とか応能課税原則とは別に、汚染者負担原則を税制の中に持ち込んでもう一つの柱を立てることによって初めて課税できる、そういうことが許されるかどうかということを少し議論してみる必要があるのではないかと思う。さらにいうと、この汚染者負担原則（ＰＰＰ）がさらには地方税レベルで環境税や地方環境税を導入するというのは、地方税法のもとで枠は非常に狭められているが、地方税法で地方環境税を導入するときに、汚染者負担原則を課税の根拠に持ち出せるかどうかということにも、議論はつながってくるだろうと思われる。

個人的には、汚染者負担原則を税制の中に持ち込んで課税の原則としてもかまわないという考えを基本的には持っている。税法学者の中には課税をするときの課税の根拠なり、特に税負担の配分基準等については、応能原則でないと導入できないという議論から、応益課税でも別に課税の根拠たりうるし、配分基準たりうるというように議論する者もいる。そこには税法学者によって少しバリエーションはあるが、こと環境税については、課税の根拠は何かといわれると、今まで法的な根拠は議論したことがない。応益課税的な立論が、先ほどの経済理論等の延長線上に恐らくあると考えると、地方公共団体なり国が環境汚染に対して何か環境対策の財源を求められる、あるいは環境資産の所有者が国なり地方公共団体だとすると、少し応益課税的、もっといえば汚染者負担といえるが、もう少し柔軟に一般消費者を含めて考えてみると、受益者負担金的な色彩もあるようにも思われる。その辺りは非常に流動的で、「汚染者負担原則」という形で税法のもとで、また憲法のもとでも（もっと言えば憲法一四条のもとでといった方がいいかもしれないが）、汚染者負担原則で課税はできるであろうと考えている。この問題は今後議論をしていかなければならないだろうと思う。単なる政策目的で政策税ということで環境税が課税できるということではない、何らかの法的な、もっといえば憲法的な理論での課税の根拠が必要であろうと思われる。

2　環境税と課徴金の相違

もう一つ環境税と課徴金の相違に着目した議論が環境税には特に根強くある。環境税と課徴金の相違、これは例えば、環境税を課徴金という形で導入するのか、環境税という形で導入するのか、環境税という方が負担者を幅広く解することができるような印象があるけれども、どこに法的に相違があるのかということになるものと思われる。環境省案の「温暖化対策税制の具体的な制度の案」では、環境税ありきということで課徴金ということは出てこないわけであるが、その前提にはなぜ課徴金ではないのかという議論もあったように思う。そこでは法的な視点ではなく、どういうわけか、課徴金というのは税収目的のものではない、いわゆる税収を上げるというものは課徴金ではなくて税であるという考え方が根強くあり、環境対策としての賦課は課徴金ではなく環境税であるとして、議論が進んでいるものと推測している。

環境税と課徴金で受ける印象は違うが、法的なレベルの違いは突き詰めていえば、例えばスウェーデン等でも環境税と課徴金、どちらなのかという議論をしたことがある。スウェーデンの環境省の報告書を見ると、課徴金となると憲法でいう租税法律主義とか租税平等主義というルールが課徴金には適用されないので環境税のほうがいいという議論を冒頭にしている。日本ではそういう議論をしたことはいまだかつてないと思うが、もしそうであれば、恐らく環境税のほうが望ましいというように議論は進むであろうと思われる。ただ、課徴金と銘打っても、それは租税法律主義、租税平等主義が実質的に及ぶという議論もできるのであるから、形式的な相違だけで判断できる問題ではなかろうかと思う。ただ、形式的な議論を貫くと、やはり環境税と銘打った方が憲法の租税原則のルールは適用しやすいというところがあるかと思われる。

法的なレベルで相違が生じるのは、課徴金を条例で課することができるかということを考えてみると、少し相違が出てくるのではないかと思われる。例えば、今、地方公共団体が産業廃棄物処理税なり、いろいろな地方環境税的なものを作りたいといった場合には、普通は法定外税を用いるとか、森林涵養税的なものであれば住民税的なものを上乗せするとかといった形で、地方税法の枠内でその白紙の中で条例化を図るわけであるけれども、地方自治法が改正されてから、課徴金の賦課は地方公共団体が独自で条例で行うことができるようになったと個人的には考えている。

そうすると課徴金という名前で実質的な地方環境税というものも地方公共団体は導入する余地を残しているということになるかと思う。よって、環境税と課徴金、どちらがベストかといわれると、環境税のほうが憲法原則に乗りやすいところが一つある。ただ、地方公共団体にとってみれば地方税法で縛られているところを何かもっと柔軟な地方環境税を作りたいといったときに、課徴金という形で導入するという余地もありうるようにも思われるが、その辺りが法的な視点からの違いになるように思われる。

四　補助金と排出権取引

環境税とともに環境政策としてポリシー・ミックスの一つとして議論されている補助金とか排出権取引についても検討すべき問題がある。まず、補助金については内容を具体的に検討してみる必要があると個人的には考えている。環境補助金というのは環境税と同様に環境ベネフィットを生む、いわゆる汚染のコストを最小化して、技術革新のためのインセンティブを与えるという効果は確かにあるわけである。ただ、当然のごとく環境税と違って税収をもたらさず、政府支出を増大する点で、常に問題を生む余地がある。

さらに、ストレートに補助金という形もあるかと思うが、税の減免という形での補助金もありうるかと思う。いわゆる税の減免を与える、軽課するといった場合に、その特徴は実質的な意味で補助金といっていいと思うが、先ほどの汚染者負担原則から考えると、汚染をした者から環境税を取りながらそこに補助金を出すといったことになり、少し矛盾した効果をもたらすような補助金もかなり存在するのではないかと考えられる。補助金について諸外国の報告書を見ると、このような補助金は慎重に取り扱わなければならないといったような評価が与えられているようである。これはわが国においても同じであろうと思われる。既存の補助金的なものについてもやはり環境税の導入の時には再度洗い直し、見直す作業は、当然、必要であるということになるものと思われる。

排出権取引については、中央環境審議会の「地球温暖化対策推進大綱の評価見直しに関する中間取りまとめ」ではかなりのスペースが割いてある。この排出権取引については自発的な制度にするか強制的な制度にするかというところで、少し法的に考えるところがあるように思う。

排出・放出量の増加は相当する物質の増加放出量以上の減少量によって、結果的には相殺されなければならないという原則に基づいて、排出権取引はあるわけである。同じ事業領域にある事業者から放出権又は放出許可権を購入するという形で具体的に進められ、経済成長と環境保護がこの領域においては調和することになる。この排出権取引については、だれにどのレベルのものを排出権として付与するかをはじめとして複雑なルールが必要となってくる。非常に大規模な企業には恐らく排出権取引はメリットがあるだろうと思うが、比較的小さな企業にとっては、この排出権が回ってこないということも考えられる。その辺りも排出取引権について法的に検討すべき課題であるように思われる。

アメリカは排出権取引を、空気清浄化法という法律によって導入して、大きな環境ベネフィットをもたらしているといわれているが、アメリカでは排出権取引については過去の放出記録にもとづいて無料、あるいは有料で配分されている。過去の汚染物質の放出記録に基づいて配分されているところもあり、現実には当初の汚染者に排出権が与えられている。結果的にどういうルールで排出権を配分していくのかといった辺りで、一定の領域においては、排出権ルールが非常に複雑になっている。従って、逆に、排出許可の再配分のための取引コストを増大させているといったような面もあるように聞いている。この辺りについて、日本は、第二ステップにおいて自主参加型の国内排出量取引制度を実施するという形で大綱は強調しているので、少しそういった問題は緩和されるかもしれないという印象を持っている。

ヨーロッパの国はどちらかというと特別な税額控除とか投資控除といったいわゆる環境補助金という手法よりも、環境税的な手法を好むといったところがある。国によって環境税を総合的にどのように位置付けるか、いわゆるポリシー・ミックスの中で排出権取引とか補助金といったものとの関係でどのくらいのウェイトを持たせるかということは国によって様々であるといえる。この辺りが日本でも、ポリシー・ミックスということで議論されているが、具体的な各内容の比重そのものについてはあまり検討されていない。

五　自治体課税権と環境税

上述したように、現在議論されているのは国税レベルの環境税の導入ということであり、ここ数年で解決されなければならない問題であるように思われる。地方公共団体についても、今、議論されているような環境税を、当然国税レベルと考えるか、あるいは今の消費税のように一部地方税に地方環境税として持ってくるかという議論はありうるかと思う。なお、地方税独自の環境税ということでいうと、法定外税という形で、かなりの市町村、あるいは都道府県で独自の地方環境税の導入が進んできている。ただ、そこには幾つかの問題点を残していることは否定できないだろうと思う。この問題については、本書の第一三章・第一八章等参照。

六　国境税調整――国境を超える環境汚染への対応

少し気になるのは、環境税を導入する時に二酸化炭素、いわゆる炭素税的なものを意識すると、商品が国境を越える場合の環境税が問題になる。そうすると国境税調整という問題が当然に起きてくる。汚染物質の放出に対する課税は主として外国企業と比較して国内企業に影響を与える。一方、生産物に対する課税は外国企業に影響を与える。そのときの法的な問題は、ＧＡＴＴとかＷＴＯとの抵触問題であろうと思う。国境税調整をした場合にＧＡＴＴ違反が起きるのかどうかは恐らく今現在、結論は出ていないのではないかと思うが、議論する必要があるだろうと考えられる。国境税調整は、国際的な取引ルール、反保護主義と抵触することになる。特に、最終生産物ではなく工業的な投入量や生産過程に焦点を合わせることによって、その調整が、国内製品と外国製品を差別的に取り扱う場合に問題となる。

以上、ここまでの議論では、まず環境税を導入するときに大前提として、なぜ環境税を課しうるのか、それは政策目的で課するということで法律を置けばそれで通るものかということをみてきた。課税の根拠、あるいは税負担の配分基準といった憲法的な視点に思いをめぐらせると、法的な問題があろうと思われる。環境税については課税の根拠なり配分基準として汚染者負担原則、これは環境法上の全く税法とは切り離されたルールであるけれども、このルールはやはり税法においても汚染者負担原則という名前を使うかどうかはともかく、応益課税的に、あるいは公共サービスの対価、あるいは受益者負担的に再構成するという方法もあるかと思うが、税法の中に引き込める原則であろうし、法的な基準として引き込まなければいけないと考えられる。

そして、課徴金と環境税という問題については、形式的にいけば租税法律主義とか租税平等主義が適用されるかされないかという議論がある。実質で考えると課徴金であろうと環境税であろうと一方的に強制的に財産を取り上げるわけであるから、どちらにも同じ憲法上のルールが働くというように考えるべきであるから、スウェーデンのような議論は日本では起こらないのではないかと思われる。

補助金や排出権取引のあり方については、今後かなり慎重な検討が必要であることはすでに強調したところである。汚染者に補助金を結果的には出すということになるような場合もあるわけであるから、環境対策に侵害的な補助金というものは当然修正・排除しなければならない。排出権取引についてもこれを強制的にすると、配分ルール等をめぐって法的に大きな問題が出てくるであろうことが予想される。

また、自治体課税については法定外税の要件をめぐる法的な議論が中心になるかと思う。例えば、日経新聞では自転車放置税に総務大臣が同意をしたという記事とともに、そこでJRが訴訟を起こすかもしれないという記事も出ている。一応法定外税の三つの要件は全部クリアしているようにみえる。地方税法はクリアしているようである。訴訟で争うとすると、やはりだれが負担をするのか、本当にJRが負担するのかといったところで憲法的なレベルまで議論は戻るのだろうと思う。そういった問題も含めて、地方環境税というのはまだまだ議論する余地を残しているところがある。最後に、国境税調整については、GATTルール違反かどうかという検証が不可欠であるということを述べた。

七　わが国の環境税規定の評価

わが国には、化石燃料を課税対象とするエネルギー税としては、国税関係として原油等関税、石油石炭税、揮発油税、地方道路税、石油ガス税、航空機燃料税、都道府県税関係として軽油引取税（法定外税としての石油価格調整税）がある。また、特殊なエネルギー税としては、国税として電源開発促進税、都道府県税として法定外税である核燃料税などがある。課税客体としては、消費税的な性格を有するものが多いといえる。自動車諸税は、国税としての自動車重量税、都道府県税としての自動車税と自動車取得税、市町村税としての軽自動車税がある。これらは財産税的なもの（ただし、自動車取得税は流通税である。）であるといえる。これらの諸税は、いずれも立法趣旨からして環境対策から切り離された歳入目的の税目であった。環境への負荷を増大させる経済的活動を付随的に抑制する効果をもつ諸税として「潜在的な環境税」と呼ばれることもあるが、付随的に抑制する効果を上げているかははなはだ疑問ともいえる。しかし、自動車が大衆化することによって今後環境税的な側面が課税の根拠として強調されることは間違いがなかろう。

ここで特に環境対策として検討すべきものは、所得課税におけるエネルギー関連税制である。措置法で特別償却とか法人税の特別税額控除制度が設けられているが、こういったものも俗に補助金といいうるかもしれないが、法的に一度評価をし直すことが必要だろう。

環境税を導入するということになると、こういうものをすべて含めた総合的な補完関係なりが当然重要となってくるので、既存の税制において所得課税におけるエネルギー関連税制とか自動車関連税制についてグリーン化、差別化されている税も検証してみる必要があると思う。一方で、自動車取得税や自動車税は、本来これは環境税的な色彩で導入された税とはいいきれない側面もあるが、グリーン化という形で用いられているということで、同じような用い方ができるような税もほかにあるように思われるので、検証してみる必要があると思う。環境税の導入のときには既存の税制の効果も含めて検討する必要があるということになるかと思う。

例えば、自動車税は歴史的には固定資産税に代わる財産課税の一つとしての性格を持っているような税だろうと思う。車による道路の損傷に対する原因者負担金的な、あるいは歴史的には自動車を持っているという意味で贅沢に課税するというような性格を持っていたと思う。こういったものを、税制改革によって環境に影響を及ぼすものに転換する、いわゆるグリーン化するということは可能であろうと思うが、特に環境税を導入するということになると、そういった既存のものをベースにして上乗せするのか、それとは切り離して新たな環境税というものを構築するのか、その両者の関係をどう見るのかということが重要なポイントになってくるだろうと思われる。その前提として、前述したように、こういった潜在的な環境税といわれるものについての包括的な検証が公平といった視点から不可欠になると思う。

八　環境税（導入国）の検証と導入への問題

1　環境税の使途と効果の検証

例えば、環境税の導入について、日本経団連等の環境省案に対する意見というものなどを見てみると、環境税の効果そのものを非常に疑問視するという前提がある。これは法学者として、その効果があるかないかは正直よく判らないが、諸外国の例を見てみると、例えば、導入した国で実際にどのぐらいの効果があったかという評価はしている。当然中央環境審議会の地球温暖化対策税制委員会でもこういう議論はしており、各国の税制なり検証のデータをすべて持っているわけである。どのぐらい効果があるのかということでEUやスウェーデンの報告書をみると、一般的には非常に効果があるということをどの報告書も強調している。日本では自動車諸税にグリーン化が進んでいるけれども、そういうものを含めた諸外国の例を見てみると、効果は非常に上がっているということがEUの報告書等ではうかがえるわけである。環境省に相当するところが検証・評価しているということをどう見るかという問題はあるけれども、効果が出ていると理解することが可能のように思われる。そうすると、環境税を導入した場合に効果がないという形で環境税を一刀両断に切り捨てるというのはかなり無理があって、やはり環境税は、避けて通れないとして、環境税の中身の議論に比重を置くべきであろうと個人的には考えている。

2　環境税の導入問題

環境税の導入をするに当たって、まず総論的な視点から考慮しなければならない。経済的、あるいは法的な障害等についてであるが、環境税を導入すると経済にインパクトを与えて、競争に対する影響と雇用に対する影響、さらに環境税は消費税と同じように逆進的な税というようなところがあるので、法的には低所得者層に対する影響をどうするのかとか、国家の課税権、あるいは世界の取引ルール、いわゆるＧＡＴＴとかＷＴＯとの関連の問題等が考えられる。さらに、環境税が機能するためには税額が高額でなければいけないというように理解されているところがあるが、果たして公平な負担はどの程度なのか、京都議定書の目標値からの逆算ではなく、適正な税負担はどの程度なのか、など導入に当たっては幾つかの重要なポイントがあると思われる。

九　「温暖化対策税制の具体的な制度の案――国民による検討・議論のための議案（報告）」について

１　なぜ課税できるのか・なぜ課税するのか

まず一つは、京都議定書で温室効果ガスを第一期の約束期間というか、二〇〇八年から二〇一二年の間で一九九〇年を基準年度にして六％削減しないといけないということが先にありきという形で環境省案が成り立っているというような印象を非常に強く受けている。

法的な視点から言い換えると、六％先に削減という目標値がある、それから逆に政策目的として税制の骨格が成り立っているというような印象がある。確かに京都議定書は批准しているので無視できないわけであるが、削減目標値を先に設定するという形で議論が先走りした結果、法的な視点というか、公平とか中立とか簡素とか、そういった視点が抜け落ちているのではないかと思う。前述した費用負担原則、ＰＰＰといったものをどう理解するか、課税の根拠なり税負担の配分基準とかといった租税法理論からいくと大前提にあるべき議論が、どうも環境省案の中からうかがい知ることができないというところがある。

2　だれが課税するか（課税主体が国か地方公共団体か）

それからだれに課税するのか、課税主体を当然国と考えていいのかどうかというところがある。平成一五年八月二九日の「環境省案」は少し余韻を残しているわけである。地方公共団体にも、その財源の確保を図るため温暖化対策税の一部を地方税としたり、地方譲与税の仕組みを活用するという方法により税収の一部を地方の財源とする必要があると書いてある。これがどういうことを意味しているのか非常に難しいところであるが、財源として渡すだけという形の記載にも読めるわけである。環境税については国境を越える部分があるので国税ということは十分ありうるわけである。ただ、かなりの部分の環境汚染が地方で生じ、地方で環境対策を行うということでいうと、法定外税でできることはその地方公共団体独自の環境対策に限定されるわけであるので、各都道府県が広範囲な環境対策を行う必要があるということを前提とすると、やはり税源というか、課税権そのものを一部自治体に移すという形の検討も必要であろうと考えられる。

地方消費税のようなやり方も一つありうると思うが、何を配分基準にするかという問題がある。地方公共団体の環境税を一括プールして、一定の機関のもとで、都道府県ごとの排出量に応じて案分するという方法も考えられる。大都市を抱えているところは非常にたくさん環境税を得ることになるかもしれない。温暖化対策税というのは全国一律的な内容のものになるのであろうと思われるけれども、それが即、国が課税権を独占する、あるいは譲与税的な形で財源だけを地方に移譲するという考え方は、環境税の本質からして非常に問題があると考えている。

3　税の性格――環境と経済の統合

三番目として、税の性格が環境省案に出てくる。環境税というのは環境政策と経済政策を統合できる、リンクさせることができるということになっているわけである。環境負荷となる温室効果ガス、又は化石燃料に対して課税をする、それはなぜかというと課税による価格インセンティブ効果によってCO_2を削減することができるからであるということである。税の性格のところで言っているのは二つの点である。課税による価格インセンティブ効果によってCO_2の排出を削減するということと、その税収を温暖化対策に活用してCO_2の排出を削減するということである。インセンティブ的な環境税ということを前提にしたうえで、ここではいわゆる汚染をした、温暖化の原因を作った者に対して課税をするというような色彩を非常に強く残している。汚染者負担原則に基づいているというか、汚染原因について課税するということをいっているわけである。そうすると、その議論というのは当然納税義務者をだれにするかという議論に話がつながってくる。

とりあえず税の性格というのは政策税であって、課税による価格インセンティブ効果をねらうということである。環境税の発展から見るとまだ日本は環境税という基幹税を採ったことがない。よって、インセンティブ効果からスタートすることになるのであろうが、さらに先を見通した議論が、インセンティブ効果を超えて、さらに税収も温暖化対策に使うということに限定をせずに、幅広い税の使途を議論する余地を残す必要もあるだろうと思われる。ただ、このような議論は、汚染者負担原則を前面に押し立てると、こういう議論にリンクしやすくなるので、ここは非常に難しい問題を抱えているといえる。

4 何に課税するのか――課税客体

次に何に課税するのかであるが、環境省案の考え方というのは温室効果ガス、CO_2(二酸化炭素)である。ほかにもあるが、とりあえず京都議定書ではCO_2以外のものも対象にしているが、日本の環境税はCO_2を前提にする温室効果ガス又は化石燃料に対して課税をするとしている。温室効果ガス「又は」というところが非常にポイントであろうと思うが、そういう書き方が環境省案にはしてある。温室効果ガスに着目すると、これは排出量課税という形になるし、化石燃料に対して課税をするということになると化石燃料課税になり、どちらも従量税になるかと思う。

この議論はだれに課税するかという議論につながってくる。いわゆる排出量課税にするか化石燃料課税にするかによって、どのレベルで、言い換えればこの環境省案では上流課税にするか下流課税にするかという議論で四つの提案が検討されているが、化石燃料課税にすると上流課税で、そのような段階で課税をする。特定の事業者に限られてくる。非常に納税者も少なくなり徴税メリットは非常に大きい。徴税コストが非常に低くて徴税面では簡素化が図れるだろう。しかし、インセンティブ効果を上げるためには、やはり排出量課税というところに比重を移さなければインセンティブ効果が上がらないということになってくる。

環境省案というのは上流課税を原則にする、上流課税が先にありきのような書き方がしてあるが、下流、排出者の段階で課税するという議論も上流課税の場合の転嫁の問題も含めて、さらに今後検討していく必要があるのではないかと思う。複雑な税制にはなるけれども、例えば消費税の改正によって消費税のインボイス化が進めば恐らくその辺りの問題もかなり克服できることになるのだろうと思う。

5　だれが環境税を負担するか、だれが納税するか

例えば、上流で課税をするということになると、環境省案でいくと化石燃料の保税地域からの引取量、輸入時点、又は最初からの採取量、採取時点で課税を行うか、いわゆる化石燃料最上流課税か、化石燃料の製造上エネルギー転換部門からの移出量、出荷時点で課税を行う、いわゆる化石燃料上流課税かという書き方がしてある。これは前述したように、十分議論しなければならない。例えば、既存の税制の中には一部上流課税的なものもあるけれども、多くのものは下流課税を行っているというところがあり、既存の税制との議論も必要であるし、果たして環境税というインセンティブ効果を考えた場合に上流課税で良いのかという問題があるように思われる。

もう一つ、上流課税をした場合に、消費者に転嫁をするというか最終的に消費する人とか販売する人に環境税を転嫁するという形に当然なるだろうと思う。恐らく価格に上乗せされるのであろうが、消費税的なインボイス的なものがあれば別であるが、そうした場合に本当に望ましい姿が上流課税で本当に維持できるのだろうかという気がする。いわゆる二重課税的なものも起きてくる可能性があるのではないかと思われる。

それから、環境税が仮に導入されたとして、負担をした人が必要経費として引けるかどうかとか、必要経費性とか損金算入の問題であるとか、京都議定書に沿って排出権取引が国家をまたいで行われた場合、排出権取引についての会計処理とか税務処理も今後考えていかないといけない問題だろうと思う。

ここで強調しておきたいことは、上流課税というのを環境省案というのは非常に強調しているということである。個人的には上流課税は法的に疑問があると考えている。

6 税の負担割合

税の負担割合であるが、これはすでに具体的な数字を昨年の八月の財務省案では出している。炭素一トン当たり三、四〇〇円という課税、すなわち、ガソリン一リットル当たり二円というようなことを数字として掲げていて、この数字が出てきている基準は京都議定書の六%削減という基準が先にありきできており、ほかの税制というか、ポリシー・ミックスの中で環境税をどういうふうに位置付けるのかとか、仮にこの数字が京都議定書の六%削減の実現に必要な数字であったとしても、これは租税公平主義のもとで税負担としてどうなのかということも大きな法的な視点として考えていかなければいけないと思われる。よって、税負担としてこの数字が果たして妥当かどうかということは、京都議定書の数値の実現とは一度切り離して考えていかなければならないという問題を抱えているといってよかろう。

そこで、現在導入されている自動車諸税とかエネルギー税的なものについて、その税負担を若干上乗せするのか、あるいはそこは見直しをして環境税的なものに一本化するのか、いろいろなシミュレーションのもとで、今後公平という視点、担税力という視点から考えていかなければならない問題であろう。

7　税の減免や補助金

税の減免については、今日本経団連等で実施している自主行動計画によって環境対策へかなりの成果を上げていると認識しているので、これによって実績、削減効果を上げているということで、この数値と減免の割合というのは税制としてリンクさせる必要があるだろう。環境税は導入するけれども、自主行動計画に基づいた削減効果は企業に何らかの形で、減免というような形で反映させる必要があるだろうと思われる。

一方で、補助金については、環境税として取ったものを汚染者へ返す、環元をするといったような意味での補助金というのは修正、廃止すべきだということになると解されよう。

8　税の使途

税の使途ということでいうと、コスト・カバーリング的環境税のような場合は、税収入は環境対策にということになるのであろうが、インセンティブ効果を持たせる、あるいはさらに税収目的を持たせるということになると、使途は環境対策にということではなく、一部は所得税の減税に用いるとかといった形で検討していく必要が当然出てくるだろうと思われる。非常に難しいのは課税の根拠を汚染者負担原則という形で考えると、汚染した人、環境に対して負荷を与えた人、マイナスの効果を与えた人に対して環境税という形で補償してもらうと考えると、税収を上げるという意味での環境税とはそぐわないということにもなる。使途の問題というのは環境税の法的な根拠との関係で検討すべき課題であろう。

おわりに ―― グリーン税改革

多くの論点を提起したが、環境税そのものについて私的な見解を述べると、環境税というか、新しい何らかのエコ税的なものの導入は必要であろうと思われる。ただ、繰り返しになるが、現行のエネルギー税的なもの、あるいは自動車諸税的なものもすべて見直して、さらに税負担との関係でいえば所得税とか法人税、地方税も含めて事業税的なものをすべて含めて負担という点から見直すことも必要であると思う。よって、そういうものを総合的に、補完的に見ていく、あるいは作業を進めていくことが必要であろう。地方環境税の機能や負担についても、その枠内で考えていく必要がある問題であろう。

環境税は、個人的には今ヨーロッパで現在進んでいるようなグリーン税改革的な方向、従って所得税的なものを減税する、そうすることによって環境税を導入することによって生ずる経済への影響はかなり緩和できると考えている。グリーン税改革的なパッケージとして環境税は導入するけれども、一方で所得税的なもの、企業税的なものについては軽減をするといった形での税体系の構築が、将来的には必ず必要になってくるであろうと考えられる。

経済的な視点からというか、企業の立場からいうと、新たに税負担増につながる環境税の導入というのは恐らくとんでもないということになるかもしれないけれども、総合的に税負担というか公平な負担、担税力に則した課税ということで、税体系全体の中で環境税の導入を検討する、税体系を見直すという中で環境税を導入するということであれば、積極的に導入の作業を進めていくべきではないかと考えている。

前節の議論に用いた「温暖化対策税の具体的な制度の案」のサブタイトルは、「国民による検討・議論のための提案」となっているが、議論が国民レベルで進んでいるといえる状況にはない。国民的レベルでの議論が真に要求され、この問題が京都議定書の発効により十分に討議されて、環境税の議論が益々進展することを切望している。

第一三章　自治体における産業廃棄物税の導入

はじめに

地方公共団体（自治体）において、自治体の判断のもとで行われる政策税制は地方税法六条（公益等に因る課税免除及び不均一課税）・七条（受益に因る不均一課税及び一部課税）、各税目にかかる地方税法の減免規定（たとえば、七〇一条の五七（事業所税の減免）等）によることが考えられる。地方税法六条にもとづいて企業誘致のために固定資産税を免除するといったことも、その法的な評価はともかくも自治体において広く行われている。

また、法定外税の導入により一定の政策目的を実現することも可能である。民泊税や空家税などの導入など広範囲な導入が考えられよう。

本章では、環境税の一環として、自治体の産業廃棄物税の導入を巡る課題を検討する。

一　自治体における環境政策

「地方分権の推進を図るための関係法律の整備等に関する法律」（平成一二・四・一施行）による地方税法改正によって、法定外普通税の新設・変更における総務大臣の許可制度が廃止され、事前協議制度による国との同意制度に改められるとともに、法定外普通税のほかに法定外目的税が創設された。その結果、地方団体においては今日、法定外普通税や法定外目的税の導入あるいはその検討が盛んに行われている。特に地方自治体の独自課税構想において、地方自治体の多くは、住民の理解を比較的得やすいと考えられる法定外目的税を検討しており、なかでも環

が持出量よりも多い「入超」自治体の問題は深刻となるであろうことから、導入にあたっては周辺関係自治体との調整が必要となろう。広域で課税要件を同じくする税条例が検討されることが望ましいともいえよう。

(3) 三号消極要件

「国の経済施策に照らして適当でないこと」(三号) という不同意要件について、「国の経済施策」とはいかなるものを指すかが問題となる。この「経済施策」に租税政策や環境政策(特に廃棄物処理等をはじめとする環境政策)が含まれるか否かについては争いがあるところであろう。産業廃棄物税の導入が国税における環境関連税制、その他の環境法令等による規制に、影響を与えることがある場合には留意をする必要がある。

(4) その他

旧地方税法のもとで導入が認められていた法定外普通税については、地方団体における財政需要と一定の税収の確保(財源)がその導入にあっての積極的要件とされていたが、現行法定外税の導入からは排除されている。よって、環境政策税的色彩の強い産業廃棄物税におけるこの問題は地方団体において独自に判断すべき問題であるといえる。

三　条例化のヒント

1　条例の目的と税収の使途

地方税法上は、産業廃棄物税を法定外普通税かあるいは法定外目的税か、どちらで導入するかにより実体法的なレベルで大きな相違が生ずるものとはなっていない。どちらの税で導入しようと産業廃棄物処理税の導入の趣旨(課税の根拠)はできるかぎり明確に規定することが望ましい。産業廃棄物税条例の課税要件(特に納税義務者や課税客体）を画することになる。

また、この趣旨がつまるところ、法定外目的税で導入した場合の使途に深く関係してこよう。法的には課税の趣旨と使途とは全く切り離して考えることも可能であるが、産業廃棄物処理税としての法定外税の導入が受益者負担原則あるいは汚染者負担原則を背景にすることを考えると現実にはこの趣旨と使途との結び付きは重要である。

今日、導入されたあるいは検討が進んでいる産業廃棄物税条例（法定外目的税）においては、「産業廃棄物の発生抑制、再生、原料その他適正な処理に係る施策に要する費用」にあてるためと規定されるものが多い。

2　納税義務者

納税義務者をだれにするかについては課税客体や税の徴収方法との関係もあり、次に述べるように、いくつかの方式が可能である。

ア　排出事業者（中間処理業者を除く）

(ア)　排出事業者に対して申告納税方式

(イ)　排出事業者を納税義務者として排出事業者と中間処理業者を特別徴収義務者

この方式においては、納税義務者に対して特別徴収のうえ、申告納付といった方法もありうる。

イ　排出事業者と中間処理業者

(ア)　排出事業者と中間処理業者に対して申告納税方式

(イ)　排出事業者や中間処理業者を納税義務者として埋立処分業者が特別徴収方式

この方式においては、納税義務者に対して特別徴収のうえ、申告納付といった方法もありうる。

ウ　埋立処分業者（最終処分場）

埋立処分業者が申告納付

納税義務者の決定に際しては、以下のようなことなどを考慮のうえ、総合的に判断することになる。

(1)　産業廃棄物は広域に移動をすることからどの程度の産業廃棄物が県外から、あるいは県内から流入あるいは流出しているか。二重課税への配慮をどのように行なうか。

(2)　関係する県内外の排出事業者の数、あるいは埋立処分業者の数。

(3)　排出事業者や埋立処分業者の事業規模、事業者の協力状況。

(4)　特別徴収義務者や申告税義務者への税負担と転嫁の状況。

現在、導入されている産業廃棄物税条例をみると、納税義務者は**ア**(ア)、**イ**(イ)又は**ウ**が採用されている。なかでも、排出事業者に対する申告納税方式のもとで県外の業者に課税するといった場合に課税権の限界から、県外の排出事業者に対して納税義務を課する場合についてはその地方税法上の可否をめぐって争いがある。県外事業者を納税義務者とすると、排出事業者を申告納税義務者とした場合においては無申告あるいは滞納の場合についての対応が問題となろう。租税の徴収に際して埋立処分業者を特別徴収義務者としてであれば、県外の排出事業者に税を負担させることは可能であると思われることから、特別徴収方式を導入した上で、県外事業者に申告納税を課することにより、一定の徴収権を担保するということもありえよう。

3　課税客体（課税物件）

課税客体は、納税者や課税標準といった課税要件と深くかかわる。納税義務者を排出事業者とした場合には、形式的には「県内での産業廃棄物の処分行為（最終処分場への搬入行為）」（「県内で処分される排出物」ということも可能）であり、埋立処分業者の場合には形式的には「県内での産業廃棄物の埋立行為」（あるいは埋立てされる産業廃棄物）となるが、後者の場合においても排出事業者に税負担が当然に転嫁されることを予定していると考えると、産業廃棄物税の課税標準は実質的には「県内での産業廃棄物の処分行為」と考えることができる。

4　非課税

資源化処理施設への搬入や自社での中間処理については資源化を促進するといった趣旨からは非課税とすることとなる。しかし、このようなものが非課税となるか否かは、産業廃棄物税の導入の趣旨から判断することとなる。排出事業者から中間処理業者への搬入行為の課税は排出事業者を納税義務者としたときには、残さ量等を勘案することにより、一定割合（処理係数を乗じたもの）に課税することとなる。

5　課税標準

現在導入されている税条例をみる限りは、課税標準は処分あるいは埋め立てられる産業廃棄物の重量とするのが一般的である。しかし、重量により過大な数字となる場合に体積によることもあり得よう。重量を課税標準とすることは、課税標準の算定等の簡便性等をも考慮すると合理的なものであるといえる。

6　税率

産業廃棄物税が資源化処理の促進が目的であっても、税負担が加重になると、産業廃棄物税は産業廃棄物の県外への追い出し効果が生ずることは否定できないところである。しかし、県外の処理施設への直接的な流出効果を招くような税負担は望ましいものとはいえない。一トン当たり五〇〇円～二〇〇〇円程度が一般的であるといえよう。また、その他の流通税的な税負担との税負担の均衡にも留意をする必要があろう。

法定外税としてはある程度の税収確保が見込まれる必要があろうが、産業廃棄物税のようなものは政策誘導税（インセンティブ税）の側面が強いことから税収がゼロに近づくことが将来的には望まれる。

7　免税点

中小企業においても環境への負荷に応じて税負担を課すべきものであることから、零細な中小企業への税負担軽減措置の必要性が検討されることがある。環境政策の必要性の緊急度合い、中小企業政策との兼ね合いとして、一定の範囲内での裾きりは許容されうるであろう。

8　徴収手続き

納税義務者のところで述べたところでもあるが、排出事業者の責任（排出者責任あるいは汚染者責任）が明確化されるシステムが望ましいが、現実には、徴税の簡便性、徴税コスト、租税負担の転嫁の実現性などを考慮して、特別徴収方式か申告納税方式かあるいはその混合方式か、なども決定することとなる。

9　二重課税の調整

(1)　県内施設への二回以上の搬入される場合である。中間処理施設への搬入時に課税されたときに課税されたものが、中間処理業者によって最終処分場へ搬入されるときに課税される場合には二重課税が生ずる。

(2)　排出事業者が県外の中間処理施設に搬入した後に、この中間処理業者（第一次中間処理業者）が県外の最終処分場に搬入する。その後にこの中間処理業者（第二次中間処理業者）がさらに県外の最終処理業者へ搬入（産業廃棄物税なし）

(3)　排出事業者が県内の中間処理業者へ搬入した後に、県外の最終処分場への搬入行為に課税

このような場合の二重課税の排除は、最終処分場への搬入行為による埋立てがもっとも環境への負荷が大きいと考えることができることから、最終処分場をかかえる自治体が最終的な課税権を有すると考えるべきである（最終処分場を保有する自治体の課税権優先の原則）。国内での二重課税はどちらを免除しても税負担に変動はないが理論的

には中間処理業者への搬入行為を免除とすべきであろう。なお、技術的な問題であるが、二重課税の調整については、納税義務者へいかなる申告・徴収手続方法が採用されているかによってその方法は異なる。

四　三重県産業廃棄物税条例のポイント

三重県は全国に先駆けて産業廃棄物処理税条例を導入した。税収を産業廃棄物の発生抑制、再生、減量等のための費用にあてることを目的とした法定外目的税である。納税義務者は、産業廃棄物を中間処理施設又は最終処分場への搬入（排出事業者が自らの中間処理施設への搬入する場合等を除く）に対して、当該産業廃棄物を排出する事業者である。県外の排出事業者も納税義務者であるが、原則として三重県に納税管理人をおくことを義務づけられている。課税標準は産業廃棄物処理の重量であり、税率は一トン当たり一〇〇〇円である（ただし、中間処理施設へ搬入される産業廃棄物の課税標準は当該廃棄物の重量に一定の処理係数を乗じた重量である。免税点は一〇〇〇トン（課税期間の合計重量）である。徴収方法は申告納付により、納税義務者は課税期間の末日から四月を経過する日の属する月の末日までに課税標準や税額等の一定の事項を記載した申告書を提出し、税額を納付しなければならない。

〔参　考〕　三重県産業廃棄物税条例（平成十三年七月三日三重県条例第五十一号（改正・略））

三重県産業廃棄物税条例をここに公布します。

三重県産業廃棄物税条例

（課税の根拠）

第一条　県は、地方税法（昭和二十五年法律第二百二十六号。以下「法」という。）第四条第六項の規定に基づき、産業廃棄物の発生抑制、再生、減量その他適正な処理に係る施策に要する費用に充てるため、産業廃棄物税を課する。

（定義）

第二条　この条例において、次の各号に掲げる用語の意義は、それぞれ当該各号に定めるところによる。

一　産業廃棄物　廃棄物の処理及び清掃に関する法律（昭和四十五年法律第百三十七号。以下「廃棄物処理法」という。）第二条第四項に規定する産業廃棄物をいう。

二　最終処分場　廃棄物処理法第十五条第一項の規定による三重県知事（以下「知事」という。）の許可を受けて設置された産業廃棄物の最終処分場をいう。

三　中間処理施設　廃棄物処理法第十四条第六項、第十四条の二第一項、第十四条の四第六項又は第十四条の五第一項の規定による知事の許可を受けた者が当該許可に係る事業の用に供する施設のうち、最終処分場を除いた施設をいう。

一部改正〔平成一六年条例一九号〕

（賦課徴収）

第三条　産業廃棄物税の賦課徴収については、この条例に定めるもののほか、法令及び三重県県税条例（昭和二十五年三重県条例第三十七号）の定めるところによる。

（納税義務者等）

第四条　産業廃棄物税は、事業所ごとに、産業廃棄物の中間処理施設又は最終処分場への搬入に対し、当該産業廃棄物を排出する事業者に課する。ただし、次に掲げる搬入については、この限りでない。

一　産業廃棄物を排出する事業者（以下「排出事業者」という。）が当該産業廃棄物を自ら有する中間処理施設において処分するための搬入

二　排出事業者がその処分を他人に委託した産業廃棄物のうち中間処理施設で処分された後のもの（前号に規定する搬入に係る産業廃棄物が処分された後のものを除く。）の搬入

（納税管理人）

第五条　産業廃棄物税の納税義務者は、県内に住所、居所、事務所又は事業所（以下「住所等」という。）を有しない場合においては、納付に関する一切の事項を処理させるため、県内に住所等を有する者のうちから納税管理人を定め、これを定める必要が生じた日から十日以内に知事に申告し、又は県外に住所等を有する者のうち当該事項の処理につき便宜を有するものを納税管理人として定めることについてこれを定める必要が生じた日から十日以内に知事に申請してその承認を受けなければならない。納税管理人を変更し、又は変更しようとする場合においても、同様とする。

2　前項の規定にかかわらず、当該納税義務者は、当該納税義務者に係る産業廃棄物税の徴収の確保に支障がないことについて知事に申請してその認定を受けたときは、納税管理人を定めることを要しない。

（納税管理人に係る不申告に関する過料）

第六条　前条第二項の認定を受けていない産業廃棄物税の納税義務者で同条第一項の承認を受けていないものが同項の規定によって申告すべき納税管理人について正当な事由がなくて申告をしなかった場合においては、その者に対し、十万円以下の過料を科する。

一部改正〔平成二三年条例三二号〕

（産業廃棄物税の減免）

第六条の二　知事は、特別の事情がある場合において産業廃棄物税の減免を必要とすると認める者に対し、産業廃棄物税を減免することができる。

追加〔平成二一年条例四二号〕

（課税標準）

第七条　産業廃棄物税の課税標準は、次に掲げる重量とする。

一　最終処分場への産業廃棄物の搬入にあっては当該産業廃棄物の重量

二　中間処理施設への産業廃棄物の搬入にあっては当該産業廃棄物の重量に、次の表の上欄に掲げる施設の区分に応じ、それぞれ同表の下欄に掲げる処理係数を乗じて得た重量

施設の区分	処理係数
一　焼却施設又は脱水施設	〇・一〇
二　乾燥施設又は中和施設	〇・三〇
三　油水分離施設	〇・二〇
四　前三項に掲げる施設以外の中間処理施設	一・〇〇

備考　この表において「焼却施設」、「脱水施設」、「乾燥施設」、「中和施設」及び「油水分離施設」とは、廃棄物処理法第十四条第六項、第十四条の二第一項、第十四条の四第六項又は第十四条の五第一項の規定による知事の許可を受けた事業の範囲に応じて、当該事業の用に供された施設をいう。

2　前項に規定する搬入に係る産業廃棄物について、当該産業廃棄物の重量の計測が困難な場合において規則で定める要件に該当するときは、規則で定めるところにより換算して得た重量を当該産業廃棄物の重量とする。

一部改正〔平成一六年条例一九号〕

（課税標準の特例）

第八条　中間処理施設において処分された後の産業廃棄物の重量が前条第一項第二号の規定により算出した重量に満たない場合における課税標準は、排出事業者の申出に基づき知事が適当であると認めたときに限り、当該産業廃棄物の重量とする。

2　産業廃棄物を中間処理施設のうち規則で定める再生施設（以下「再生施設」という。）へ搬入する場合においては、当該搬入に係る産業廃棄物の重量を課税標準に含めないものとする。

（税率）

第九条　産業廃棄物税の税率は、一トンにつき千円とする。

（免税点）

第十条　四月一日から翌年三月三十一日までの間（以下「課税期間」という。）における中間処理施設又は最終処分場への搬入に係る産業廃棄物税の課税標準となるべき重量の合計（以下「課税標準量」という。）が千トンに満たない場合においては、産業廃棄物税を課さない。

（徴収の方法）

第十一条　産業廃棄物税の徴収については、申告納付の方法による。

（申告納付の手続）

第十二条　産業廃棄物税の納税義務者は、課税期間の末日から起算して四月を経過する日の属する月の末日までに（課税期間の中途において事業所を廃止した場合にあっては、当該事業所の廃止の日から一月以内に）、当該課税期間における産業廃棄物税の課税標準量及び税額、再生施設へ搬入した産業廃棄物の重量その他必要な事項を記載した申告書を知事に提出するとともに、その申告書により納付すべき税額を納付しなければならない。

（期限後申告等）

第十三条　前条の規定により申告書を提出すべき者は、当該申告書の提出期限後においても、法第七百三十三条の十六第四項の規定による決定の通知を受けるまでは、前条の規定により申告書を提出するとともに、その申告書により納付すべき税額を納付することができる。

2　前条又は前項の規定により申告書を提出した者は、当該申告書を提出した後においてその申告に係る課税標準量又は税額を修正しなければならない場合においては、規則で定めるところにより、遅滞なく、修正申告書を提出するとともに、その修正により増加した税額があるときは、これを納付しなければならない。

（更正又は決定の通知等）

第十四条　法第七百三十三条の十六第四項の規定による更正若しくは決定をした場合又は法第七百三十三条の十八第五項の規定による過少申告加算金額若しくは不申告加算金額若しくは法第七百三十三条の十九第四項の規定による重加算

金額を決定した場合においては、規則で定める通知書により、これを納税義務者に通知する。

2　前項の通知を受けた者は、当該不足税額又は過少申告加算金額、不申告加算金額若しくは重加算金額を当該通知書に指定する納期限までに納付しなければならない。

（帳簿の記載義務等）

第十五条　産業廃棄物税の納税義務者は、帳簿を備え、規則で定めるところにより、産業廃棄物の搬入に関する事実をこれに記載し、第十二条に規定する申告書の提出期限の翌日から起算して五年を経過する日まで保存しなければならない。

（徴税吏員の質問検査権）

第十六条　徴税吏員は、産業廃棄物税の賦課徴収に関する調査のために必要がある場合においては、次に掲げる者に質問し、又は第一号及び第二号の者の事業に関する帳簿書類（その作成又は保存に代えて電磁的記録（電子的方式、磁気的方式その他の人の知覚によっては認識することができない方式で作られる記録であって、電子計算機による情報処理の用に供されるものをいう。）の作成又は保存がされている場合における当該電磁的記録を含む。）その他の物件を検査し、若しくは当該物件（その写しを含む。）の提示若しくは提出を求めることができる。

一　納税義務者又は納税義務があると認められる者

二　前号に掲げる者に金銭又は物品を給付する義務があると認められる者

三　前二号に掲げる者以外の者で産業廃棄物税の賦課徴収に関し直接関係があると認められる者

2　前項第一号に掲げる者を分割法人（分割によりその有する資産及び負債の移転を行った法人をいう。以下同じ。）とする分割に係る分割承継法人（分割により分割法人から資産及び負債の移転を受けた法人をいう。以下同じ。）及び同号に掲げる者を分割承継法人とする分割に係る分割法人は、同項第二号に規定する金銭又は物品を給付する義務があると認められる者に含まれるものとする。

3　第一項の場合においては、当該徴税吏員は、その身分を証明する証票を携帯し、関係人の請求があったときは、これを提示しなければならない。
4　徴税吏員は、地方税法施行令（昭和二十五年政令第二百四十五号）で定めるところにより、第一項の規定により提出を受けた物件を留め置くことができる。
5　産業廃棄物税に係る滞納処分に関する調査については、第一項の規定にかかわらず、法第七百三十三条の二十四第六項の定めるところによる。
6　第一項又は第四項の規定による徴税吏員の権限は、犯罪捜査のために認められたものと解釈してはならない。
一部改正〔平成一四年条例二二号・一七年一八号・二三年五五号〕

（県税条例の特例）

第十七条　産業廃棄物税の賦課徴収については、三重県県税条例第三条第二号中「狩猟税」とあるのは「狩猟税・産業廃棄物税」と、同条例第六条の二第二項中「県たばこ税」とあるのは「県たばこ税及び産業廃棄物税」と、同条例第七条の二第一項中「この条例」とあるのは「この条例及び三重県産業廃棄物税条例（平成十三年三重県条例第五十一号）」と、同条例第八条中「10　知事は、第二項から前項までの課税地を不適当と認める場合又はこれにより難いと認める場合においては、これらの規定にかかわらず、別に課税地を指定することができる。」とあるのは「10　第二項の規定にかかわらず、産業廃棄物税の課税地は、三重県産業廃棄物税条例第四条に規定する産業廃棄物の搬入に係る中間処理施設又は最終処分場の所在地とする。　一一　知事は、第二項から前項までの課税地を不適当と認める場合又はこれにより難いと認める場合においては、これらの規定にかかわらず、別に課税地を指定することができる。」と、同条例第九条及び第十一条第一項中「この条例」とあるのは「この条例及び三重県産業廃棄物税条例」とする。

一部改正〔平成一五年条例三八号・一六年四二号・一七年一八号〕

（委　任）
第十八条　この条例に定めるもののほか、この条例の施行に関し必要な事項は、規則で定める。

（産業廃棄物税の使途）

第十九条　知事は、県に納付された産業廃棄物税額から産業廃棄物税の賦課徴収に要する費用を控除して得た額を、産業廃棄物の発生抑制、再生、減量その他適正な処理に係る施策に要する費用に充てなければならない。

附　則

1　この条例は、法第七百三十一条第二項の規定による総務大臣の同意を得た日から起算して一年を超えない範囲内において規則で定める日から施行し、同日以後に行う産業廃棄物の搬入に係る産業廃棄物税について適用する。（平成十三年十一月規則第八六号で、同十四年四月一日から施行。ただし、第八条第二項の規定（規則で定める再生施設に係る部分に限る。）は、公布の日から施行）

2　この条例を施行するために必要な規則の制定その他の行為は、この条例の施行の日前においても行うことができる。

3　知事は、この条例の施行後五年を目途として、この条例の施行状況、社会経済情勢の推移等を勘案し、必要があると認めるときは、この条例の規定について検討を加え、その結果に基づいて必要な措置を講ずるものとする。

以下　附則（略）

き上げが行われてきたこと、さらには平成二六年にはクリーン化を進める観点から自動車税と同様に、軽課及び重課の仕組みをもつ特例が整備されていること、さらに平成二九年四月一日から軽自動車税等に環境性能割を設けることとしていることなどから（改正地方税法四四三条参照）、軽自動車の所有を前提とした軽自動車等の利用から生ずる道路損傷負担金・環境負荷的負担金としての色彩がさらに強くなってきているといえる。

固定資産税に代わる財産税としての性格と道路損傷負担金的性格を併せ持った税であるといえるがどちらの局面に重点をおいて解すべきかについては論者により異なるところではある。ちなみに、大津地裁平成二四年三月一五日判決は、軽自動車税の性格について、「軽自動車税は、軽自動車等の所有の事実に担税力を見出して課される税であ（る）」と判示しているが、軽自動車税の課税根拠はそのようなところにのみ存するのではなく、同判決も述べるように「軽自動車等の所有者につき定額により課されるものとされていること等に照らすと、その運行によって生じるべき道路損傷に対する負担金としての性質をも有するもの」と解している。やや前者に力点を置いた判決ともとれなくはないが、大津地裁平成二四年三月一五日判決は軽自動車を保有している以上担税力があることから商品自動車を課税客体から除外することは認められないとの論理ではなく、その争点は野洲市税条例八一条における「使用しない軽自動車」の文言解釈にわたるものであり、軽自動車税の課税根拠やその趣旨・目的を必ずしも見据えた議論ではなかったといえる。

2　軽自動車税の課税客体としての「軽自動車」の定義（範囲）

軽自動車税の課税客体は、いわゆる「軽自動車等」である（地方税法四四二条、四四二条の二第一項）。軽自動車税における「軽自動車」とは、「道路運送車両法第三条にいう軽自動車をいう。」（地方税法四四二条一項二号）。構造的、機能的に、道路運送車両法に定める「軽自動車等」の基準に該当するものであれば、地方税法上は、軽自動車税の課税客体（課税対象）となるものであるが、しかし、商品であって使用されていない軽自動車等、未だ流通段階にあり、使用段階に至っていないものについては、そもそも課税根拠がなく、課税することが違法（あるいはすくなくとも不適切）と解されうる。

軽自動車税の納税義務者は軽自動車等に対し、主たる定置場所在の市町村において、その所有者に課するとしており、その文言からいえば軽自動車を所有しているものは納税義務者になるものと解されうるが、この軽自動車税にかかる規定の立法趣旨・立法目的からいえば、そのような商品軽自動車はそもそもここでいう「軽自動車等」の定義にあてはまらないものといえる。

租税法の解釈について、一連の判決をみると「当該法文自体及び関係法令全体から用語の意味が明確に解釈できるかどうかを検討し、その上で、なお用語の意味を明確に解釈できない場合には、立法の目的、経緯、法を適用した結果の公平性、相当性等の実質的な事情を検討の上、その用語の意味を解釈するのが相当である。」（福岡地裁平成二二年二月一五日判決（税務訴訟資料二六〇号順号一一三九六）との理解は広く肯定される傾向にある。文理解釈と規定の趣旨・目的については、最高裁平成二六年九月二五日判決（民集六八巻七号七二二頁等参照）。上記のような立法の目的、経緯、さらには後述する法を適用した結果の公平性・相当性等の実質的な事情を自動車税・固定資産税等との取扱いと比較検討すれば、商品軽自動車はそもそも「軽自動車等」の範囲にあてはまらないという解釈を導くことは十分に可能である。[3]

なお、前掲した自治省市町村税課『市町村諸税逐条解説』七頁（地方税務協会・一九八九）は、「商品であって使用されていない軽自動車等、いまだ流通段階にあり、使用段階に至っていないもの」であることを理由に、「そのような軽自動車等に対しては、課税しないこととすること」（傍点部筆者）として、地方税法六条の規定により、条例で課税対象から除外することを求めている（「依命通達第四章一」において地方自治体の判断に委ねる旨の表現ではなく、除外することが適当とされていることに留意）。「依命通達第四章一」の趣旨をめぐる問題については、後掲二参照。

3　固定資産税との関係

軽自動車税は、軽自動車等を所有しているという事実に担税力を見出しているものであること（財産税的側面）から、固定資産税との関係が問題となる。固定資産税は、土地・家屋及び償却資産の資産価値に着目し、その所有という事実に担税力を認めて課する一種の財産税である（最高裁昭和五九年一二月七日判決・民集三八巻一二号一二八七頁、前掲・最高裁判決平成二六年九月二五日判決参照）。固定資産（減価償却資産である軽自動車）を保有しているという事実に担税力を見いだす点では、一致しているといってよかろう。よって、両税の二重課税や税負担の過重問題が生ずる。

この点について、軽自動車税を賦課される「軽自動車等」については、そもそも固定資産税の課税客体（課税対象）から除外されている（地方税法三四一条四号、三四二条）。償却資産として申告の対象にならないものとして、自動車税の課税客体である「自動車」、軽自動車税の課税客体である「軽自動車等」は課税対象から除き、結果的に非課税としている。固定資産税との二重課税による税負担への配慮を示している。

しかし、そもそも固定資産税が課税される償却資産とは、土地及び家屋以外の「事業の用に供することができる資産」（有形減価償却資産）で、所得税法又は法人税法の所得の計算上減価償却の対象となる資産であることから、本件のような商品（棚卸資産）としての軽自動車は、そもそも地方税法三四一条四号の定義規定にかかわらず「事業の用に供することができる資産」に該当しないことから、固定資産税の課税対象とならないものである。「事業の用に供することができる」とは、「事業の用に供する目的をもって所有され、かつ、それが事業の用に供し得ると認められる状態であれば足り、現に事業の用に供しているか否かは問わない」と解している。(4) そうであるならば、商品軽自動車はまさに「事業の用に供することができない資産」であることから、固定資産税からは放逐されているのであり、軽自動車税についてもこのような取扱いと平仄をあわせなければならない。

理論的に、固定資産税、自動車税及び軽自動車税における償却資産のような資産は、償却資産の資産価値に着目し、その所有という事実に担税力を認めて課する一種の財産税であり、商品に対する課税はありえないところである（これに対して、土地・家屋にかかる固定資産税は売買等の譲渡にあたり、所有期間に応じて当事者間で按分することが可能である。最高裁昭和四七年一月二五日判決・民集九巻三号三三六頁参照）。そうでなければ、地方税法三四一条四号が規定する「償却資産　土地及び家屋以外の事業の用に供することができる資産（略）でその減価償却額又は減価償却費が法人税法又は所得税法の規定による所得の計算上損金又は必要な経費に算入されるもののうちその取得価額が少額である資産その他の政令で定める資産以外のもの（略）をいう。ただし、自動車税の課税客体である自動車並びに軽自動車税の課税客体である原動機付自転車、軽自動車、小型特殊自動車及び二輪の小型自動車を除くものとする。」との規定を置いた意味が存しないのである。

地方税法三四一条四号の本文とただし書との関係を整合的に理解するためには、商品は課税対象から除外されると解さなければならないのである。固定資産税において、減価償却資産として棚卸資産に課税することは理論的にありえず、よって、このような商品軽自動車（棚卸資産）は固定資産税の課税対象から除かれているのである。二重課税や税負担の配慮がそもそも、本質的に不必要なものであるといえる。

よって、上記一 1～3の理由（軽自動車税の性格として挙げられる二つの側面（課税根拠）さらには軽自動車税にかかる規定の趣旨・目的、さらには固定資産税との整合性）から明らかなように、棚卸資産としての商品軽自動車は課税客体から除かれるべきものであるといえる。特に、商品として陳列されている軽自動車については道路との間にきわめて直接的な受益関係を有しないことから、課税根拠を失っているものであることは明らかであるといえる。

二　軽自動車等の解釈と依命通達第四章一の意義

1　軽自動車等の解釈と旧依命通達第四章一の位置づけ

依命通達第四章一においては、「商品であって使用されていない軽自動車等に対しては、課税しないこととすること」としていた。その理由は前述したように流通過程にあり、まだ課税客体としての軽自動車等に該当しないというものであった。平成一一年以前においては、軽自動車税の課税免除に関する国の依命通達第四章一があり、「商品であつて使用されていない軽自動車等に対しては、課税しないこととすること。」としていたところ、具体的には、軽自動車については、商品であって、車両番号（ナンバープレート）の指定を受けていない軽自動車を想定して、その取扱いが示されていたといわれている（この問題については、後述本節二**2**の第一五九回国会衆議院予算委員会第二分科会の質疑応答を参照）。改正前については、「課税しないこととすること」として、地方税法六条を根拠にして課税免除の規定をおくことを強制したところである。

しかし、依命通達第四章一は、平成一二年以降、課税免除については市町村の判断によるべきであるとの理由で削除された。ただし、この依命通達第四章一の削除後は、このような配慮をすべき必要性はないとの解釈のもとで削除されているのではなく、地方税法六条の適用の下で課税免除を条例化することということになるので、「地方分権の推進を図るための関係法律の整備等に関する法律（地方分権一括法）」では、機関委任事務が廃止され、国家と地方公共団体が名目上では対等な関係とされていることなどのもとで、地方自治体の判断を尊重するとの趣旨で削除されたものである。この通達の削除後においてもその基本的な考え方あるいは方向には変化がないと理解されている。

商品軽自動車にかかる依命通達第四章一の解釈がナンバープレートを有していない場面を指しているのかはともかくも（この点については、後述三の議論参照）、軽自動車の課税客体に商品自動車が含まれるか否かという問題であるので、そもそも軽自動車の定義規定からそのようなものを除外する通達で足り得るものであったといえるのである。しかし、依命通達第四章一は、そのような立場に立たず、「軽自動車等」を厳格に文理解釈したうえで（地方税法が、道路運送車両法に基づき、原動機付自転車、軽自動車、小型特殊自動車及び二輪の小型自動車を定義している以上、文言上は当たるとしたうえで）、地方税法の総則規定である六条でもって、商品軽自動車を課税免除し、課税客体からの除外と同様の結論を導くことを示唆したように理解されうるところがある。理論的には、そもそも「運行によって生じるべき道路損傷」を生じさせないような軽自動車税は課税免除の問題ではなく、課税客体に係る問題であるといえよう。課税免除ではなく、そもそも課税対象たる軽自動車税の対象から除く必要があるものといわざるをえない。なお、課税免除に関する市町村条例準則八一条一号（軽自動車等の課税免除）「商品であって使用しない軽自動車等」の解説においてはナンバープレートの有無については言及がなく、その趣旨は「たな卸資産であり全く使用に供されていないことから軽自動車税の性格を考慮して課税しないことが適当とされるものであることによると記されている。(5)これは、「公益上その他の事由に因り」の「その他の事由」によるものと解しうるが、ここにあてはめることには疑問が残ろう。

以上のことからすれば、地方自治体においては、軽自動車税等の定義から商品軽自動車を除く旨の規定（条例を置くか、地方税法六条を根拠に具体的な規定を条例に置くべきであるといえよう。理論的には、軽自動車税の軽自動車等の定義規定から、あるいはその軽自動車の納税義務者等（地方税法四四二条、四四二条の二第一項）から、そもそも商品軽自動車を除くべきものであるということになろうが、地方税法四四二条、四四二条の二第一項の規定ぶりや条例準則八一条の存在から、税条例にあらたな定義規定（商品軽自動車等を除外する規定を置く。）を置くことには抵抗があるものと思われる。その結果、多くの地方自治体では地方税法六条に基づく課税免除において、その対応が図られているものであると解されるが、そもそも地方税法六条の適用においては別途同法六条の要件の充足が問われることになるのである。なお、商品軽自動車の課税免除にかかる規定を市町村税条例に置かず、取扱要綱等で対応している地方自治体も存するところではあるが、地方税法六条のもとでは具体的な税条例が必要であると解される。また、商品自動車には課税を免除する旨の規定を置きながら、ナンバープレートを有しないもののみの適用、課税免除の取消等の規定を要綱に定めている地方自治体も存する。このような場合にも税条例又は税条例規則にそのような規定を原則落とし込むことが求められよう。

ただし、自動車税においては、個別通達に基づいて税額が減免されているところ、その根拠は地方税法一六二条によっていることなどから、税額の減免にあたっては商品自動車については担税力が希薄であるとして地方税法四五四条に基づいて税条例を置くことも考えられなくはないであろう。

2　軽自動車税の立法趣旨——依命通達第四章一の内容

依命通達第四章一の下でも、地方自治体において商品軽自動車の課税免除の規定は必ずしも広く導入されていたわけではない。その理由は、「ナンバープレートがあるものについては、たとえば試乗することができるということで、いつでも道路を走ることができるというようなことも考慮すればナンバープレートがある以上は課税となる」といったよう考え方が存したからではないかと考えられる。「ナンバープレートの存在」が課税免除規定等の導入にあたり、地方自治体に萎縮的な効果を与えていたと推察されうるところである。

このことは、第一五九回国会衆議院予算委員会第二分科会（平成一六年三月二日・火曜日）での質疑応答が参照となる。斉藤鉄夫衆議院議員による質問と政府参考人（総務省自治行政局長）板倉敏和氏の答弁が参考となる。

以下、質疑応答を掲載する（傍点部筆者）。

○斉藤（鉄）分科員　先日、中古自動車にかかわる税について御相談をいただきました。私も大変に重要な問題であると思いまして、総務省の御見解をきょうはお伺いしたいと思います。（略）

まず、中古自動車販売会社が在庫している普通自動車については、年額の十二分の三、すなわち三カ月分の税が減免されておりますが、軽四輪自動車については、毎年四月一日時点で在庫がある場合、年額すべてが販売会社に課税され、一切減免措置されていない現状だそうでございます。地方税である自動車税の徴収については、各地方自治体の判断で行うものでありますが、このような軽四輪自動車への課税について、既に課税免除を実施している自治体もございます。

そこで、まず初めに質問ですけれども、現在、商品であって使用されていない軽自動車等、いわゆる中古軽自動車の軽自動車税を免除している自治体を総務省としてどのように把握されているか、現状をお伺いいたします。

○板倉政府参考人　軽自動車税の課税免除につきましては、平成十二年に、地方分権推進の観点から、他の課税免除に関する同様な通達とともに通達を廃止いたしました。したがいまして、中古商品自動車に対する軽自動車税の課税免除につきましては、市町村の判断によって行われるということになっております。

このため、本件に関しまして私どもの方で調査は行っておりません。その課税状況については把握をしていないということでございます。

○斉藤（鉄）分科員　わかりました。把握はされていないということですね。

我々も全部知っているわけではないんですけれども、例えば鳥取県の米子市とか境港市とか、三千三百のうち十数自治体だろう、このようなところまではつかんでおりますが、総務省として把握されていることはないということですね。

地方税法第六条に、「公益等に因る課税免除及び不均一課税」の中で、「地方団体は、公益上その他の事由に因り課税を不適当とする場合においては、課税をしないことができる。」とございます。

また、平成十二年十一月に発行されました「市町村諸税逐条解説」における軽自動車税の課税免除の中では、「構造的、機能的に、道路運送車両法に定める軽自動車等の基準に該当するものであれば、地方税法上は、軽自動車税の課税客体となるものであるが、しかし、新車・中古車にかかわらず商品であって使用されていない軽自動車等、未だ流通段階にあり、使用段階に至っていないものについては、」地方税法第六条の規定に該当するものとして、「条例で課税対象から除外することが適当であろう。」との解説がなされております。

そこで、軽自動車税の課税免除におけるこの解説について総務省の御見解をお伺いいたします。

○板倉政府参考人　軽自動車税の性格でございますけれども、財産税としての性格と、道路損傷の負担金的な性格、この両者の性格をあわせ持った税であるというふうに考えております。

したがいまして、商品であって使用されていない軽自動車につきましては、道路損傷負担金としての性格から考えますと、課税を免除することに合理性があるというふうに考えられるところでございます。

このことから、従前は、取り扱い通知におきまして、「商品であつて使用されていない軽自動車等に対しては、課税しないこととすること。」といたしまして、具体的には、道路運送車両法の規定に基づく登録を行っていないもの、いわゆるナンバープレートの表示のないものを想定いたしまして、その取り扱いを示していたところでございます。

しかしながら、地方分権推進に伴いまして、基本的に課税免除は市町村の判断によるべきものであるということから、取り扱い通知の記述は、平成十二年度にその部分を削除したということでございます。

なお、先生がお示しの市町村税の逐条解説におきまして、従前の取り扱い通知をもとに同じような趣旨の記述がされていたというふうに考えております。

○斉藤（鉄）分科員　そうしますと、財産税という性格、それから、道路損傷に対する補償という性格、この二つがあって、道路損傷という面からすれば、確かに課税免除という考え方もあるけれども、財産税ということからすれば、ナンバープレートがついている限り課税の根拠はある、どちらをとるかは各地方自治体の判断に任せていると。今、難しい言葉でおっしゃったので、こういう理解でよろしいんでしょうか。

○板倉政府参考人　ナンバープレートのあるものとないものというのが、まず大きく大別できると思います。ないものにつきましては、これは道路を走ることができないということになりますので、これは課税対象からは除外することが適当ではないかというふうに、もう従前から、これは軽自動車という定義の問題として考えております。

他方、ナンバープレートがあるものにつきましては、従前の考え方を申しますと、これは、例えば試乗することができるとかいうことで、いつでも道路を走ることができるというようなこともございまして、そういうことを考慮いたしまして、基本的には課税となるんではないかというような考え方で従前は整理をしておりました。

○斉藤（鉄）分科員　よくわかりました。

これは質問通告しておりませんのであれですけれども、聞きますと、実態的には、四月一日にナンバープレートを外していれば課税がかからないということなので、三月の終わりに一斉にナンバープレートを外して返納する、四月一日が過ぎてからまた登録するというふうなことも現実に起きて、事務手続等、実利に結びつかない、経済の成長に結びつかない社会的コストが非常に高まっているという声も聞いておりますので、その点も考えて、これはあくまでも地方自治体の判断ですから、総務省が一律にこうしなさいというものではないというのはよくわかっておりますけれども、その点についても考えていただければと思います。」

以上のことから、総務省（自治行政局）においては「本件依命通達第四章一の解釈としては、『ナンバープレートのないものの』との前提があり、軽自動車という定義の問題としてナンバープレートがないものは道路を走ることができないことから、課税対象からは除外することが適当であるが、他方、ナンバープレートがあるものについては（従前の考え方からいえば）、たとえば試乗することができるとかいうことでいえば、いつでも道路を走ることができるというようなこともあり、そのようなことを考慮すれば、基本的には課税対象となるとして整理をしてきた。」ということが明らかであろう。

これは、総務省（自治行政局）の有権解釈として、意味のあるものといえる。しかし、板倉政府参考人も念を押されるように、上記のような総務省の整理はあくまでも基本的な話であり、試乗車が存在することをもって、それを基本原則としたということである。ナンバープレートのあるものであっても道路を走らないことが明確に判断できる場合などには、地方自治体の判断で商品軽自動車を課税対象から除外することができる（あるいは除外すべき）ことを否定するものではない。上記の委員会の質疑からこのように解することは明らかに許容されているといえる。また、総務省（自治行政局）の有権解釈として、軽自動車の定義については道路運送車両法において要求もされていないナンバープレート要件を通達でもって附加することは税務行政上は一定の合理性があるとしても、それをもって課税客体たる「軽自動車」の判断要件に組み込み、一律に適用させようとすることは租税法律主義にも反するし、行政法理（法律による行政の原理）上も問題が存するといえよう。

道路損傷的負担金の性格等に基づけば、展示品には課税が生じないのは明らかであるが、一方で試乗車への課税は合理的なものであるといえよう。ちなみに、地方財務協会編『地方税質疑応答集』（月刊「地方税」別冊）六四六頁以下（地方財務協会・一九八四）の「質問番号一八七二の答え」においてナンバープレートの有無を前提とせずに「『商品であって使用されないもの』とは脱税のための商品と称して使用するもの等を除く趣旨で、売り込み等のために臨時に運行するような場合は使用指定とはいえません。」との記述もあり、そうであるならば試乗車についても課税免除の余地はありうるということになろう。

よって、以上の二1～2から、総務省の有権解釈を前提としても、地方公共団体の工夫により、「ナンバープレートのないもの」と同様の状況（同視し得る状況）を担保することにより、商品軽自動車を課税客体から除外することは許容されていることは明らかであるといえよう。

「商品であって使用しない軽自動車等」（商品車両）の対象範囲、課税免除の申請手続等について、以下のような規定を税条例や税規則に置けば、それは十分に担保されうるものといえよう。

（課税免除の要件）

第○条　次に掲げる要件のすべてに該当するものを課税免除の対象とする。

(1)　中古軽自動車等を販売することを業とするもので、古物営業法（昭和二四年法律第一〇八号）第三条第一項の規定による古物営業の許可を受けている者が、商品として展示し、かつ、運行の用に供されていない軽自動車等（条例第○条に規定する軽自動車等のうち、原動機付自転車及び小型特殊自動車を除くものをいう。以下同じ。）であること。

(2)　賦課期日現在の登録上の所有者及び使用者が、課税免除を受けようとする者（以下「申請者」という。）と同一であること。

(3)　軽自動車税申告書の所有形態欄に商品車であることが記載されていること。

(4)　課税免除を受けようとする課税年度の前年度の四月二日以降に取得した軽自動車であること。

(5)　車両の用途が、リース車、試乗車、社用車、営業車、代車等事業用のものでないこと。

（課税免除の申請）

第○条　申請者は、賦課期日の属する年度の四月一〇日までに「軽自動車税課税免除申請書」（様式第一号）

に次に掲げる書類を添えて、市長に提出しなければならない。
(1)　古物営業法第五条第二項に規定する許可証の写し
(2)　自動車検査証の写し（継続検査のない軽自動車二輪については、軽自動車届出済証の写し）
(3)　古物営業法第一六条に規定する帳簿等（以下「古物台帳」という。）の写し
(4)　保管状況の写真（車両番号が確認できるもの、一台につき一枚）
(5)　申請者が商品として取得した時における走行距離が確認できるもの（古物台帳の写し、メーターの写真等）
(6)　賦課期日における走行距離が確認できるもの（メーターの写真等）
(7)　その他（市町村）長が必要と認めるもの

（課税免除の通知）

第○条　（市町村）長は、前条の申請に対して課税免除を決定したときは、「軽自動車税課税免除決定通知書」（様式第二号）により、課税免除としないときは、「軽自動車税課税免除却下通知書」（様式第三号）を申請者に通知するものとする。

（課税免除の取消）

第○条　（市町村）長は、課税免除を決定した商品車両について、次のいずれかに該当することとなったときは、課税免除を取り消し、「軽自動車税課税免除取消通知書」（様式第四号）により、申請者に通知するものとする。
(1)　虚偽又は不正な申請により課税免除を受けたことが判明したとき。
(2)　第二条各号に掲げる課税免除の要件に該当しない事実を確認したとき。
(3)　その他（市町村）長が課税免除について決定を取消すことが適切であると認めるとき。

（調　査）

第○条（市町村）長は、課税免除に係る事項を確認する必要があると認めるときは、現地調査その他必要な調査を行うことができる。

なお、尾道市税条例などは、軽自動車税の課税免除規定として、「第六九条　次の各号に掲げる軽自動車等に対しては、軽自動車税を課さない。」との条文を置いている。そのうえで、具体的な取扱いや運用については要綱に委ねているものと解される。

尾道市ナンバープレートの取扱いは以下のようであり、参考となる（これらの取扱いを要綱で規定することについて問題がないかは別途検討を要する問題である（pttp://www.city.onomichi.hiroshima.jp/www/service/detail.jsp?id=7959&pan_super_genre=1&pan_genre_top=&pan_genre=035)）。

中古軽自動車等販売業者が賦課期日（四月一日）において商品として所有し販売を目的としている中古軽自動車等のうち、ナンバープレートの交付を受けているものであっても、次の要件を満たしていれば、申請により、軽自動車税の課税免除を受けることができます。

1　対象車種

・軽四輪車

・軽二輪車（一二五ｃｃ超～二五〇ｃｃ以下のバイク）

・軽三輪車

・二輪の小型自動車（二五〇ｃｃを超えるバイク）

2　要件**【**次の⑴～⑵の要件を全て満たすこと**】**

⑴　販売業者の要件

①　中古軽自動車等を販売することを業とする者で、古物営業法第三条第一項に規定する古物営業の許可を受け、かつ、古物営業法施行規則第二条第四号の自動車及び同条第五号の自動二輪車を取り扱う者（以下、「販売業者」という。）であること。

②　市税を完納していること。

(2)　車両に対する要件

①　道路運送車両法第三条に規定する軽自動車（二輪、三輪、四輪）及び二輪の小型自動車（側車付のものを含む。）であること。

②　賦課期日において、販売業者が商品として所有しているものであること。

③　販売業者が、商品として古物営業法第一六条に規定する古物の帳簿等に記載し、かつ、尾道市内に展示しているもので、販売を目的としたものであること。

④　賦課期日において、所有者及び使用者の名義が課税免除を受けようとする販売業者と同一の名義であること。

⑤　用途が社用車、試乗車、リース車、営業車、代用車、レンタカー等の事業用でないこと。

⑥　取得時と賦課期日の走行距離の差が一〇〇kmを超えないこと。

⑦　尾道市課税分であること。（車検証等の「使用の本拠地」欄及び軽自動車税申告書の「主たる定置場」欄が、尾道市内の所在地であること。）

3　申請期限・提出書類

賦課期日の属する年度の四月一日～四月一〇日（土・日の場合は翌月曜日）に、次の書類を提出してください。

①　尾道市軽自動車税課税免除申請書（様式第一号）

②　古物商許可証の写し

③　自動車検査証又は軽自動車届出済証の写し

④　古物台帳の写し（免除該当車両にアンダーライン等でしるしをお願いします。）

⑤ 展示状態の写真（展示状況及び車両番号が確認できるものを車両一台につき一枚。③の車検証の写しの裏にそれぞれの車両ごとに糊付けしてください。）

＊ 課税免除を受けた車両で翌年度も引き続き免除を受ける場合は、再度申請が必要です。

4 決　定

課税免除の申請があったものについて、審査のうえ、課税免除の適否を決定します。認定したものについては「軽自動車税課税免除決定通知書」にて、却下したものについては「軽自動車税課税免除却下通知書」にて通知します。

5 取り消し

課税免除決定を受けたものについて、免除の要件に該当しない事実が判明した場合は、免除決定を取り消し、「軽自動車税課税免除取消通知書」にて通知します。

6 現地調査

課税免除の決定のため、必要な場合にあっては現地調査、帳簿閲覧をする場合があります。

三　自動車関係税との整合性、取扱いの公平性

1　自動車税での商品自動車の取扱い

(1) 自動車税の性格

自動車税の性格も軽自動車税の性格と同様のものである。自動車税は、耐久財である自動車に対する財産税的な性格を有するとともに、自動車の進行・利用によって道路損傷が生ずることに対して、応分の負担を求めるという

道路損傷負担金としての性格も有していると解されている。自動車の所有に対して課税される財産税の一種であるが、道路を利用することに対して、その整備費などを負担してもらうという性格も併せ持っている。自動車税は、地方税法に基づき、道路運送車両法二条二項、三条の規定等により定義される「自動車」に対し、その自動車の主たる定置場の所在する都道府県において、その所有者に課される税（普通税）であり、その課税の法的枠組みは軽自動車税に類似している。

昭和二五年に現行の自動車税が創設されていたところ、昭和三三年の軽自動車税創設に伴い、軽自動車に関する課税権が納税義務者の把握といった行政便宜的な理由から市町村に課税権が委譲され、自動車税の課税客体から軽自動車が除外された（第二八回国会衆議院「地方行政委員会議事録第九号」九頁参照）。自動車税の沿革からしても、税の性格は同様のものであることは明らかであろう。

また、自動車税では排ガス性能及び燃費性能の優れた環境負荷の少ない自動車には軽課する一方で、登録から一定年数を経て環境負荷の大きい自動車には重課するという特例措置（グリーン化特例）が講じられている。この点も軽自動車税と同様である。また、平成二九年四月一日から、自動車の取得者を納税義務者とし、自動車の通常の課税価額を課税標準として、自動車の環境性能に応じて税率が決定される環境性能割を導入することとされている（改正地方税法一四六条参照）。

なお、自動車税の性格について、名古屋地裁は、自動車税は、地方税法一四五条一項が「自動車に対し、主たる定置場所在の道府県において、その所有者に課する」旨規定し、県税条例（県税条例）もたとえば「県内に主たる定置場を有する自動車に対し、その所有者に課する」旨規定していることに照らせば、「自動車の所有という事実に担税力を認めて課する一種の財産税であると解される。なお、自動車税が、同時に、当該自動車が道路を走行することに伴って生ずる道路の損傷分について応分の負担をさせるという性格を併せ有することは否定できないが、当該自動車が販売されて運行可能な状態におかれた場合には、道路において現実に運行されているか否かを問うことなく当該自動車の所有者が納税義務を負うことからすれば、道路の利用に伴う損傷分を負担させるという側面は付随的なものにすぎないと解するのが相当である。」と判示している（名古屋地裁平成二〇年五月二九日判決・裁判所ウェブサイト、控訴審・名古屋高裁平成二〇年一一月二〇日判決・裁判所ウェブサイト、上告審・最高裁平成二二年七月六日判決・集民二三四号一八一頁）。この判決は、道路の利用に伴う損傷分を負担させるという側面の評価はやや後退しているといえなくもないが、自動車税の枠組みは、所有・保有している以上使用するという前提であり、これまでの税の使途からもその性格は明らかであるといえよう。そうであるとするならば、自動車税の性格も軽自動車税の性格も、その立法趣旨や目的も同様のものと観念せざるを得ない。そうであるとするならば、そもそも「運行によって生じるべき道路損傷」を生じさせないような、自動車税の課税客体たる自動車から商品であって使用しない自動車（商品自動車）は、軽自動車税同様、自動車の課税客体にかかる問題であるといった方が正鵠を得ているように思われる。

課税免除ではなく、理論的にはそもそも課税対象たる軽自動車税の対象から除く必要があるものといわざるをえないが、総務省等の立場からすれば、地方税法六条に基づく課税免除とすることもあながち否定されるべきではなかろう。

(2)　商品自動車と商品軽自動車の取扱いにかかる課税の不公平

自動車税は毎年四月一日時点の所有者に対して課せられる。四月一日時点で自動車を「所有して」（車両にナンバープレートが付いて）いれば、所有者に「法律上の納税義務」があり、四月一日に名義変更を行っても納税義務が生じる。ナンバープレートの有無は地方税法上の要件ではないが、依命通達第八章一において「具体的な認定にあたっては、道路運送法四条の規定による登録の有無によっても差し支えないものであること。」と規定している。自動車税において「年度中に廃車等を行い、運輸支局で抹消登録を行った場合は、抹消登録を行った翌月以降の税額が還付される」（地方税法一五〇条二項）。四月一日以降に自動車を新規登録する場合には、年度分全額の自動車税の納税義務は生じない（登録月の翌月から当該年度末までの自動車税を月割で納付する。）。また、四月一日以降に抹消登録するなど使用を中止しても、その年度の分の自動車税の納税義務を逃れることはできないが、当該月度分のみの課税義務を負うこととなるため、一度自動車税の全額を納付した上で、登録月の翌月から当該年度末までの分が月割で還付される。しかし一方で、自動車税のような登録制度をもたない軽自動車税はこのような還付といったような制度を有しない。

地方税法一四五条は、以下のように規定しており、その枠組みは軽自動車税と全く同様である。

「第百四十五条　自動車税は、自動車（軽自動車税の課税客体である自動車その他政令で定める自動車を除く。以下自動車税について同じ。）に対し、主たる定置場所在の道府県において、その所有者に課する。

2　自動車の売買があつた場合において、売主が当該自動車の所有権を留保しているときは、自動車税の賦課徴収については、買主を当該自動車の所有者とみなす。

3　自動車の所有者が次条第一項の規定によつて自動車税を課することができない者である場合においては、第一項の規定にかかわらず、その使用者に対して、自動車税を課する。但し、公用又は公共の用に供するものについては、この限りでない。」

(3)　法改正前における条例の状況

旧自治省は、かつて自動車税について「商品車であっても登録があれば（ナンバープレートがついていれば）道路を走行することが出来るので、道路損傷負担金的性格の面から課税として差し支えない」（旧依命通達第八章一参照）との見解を示していた。しかし、その後、自動車取得税については、「一時的に道路を走行したとしても販売のための移動は運行の用に供したことに該当しない」として課税されていなかった。その後、「展示されている商品車は基本的には運行の用に供されていないのだから、自動車税についても課税対象から外すべきである」との自動車関係団体からの主張が認められて、旧自治省はその後昭和六一年四月に自動車税の年税額の一二分の一の減免を認めていた（個別通達六一・四・一自治府第一九号、二〇号。平成三年四月からは一二分の三）。その結果、普通自動車については、中古自動車販売事業者が自動車税の賦課期日である四月一日現在、所有している商品中古自動車については、日本自動車査定協会で商品中古自動車の確認証明書が発行されれば、自動車税の三カ月分が免除されるという制度が採用されてきている。

軽自動車でも引用した、第一五九回国会予算委員会第二分科会（平成一六年三月二日・火曜日）での質疑応答においてこの点も、斉藤鉄夫衆議院議員による質問と政府参考人（総務省自治行政局長）板倉敏和氏の答弁が参考となる。以下、質疑応答を掲載する（傍点部筆者）。

○斉藤（鉄）分科員　（略）それから次に、今は中古軽自動車についての税金でしたが、次は自動車税一般についてです。

昭和三十三年の事務次官通知に、「自動車税の課税客体である自動車とは、道路運送車両法の適用を受ける自動車をいい、通常道路において運行する自動車をいうのであるから、その具体的認定に当たっては、道路運送車両法第四条の規定による登録の有無によっても差し支えないものであること。」という解釈がまずあります。

このような解釈がある中、一方で、「自動車税法の原則は自動車に対し、その所有者に課税するとあり、まだ消費段階にいたっていない商品自動車は自動車税の課税客体から除外すべきであるが、現行法の規定上商品である自動車が当然課税客体から除外されると解することはできないので、条例において商品を課税免除することが適当である」との解釈もございます。いろいろな解釈が出回っているようでございます。

そこで、自動車税を考える上でこのような二つの解釈をどのようにとらえていくべきか、総務省の御見解をお伺いいたします。

○**板倉政府参考人**　今御指摘ございましたとおり、自動車税の課税客体であります自動車につきましては、御指摘のあった取り扱いの通達によりまして、「通常道路において運行する自動車をいうのであるから、その具体的認定に当たっては、道路運送車両法第四条の規定による登録の有無によっても差し支えないもの」との判断基準を示しております。

この取り扱い通知は、登録がない自動車でありましても自動車税を課税すること自体を否定するものではないということでございますので、自動車税に関する解説などにおきまして、商品であって使用しない自動車については自動車税を課さないことが適当であるとするような考え方が示されているところでございまして、これらの自動車につきましては、都道府県において、地方税法第六条の規定に基づき課税免除されている例が多いものと承知をしております。

登録を受けている自動車につきましては、運行が可能であるということから、一般的には、ここに言う、商品であって使用しない自動車には該当しないというふうに考えております。

○**斉藤（鉄）分科員**　済みません。最後におっしゃったのは、ナンバープレートがついていれば、つまり、登録されていれば課税免除ということにはならない、条例によってもそう決めるということは適当でない、こういう御答弁なんでしょうか。

○**板倉政府参考人**　従前の考え方を申しますと、自動車税につきましては、ナンバープレートがないものにつきましては、先ほどおっしゃいましたように、いわゆる自動車税の自動車には該当しないという解釈をすることもできると思いますし、他方、これは、全体として課税対象に含めた上で免除をするというような取り扱いもされていたということでございます。

いずれにしてもそれは課税はされないということでございますが、ナンバープレートがあるものにつきましては、一応課税されるという前提で、従前、例えば十二分の三を軽減するとか、そういうような通知を出していたわけでございまして、課税対象になるのではないかという考え方については現在も変わっておりません。

○斉藤（鉄）分科員　そうすると、この昭和三十三年の事務次官通知の考え方が基本的に生きているという御答弁だと思います。

しかしながら、先ほど言いましたように、例えば軽自動車については、先ほどここで読み上げましたけれども、逐条解説等には、いわゆる道路を損傷していないという性格からして課税免除することが適当であるというふうな表現も出てきておりますが、そのことと、今おっしゃった、基本的にはナンバープレートがついていれば課税するんだということとの差ですね。そこが全体として論理的に完結しない体系になっているんではないかという御指摘だと思うんですが、この点についてはいかがでしょうか。

○板倉政府参考人　先ほども申し上げたつもりなんですけれども、要するに、軽自動車税も自動車税も、ナンバープレートのないものはいずれにしても課税されないということでございます。ただし、ナンバープレートのあるものについては、試乗なりなんなりすぐに道路を走ることができるというような状態でありますので、これは基本的には自動車税の課税対象になる自動車に含まれる、軽自動車としても含まれる、こういう考え方でございます。

ただ、いわゆる地方税法の減免の規定は、課税対象になるものを、特定の公益的な理由ですとかその他の理由で減免をするという規定でございますので、これは、そちらの方の解釈で、それぞれの地方団体の方でそういう必要がどうしてもこの点についてはあるとか、別のこともたくさんいろいろ減免の理由はあろうかと思いますけれども、やっているものについて、そういう取り扱いは別の世界の話で、もともと課税になるものを減免するのがその減免の規定だということであります。

○斎藤（鉄）分科員　わかりました。

基本的には課税なんだ、この三十三年の事務次官通知による考え方は。しかし、公益上の理由等によって各地方自治体の判断で減免することができる、こういう位置づけ。それで、いわゆる普通自動車については四分の一減免という措置があるんですが、ほとんどの都道府県でこれが課税免除ということにはなっていないわけですけれども、軽自動車については各地方自治体の判断に任されている、こういう理解。

　そうすると、最後に、これも質問通告していないんですが、普通自動車には四分の一の軽減措置がある、しかし軽自動車にはそれがない、もうゼロか一〇〇だ。この差についてはどういうふうに理解したらよろしいんでしょうか。ちょっとこれは質問通告していなくて申しわけないんですが。

○板倉政府参考人　自動車税につきましては、もともとが月割りで課税をするという税金でございます。したがいまして、従前、十二分の三を軽減ということで通達をしておりましたのは、その三カ月というのが適当かどうかはわかりませんけれども、通常三カ月程度は販売店に滞留をするんではないかという平均的な数字として十二分の三というのが使われていたようでございます。ただし、これにつきましては、先ほども申しましたが、この通達は廃止をしておりますので、事実上、都道府県がそれを継続してやっているということかと思います。

　一方の軽自動車税の方は、これは、ちょっと技術的な理由もございまして月割りではございませんで、四月一日の所有者に一年分、年の税として払っていただくということにしておりまして、そこのところがちょっと課税の仕方が技術的な理由で違っているということで、三カ月分というような考え方がとれなかったのではないだろうかなというふうに思います。

　それと、実際的な理由の一つといたしましては、自動車税の方よりも軽自動車税の方は相当に税額が安いといいましょうか低いということもございまして、そこのところもそういうことであったのかなというふうに思います。

ただ、いずれにしても、その辺のところは、十二分の三を含めまして、現在は通達上はもうなくなっておりますので、地方団体に任された分野であろうかというふうに思っております。

総務省は、登録（ナンバープレート）のあるものについては、試乗なりなんなりすぐに道路を走ることができるというような状態なので、これは基本的には自動車税の課税対象になる自動車に含まれるとして、軽自動車の届出（ナンバープレート）の場合と、平仄をあわせて理解をしている。ここでも一般的にはそのように解されるということで例外的な取扱い（課税対象から商品自動車を排除するという取扱い）が一切許されないと解しているようではない。この点でも、軽自動車税の場合と同様の見解であるといえよう。絶対にナンバープレートのあるものについては減免できないかといえば、現に個別通達では認めており、その間の答弁に論理一貫性がないことは明らかである。基本的にはナンバープレートのあるものについては使用可能であることから課税対象になることが強く推認されるが、納税義務者の方で明らかに使用しないことが立証できるような場合にまで課税対象から除外を認めないことは不合理であるといえよう。ナンバープレートの有無でもって課税対象を判断する法的な仕組みとなっていない以上、そこまで通達等において一律に規制することは許されないものといえよう。

ただし、板倉政府参考人の答弁で明確になった総務省の理解は、地方自治体の判断で、地方税法六条の規定を用いて減免することは課税客体としての定義の問題とは別の問題として許容されうるとの立場を明確に示していることである（しかし、市町村条例準則八一条の解説とは矛盾するようにもみえる。）。このことは、地方自治体側の判断で地方税法六条を用いて広く対応しうる余地を肯定したものといえる。総務省の説明において、自動車税において商品自動車に軽減税率を認めながら、軽自動車税においては認められていないのは、軽自動車税の方は、徴税技術的な理由で、すなわち月割りではないことから（四月一日の所有者に一年分、年税として納付を求める税）であることから、それが困難という趣旨であろうが、そのような徴税技術的な理由によって軽自動車税の減免などが制限されていることは逆にきわめて不公平な取扱いを受けているといえる。そうであれば地方税法六条の適用により、課税免除や自動車税のような取扱い（軽減税率）を行う理由は十分であるといえよう。

なお、地方税法一六二条は、自動車税について減免措置を定めるが、本件のような商品自動車についてはこの規定で対応することをそもそも予定していないと解されるが、個別通達は地方税法一六二条の適用を前提として条例化を認めている。

2　自動車取得税と廃止にともなう環境性能割の創設

(1)　自動車取得税における商品自動車の取扱い

自動車取得税は、自動車の取得行為に担税力を見いだし、その取得者に課す流通税的な側面と、自動車の取得が一種の資産形成としての役割をもつことに着目した財産税であると解される。また、自動車がもたらす二酸化炭素の排出、公害騒音等の交通公害に対する社会的費用に対して、地方自治体は行政サービスを提供し、自動車の取得者はその便益をうけていることから、受益者負担金的又は原因者負担金としての性格も有しているといえる。

自動車取得税は、「自動車の取得」に対し、当該自動車の「主たる定置場」所在の道府県において、当該自動車の取得者に課するものである（地方税法一一三条一項）。自動車取得税の「自動車」とは、道路運送車両法二条二項、三項に規定する「自動車」（自動車に付加して一体となっている物として政令で定めるものを含む。）をいい、同法三条の大型特殊自動車及び小型特殊自動車並びに同条の小型自動車及び軽自動車のうち二輪のもの（側車付二輪自動車を含む。）を除くものとし、「自動車の取得」には、自動車製造業者の製造による自動車の取得、自動車販売業者の販売のための自動車の取得その他政令で定める自動車の取得を含まないものとしている（地方税法一一三条二項後段）。

自動車取得税における「自動車の取得」とは、自動車において所有権を取得することを意味するが、自動車製造業者の製造による自動車の取得や自動車販売業者の販売のための取得は、それに含まれないものとされている（地方税法一一三条二項後段、地方税法施行令四二条の二）。「自動車」の定義ではなく、「自動車の取得」の定義において商品自動車への対応を行っている。なお、実務においても、課税対象となる自動車の取得の判定については、「地方税法の施行に関する取扱について」（都道府県関係）（昭和二九年自乙府発第一〇九号）（取扱通達（県通）八―二(一)。旧地方税法六九九条の二第二項、旧地方税法施行令五五条の二(二)のもとでの旧依命通達（県通）一四―二(一)、(二)参照）。ちなみに、旧依命通達（県通）一四―二(一)は次のように規定していた。

「(一)　自動車取得税における自動車の取得とは、自動車の所有権の取得をいうものであるが、本税の道路目的税としての性格に基づき、自動車製造業者の製造による取得、自動車販売業者の販売のための取得等については、課税客体に含めないとされているものであること。

イ～ニ（略）」

自動車取得税は、軽自動車税の導入時である、昭和三三年に創設された税である（第二八回国会衆議院「地方行政委員会議事録第九号」九頁参照）。自動車の取得者である納税義務者は、自動車の取得価額を課税標準として税額を計算し、都道府県に申告納付する（原則、収入証紙を申告書に貼付する方法である。）。平成二一年四月一日に、目的税から普通税に改正され、使途制限が廃止された。なお、グリーン化税制として、一定基準を満たす低公害車・低燃費車については、平成二七年三月三一日までの取得に限り、自動車取得税が軽減されている（地方税法附則一二条の二の二）。しかし、平成二九年四月一日をもって廃止とされていたところ、平成二九年度税制改正では、エコカー減税の対象範囲を平成三一年度燃費基準の下で見直し、政策インセンティブ機能を強化した上で二年間延長されることとなった。

(2)　環境性能割の創設

自動車税の納税義務者は、平成二八年度税制改正によって、地方税法一四五条は下記のように同条一四六条に改まることとされている。なお、軽自動車税も同様であり、地方税法四四二条の二が改正後、同法四四三条に改まることとされている。

平成二九年四月一日から、自動車の取得者を納税義務者とし、自動車の通常の課税価額を課税標準として、自動車の環境性能に応じて税率が決定される環境性能割を創設することとされていることに伴う改正である。

改正後規定は、以下のようである（傍点部筆者）。自動車税に取得税としての環境性能割が創設されたことにより、廃止される自動車取得税と環境性能割にかかる自動車税の自動車税の納税義務者にかかる規定は同様の構造となっている。そこで、今後「自動車の取得」についての問題は、自動車税及び軽自動車税で論じられることとなった。

（自動車税の納税義務者等）

第百四十六条　自動車税は、自動車に対し、当該自動車の取得者に環境性能割によつて、当該自動車の所有者に種別割によつて、それぞれ当該自動車の主たる定置場所在の道府県が課する。

二　前項に規定する自動車の取得者には、製造により自動車を取得した自動車製造業者、販売のために自動車を取得した自動車販売業者その他運行（道路運送車両法第二条第五項に規定する運行をいう。次条第三項及び第四項において同じ。）以外の目的に供するために自動車を取得した者として政令で定めるものを含まないものとする。

三　自動車の所有者が第百四十八条第一項の規定により種別割を課することができない者である場合には、第一項の規定にかかわらず、当該自動車の使用者に種別割を課する。ただし、公用又は公共の用に供する自動車については、この限りでない。

（自動車税のみなす課税）

第百四十七条　自動車の売買契約において売主が当該自動車の所有権を留保している場合には、自動車税の賦課徴収については、買主を前条第一項に規定する自動車の取得者（以下この節において「自動車の取得者」という。）及び自動車の所有者とみなして、自動車税を課する。

二　前項の規定の適用を受ける売買契約に係る自動車について、買主の変更があつたときは、新たに買主となる者を自動車の取得者及び自動車の所有者とみなして、自動車税を課する。

三　自動車製造業者、自動車販売業者又は前条第二項の政令で定める自動車を取得した者（以下この項において「販売業者等」という。）が、その製造により取得した自動車又はその販売のためその他運行以外の目的に供するため取得した自動車について、当該販売業者等が、道路運送車両法第七条第一項に規定する新規登録（以下この節において「新規登録」という。）を受けた場合（当該新規登録前に第一項の規定の適用を受ける売買契約の締結が行われた場合を除く。）には、当該販売業者等を自動車の取得者とみなして、環境性能割を課する。

四　この法律の施行地外で自動車を取得した者が、当該自動車をこの法律の施行地内に持ち込んで運行の用に供した場合には、当該自動車を運行の用に供する者を自動車の取得者とみなして、環境性能割を課する。

よって、改正規定である地方税法一四六条二項においては、「販売業者等」が納税義務者から除かれて、その結果、商品自動車についての自動車税の課税は生じないこととなっている。この点について、自動車取得税の考え方と変化はない。

(3)　商品自動車の取得非課税と商品自動車の所有・保有課税の合理性

旧依命通達（県通）一四―二㈠は、「㈡　自動車取得税における自動車の取得とは、自動車の所有権の取得をいうものであるが、本税の道路目的税としての性格に基づき、自動車製造業者の製造による取得、自動車販売業者の販売のための取得等については、課税客体に含めないとされているものであること。」（傍点部筆者）としており、本税の道路目的税としての性格に基づいて、課税されないこととしていた。この点は、確かに自動車取得税は流通税であるものの、前述したように自動車取得税は取得行為にのみ担税力を見いだすものではなく、取得後の道路損傷負担金や環境負荷負担金的な性格をも有していることは否定できないものであったことから、課税されないものとされてきた。なお、自動車取得税の使途は、目的税から普通税に変更され、使途制限はなくなったが、自動車取得税の本質的な性格に変化はない。そうであるならば、自動車の取得にかかる税と同様に軽自動車税における商品軽自動車の取扱いは課税免除（非課税）として平仄を合せる必要があろう。

また、自動車税や軽自動車税における環境性能割の創設も、交通公害等の環境負荷的負担金の性格も反映したものであり、上記と同様に理解することができる。

四　大津地裁平成二四年三月一五日判決の評価と射程距離
――市の条例（課税免除規定）にいう「使用しない軽自動車」の意義

商品軽自動車が課税免除規定に該当するか否かが争点となった大津地裁平成二四年三月一五日判決で示された「商品であって使用しない軽自動車」の解釈が地方自治体による課税免除や課税減免の足かせになっているといわれている。そこで、大津地裁平成二四年三月一五日判決が有する意義についてみる。

1　事実の概要

原告は、被告に対し、①主位的に、課税免除となるべき原告所有の軽自動車の軽自動車税について、被告が平成一五年度から平成二一年度にかけて課税処分を行い、これに基づき原告が納税をしたことにより損害が発生したとして、国家賠償法一条一項に基づいて、納税額合計一四七万二、六〇〇円及びこれに対する遅延損害金等の支払を請求した。さらに、原告は、被告に対し、予備的に、上記課税処分には課税免除を定めた野洲市税条例八一条、野洲町税条例八一条（以下、野洲市税条例と野洲町税条例を併せて「本件条例」といい、野洲市税条例八一条及び野洲町税条例八一条一号を併せて「本件課税免除規定」という。）並びに憲法一四条及び八四条に反する重大かつ明白な違法があり、同処分は無効であるから、納税は法律上の原因がないとして、民法七〇三条に基づいて、納税額等の不当利得の返還請求をした。

被告は、本件課税免除規定に基づく平成一九年度から平成二一年度の軽自動車税の課税に関しては、本件課税免除規定に該当する軽自動車等を所有者において販売を目的としている軽自動車をいうものと解釈し、販売を目的として軽自動車を所有しているとの届出をした者について課税免除を行うとの取扱いをしていた。そこで、商品であるとの届出をした野洲市内の訴外自動車販売会社（以下「訴外会社」という。）一社については、その届出に係る同社所有の軽自動車五台（いずれも車両番号の指定のあるもの）につき、上記各年度のいずれの年も、本件条例の軽自動車税の減免の手続を準用して課税免除の措置を採っていた。

平成二二年度に至って、訴外会社に加え、原告も平成二二年度の軽自動車税に関して同様の届出を行い、これを契機に被告が本件課税免除規定につき改めて確認・調査をしたところ、被告は、従前の取扱いと異なり、本件課税免除規定は車両番号の指定のない自動車を対象とするものであったと判断するに至り、既に届出のされていた平成二二年度の軽自動車税については従前と同様の取扱いをすべく、訴外会社及び原告について、その届出に係る原告ら所有の軽自動車につき、同様に課税免除の措置を採ったが、平成二三年度以降は、車両番号の指定を受けている軽自動車については、商品であるとの届出があったとしても本件課税免除規定を適用しないこととしている。

被告は、平成二二年度の軽自動車税の課税免除申請（届出）については旧解釈に従って行い、本件係争年度については平成二三年度以降の解釈（新解釈）によって課税免除を否定しているのであるが、本件はそもそもどちらの解釈であろうと係争年度に課税免除の届出が提出されていなかったという事実が大きな意味を有していた案件であった。

2　判決の要旨

(1) 本件軽自動車が本件課税免除規定に該当するかについて

「軽自動車税は、軽自動車等の所有の事実に担税力を見出して課される税であって、軽自動車等を課税客体としている点において資産税としての性質を有するということができるが、他方において、固定資産税にみられるような経年減価措置を採ることが想定されておらず、軽自動車等の所有者につき定額により課されるものとされていること等に照らすと、その運行によって生じるべき道路損傷に対する負担金としての性質をも有するものと解される。

ところで、地方税法は、軽自動車税を、軽自動車等の主たる定置場所在の市町村において、その所有者に課することとする一方（地方税法四四二条の二第一項）、公益上その他の事由に因り課税を不適当とする場合においては軽自動車税の課税をしないことができることとしている（同法六条）。同法六条は、各種政策目的や税負担の観点から画一的に一定範囲のものに課税しないこととする、課税免除につき定めるものであるが、本件条例は、これを受けて、本件課税免除規定において、商品であって使用しない軽自動車等に対しては軽自動車税を課さない旨規定している（本件課税免除規定）。これは、構造的・機能的に道路運送車両法に定める軽自動車等の基準に該当するものであれば、地方税法上、軽自動車税の課税客体となるべきところ（同法四四二条、四四二条の二第一項）、未だ流通段階にあって使用の段階にすら至っていない軽自動車等については、その運行によっておよそ道路損傷を生じる余地がないことから、軽自動車税の上記性質に照らし、課税対象から除外するのが適当であるとの考慮によるものと解される。本件課税免除規定が設けられるに先立って発出されたことの窺われる本件依命通達が、軽自動車税につき商品であって使用されていない軽自動車に対しては課税しないこととしていたのも、同趣旨によるものと解される（傍点部筆者、以下同）。

そこでさらに検討すると、本件条例においては、本件課税免除規定にいう『使用』の意義につき何らの定義規定も置いてないところ、上記のとおり道路の損傷は軽自動車が運行の用に供されることにより生じるものであること、道路運送車両法上、軽自動車を運行の用に供するためには車両番号の指定を受け、指定された車両番号を記載した車両番号標を当該軽自動車に表示する必要があり、車両番号の指定のない軽自動車を運行の用に供することは想定されないこと（道路運送車両法五八条、六〇条、七三条、九七条の三参照）にかんがみると、本件課税免除規定にいう『使用』の有無については、軽自動車を運行の用に供するために要する車両番号の指定の有無によって定まるものと解するのが相当である。本件依命通達において、商品であって使用されていない軽自動車の該当性を車両番号の指定の有無によって判断することを念頭に置いていたのも（略）、これと同様の趣旨に出たものと解され、上記のように課税対象となる軽自動車を車両番号の指定の有無により定めることは、本件課税免除規定が課税免除を定めるものであることにも適するものである。」

以上によれば、本件軽自動車は、いずれも本件課税処分における賦課期日において車両番号の指定を受けていたのであるから、本件課税免除規定に該当する軽自動車であるとはいえない。

(2)　国家賠償請求権の成否について

「確かに、平成一九年度から平成二一年度の軽自動車税の取扱いにおいて、被告は、本件課税免除規定について前記一と異なる解釈の下、届出のあった訴外会社についてのみ、同届出に係る軽自動車についてのみ課税免除としていたことは認められる。しかしながら、これは、被告が、平成二一年度より前は、『商品であって使用しない軽自動車』を所有者において販売を目的としている軽自動車をいうものと解釈し、販売を目的として軽自動車を所有しているとの届出をした者についてのみ課税免除を行うという、前記一の解釈とは異なる運用を行っていたことに基づくものであり、原告においても同様の届出を行っていれば、同様の措置が採られたことがうかがわれる。そして、本件課税処分自体は前記一に沿う適正なものであり、むしろ、訴外会社についてした課税免除の取扱いはこれに反するものであった（略）ことが認められる。

以上の点に照らすと、被告が、課税要件に該当すべき本件軽自動車に対して本件課税処分をしたからといって、この点が国家賠償法上違法と評価されるということはできない。

したがって、原告の被告に対する国家賠償請求を認めることはできない。」

なお、原告は、本件課税処分が本件課税免除規定に反すると主張するが、本件課税免除規定の内容については前記のとおり解すべきところ、本件課税処分はこれに沿うものであったということができるから、原告のかかる主張を認めることはできず、原告の被告に対する不当利得返還請求も認められない。

3　判例の評価と射程距離

本件においては、被告が、平成二二年度前には「商品であって使用しない軽自動車」を、所有者において販売を目的としている軽自動車をいうものと車両番号（ナンバープレート）に関係なく解釈し、販売を目的として軽自動車を所有しているとの届出をしたものについて課税免除を行うという、上記有権解釈とは異なる解釈（旧解釈）により運用を行っていたところ、被告が、従前の取扱いと異なり、本件課税免除規定は一律車両番号の指定のない自動車を対象とするものであった（新解釈）と判断するに至った。しかし、被告は既に届出のされていた平成二二年度の軽自動車税については従前と同様の取扱いを行い、訴外会社及び原告について、その届出にかかる原告ら所有の軽自動車につき、同様に課税免除の措置を採っている。そこで、原告は、課税免除の届出を怠っていた年度においても遡って、そもそも課税免除が受けられるはずであったのに被告が課税免除についてなんの注意義務も払わなかったことから本来受けられるはずであった課税免除が受けられなかったとして、課税免除相当額等を損害として損害賠償請求訴訟を提起したものである。

本判決は、本件課税処分自体は有権解釈で示された解釈に沿う適正なものであると判断しているが、課税免除拒否処分の取消訴訟とは違い、国家賠償請求訴訟のなかで、「商品であって使用しない軽自動車」の解釈について、被告が翻って当時とは異なる解釈（新解釈）をもって課税免除を判断することが適正であったということを認めたものであるにすぎない。

本件においては、商品軽自動車の該当性の問題と地方税法六条に基づく野洲市税条例八一条の課税免除規定の要件充足の有無とは次元を異にする問題であるにもかかわらず、後者の要件充足性については原告において主張がなされず、また、「使用しない軽自動車」（商用軽自動車）の意義を軽自動車税の性質や課税の趣旨や目的、さらには関連自動車税との整合性などがあわせて考慮されなければならないところ、十分な主張も行われていないのである。本判決の争点は、本件軽自動車が本件課税免除規定に該当するかに尽きるものと思われるが、そのためには、「使用しない軽自動車」（商用軽自動車）の意義を明らかにすることが不可欠である。その文言の解釈にあたっては、軽自動車税の性質や課税の趣旨があわせて考慮されなければならないはずである。

しかし、本件では、原告がそもそも手続的に求められていた届出を行っておらず、届出を行った平成二二年度においては課税減免の措置をそれまでの解釈のもとで享受している。このような事実のもとで、原告は、課税免除の届出書を提出していない年度の課税免除相当額を、損害賠償請求を通じて求めているものであり、課税免除処分の取消しが正面から争われたような事件でないことから、双方の主張が限られたものであり、先例的意味としては乏しいものであるといえよう。

(1) 軽自動車税の課税対象（課税客体）と本件課税免除規定の解釈

原告は、本件課税免除規定における「商品であって使用しない軽自動車等」についても、文言に忠実に解釈して「商売の品物であって、原動機により陸上を移動させていない軽自動車等」と解釈すべきであり、「登録がされていないこと」という書かれざる要件を付加することは、租税規定の文言から一般人が通常予測できる範囲を逸脱し、条例の課税対象除外規定の文言をみだりに縮小解釈するものであり、到底許されないと主張する。原告は、〔1〕本件課税免除規定に規定する「使用しない軽自動車」は「原動機により陸上を移動させていない軽自動車」と解釈すべきであり、前記のように解釈することは、「登録がされていないこと」という書かれざる要件を付加することとなって不当である、〔2〕「使用しない軽自動車」に該当するか否かは、自動車の価値を減殺させるような消費行為の有無によるべきであるなどと主張する。

一方、被告は、軽自動車一台一台について陸上移動の有無を把握するのは現実的に困難であることや、平成一一年以前の国の依命通達において道路運送車両法における登録（ナンバープレート）の有無によって課税免除要件該当性を判断することが想定されていたこと、現在多くの市町村において登録の有無により課税免除要件該当性の判断がされていることといった事情に照らせば、本件課税免除規定における「商品であって使用しない軽自動車」とは、「商品であって、道路運送車両法における登録をしていない軽自動車」と解すべきであると主張する。

「商品であって使用しない軽自動車等」の解釈にあたっては、基本的には軽自動車については商品であって、車両番号の指定を受けていない軽自動車を想定して本件依命通達が発せられていたことから、本件依命通達によって示されていた「商品であって、道路運送車両法における登録をしていない軽自動車」と解されていたものと思われる。しかし、すでに述べたようにそのような一律解釈が許されるとの見解は検討の余地がありうるところ、結論ありきでそこまでの判断は示されていない。

たしかに、被告が主張するように「登録の有無」によって判断することには、登録されている軽自動車についてはいつでも路上を走行することが可能であり、具体的な使用状況を課税庁において正確に検証することは困難であるといえ、陸上移動の有無を把握するのは現実的に困難であることからすれば、一見すると合理的な解釈であるようにみえるが、少なくとも地方自治体の判断においてナンバープレートを有しながらも全く使用されない展示車などについて課税免除とすることもできたはず（あるいはすべき）である。そのような主張は展開されていない。本件が損害賠償請求訴訟であるがゆえに、そのようなところまでの違法性についての主張はなされず、判断も示されていない。

「商品であって使用しない軽自動車等」についての依命通達が、平成一二年以降、地方分権推進のため課税免除については市町村の判断によるべきであるとの理由で削除されたことを受けて、地方自治体によっては、登録車両であっても使用しないことが納税者において課税庁に対して証明できるものであれば免除対象にする旨の取扱いが進んでいる。たとえば、「商品であって使用しない軽自動車等」について、⑴中古軽自動車等を販売することを業とする者で、古物営業法第三条第一項に定める古物営業の許可を受けている販売業者であるものが、賦課期日現在（四月一日）において、中古軽自動車等販売業者が商品として所有し、かつ、展示しているもので販売を目的としているものであること、⑵用途が、社用車、試乗車、リース車、営業用車、代用車等の事業用でないこと、⑶取得時における走行距離数と賦課期日における走行距離数の差が一〇〇km未満であること、などを要件にして、登録車両であっても免除規定の適用を認めることとしている。中古軽自動車について車両番号を付けたまま展示販売するといった実態が一般化していることなどを考慮して道路運送車両法の規定に基づく登録を行っていたとしても、一定の要件を納税者の方で立証できる場合には、「商品であって使用しない軽自動車」に該当することとしており、このような解釈に基づいて課税免除等により、実質的に課税対象から除外することは違法となるものではなく、軽自動車税の課税根拠や自動車税等の商品自動車に対する取扱いと租税理論的にも平仄を保つべきであることから、課税対象からの除外は合理的であるといえよう。

軽自動車税の性格について、本判決は「軽自動車税は、軽自動車等の所有の事実に担税力を見出して課される税であ（る）」と判示しているが、軽自動車税の課税根拠はそのようなところにのみ存するのではなく、本判決も述べるように「軽自動車等の所有者につき定額により課されるものとされていること等に照らすと、その運行によって生じるべき道路損傷に対する負担金としての性質をも有するもの」と解される。すなわち、「軽自動車税は軽自動車等を所有しているという事実に担税力を見出して、その所有者に対して課するものであり、道路との間にきわめて直接的な受益関係を有する点で特殊な財産としての性格をもっている。その意味において、固定資産税に代わる財産税としての性格と道路損傷負担金的性格を併せ持った税である」と解される。そうであるとするならば、そもそも「運行によって生じるべき道路損傷」を生じさせないような軽自動車税は課税免除の問題ではなく、課税客体に係る問題であるといえよう。

課税免除ではなく、そもそも課税対象たる軽自動車税の対象から除く必要があるものといわざるをえない。車両番号（ナンバープレート）がある以上、絶対に課税対象から除外することができないかといえば、総務省の回答にもあるように、「ナンバープレートがあればいつでも使用できる」ということにすぎず、ナンバープレートが存しても使用することがありえないことが明確な場合まで排除することはできないものといえる。地方税法がナンバープレートを付したものを課税客体とするとの規定をもっていない以上、それを依命通達あるいは依命通達をうけた自治体の判断で行うことに一定の税務行政上合理性はありうるとしても、展示品である商品軽自動車のようなものを一律に課税対象にすることができるかは慎重に判断されるべきであったといえよう。

また、被告が、平成二三年度から、本件条例八一条の課税免除規定の解釈を変更して、車両番号の指定の有無によって判断することとしてその解釈あるいは判断基準を変更していると解されるが、その解釈を問題の年度にも遡って、適用することを主張している。すでに、販売を目的として軽自動車を所有しているとの届出をした者についてのみ課税免除を行うという行政先例法ができあがっているのに、その解釈を変えることは、租税法律主義に反する疑いが濃厚なものであったといえよう。

仮に遡及的解釈が許されるにしても、当時の解釈が明らかに誤りといわれるべきものではなく、商品であって使用していないことが十分に担保される状況であれば必ずしも否定されうるものではないと解されよう。商品軽自動車の該当性の問題と地方税法六条に基づく野洲市税条例八一条の課税免除規定の要件充足の有無とはそもそも次元を異にする問題であるにもかかわらず、後者の要件充足性について、原告において主張がなされず、十分な審理も行われていないものである。

(3)　国家賠償請求権の成否について

原告は、被告には、〔1〕本件軽自動車の課税要件該当性を調査し、課税処分をすべきでなかったのにこれを怠って漫然と本件課税処分を行ったという注意義務違反及び〔2〕本件課税免除規定について適切な情報提供をすべきであったのにこれを怠ったという注意義務違反があったから、原告に生じた損害を賠償する責任があると主張している。しかしながら、これは、被告が、平成二二年度より前は、「商品であって使用しない軽自動車」を所有者において販売を目的としている軽自動車をいうものと解釈し、販売を目的として軽自動車を所有しているとの届出をした者についてのみ課税免除を行うという、現在の解釈とは異なる運用を行っていたことに基づくものであり（なお、この運用は平成二三年度以降改められた。）、本判決も判示するように、原告においても同様の届出を行っていれば、同様の措置が採られたことがうかがわれる案件である。「商品であって使用しない軽自動車」の意義を、基本的にこのように解することも可能ではあろうが、少なくともこのような運用が適正に運用されるためにはその旨が広く納税義務者に周知されていることが必要であろう。

本件条例あるいは規則に織り込むか、少なくとも取扱要項として周知されていることが必要であろう。所有者において販売を目的としていたにもかかわらず、そのような取扱い（運用）を知らず届出をしなかったがために課税免除を受けられず、また、届出をした所有者との間で課税免除の有無について差異が生じるような場合においては、租税法律主義や平等原則に反して租税規定を運用したとして注意義務違反があったといえよう。しかし、本件においては、そのような対応は尽くされていたにもかかわらず届出がなされていなかったという事案である。

よって、上に述べた三1～3から、本件は国家賠償請求訴訟であり、結論は明らかであったと解され、また課税免除処分の取消しが正面から争われたような事件でもないことから、違法性のついての双方の主張が限られたものであり、「商品であって使用しない軽自動車」の解釈にあたっての先例的意味としては乏しいものであるといえよう。

五　免除規定を置かないことによる住民への不利益
――地方税法六条の要件の充足

平成二七年度中（平成二七年四月から平成二八年三月）における全国での軽自動車数の販売台数は、新車が一、八一三、三二八台に対して、中古車は三、〇一一、四三四台であり、新車を上回っている。この中古軽自動車の販売台数の増加は毎年の傾向としてうかがえる。(6) 一〇万人未満の市町村においては半数が軽自動車を保有しており、公共交通機関に代わる足として、また地域産業におけるツールとして不可欠の存在となっていることが明らかである。なお、一般社団法人全国軽自動車協会連合会（全軽自協）の集計によると、平成二七年一二月末現在の世帯当たり軽四輪車の普及台数は一〇〇世帯に五四・三台と、平成二六年の五四・〇台からさらに〇・三台と普及が進んだ（総務省調べの「住民基本台帳世帯数」（平成二八年一月一日現在）と国土交通省調べの「自動車保有車両数」（平成二七年一二月末現在）をもとに算出したものである。）。軽四輪車の保有台数は三〇二九万九二四〇台で、この結果、世帯当たり軽四輪車の普及台数は、平成二六年一二月末現在の一〇〇世帯に五四・〇台から五四・三台（一・八五世帯に一台から一・八四世帯に一台）となった。高齢化や過疎化が進むなかで、軽自動車は交通不便地域や女性・高齢者にとってはなくてはならない生活必需品ともいえる状況にあり、また経済的な理由により軽自動車の必要性が高まってきている。

このような状況のなかで、自動車販売業者により下取りまたは買い取られた中古自動車のほとんどは再度ユーザーに転売する間、道路運送車両法に基づく届出（ナンバープレート）を返納することなく、一時的に販売業者の自己名義にしたうえで、商品軽自動車として展示されたり、あるいは在庫の状態で存在することになる。四月一日において展示・在庫している商品軽自動車は届出名義である自動車販売業者が実質的に負担をしている。ひいてはこの負担部分がユーザーに転嫁されうる可能性もある。一方で、中古自動車販売業者が下取りまたは買い取った段階で中古自動車の届出を抹消して資料番号（ナンバープレート）を返納して、車検を切ってしまえばたしかに問題はなさそうにみえるが、この場合にはユーザーにとっては購入時の車検費用や登録諸費用の増加に繋がるとともに、時間的ロスも大幅に発生して、中古自動車の流通の円滑化を妨げるとともに、ユーザーに大きな負担を強いることとなる。円滑な中古軽自動車の流通活性化（信頼性の高い販売ルートや販売価格等も含む）を推進することが急務であるといえる。

このことは、商品中古軽自動車の課税の衡平と併せて、地方税法六条に基づく課税免除規定の条例化、すなわち商品中古車を軽自動車等の課税対象から除外することへの誘因となりうる。市町村税条例に基づき公益等に因る課税免除及び不均一課税を規定する地方税法六条一項・二項に規定する「公益上その他の事由に因り課税を不適当とする場合」に該当することに争いはないといえよう。

おわりに

1　自動車関係税の課税客体の範囲

[1]　軽自動車税は、軽自動車等を所有しているという事実に担税力を見出して、その所有者に対して課するもの

であり、道路との間にきわめて直接的な受益関係を有する点で特殊な財産としての性格をもっている。その意味において、固定資産税に代わる財産税としての性格と道路損傷負担金的性格を併せ持った税であるとして位置づけられていることに争いはない。ただ、この二つの課税根拠のうち、軽自動車の普及率の上昇に併せて軽自動車税が大衆課税的性格を帯びてきており、固定資産税と同様の課税根拠をもつとはいえ、その担税力の指標としては軽自動車の所有を前提とした軽自動車等の利用から生ずる道路損傷負担金・交通公害等の環境負荷的負担金としての色彩が強くなってきているといえよう。立法当時に比して、その後の車体状況や税制改正などにより、後者の比重が大きくなっているものといえよう。

道路運送車両法に定める「軽自動車等」の要件（その結果、地方税法上の規定においてはナンバープレートの有無をその要件としていないことに留意）を充足するものであれば、地方税法上は、軽自動車税の課税客体（課税対象）となるものであるが、しかし、商品であって使用されていない軽自動車等は、未だ流通段階にあり、特に使用段階に至っていないものについては、そもそも課税の根拠がなく、課税することが違法（あるいはすくなくとも不適切）と解されうる。軽自動車税の納税義務者は軽自動車等に対し、「主たる定置場所」所在の市町村において、その所有者に課するとしており、その文言からいえば軽自動車を所有しているものは納税義務者になるものと解されうるが、この軽自動車税にかかる規定の立法趣旨・立法目的からいえば、そのような商品軽自動車はそもそもここでいう「軽自動車等」の定義に当てはまらないものといえる。

［2］　この点、軽自動車税とその課税根拠を大部において同じくする固定資産税においては、固定資産税が課税される償却資産とは、土地及び家屋以外の「事業の用に供することができる資産」（有形減価償却資産）で、所得税法又は法人税法の所得の計算上減価償却の対象となる資産であることから（地方税法三四一条四号参照）、本件のような商品（棚卸資産）としての軽自動車は、そもそも地方税法三四一条四号の定義規定にかかわらず「事業の用に供することができる資産」に該当しないことから、固定資産税の課税対象とならないものである。

ここでいう「事業の用に供することができる」とは、「事業の用に供する目的をもって所有され、かつ、それが事業の用に供し得ると認められる状態であれば足り、現に事業の用に供しているか否かは問わない」と解している。そうであるならば、中古自動車販売業者が商品軽自動車はまさに「事業の用に供することができる資産」に該当しないことから、固定資産税からは放逐されているのであり、軽自動車税についてもこのような取扱いと平仄をあわせなければならないはずである。

地方税法三四一条四号が規定する「償却資産　土地及び家屋以外の事業の用に供することができる資産（略）でその減価償却額又は減価償却費が法人税法又は所得税法の規定による所得の計算上損金又は必要な経費に算入されるもののうちその取得価額が少額である資産その他の政令で定める資産以外のもの（略）をいう。ただし、自動車税の課税客体である自動車並びに軽自動車税の課税客体である原動機付自転車、軽自動車、小型特殊自動車及び二輪の小型自動車を除くものとする。」との規定を置いた意味が存しないのである。すなわち、本分とただし書規定の整合性が図れないのである。

[3]　依命通達第四章一の解釈としては、「ナンバープレートのないものの」との前提があり、軽自動車という定義の問題としてナンバープレートがないものは道路を走ることができないことから、課税対象からは除外することが適当であるが、他方、ナンバープレートがあるものについては（従前の考え方からいえば）、たとえば試乗することができるかということでいえば、いつでも道路を走ることができるというようなこともあり、そのようなことを考慮すれば、基本的には課税対象となるとして整理をしてきたものと解される。

しかし、これはあくまでも、試乗しうることあるいは試乗車が存在することをもって、それを基本原則としたということにすぎないのである。おそらく試乗車と展示車が区別されていることからすればナンバープレートのあることを原則とした解釈や通達の運用には疑義があろう。ナンバープレートのあるものであっても道路を走らないことが明確に判断できるような商品軽自動車である場合などには、地方自治体の判断で商品軽自動車を課税客体（課税対象）である「軽自動車等」から除外することは許容されているといえる。地方自治体においてそのような判断はそれほど難しいことではないといえよう。

また、総務省（自治行政局）のそのような有権解釈については、軽自動車の定義にあたり道路運送車両法において要求もされていない「ナンバープレート要件」を依命通達でもって付加することに、税務行政上、仮に一定の合理性があるとしても、それをもって課税客体たる「軽自動車等」の判断要件に組み込み、一律に適用させようとすることは税条例法定主義（租税法律主義）や行政法の理論上も反するといえよう。

軽自動車税の性格（課税根拠）の一つである道路損傷的負担金の性格等に基づけば、展示車には軽自動車税の課税が生じないのは明らかであろう。なお一方、試乗車への課税は使用されるあるいはその可能性が大であることから適正であるといえよう。

よって、総務省の有権解釈を前提としても、各地方公共団体の工夫により、「ナンバープレートのないもの」と同様の状況（同視し得る状況）を担保することにより、地方税法上、商品軽自動車を課税客体から除外することは許容されていると解される。現在地方自治体で広くとられている課税免除規定を前提としていえば、「商品であって使用しない軽自動車等」の課税免除の申請手続等について、以下のような規定を条例や規則等に置いておけば、それは十分に担保されうるものであるといえよう。

（課税免除の申請）

第〇条　申請者は、賦課期日の属する年度の四月一〇日までに「軽自動車税課税免除申請書」（様式第一号）に次に掲げる書類を添えて、市長に提出しなければならない。

(1)　古物営業法第五条第二項に規定する許可証の写し
(2)　自動車検査証の写し（継続検査のない軽自動車二輪については、軽自動車届出済証の写し）
(3)　古物営業法第一六条に規定する帳簿等（以下「古物台帳」という。）の写し

(4) 保管状況の写真（車両番号が確認できるもの、一台につき一枚）
(5) 申請者が商品として取得した時における走行距離が確認できるもの（古物台帳の写し、メーターの写真等）
(6) 賦課期日における走行距離が確認できるもの（メーターの写真等）
(7) その他（市町村）長が必要と認めるもの

[4] 昭和二五年に現行の自動車税が創設されていたところ、昭和三三年の軽自動車税創設に伴い、軽自動車に関する課税権が納税義務者の把握といった行政便宜的な理由から（すなわち、軽自動車税については登録制度が存しないことから、その納税義務者等の把握の便宜性を理由に）、市町村に委譲され、自動車税の課税客体から軽自動車が除外された。自動車税の沿革からしても、税の性格は同様のものであることは明らかである。そうであるならば、基本的には登録（ナンバープレート）のある自動車については使用可能であることから課税対象になることが強く推認されうるが、納税義務者の方で明らかに使用しないことが立証できるような場合にまで、商品自動車を課税対象からの除外を認めないことは、軽自動車税と同様の理由から問題であるといえよう。ナンバープレートの有無でもって、課税対象を判断する法的な仕組みとなっていない以上、依命通達にかかる有権解釈において一律に規制することは許されないものといえよう。商品自動車と商品軽自動車において、課税対象からの除外（すくなくとも税負担の軽減）についての取扱いが一致することが求められよう。

総務省（自治行政局）による有権解釈としては、登録（ナンバープレート）のあるものについては、試乗なりですぐに道路を走ることができるというような状態なので、基本的には自動車税の課税対象になる自動車に含まれるとして、軽自動車の届出（ナンバープレート）の場合と同様に、平仄をあわせて理解をしているところである。ここにおいても有権解釈は、一般的にはそのように解されるということで例外的な取扱い（課税対象から商品自動車を排除するという取扱い）が一切許されないと解している趣旨でもないようである。このような解釈は、軽自動車税の場合の有権解釈と同様であるといえよう。

[5]　自動車税においては商品自動車に自動車税の減免を認めながら（地方自治体は、個別通達六一・四・自治府第一九号、二〇号を受けて地方税法一六二条に基づいて減免規定を条例化している。）、軽自動車税においてはそのような取扱いさえも認められていない状況が存する。軽自動車税の方は、徴収手続きの技術的な理由で、すなわち納付税額が月割りではないことから（四月一日の所有者に一年分、年税として納付を求める税）であることから、それが困難という趣旨であろうが、そのような徴税技術的な理由によって軽自動車税の減免などが制限されているとすれば、逆にきわめて不公平な取扱いを受けているといわざるをえない。軽自動車税の減免ということであれば、同法四五四条（減免規定）の適用も検討の余地があるといえよう。また、地方税法六条の適用により、自動車税のような取扱い（軽減税率）や免税を行うことも十分に可能であるといえようといえよう。

このような不公平な取扱いが単なる徴税技術的な障害により起因するものであれば、中古自動車販売業者が平均的にどの程度の期間、商品軽自動車として保有しているか（平均的保有期間）を目処に自動車税と平仄を保つことは可能であるといえる。少なくとも軽自動車税の減免ということであれば、地方税法四五四条（減免規定）の適用も検討の余地があるといえよう。また、地方税法六条の適用により、課税免除を行うことも十分に可能であるといえよう。

[6]　なお、総務省（自治行政局）の説明では、地方自治体の判断において地方税法六条の規定を用いて減免することは、課税客体としての定義の問題とは別の問題として許容されうるとの立場を明確に示しているところである。このことは、地方自治体側の判断で地方税法六条の要件を充足すれば課税免除・課税減免が広く条例化しうることを肯定しているものといえる。

軽自動車税の課税除外が地方税法六条の適用問題であるとした場合において、同条は「地方団体は、公益上その他の事由に因り課税を不適当とする場合においては、課税をしないことができる。」と規定しており、同法六条の適用の有無及び適用にあたっての課税免除等の範囲については一定の立法裁量が認められるものと解され、課税免除の規定の条例化にあたり、軽自動車の具体的な使用状況の把握などを考慮して（住民の足として公共交通機関に代替する役割をはたしており、住民にとっては購入時の車検費用や登録諸費用の増加を回避することができるなど利便が大きい。）、「公益上その他の事由に因り」得る場面として、条例化することが可能であるということになろう。

現実にかなりの地方自治体で行われている商品軽自動車の課税免除はこのような理解に基づく対応として理解、評価することができ、高く評価しうるものである。

しかし、商品中古軽自動車にかかる問題は租税理論的には課税対象（課税客体）にかかる問題であり、地方税法六条を適用して課税免除（非課税）とすることには、結論の妥当性はともかくも、少なからず違和感が存するといえよう(7)。

商品中古軽自動車を課税対象から除くことについて、地方公共団体に一定の立法裁量が認められるものではなく、そのような対応が義務付けられているといえよう。地方公共団体においては、軽自動車税等の定義から商品中古軽自動車を除く旨の規定（条例）を置くか、総務省の立場に立って地方税法六条を根拠に具体的な規定を条例に置くべきであるといえよう。

いずれにしても、地方公共団体がナンバープレートを付していない商品中古軽自動車を課税対象から除外すべき義務があることは論をまたない。

[7]　自動車取得税は、軽自動車税の導入時である、昭和三三年に創設された税である。しかし、自動車取得税は、平成二九年四月一日をもって廃止とされていたところ、平成二九年度税制改正では、エコカー減税の対象範囲を平成三二年度燃費基準の下で見直し、政策インセンティブ機能を強化した上で二年間延長されることとなっている。この税は、自動車の保有・所有ではなく、自動車の取得を課税対象としているが、その税は、自動車が取得後道路を走行することから道路財源として使用されてきた。「地方税法の施行に関する取扱について（道府県税関係）」（昭和二九年五月一三日自乙府発第一〇九号各都道府県知事宛自治庁次長通達。以下「依命通達」という。）依命通達一四―二

㈠は、「（一）自動車取得税における自動車の取得とは、自動車の所有権の取得をいうものであるが、本税の道路目的税としての性格に基づき、自動車製造業者の製造による取得、自動車販売業者の販売のための取得等については、課税客体に含めないとされているものであること。」としており、本税の道路目的税としての性格に基づいて、課税されないこととしていた。この点は、たしかに自動車取得税は流通税であり、その使途から自動車取得税は取得行為にのみ担税力を見いだすものではなく道路損傷負担金や環境負荷負担金的な性格を有していることは否定できないところであるから、「取得」から除外されていた。現在、自動車取得税は目的税から普通税に変更され、使途制限はなくなったが、税の本質的な性格に変化はないと考えてよい。そうであるならば、自動車の取得にかかる税と同様に軽自動車税の取得・保有における商品軽自動車の取扱いは課税免除として平仄を合わせる必要があろう。

[8] 商品軽自動車が課税免除規定に該当するかが争点となった大津地裁平成二四年三月一五日判決で示された「商品であって使用しない軽自動車」の解釈が地方自治体の課税免除や課税減免の足かせになっているといわれている。本件は、被告が、平成二二年度前においては、「商品であって使用しない軽自動車」を所有者において販売を目的としている軽自動車をいうものと解釈し、販売を目的として軽自動車を所有しているとの届出をした者について課税免除を行うという、上記有権解釈とは異なる解釈・運用を行っていたところ、被告が、従前の取扱いと異なり、本件課税免除規定は一律車両番号の指定のない自動車を対象とするものであったと判断するに至ったものの、既に届出のされていた平成二二年度の軽自動車税については従前と同様の取扱いを行い、訴外会社及び原告につについて、その届出にかかる原告ら所有の軽自動車につき、同様に課税免除の措置を採っている。そこで、原告は、課税免除の届出を怠っていた年度においても遡って、そもそも課税免除が受けられるはずであったのに被告がなんの注意も払わなかったことから本来受けられるはずであった課税免除相当額等を損害として損害賠償請求訴訟を提起したものである。

本判決は、本件課税処分自体は有権解釈で示された解釈に沿う適正なものであると判断しているが、課税免除拒否処分の取消訴訟とは違い、国家賠償請求訴訟のなかで、「商品であって使用しない軽自動車」の解釈について、被告がひるがえって当時とは異なる解釈を用いた解釈を適用することが適正であったということを認めたものであるにすぎない。

しかし、本判決においてはそもそも原告が届出を怠っており、その点について被告に注意義務があったということはできないと解されることから、そもそも結論においては妥当な判断であったといえるものである。よって、「商品であって使用しない軽自動車」の解釈について十分な主張がつくされたものでもなく、その結果、控訴もなされず終結したものと解される。よって、先例的な意味は乏しい判決といわざるをえないのである。

本件においては、商品軽自動車の該当性の問題と地方税法六条に基づく野洲市税条例八一条の課税免除規定の要件充足の有無とは次元を異にする問題であるにもかかわらず、後者の要件充足性については原告において主張がなされず、また、「使用しない軽自動車」（商用軽自動車）の意義を軽自動車税の性質や課税の趣旨や目的、さらには関連自動車税との整合性などがあわせて考慮されなければならないところ、十分な主張も行われていないのである。

[9]　軽自動車は広く公共交通機関に代わる交通手段として地域生活にはかかせないものである。軽自動車の保有率は増加傾向をたどっている。そのなかで、中古車の販売台数は、新車の販売台数を大きく上回っており、円滑な中古軽自動車の流通活性化（信頼性の高い販売ルートや販売価格等も含む。）を推進することが急務であるといわれている。

販売業者により下取りまたは買い取られた中古自動車のほとんどは再度ユーザーに転売する間、道路運送車両法に基づく届出（ナンバープレート）を返納することなく、一時的に販売業者の自己名義にしたうえで、商品軽自動車として展示されたり、あるいは在庫の状態で存在することになる。四月一日において展示・在庫している商品軽自動車は届出名義である自動車販売業者が実質的に負担をしている。ひいてはこの負担部分がユーザーに転嫁されうる可能性もある。一方で、中古自動車販売業者が下取りまたは買い取った段階で中古自動車の届出を抹消して資料番号（ナンバープレート）を返納して、車検を切ってしまえばたしかに問題はなさそうにみえるが、この場合にはユーザーにとっては購入時の車検費用や登録諸費用の増加に繋がるとともに、時間的ロスも大幅に発生して、中古自動車の流通の円滑化を妨げるとともに、ユーザーに大きな負担を強いることとなる。

このような状況は、課税の衡平という点からも、地方税法六条に基づき、商品中古車を課税対象から除外するという規定の条例化に向けての法的な誘因となりうるものである。よって市町村税条例による課税免除は、公益等に因る課税免除及び不均一課税を規定した地方税法六条一項・二項に規定する「公益上その他の事由に因り課税を不適当とする場合」という要件に該当することに争いはないといえよう。

2　今後の方向性

地方自治体においては、地方税法上、道路運送車両法に定める「軽自動車等」の要件を充足する場合には、軽自動車税の課税客体（課税対象）となるところ、商品であって使用されていない軽自動車（商品自動車）は、すなわち未だ流通段階にあり、使用段階に至っていないものとして、軽自動車税の課税根拠、同税にかかる規定の立法趣旨・目的などから課税客体から排除することが必要である。課税客体からの排除にあたり、商品軽自動車にナンバープレートが存する場合には使用の可能性はあるとしても（原則そのようなナンバープレートの有無でもって使用可能性を判断することは税務行政上一定の合理性はあるとしても）、一律にそのようなナンバープレートが存することのみをもって商品軽自動車を課税客体から排除しないという解釈や運用は避けなければならない。中古自動車販売業者において、展示車両であり試乗車として使用されない「商品であって使用されていない軽自動車」であることが立証できるような場合にまで課税対象から除外を認めないことは課税上不適切な処理といわざるを得ない。このような解釈や運用が、旧依命通達第四章一のもとでも十分に肯定しうるものであることを承知しておくべきである。

また、ナンバープレートの有無でもって課税客体を一律に判断することは、固定資産税、自動車税及び自動車取得税にかかる商品（軽）自動車の取扱いとの整合性を欠き、課税の不公平が生じているといえる。

総務省においてはそのような場面を、地方自治体の判断において地方税法六条一項・二項に規定する「公益上その他の事由に因り課税を不適当とする場合」に該当することとして、課税免除規定を条例におくことを認めている。

地方公共団体においては、地方税法における課税免除規定や課税減免規定を用いることなどによって、この問題の解消に積極的に対応すべきであるといえよう。

（1）自治省市町村税課『市長村諸税逐条解説』七頁（地方税務協会・一九八九）。

（2）自治省市町村税課・前掲書七頁。

（3）文理解釈の意義については、占部裕典『租税法における文理解釈と限界』第一章（慈学社・二〇一三）参照。

（4）固定資産税務研究会編『固定資産税逐条解説』一五頁（地方財務協会・二〇一〇）。

（5）森野義博・吉田龍一共編『市町村税条例準則――逐条解説』）（帝国地方行政学会・一九七二）。

（6）日本自動車工業会「軽自動車の使用実態調査報告書」（二〇一四年四月参照）。

（7）地方税法六条の免除条件について、滝野欣彌『地方税法総則入門（逐条問答）』六〇頁（ぎょうせい・一九八一）参照。

第一五章　入湯税における入湯行為の意義と課税免除の範囲

はじめに

入湯税は、鉱泉浴場所在の市町村においてはそのような浴場が所在することによって特別の財政需要が生ずるので、入湯施設と市町村の行政との間に関連性が強いことに着目して、入湯施設の利用者に対して応分の負担を求めることとしている。入湯税は、地方税法五条四項の規定により、入湯税については必ず入湯税に係る税条例を置くことによって必ず課すべきものとしている（三条）。よって市町村においては必ず入湯税に係る税条例を制定することが求められている。結果的に、課税対象となる鉱泉浴場が存在しないことにより入湯税の税収が存しないといった場合も存する。

地方税法七〇一条は、「鉱泉浴場所在の市町村は、環境衛生施設、鉱泉源の保護管理施設及び消防施設その他消防活動に必要な施設の整備並びに観光の振興（観光施設の整備を含む。）に要する費用に充てるため、鉱泉浴場における入湯に対し、入湯客に入湯税を課するものとする。」と規定しており、また鉱泉浴場所在の市町村は、地方税法五条四項の規定により「環境衛生施設、鉱泉源の保護管理施設及び消防施設その他消防活動に必要な施設の整備並びに観光の振興（観光施設の整備を含む。）に要する費用に充てるため」（目的税）必ず入湯税を課すことを求めている（強制的課税）。上記の四つ以外の費用にあてることは許されない(1)。入湯税は、いわゆる強制的課税であり、また目的税である。このことは、入湯税についての賦課・徴収（課税免除を含む。）に係る市町村の条例策定のための裁量がほかの税目に比して厳格に解されなければならないことを示している。

入湯税は、「入湯客」を納税義務者として、「鉱泉浴場における入湯」（入湯行為）を課税客体として課せられるものである（地方税法七〇一条、河内長野市市税条例一一三条の四）。入湯税の税率は、入湯客一人一日について、一五〇円を標準とする（七〇一条の二）。[2] 入湯税の税率は、これまでも何度ともなく改正されてきているが、昭和五三年一月一日から入湯税の税率を、鉱泉浴場所在の市町村の環境衛生施設その他観光施設及び消防施設そのほかの消防活動に必要な施設の整備に関する費用に当てるために、これらの施設の整備の必要性、公衆浴場料金等の現況から、一人当たりの個人消費支出の推移等を勘案してその税率を一〇〇円から一五〇円に引き上げることとされた。[3] この税率が現在まで引き継がれている。なお、課税免除における一つの判断基準である奢侈性の有無を検討するにおいて、税率（税負担）との関係も考慮要因になるものと解されるところである。

入湯税は、明治一一年に制定された地方税規則において、府県が課することができるとされた雑種税の中にその興りをみることができるが、昭和二二年に改正地方税法が施行され府県税の附加税として市町村に課することができるとされた。そして、昭和二五年に現行の地方税法が施行されたときに現行の入湯税の基礎ができあがり、昭和三二年に普通税から目的税にされた。

しかし、入湯税についてはその後わが国のライフスタイルが大きく変化し、入湯税を取り巻く環境が変化をしつつあるといえる。その中で、都市型レジャー型の銭湯など多様な温泉が登場するなど、温泉の範囲についてあらたな課題も登場してきている。また、市町村において課税免除規定が存する状況のもとで、実務的取扱いとして、あるいは今後課税免除規定の改正により「日帰りで鉱泉浴場に入湯する者」（以下「日帰り入浴者」という。）を課税免除とする条例規定も増えてきており、かつその免除規定の内容も多様化してきており、課税免除における判断基準である奢侈性の有無をどのように考えていくのかもあらたな課題として登場してきている。

本章では、「鉱泉浴場における入湯」における「鉱泉浴場」の意義をあらためて検討するとともに、いかなる場合に入湯税の課税免除が許容されうるのかといった視点から免除基準について検討を進めることとする。

一　「鉱泉浴場における入湯」の意義

1　「鉱泉浴場」の意義

課税客体として課せられる入湯行為は「鉱泉浴場における入湯」（入湯行為）であるが、ここでいう鉱泉浴場について、取扱通達は、原則として温泉法にいう温泉を利用する浴場をいうものであるが、同法の温泉に類するもので鉱泉と認められるものを利用する浴場等社会通年上鉱泉浴場として認識されるものも含まれる（依命通達第一一章二(2)二）と解している。

温泉法二条（昭和二三年七月一〇日・法律第一二五号）は、この法律で「温泉」とは、地中からゆう出する温水、鉱水及び水蒸気その他のガス（炭化水素を主成分とする天然ガスを除く。）で、別表に掲げる温度又は物質を有するものをいうと規定している(4)。また、温泉法別表に掲げる温度又は物質の含有量を充たさないものの、社会通念上鉱泉浴場として認識される浴場にも入湯税が課されると解されている(5)。

上記取扱通達によれば、ここでいう鉱泉浴場とは、「原則として温泉法にいう温泉を利用する浴場をいいますが、同法の温泉に類するもので、鉱泉と認められるものを利用する浴場等社会通念上鉱泉として認識されるもの」も含まれると解されている。入浴税の課税対象となる鉱泉浴場は、「温泉法にいう温泉を利用する浴場」よりも概念が広くなっている。よって、社会通念上の鉱泉浴場と認められ入湯税を課税する場合には、温泉法との関連を考慮して、泉質の調査や成分の分析等を行い課税することが望ましいとされている。

社会通念上鉱泉浴場として認識される浴場とは、「地下から湧出する泉であり、療養等の価値を有するその地方一般水と著しく差異があるもの」等が必要であるとされている。たとえば、「地中から湧出する泉であり、温泉法の基準値には達してはいないものの鉱物質等の成分を含有し又は温泉法には規定されていない科学化合物などを含有しており、従前から神経痛等の病に効能があると世間から認知され、湯治などの目的のために利用されているもの」、あるいは「温泉法施行前から入湯税が課せられており、鉱泉浴場取締規則および温泉規則等の都道府県令による取締りの対象となってきたもの」などがそれに該当する。(6)

鉱泉浴場の意義について、裁判例としては横浜地裁昭和三三年一月一四日判決（行裁例集九巻一号四七頁）が存する。本件原告の利用する地下水（以下「本件地下水」という。）が温泉法二条一項の温泉に該当するかどうかが争点である。裁判所はまず本件地下水について以下のように認定している。

泉源である掘抜井戸における本件地下水は、昭和二六年八月二四日当時において泉温摂氏一六・六度なるも一キログラム中少くとも重炭酸そうだ一、〇二七ミリグラムを含有する鉱水（温泉法第二条第一項同別表によれば重炭酸そうだ三四〇ミリグラム以上を含有する鉱水を温泉としている）であり、昭和三〇年三月二四日当時において泉温摂氏一四・三度なるも一キログラム中溶存物質（ガス性のものを除く）総量一、五五六ミリグラムを、又メタけい酸六二・五五ミリグラム及び重炭酸そうだ一、二〇四・一ミリグラムを含有する鉱水（同上によれば溶存物質総量一、〇〇〇ミリグラム以上、メタけい酸五〇ミリグラム以上、重炭酸そうだ三四〇ミリグラム以上のいずれかを含有する鉱水を温泉としている）であつて、いずれも当時温泉法第二条第一項の温泉に該当していたことが認められる。（略）［鑑定人らの—占部引用］供述中には、昭和二六年八月当時の原告会社の泉水は温泉法上の温泉ではなかつた旨の記載及び供述があるが、右はその後になされた同人の鑑定人としての供述によれば、当時行われていた温泉分析法指針は療養泉になるかどうかを分析するためのものであつたので療養泉に該当しなかつたところから、立言したものであるが前記の如く重炭酸そうだ一、〇二七ミリグラムを含有する鉱水であるときは療養泉に該当しなくても温泉法上の温泉には該当するものであると訂正されたことが明らかであるばかりでなく、前記の如き物質及び含有量を有する鉱水が温泉法第二条第一項の温泉に該当することは、同人の供述をまつまでもなく、当時の温泉法（同法は昭和二三年八月九日から施行されている）第二条第一項及び同別表に照らして自ら明らかなところであるから、同人の右鑑定書の記載及び供述は右結論に何らの影響を及ぼすものではない。その他に右認定を左右するに足りる証拠はない。してみると特段の反証のない以上、本件地下水は本件で問題になつている全期間を通じ、即ち別表第一記載の各課税期間を通じ一貫して温泉法第二条第一項の温泉であつたものと認めるべきである（本件地下水が現在温泉法上の温泉に該当することは原告の認めるところである。）。

横浜地裁判決は、温泉法二条一項の温泉と、地方税法六一九条に鉱泉浴場という場合の鉱泉との関係について、地方税法（昭和三二年法律六〇号改正前）六一九条にいう鉱泉の意義につき、同法には何らの規定がなく、温泉法二条（温泉、温泉源の意義）一項は温泉の意義を規定しているが、同法は温泉に関する現行の唯一の基本的な法律関係であるということができるから、特別の理由がない限り、前記鉱泉の意義を定めるに当たっては、右温泉法上の温泉を基準にすべきであり、温泉科学上の概念から考えても、温泉科学で一般的に鉱泉というのは、「地中から湧出する泉水で、多量の固形物質またはガス状物質もしくは特殊の物質を含むか、あるいは温泉が泉源周囲の年平均気温より常に著しく高温を有するもの」をいい、鉱泉中特に治療の目的に供されるものを療養泉と呼び、常水との区別において鉱泉の限界値が定められ、この限界値と療養泉として必要な限界値との間には相当の開きがあり、温泉法の定義は、規定の仕方及びその限界値において鉱泉に殆ど一致しており、同法の温泉は、鉱泉を意味するから、地方税法六一九条の鉱泉であるかどうかは、温泉法上の温泉に該当するかによって一律に決するのが至当であり、この結論は租税法律主義の精神にも合致するものと考えられると判示する。

また、原告は、温泉法上の温泉と入湯税との関係について、温泉法上の温泉のうち、療養泉のみが真の温泉であって、入湯税の対象となると主張しているようであるが、この点についても、横浜地裁は、地方税法（昭和三二年法律六〇号改正前）六一九条の鉱泉の意義をかく限定された意味に解しなければならない文理上の根拠もないばかりか、温泉法一二条（公共浴用又は飲用に供することの許可）が療養泉であると否とを区別することなく、同法上

の公平性、相当性等の実質的な事情を検討の上、その用語の意味を解釈するのが相当である（東京高裁平成二〇年三月一二日判決・金融・商事判例一二九〇号三二頁）と理解されうることから、このような横浜地裁判決の解釈はおおむね支持しうるものといえよう(7)。

具体的には、温泉が枯渇して、あるいはこれまでの成分が変化して、タンクローリーで本物の温泉を運んでくるといった場合については、上記横浜地裁判決の要件をみたした鉱泉（湧出口において温泉法上の温泉に該当する）のであれば、それを温泉に運んで入湯客が入浴する行為は課税対象となる入湯行為といわざるをえないであろう(8)。

なお、温泉法の温泉に類するもので鉱泉と認められるものを利用する浴場等社会通年上鉱泉浴場として認識されるものも含まれるか否かについては、取扱通達においては早期に示されているという点で行政先例法的な位置づけが与えられている。入湯税についての立法経緯、立法趣旨、温泉法の立法時期等を総合的にみると、社会通念上鉱泉浴場として認識されるものまで含むことは文理解釈の範囲と解することができよう。

2　入湯行為

「浴場」の意義についても問題となりうることがある。会員制リゾートマンションにおける入湯行為については、その利用形態がホテル、旅館となんらかわらないリゾートマンションにおいてはそこでの入湯行為は課税対象となる。旅館、料理屋等その名称を問わず、また宿泊客であるかどうかを問わず、鉱泉浴場における入湯行為に該当すればすべて課税対象になると解される。同様に老人ホームやいこいの家などいろいろと「浴場」の解釈をめぐって疑義が生ずることがありうると思われるが、多くの場合入湯行為に該当するところ、課税免除の対象になりうるかといった議論になりうるものと解される。

なお、鉱泉浴場における入湯が課税客体であることから、現実に入湯する行為が求められている。そこで、鉱泉浴場を有する旅館等を利用する者は、鉱泉浴場へ入場することが前提であると一般的に解されるところではあるが、鉱泉浴場への入湯行為が全くない旨の立証がなされれば入湯税は課税されないこととなる。(9) 特別徴収義務者においてその立証が求められていると解されよう。

さらに、鉱泉と水道水双方の湯殿がある温泉については、浴場利用者がどちらかに入ったかが特定できれば入湯行為を区別して入湯税を課することが可能となるが、通常はそのような判断がつきにくいとすると鉱泉浴場への入湯行為もあったとして入湯税が課せられることになるとして取り扱われることになると解されている。

二　入湯税の課税免除の範囲

入湯税においては、地方税法上減免規定が存しない。したがって、いかなる理由においても入湯税の納税義務者に対して減免措置を行うことができないものである。しかし、地方税法の立て付けからすれば、公益上その他の事由がある場合には、市町村の条例に基づき、課税免除又は不均一課税を行うことはできることになる。よって、市町村が課税免除等を行う場合には必ず条例が必要となり、取扱通達等で対応することは許されないものであると解される。

市町村において広く規定されている課税免除に係る条例規定は、以下のようなものである。(10)

［＊＊＊市税条例］

（入湯税の課税免除）

第＊＊＊＊条　次の各号に掲げる者に対しては入湯税を課さない。

(1)　年齢一二歳未満の者

(2)　共同浴場又は一般公衆浴場に入湯する者

(3)　社会福祉法（昭和二六年法律第四五号）第二条第一項に規定する社会福祉事業に基づいて設置された施

設に入湯する者

入湯税の課税免除の検討にあたり、まず入湯税の立法趣旨・目的及び課税根拠を確認しておくことが有益である。課税根拠を明確にした上で、次に入湯税において具体的な課税免除が認められる場面（基準）を明らかにする。そして、特に、以下のように市町村が規定する免除規定において日帰り入浴客を課税免除とする規定が目につくことから、この問題について検討する。

［京都市市税条例］

（入湯税の課税免除）

第一七七条　次に掲げる者に対しては、入湯税を課さない。[11]

(1)　一二歳に達する日以後の最初の三月三一日までの間にある者

(2)　共同浴場又は公衆浴場法第一条第一項に規定する公衆浴場で物価統制令第四条に規定する統制額の指定を受けているものにおいて入湯する者

(3)　入湯しようとする者が支払うべき料金が一、〇〇〇円（消費税額及び地方消費税額に相当する額を含む。）以下である施設において宿泊を伴わないで入湯する者

(4)　前三号に掲げるものを除くほか、公益上その他の事由により市長が特に課税を不適当と認める者

［白山市税条例］

（入湯税の課税免除）

第一三七条　次に掲げる者に対しては、入湯税を課さない。

(1)　年齢一二歳未満の者

(2)　共同浴場又は一般公衆浴場に入湯する者

(3)　地域住民の福祉の向上を図るため、市等がもっぱら近隣の住民に使用させることを目的として設置し

た施設（宿泊施設を除く。）に入湯する者

(4)　学校教育法（昭和二二年法律第二六号）第一条に規定する学校（大学を除く。）の行事として行われる修学旅行等に参加する児童、生徒又は学生、引率する教職員及び介添者

(5)　日帰り客で、一人当たりの施設利用料金が一、〇〇〇円以下の者

［倉敷市市税条例］

（入湯税の課税免除）

第一四〇条　次に掲げる者に対しては、入湯税を課さない。

(1)　年齢一二歳未満の者

(2)　共同浴場又は一般公衆浴場に入湯する者

(3)　学校教育上の見地から行われる行事の場合における入湯者

(4)　日帰りで鉱泉浴場に入湯する者

ちなみに、大阪府下での、たとえば日帰り入浴等についての免除規定の導入状況をみると、①宿泊を伴わない場合、及び利用料一、〇〇〇円以下の場合に免除規定のある市が七市、②免除規定はないが日帰り入浴を免除している市（一市）、③日帰り入浴についての免除規定を導入していない市（一七市）、④入湯税を導入していない市（八市）といった状況である（平成二三年五月一四日現在）。

1　地方税法における入湯税の立法趣旨・目的と課税要件

入湯税は、鉱泉浴場所在の市町村においてはそのような浴場が所在することによって特別の財政需要が生ずるので、入湯施設と市町村の行政との間に関連性が強いことに着目して、入湯施設の利用者に対して応分の負担を求め

ることとしている。地方税法七〇一条は、「鉱泉浴場所在の市町村は、環境衛生施設、鉱泉源の保護管理施設及び消防施設その他消防活動に必要な施設の整備並びに観光の振興（観光施設の整備を含む。）に要する費用に充てるため、鉱泉浴場における入湯に対し、入湯客に入湯税を課するものとする。」と規定しており、また鉱泉浴場所在の市町村は、地方税法五条四項の規定により「環境衛生施設、鉱泉源の保護管理施設及び消防施設その他消防活動に必要な施設の整備並びに観光の振興（観光施設の整備を含む。）に要する費用に充てるため」（目的税）必ず入湯税を課すことを求めている（強制的課税）。入湯税は、いわゆる強制的課税であり、また目的税である。このことは、入湯税についての賦課・徴収（課税免除を含む。）に係る市町村の条例策定のための裁量がほかの税目に比して厳格に解されなければならないことを示している。

なお、入湯税の税率は、入湯客一人一日について、一五〇円を標準とする（七〇一条の二）と規定しているが、標準税率であり、市町村によってはたとえば入湯税の税率は、入湯客一人一日について、それぞれ次の各号に掲げる区分によるものとして、宿泊するものと、宿泊しないものとで税率を異にしていることもある。

(1)　宿泊する者　一五〇円
(2)　宿泊しない者　七五円

入湯税の税額は、「一人一日一五〇円（標準税額）」となっているが、いわゆる有名温泉地の場合は、若干、高めになっているともいえ、また日帰りの場合は「五〇〜一〇〇円」と定めている場合が多い。

2　入湯税の意義、課税根拠

入湯税は、鉱泉浴場における入湯行為に対して課するものである。入湯税は、鉱泉浴場における入湯行為に対して課されることから、一般に行為税であり、奢侈税的な性格を有するものである。入湯税は、もともと鉱泉浴場における入湯行為に附随して通常、旅館への宿泊や飲食等の行為が行われ、奢侈的な支出がなされることに着目し、そこに課税根拠を見出して課税するものであるが、「入湯行為」が課税客体とされているのは、入湯行為そのものが奢侈的行為として課税されるのではなく、附随して各種の奢侈的行為が予想されることから、これら各種奢侈的行為を代表する共通の指標として入湯行為が課税客体とされたものである(12)。

すなわち、[1]入湯税の課税客体は鉱泉浴場における入湯行為であるが、鉱泉浴場での入湯行為は、通常それに附随して旅館への宿泊、飲食、遊興等の行為がなされうるであろうことが予想されるところから、そこに課税根拠を見出して課するものである(13)。鉱泉浴場での入湯行為は、通常それに附随して旅館への宿泊、飲食、遊興等の行為が予想されており、そこに奢侈性、担税力等を通常予想することができる。入湯行為（附随行為を含む。）は、奢侈的行為であり、行為者に担税力があると認められることによる。ただし、明らかに入湯を行っていない者は入湯税の課税客体を充足しておらず、入湯税を課すことはできない。

このことから、入湯税は、行為税であるとともに一種の消費税であり、奢侈税的な性格を有する税であるといえる。なお、入湯者においては、[2]環境衛生施設、鉱泉源の保護管理施設及び消防施設その他消防活動に必要な施設の整備並びに観光の振興（観光施設の整備を含む。）といった面での行政サービスを享受しているともいえ、入湯者と当該地方公共団体との間に応益性があるといえ、このことも課税根拠となりうるものと解される。

以上から、入湯税の課税根拠としては、[1]によるところが大であるが、[2]についても留意をすべきである。入湯税については市町村にとって任意に課することができる税ではなく、賦課することが求められている税である。入湯行為に伴う財政需要の原因者あるいは市町村の入湯関連施設の整備による受益者としての入湯客の入湯行為に対しても税負担を課すべきある。

これらの性格を考慮した上で、日常生活に不可欠な一般公衆浴場（鉱泉浴場に限る。）への入湯の場合においては、奢侈税的な性格等を考慮して、奢侈性がない、あるいはきわめて希薄であると認められるものについては課税免除等の措置を講ずる必要がある。よって、奢侈性、担税力等を通常要しないと認められるような入湯行為を行う者に対しては、入湯税の課税を免除することができると解される。

しかし、入湯税は、入湯行為に伴う遊興や飲食の程度を問題にしているのではなく、入湯行為が行われたか否かを問題にしているとする見解も存する。入湯行為に伴う遊興や飲食の程度がその入湯税の担税力を表すひとつの側面を有していることは否定できないが入湯税はこのような行為に担税力を見出しているのではなく、入湯行為そのものに担税力を認めて課税しているのであると解する。(14) このような見解は、行為税の局面を強調するものである。入湯行為及びそれに付随して行われる一連の行為にみられる奢侈性がかつてと比較して相対的に薄らいできており、一方入湯税がなお環境衛生施設、鉱泉源の保護管理施設及び消防施設その他消防活動に必要な施設の整備等についての財政需要を発生させている状況は今日においてもなんら変化がないことに鑑みれば、入湯税の性格は、入湯行為に伴う財政需要の原因者あるいは市町村の入湯関連施設の整備による受益者としての入湯客の入湯行為に対して税負担を求めるべきであり、そういう意味での行為税としての性格を中心に入湯税規定は定立されているという立場である。

このような行為税の立場からは、課税免除の範囲はきわめて限定されることになるものと解される。また一方、奢侈性の判断基準でありうる「支払を受ける料金」の範囲等についてもきわめて限られた範囲のものになりうるものと解される。しかし、このような行為税においても、現実には後述するように、条例準則や旧通達に基づく課税免除は認めており、課税免除の範囲は行為説においてもほぼ同様であり、この点では柔軟な立場を採用しているといえる。

3　入湯税における課税免除の対象

(1)　入湯税の課税免除規定

入湯税の納税義務者は入湯客である。上述したように、入湯税は入湯行為に対して課する行為税の性格を有していることから、旅館、料亭、料理屋、スーパー銭湯、民宿等、その名称のいかんを問わず温泉及び鉱泉の入湯客はすべて納税義務者となる。しかし、入湯税の課税根拠から、一定の入湯行為は課税免除とすべきであるが、地方税法における入湯税規定には課税免除規定等をおいていない。よって、課税免除にあたっては地方税法六条の規定により課税免除等を行うこととなる。入湯税については、地方税法六条の規定に基づくほか、その減免を行うことはできないのであり、(15)課税免除が慎重に行われることを求めている。入湯税を課さないものとすることが適当である場合を含め、市町村において課税免除ないし不均一課税を行おうとする場合においては、同条に規定する事由に該当するものについて、条例措置によって定めなければならないと解される。地方税法六条一項の規定に基づいて課税免除を行う場合には、必ず税条例に規定を置くことが必要である。東京地裁平成四年三月一九日判決・最高裁判所民事判例集四八巻八号一七三九頁は、「公益上その他の事由により課税を不適当とする場合」（法六条一項）は、「市町村は公益上その他の事由により課税を不適当とする場合においては課税をしないことができる旨を定めるが、右三に判示したように、市町村は、その地方税の税目、課税客体、課税標準、税率その他賦課徴収について定めをするには、当該市町村の条例によらなければならないものとされている（法三条一項）こと等にかんがみると、市町村が法六条一項に基づき課税をしないこととする場合においては条例によりその旨の定めをしなくてはならないものと解される。」と判示する。

よって、税条例に免除規定をおかず実務的取扱いにより課税免除することは許されず、そのような行為は不適法であると解される。たとえば、河内長野市市税条例一一三条の五の現行規定に基づいて、実務上の取扱いとして「日帰り入浴者」を課税免除とすることは許されないと解すべきである。

(2) 公益上その他の事由により課税を不適当とする場合とは

市町村が地方税法六条一項の規定に基づいて、課税免除を行うためには「公益上その他の事由により課税を不適当とする場合」でなければならず、「公益上の事由」とは課税対象に対し課税しないことが直接公益（広く社会一般の利益）を増進し、または課税することが直接公益を阻害する場合をいい、また「その他の事由」とは、公益に準ずる事由をいうものと解される(16)。

課税免除により、一定の範囲のものに対して課税しないとすることは、租税の基本原則での一つである公平原則と相いれないこととなるので、市町村がこれを行おうとする場合には、一般的な負担の公平と特定の政策の価値との比較衡量を行い、その結果、後者がより大であると認められ、また、当該団体の財務上支障のない範囲内においてのみ許される。鉱泉を利用する施設の多様化等により、入湯税の課税について様々な態様が想定され、また、課税免除等については、租税の基本原則である公平の原則に矛盾するものであるので、市町村においては慎重な取扱いが要請されるものである。

「租税負担の合理化を図るため、非課税規定は、これを最小限度に止めているのであるが、市町村が自ら行う課税免除、不均一課税、租税の減免等についても、その内容について徹底的検討を加え、濫に流れないよう特に留意すること。なお、市町村において納税義務者に係る一定の事由に該当することを理由として一律かつ無条件に当該税負担を軽減するような措置を講ずることのないよう留意すること（依命通達第一章二　課税免除）」とされている。

(3)　課税免除規定とその内容――課税免除の具体的な事例とその基準

条例準則においては、入湯税の課税免除をうける者として、①年齢一二歳未満の者、②共同浴場又は一般公衆浴場に入湯する者を規定している（条例準則一四二条）。

一般的にはさらに、旧通達（昭和五三・四・二一自治内第三〇号各道府県総務部長、東京都総務局長、東京都酒税局長あて自治省税務局長通達）や行政実例等により、以下のようなものが課税免除で予定されていたところである。

③　長期療養者を対象として設けられている僻すう地にある簡素な温泉旅館における長期湯治客等の入湯

④　地域住民の福祉の向上を図るために、市町村がもっぱら近隣住民に使用させることを目的にして設置した施設における入湯

⑤　自炊用の簡素な施設、もっぱら日帰り客の利用に供される施設その他これらに類する施設で、その利用状況が一般の鉱泉温泉における通常の利用状況に比較して著しく低く定められているものにおける入湯

⑥　学校教育上の見地から行われる行事の場合における入湯

上記①～⑥はいずれも、入湯関連施設や入湯行為に付随して消費される金銭の点から、奢侈性がない、あるいは希薄であると認められるものである。条例準則の入湯をも含めて、課税免除の措置を講ずることが適当であると解される。また、②～④、⑥については、特定の政策目的によるものであるといえる。①は幼児、少年で担税力もなく、通常奢侈性も予想されない。②は、公衆衛生上の見地から行われるもので日常生活不可欠の行為であり、奢侈性・担税力が予想されない。温泉への入湯であっても、保険衛生上の見地からする一般公衆浴場・共同浴場への入湯あるいは共同浴場への入湯あるいは長期療養者を対象とする僻すう地の簡素な温泉旅館における長期湯治客等の入湯に対しては、奢侈性・担税力等が通常要しないと解されることから、これらを課税免除とすることには一定の合理性があるといえよう（旧依命通達第一一章二(4)参照）。

一般公衆浴場とは、公衆浴場法二条一項の営業許可を受けた公衆浴場のうちいわゆる銭湯程度のもとで、一般住民の日常生活に密接な関係を有し、一般住民が安直に利用できる程度のものをいうものである。しかし、公衆浴場の許可を受けた鉱泉浴場が一般公衆浴場としての経営をするほか、別に貸室施設をもうけ、その利用客には一般の温泉旅館と同様の利用をさせ、通常の銭湯料金よりも多額の料金を徴しているような場合にはこの貸室を利用する入湯は一般公衆浴場における入湯にはあたらない（昭和三三・六・一一自丁市発第一二二号市町村税課長回答参照）。

③は、入湯目的が湯治であり、施設目的からも奢侈性が予想されない。④は、対象となる施設が市町村や社会福祉法人が設置する老人福祉センター等であり、これらの施設における入湯税については奢侈的性格が希薄であると認め

られることや市町村等の行う福祉政策との整合性からである。その際において免除の対象となる利用者は当該市町村の住民に限定される必要がある。⑥は、学校教育目的に税制上の配慮をしようとするものであり、奢侈性も希薄である。⑤は、施設が簡素であり利用料金も低く奢侈性が希薄であることによる。なお、「『自炊用の簡素な施設、もっぱら日帰り客の利用に供される施設その他これらに類する施設』とは、例えば、原則として食事の提供をしない簡素な旅館、農閑期等季節的に解説される簡素な施設、宿泊施設を有せず、原則として日帰り客の利用に供することを目的とするヘルスセンター等をいうものであること。また、その、『利用料金が、一般の鉱泉浴場に比較して著しく低く定められている』か否かについては、現行の入湯税の標準とされる税率の水準にかんがみ、概ね一〇〇〇円程度を基準とすることが適当であること。なお、利用料金とは、入場料、休憩料、入湯料等名称の如何に拘わらず、当該施設の利用に関して支払われるべき料金をいうものであること」（「入湯税の運用について」昭和五三・四・二一各都道府県部長、東京都総務局長、東京都主税局長あて自治省市町村税課長内かん。以下「入湯税の運用について」という。）と解されている。この「入湯税の運用について」が示している「概ね一〇〇〇円程度」が適当であるとの基準は重要な意義を有しており、現在、多くの市町村によっては利用料金が一〇〇〇円以下の入湯行為を課税免除している。社会状況及び経済水準等によって、ここで示されていた一〇〇〇円程度という金額基準については変動がありうるところであるが、この通達が発せられた当時の税率が一五〇円であり、現在もこの税率が維持されていることを考慮すると、現在もこの数字が大きく変動しているとは解されない。今日においても一〇〇〇円程度を基準に、課税免除が検討されるべきであろう。

よって、利用料金五〇〇〇円以下を免除するといったような税条例は、「公益上その他の事由に因り課税を不適当とする場合」に該当する特別の事情が存しない限り、すなわちきわめて高い公益性が存しない限り、不適法であるといえる。

前述した①〜⑥までの場合を目処にして、課税免除の範囲を画することは合理的であり、これらと同程度に奢侈性が希薄であることが求められる。なお、特定の政策目的によるものについても、上記の通り課税対象にしないことが直接公益を増進する場合であるが、安易に適用を認めることは厳しく控えなければならない。

なお、課税免除の対象は、おおむね条例準則あるいは旧基本通達に準じたものとなっているところであり、そのような規定は地方税法における入湯税の課税要件規定の解釈に相応したものである。

4　鉱泉浴場における日帰り入湯客の課税免除

(1)　奢侈性について

日帰り入浴者の入湯行為が地方税法七〇一条、河内長野市市税条例一一三条の四の課税客体に該当することは明らかである。日帰り入浴者の入湯行為は多様であり、一般の高級旅館や高級リゾートホテルをはじめとする様々な鉱泉浴場での入湯がありうる。そのような入湯行為が奢侈的なものであるか否かは個々の具体的な施設等の利用料金等により結論が異なるものといわざるをえない。ある温泉地における高級旅館での日帰りプラン（食事と入浴がセット）などは課税対象であることは明らかであり、奢侈性が低いことから課税免除を認めるべきであるとの主張は認められない。「日帰り入湯客」という枠組みで課税免除を行うことは、上述①～⑥までの場合と同程度に奢侈性が低いことが必要であるがそのような場合であるとは認めがたい。入湯税が課せられる一般の入湯客における奢侈性の程度と比較して奢侈性が希薄であるとはいえない。

よって、市町村において、「入湯しようとする者が支払うべき料金が一、〇〇〇円（消費税額及び地方消費税額に相当する額を含む。）以下である施設において宿泊を伴わないで入湯する者」（京都市）、「日帰り利用施設で、一、二〇〇〇円以下（消費税抜き）の利用料金で入湯する方」（市川市）といったように課税免除の要件を規定する場合においては、課税免除は適法であるといえる。

(2) 政策目的について（公益性の有無について）

入湯税が導入された昭和二五年当時には、温泉を含む、いわゆる鉱泉というものが持つ特別の効用に着目して、入湯行為そのものを課税客体とし、当時においても、温泉旅館において宿泊に伴う入湯に付随して、飲食、遊興等の行為が行われ、いわゆる娯楽性の高い、あるいは、奢侈的性格が強い相応の支出が予想されることから、そういう点も課税の根拠とされていた。ただ、当時から保健衛生上の理由から行われる共同浴場、一般公衆浴場における入湯、あるいは、病気療養等を目的とした簡素な温泉旅館における長期湯治客等の入湯については、課税の対象外とされていたところである。しかし、これらの課税免除は、上述したように奢侈性が希薄であることが強調されたことによるものであった。

現在、日帰りの入湯施設はスーパー銭湯的なものや娯楽的な色彩の強いレジャーランド的なものなど多様なものが存する。奢侈的・娯楽的なものというよりはむしろ、多分にストレス解消とか癒しを求めて健康維持を主眼として利用されているものもある。そこで、市町村が地方税法六条一項の規定に基づいて日帰り入浴客を課税免除とする理由としては、日帰り入湯客については健康増進のために、税額相当分だけ安く入湯できるようにして、入湯の機会を増やすことが市民の健康増進につながり、公益性を有するといったことなどを挙げることができよう。類似の旧通達（昭和二三・六・一一自丁市発第一二二号市町村税課長回答）の例として、上記の④が挙げられようが、これは本来その施設が近隣住民の福祉をもっぱら促進するために設置されており、奢侈性も低いと解されることから課税免除が認められているものである。課税免除措置が本来の住民福祉の補完的な機能として設けられているものであり、課税免除要件を充足するものと解されてきている。

これに対して、「日帰り入浴客」については、日帰り入湯客のすべて、あるいはほとんどが、主として健康増進のために入湯していると解することはできず、鉱泉浴場等への入湯行為は一般的に広く健康増進に役立つものであるといえる④のような場合においては、本来の施設が設置されており、それを補完する意味で課税免除が行われているところ（それも奢侈性が希薄であることを理由にしている。）、本来的な施設を設置することなく、課税免除措置によって健康増進政策を促進することは税制の補完的機能の面からも適切とはいえないであろう。(17)

いくつかの市町村（倉敷市、土佐清水市、京丹後市、三郷市等）は、日帰り入湯客を課税免除とする税条例を有するが、そのような課税免除は当該自治体において「公益上その他の事由」が明確に説明できない限り、課税免除は不適法であるといわざるをえない。課税免除の対象を当該住民に限定するわけでもなく、「公益上その他の事由」が存するとの理由づけは困難であろう。

また、市町村においては、税条例に日帰り入湯客に係る課税免除規定を制定していないにも関わらず、運用等で課税免除とする場合もあるが、そのような市町村においては、前述したように課税免除は税条例において規定することが求められており、不適法な取扱いがなされている疑いが強いといわざるをえない。

なお、市町村においては、「前各号に掲げるものを除くほか、公益上その他の事由により市長が特に課税を不適当と認める者」と規定する場合がありうる。このような場合においては、地方税法六条の規定の趣旨から、具体的に税条例規則でもって免除要件を列挙しておくことがすくなくとも必要であろう。

(3)　「支払うべき料金（利用料金）」の範囲

入湯しようとする者が支払うべき料金が一、〇〇〇円以下である施設において宿泊を伴わないで入湯する者を課税免除するといったような場合において、「支払うべき料金」の範囲が問題となる。支払うべき料金の範囲は入湯税の課税根拠から検討することとなる。

市町村においては、以下のような取扱いを明示するところがある。当該市町村の税条例にはこのような規定はなく、実務上このような取扱いをしているものと解される。

「利用料金とは、入館料、休憩料、入湯料等の名称にかかわらず、当該鉱泉浴場で入湯するために必ず支払う必要がある料金を合計したものをいいます。

支払うべき料金に食事代など入湯料金以外の料金が含まれる場合（いわゆるセット料金が設定されている場合）において、入湯料金が区分・明示され、かつ、その入湯料金で日帰り入湯のみの利用が可能であるときは、その入湯料金が利用料金となりますが、そうでないときは、支払うべき料金の全体が利用料金となります。

ただし、特に制約を設けることなく日帰りの入湯のみの利用が可能で、その利用料金が最大で一、〇〇〇円以下であり、誰もが一、〇〇〇円以下の利用料金を支払えば入湯できる施設においては、セット料金が設定されていても、一、〇〇〇円以下の利用料金での入湯であるとみなして、課税を免除することとします。」

入湯税の「入湯行為」が課税客体とされているのは、入湯行為そのものが奢侈的行為として課税されるのではなく、附随して各種の奢侈的行為が予想されることから、これら各種奢侈的行為を代表する共通の指標として入湯行為が課税客体とされたものであると解されているとする通説的な見解からすれば、このような市町村の運営（実務上の取扱い）はすくなからず問題が存するといわざるを得ない。

三　地方税法六条一項に反する課税免除と住民訴訟

地方税法六条一項の規定による課税免除は、各市町村が公益上その他の事由により課税を不適当と判断する場合に、その独自の判断により、課税権を自己規制して、一定の範囲のものに対して課税しないことができる旨を規定している。この課税免除を行うということは、その入湯税の賦課・徴収について独自の定めをすることになるので税条例の定めが必要である。

よって、市町村において、地方税法六条一項の規定による課税免除規定の制定にあたり、公益上その他の事由により課税を不適当とする場合の判断を誤り、本来徴収すべき入湯税を徴収しなかった場合、あるいは地方税法六条一項の規定にもとづく課税免除に係る条例を規定することなく、実務的取扱いにより課税を免除し、本来徴収すべき入湯税を徴収しなかった場合などには、住民訴訟が提起されるおそれが存する。すなわち、地方公共団体の住民は地方税法二四二条の二第一項四号に係る請求をすることが可能となる。請求が認容されるか否かはともかくも、そのような請求がなされる可能性は否定できない。

たとえば、広島高裁平成一六年九月二二日判決（裁判所ウェブサイト）は、竹原市の住民である控訴人が、地方税法及び市税条例に基づいて特別徴収義務者であるAが日帰り入湯客の入湯税を徴収して同市に納入すべきであるにもかかわらず、市が免除規定によらずに免除扱いをしたことにつき、被控訴人は、市長に就任して以来、何ら適切な措置をとらず入湯税の賦課徴収を怠り、これにより市は入湯税相当額の損害を被ったとして、被控訴人に対し、損害賠償を求めた住民訴訟事案（控訴審）であるが、同裁判所は、被控訴人の請求のうち、平成九年六月までに申告すべき分に係る損害の賠償を求める部分は監査請求期間を徒過したものとして不適法であり、その余の請求は適法であるが、被控訴人に故意・過失は認められないとして、控訴を棄却している。市が、特別徴収義務者に対し、申告漏れ入湯税の賦課徴収をしなかったことについては、特別徴収義務者に対する調査において、日帰り入湯客数を把握することができず、推計課税を行うだけの合理的な資料も得られなかったからであって、入湯税の賦課徴収をしなかったことには、やむを得ない事情があったというべきであり、市長に故意・過失があるとはいえないと判断している。

なお、千葉地裁平成一二年一二月二〇日判決（判例地方自治二一六号二五頁）は、千葉県安房郡鋸南町の住民である原告が、同町長の漁業施設用地に対する固定資産税の免除は違法であると主張し、免除当時の町長に対し、地方自治法二四二条の二第一項四号前段に基づき住民訴訟を提起した事案であるが、同裁判所は、(1)千葉県鋸南町が、地場産業育成という公益上の観点から、鋸南町税条例五七条一項二号の「公益のために直接専用する固定資産」には漁業協同組合の漁業施設用地も含まれるとして、同条に基づき右土地に対する固定資産税を免除したことにつき、右条例の規定は地方税法三六七条に基づくものであり、同条に基づく固定資産税の減免は、客観的にみて納税義務者の担税力が著しく減少している場合に行われることが予定され、公益上の観点から固定資産税の減免を行う場合でも、当該固定資産がその性質上担税力を生み出さないような用途（道路、公園など）に使用されている場合など、租税負担の公平の観点からみて減免を相当とする程度の強い公益性がある場合に限って行うことができると解すべきであるとして、右固定資産税の免除が条例の定める要件を欠き違法である、⑵条例に固定資産税の免除を取り消して再度賦課徴収するための手続に関する規定は存在せず、たとえ免除を取り消し得るとしてもいったん発生した固定資産税債権は放棄され消滅するのであるから、この消滅した債権分の損害が発生していることは明らかである、として固定資産税は、免除がなされても賦課決定期間が経過するまでの間に免除を取り消した上で新たに賦課決定を行い、これを徴収することができるから、同期間が経過するまで損害は発生しないとの主張が排斥されて、固定資産税相当額の損害の発生を認めた。

地方税法三六七条に基づく固定資産税の減免であり、地方税法六条一項に基づく免除ではないが、住民訴訟における請求は同様のものと解することができる。

おわりに

1　入湯税についてはその後わが国のライフスタイルが大きく変化し、入湯税を取り巻く環境が変化をしつつあるといえる。その中で、都市型レジャー型の銭湯など多様な温泉が登場するなど、温泉の範囲についてあらたな課題も登場してきている。また、市町村において課税免除規定が存する状況のもとで、実務的取扱いとして、あるいは今後課税免除規定の改正により「日帰り入浴者」等を一律に課税免除とする条例規定も増えてきている。また、その免除規定の内容も多様化してきており、課税免除における判断基準である奢侈性の有無をどのように考えていくのかもあらたな課題として登場してきている。「鉱泉浴場における入湯」における「鉱泉浴場」の意義、いかなる場合に入湯税の課税免除が許容されうるのかといった視点から検討を進めることが求められている。

課税客体として課せられる入湯行為は「鉱泉浴場における入湯」（入湯行為）であるが、ここでいう鉱泉浴場について、温泉法二条にいう温泉を利用する浴場をいうものであるが、同法の温泉に類するもので鉱泉と認められるものを利用する浴場等社会通念上鉱泉浴場として認識されるものも含まれる（依命通達第一一章二(2)一）といったような解釈については文理解釈を逸脱しているとの見解もありえようが、温泉法の温泉に類するもので鉱泉と認められるものを利用する浴場等で社会通念上鉱泉浴場として認識されるものも含まれるか否かについては入湯税についての立法経緯、立法趣旨、温泉法の立法時期等を総合的にみると、社会通念上鉱泉浴場として認識されるものまで含むことは文理解釈の範囲と解することができよう。

「浴場」の意義についても問題となりうることがある。会員制リゾートマンションにおける入湯行為については、その利用形態がホテル、旅館となんらかわらないリゾートマンションにおいてはそこでの入湯行為は課税対象となる。旅館、料理屋等その名称を問わず、また宿泊客であるかどうかを問わず、鉱泉浴場における入湯行為に該当すればすべて課税対象になると解される。同様に老人ホームやいこいの家などいろいろと「浴場」の解釈をめぐって疑義が生ずることがありうると思われるが、多くの場合入湯行為に該当するところ、課税免除の対象になりうるかといった議論になりうるものと解される。

2　鉱泉浴場における日帰り入湯客の課税免除について、「日帰り入湯客」という枠組みで課税免除を行うことは、条例準則、旧通達等により例示されていた事由と同程度の奢侈性があるとはいえず、趣旨性が希薄であるとは認めがたい。入湯税が課せられる一般の入湯客における奢侈性の程度と比較して奢侈性が希薄であるとはいえない。

また、「日帰り入浴客」については、日帰り入湯客のすべて、あるいはほとんどが、主として健康増進のために入湯していると解することはできず、鉱泉浴場等への入湯行為は一般的に広く健康増進に役立つものであるといえるような場合ではなく、また本来の健康増進施設が設置されており、それを補完する意味で課税免除が行われているものでもなく、課税免除措置によって健康増進政策を促進することは税制の補完的機能の面からも適切とはいえないであろう。政策目的について（公益性について）問題が存するといわざるをえない。

よって、「日帰り利用施設で、一、〇〇〇円以下の利用料金で入湯する者」といったように課税免除の要件を規定する場合においては、課税免除は適法であるといえる。

なお、今後、入湯税に係る課税免除規定の改正にあたっては、以下の点に留意すべきであろう。

(1)　入湯税は、市町村において必ず賦課・徴収すべき税であるとともに、目的税である。このことは、入湯税についての賦課・徴収（課税免除を含む）に係る市町村の条例策定のための裁量がほかの税目に比して厳格に解されなければならないことを示している。

(2)　入湯税の課税客体は鉱泉浴場における入湯行為であるが、鉱泉浴場での入湯行為は、通常それに附随して旅館への宿泊、飲食、遊興等の行為がなされうるであろうことが予想されるところから、そこに課税根拠を見出して課するものである（ただし、明らかに入湯を行っていない者は入湯税の課税客体を充足しておらず、入湯税を課することはできない。）。

このことから、入湯税は、行為税であるとともに一種の消費税であり、奢侈税的な性格を有する税であるといえる。

(3)　入湯税の課税根拠から一定の入湯行為は課税免除とすべきであるが、地方税法における入湯税規定には課税免除規定等をおいていない。よって、入湯税については、地方税法六条の規定に基づくほか、その免除を行うことはできないのであり、課税免除が市町村の下で慎重に行われることを求めている。

また、入湯税を課さないものとすることが適当である場合を含め、市町村において課税免除ないし不均一課税を行おうとする場合においては、同条に規定する事由に該当するものについて、条例措置によって定めなければならない。よって、税条例に免除規定をおかず実務的取扱いにより課税免除することは許されず、そのような行為は不適法であると解される。

(4) 条例準則、旧通達等により例示されていた事由を目処にして、課税免除の範囲を画することは合理的であり、課税免除規定を定めるに当たっては、これらと同程度に奢侈性が希薄であることが求められる。なお、特定の政策目的によるものについても、直接公益を増進する場合でなければならず、安易に適用を認めることは厳しく控えるべきである。

税条例における課税免除の対象は、おおむね条例準則あるいは旧基本通達に準じたものとなっているところであり、そのような規定は地方税法における入湯税の課税要件規定の解釈に相応したものであるが、なお上記例示に存した課税免除規定を置く余地は存する。

(5) 市町村において、地方税法六条一項の規定による課税免除要件である各市町村が公益上その他の事由により課税を不適当とする判断を誤り、本来徴収すべき入湯税を徴収しなかった場合、あるいは地方税法六条一項の規定にもとづく課税免除に係る条例を規定することなく、実務的取扱いにより課税を免除し、本来徴収すべき入湯税を徴収しなかった場合などには、住民訴訟が提起されるおそれが存する。地方公共団体の住民は地方税法二四二条の二第一項四号に係る請求をすることが可能となる。請求が認められるか否かはともかくも、そのような請求がされる可能性は否定できない。

(1) 市町村等の入湯税の収入額、使途の状況については、中村嘉孝「入湯税の概要とその使途状況について」地方税二〇一一年三月一四五頁（二〇一一）等参照。

(2) 入湯税の税率（円）であるが、二〇〇八年度の税率は、二〇円から二一〇円の間で設定されており、標準税率（一五〇円）

を設定している市町村の割合は九三・一％である。最も高い税率は三重県桑名市の二一〇円、次いで岡山県美作市の二〇〇円である。静岡県下田市は宿泊料金又は飲食料金によって異なる（一〇、〇〇〇円以上…一五〇円、四、〇〇〇円以上一〇、〇〇〇円未満…一三〇円、四、〇〇〇円未満…一〇〇円）。

（3）井上修（前自治省市町村税課理事官）「個人住民税、軽自動車税、電気税ガス税、入湯税、事業所税、国民健康税の一部改正」税務弘報二五巻六号一八七頁（一九七八）。

（4）温泉法第二条別表第一―一表　鉱泉の定義（常水と区別する限界値）

一　温度（源泉から採取されるときの温度）　摂氏二五度以上

二　物質（下記に掲げるもののうち、いずれかひとつ）

物質名	含有量（1kg中）mg以上
溶存物質（ガス性のものを除く）	総量　一、〇〇〇
遊離二酸化炭素（CO_2）（遊離炭酸）	二五〇
リチウムイオン（Li^{+}）	一
ストロンチウムイオン（Sr^{2+}）	一〇
バリウムイオン（Ba^{2+}）	五
総鉄イオン（$Fe^{2+}+Fe^{3+}$）	一〇
マンガン（Ⅱ）イオン（Mn^{2+}）（第一マンガンイオン）	一〇
水素イオン（H^{+}）	一
臭素イオン（Br^{-}）	五
ヨウ素イオン（I^{-}）	一
フッ素イオン（F^{-}）	二

の温泉については、すべて公共の浴用に供する場合あることを前提として、その利用許可の対象としていること、及び同法一三条（温泉の成分等の掲示）がこれらの温泉すべてについて、施設に成分・禁忌症及び入浴上の注意の掲示を要求していることに鑑みれば、療養泉であるかどうかにかかわりなく、温泉法上の温泉については、すべて一律に入湯税を賦課し得るものと解することが、現行温泉法規の体系上合理的であるし、元来入湯税の対象となる温泉について、厳密な意味における医治効用の有無によってその差異をつけるべき理由のなかったことを窺知することができるから、このような主張は採用することができないと判示するところである。

また、横浜地裁判決は、地方税法六一九条の鉱泉の判定（地方税法（昭和三二年法律六〇号改正前）六一九条にいう鉱泉であるかどうかは、泉源（湧出口）浴場（浴槽）で決すべきか）について、地方税法には何ら規定がなく、温泉法二条（温泉、温泉源の意義）一項が温度については湧出口において決すべきことを示しているが、成分についても、温泉法の精神からみて温度の場合と別異に解すべき理由はなく、湧出口で決するのが相当であり、温泉法の考え方は、そのまま地方税法の鉱泉浴場についても適用されるところ、Xは、入湯客は泉源に入浴するものでなく、浴槽で入浴するから、鉱泉なりや否やは入湯客の立場から浴槽において判断するのを至当とする旨主張するが、右見解を是認するならば、泉源において鉱泉であったものが、浴場に至るまでの間に温度又は成分において、自然的な変化を生ずるのはともかくとしても、温度又は成分に、人為的な変化が加えられることによって、浴場は最早鉱泉でなくなるような事態を一般的に許容するに等しく、かくては遂に鉱泉浴場の把握は、実際上殆ど不可能となり、入湯税制度の目的は甚だしく阻害されるに至るであろうし、地方税法が入湯税について係る不合理な制度を予定したものとは解し難く、右見解は地方税法の目的に照らしても採用し得ないところといわねばならないと判断している。

租税法律主義の下で要請される文理解釈は、法令において用いられた用語がいかなる意味を有するかを判断するに当たっては、まず、当該法文自体及び関係法令全体から用語の意味が明確に解釈できるかどうかを検討することが必要であり、その上で、なお用語の意味を明確に解釈できない場合には、立法の目的、経緯、法を適用した結果

ヒ酸水素イオン（$HAsO_4^{2-}$）（ヒドロヒ酸イオン）	一・三
メタ亜ヒ酸イオン（$HAsO_2^-$）	一
総硫黄（S）［HS^- +$S_2O_3^{2-}$ +H_2S に対応するもの］	一
メタホウ酸（HBO_2）	五
メタケイ酸（H_2SiO_3）	五〇

温泉法第二条別表第一―二表　療養泉の定義

一　温度（源泉から採取されるときの温度）　摂氏二五度以上

二　物質（下記に掲げるもののうち、いずれかひとつ）

物質名	含有量（一kg中）mg以上
溶存物質（ガス性のものを除く）	総量　一、〇〇〇
遊離二酸化炭素（CO_2）	一、〇〇〇
銅イオン（Cu^{2+}）	一
総鉄イオン（Fe^{2+} +Fe^{3+}）	二〇
アルミニウムイオン（Al^{3+}）	一〇〇
水素イオン（H^+）	一
総硫黄（S）［HS^-+$S_2O_3^{2-}$+H_2S に対応するもの］	二
ラドン（Rn）	三〇×一〇$^{-一〇}$キュリー（一一一ベクレル）以上（八・二五マッヘ単位以上）

注

（5）　入湯税における鉱泉の意義については、地方税窓口事例研究会「入湯税の意義と課税対象」税二〇〇四年一二月号一二六頁

（二〇〇四）、地方税窓口事例研究会「入湯税における鉱泉の意義」税二〇〇八年八月五六頁（二〇〇八）等参照。
（6）中村陽一「入湯税が係る浴場とは」旬刊国税解説速報四四巻四二頁（平成一六年）。
（7）横浜地裁昭和三三年一月一四日判決の解説については、地方税判例研究会編『地方税実務判例辞典』三九九頁（ぎょうせい・一九八三）がある。このような解釈にやや疑問を呈しつつも結論を支持している。
（8）第一五九回国会参議院総務委員会第三号（平成十六年三月十八日）において、「愛知県ね、吉良町、吉良温泉。いわゆる源泉ですね、源がもうかれていたにもかかわらず、まあ温泉だというようなことで観光客もそこにどんどん行っていたということでございまして、どうもそういう実態が分かったにもかかわらず、何年間か入湯税をいわゆるお客さんから取っていたんじゃないかなと、こういうふうな話も、実態は分かりません、もう三十年ぐらい前の、二十年ぐらい前の話でございます。ということでございます。これが入湯税というと、現在反対に、温泉でなくても、いわゆるどっかからかタンクローリーで温泉を持ってきて風呂に入れて温泉だというのもありますし、若干、ほんの少し本物の温泉に多くの水を混ぜて温泉だと言っているところもあります。まあこれは環境省所管でございますから、温泉の定義はいいんですが。裏を返せば、入湯税をいただいておればこれは温泉だと、こういうことにもなるんですね、裏を返せば。入湯税いただいておるから温泉ですよ、温泉だから入湯税いただきますよと、こういう裏返しにもなるわけですが、是非、御答弁いいですよ。御答弁いただきましょうか。温泉で、元の泉水ですか、地中から湧出する泉水でないにもかかわらず温泉ということで入湯税を取っていたかどうかということ、これについて分かりますか。」という議員の質問に、政府参考人（総務省自治税務局長）の答弁は「まず第一点のその愛知県の例でございますけれども、これは私どもが伺っていますのは、相当前から入湯税は課税をされていないというふうに聞いております。それと、入湯税の課税対象は、鉱泉浴場所在の市町村が鉱泉浴場における入湯行為に対して課税をするということになっておりまして、この鉱泉浴場といいますのは温泉法による温泉ということでありますが、同法による温泉に類するもので鉱泉と認められるもの、こういうものも含むというふうに考えております。温泉を自称するだけでは入湯税の課税対象にはならないということでございます。ただし、先ほど申されました、例えばタンクローリーで本物の温泉を運んできてお風呂に入れて入湯していただくという場合には、入湯税の課税対象になるということであります。」と答弁している。
（9）資料二二〇六「会議等で鉱泉浴場を利用する旅館等を利用した場合の入湯税の課税について」七七〇頁参照。
（10）池田市市税条例は、次のように規定する。

（入湯税の課税免除）

第一三一条　次に掲げる者に対しては入湯税を課さない。

（1）年齢一二歳未満の者

（2）共同浴場又は公衆浴場に入湯する者

（3）修学旅行の児童、生徒及び引率者

しかし、運用において日帰り入湯については課税免除をおこなっているようである。

（11）京都市はこの条例をうけて、次のようにＨＰで説明している。

〔課税されない方〕

（1）小学生以下の方　日本の小学校に通っていない外国人観光客等であっても、小学生以下の年齢に相当する場合（一二歳に達する日以後の最初の三月三一日までの間にある方）は、課税が免除されます。

（2）共同浴場又はいわゆる銭湯に入湯する方　「共同浴場」とは、寮、社宅、療養所等に付設され日常の利用に供されるものをいいます。／また、「いわゆる銭湯」とは、物価統制令の規定に基づき都道府県知事が入浴料金を指定（京都府においては、大人一二歳以上は四一〇円など）している公衆浴場をいいます。

（3）利用料金が一、〇〇〇円（消費税及び地方消費税相当額を含む。）以下である施設に日帰りで入湯する方　利用料金とは、入館料、休憩料、入湯料等の名称にかかわらず、当該鉱泉浴場で入湯するために必ず支払う必要がある料金を合計したものをいいます。／支払うべき料金に食事代など入湯料金以外の料金が含まれる場合（いわゆるセット料金が設定されている場合）において、入湯料金が区分・明示され、かつ、その入湯料金で日帰り入湯のみの利用が可能であるときは、その入湯料金が利用料金となりますが、そうでないときは、支払うべき料金の全体が利用料金となります。／ただし、特に制約を設けることなく日帰りの入湯のみの利用が可能で、その利用料金が最大で一、〇〇〇円以下であり、誰もが一、〇〇〇円以下の利用料金を支払えば入湯できる施設においては、セット料金が設定されていても、一、〇〇〇円以下の利用料金での入湯であるとみなして、課税を免除することとします。

（4）学校（大学を除く。）の生徒等で、修学旅行その他学校行事に参加している方及びその引率者　学校教育法で規定する学校のうち大学を除くものを対象とし、具体的には、幼稚園、小学校、中学校、高等学校、中等教育学校、特別支援学校及び高等専門学校をいいます。ただし、小学生以下の方は、上記（1）により課税が免除されますので、原則としてこの規定の対象とはなりません。／「引率者」とは、学校教育上の観点から生徒の引率を行う教師などの学校関係者や、心身の障害等により介助を必要とする生徒等の介助をする方をいい、旅行業者の添乗員やカメラマンは該当しません。
（5）医療提供施設において入湯する方　医療提供施設とは、病院、診療所、介護老人保健施設などの医療を提供する施設をいいます。

(12) 高橋伸二（自治省税務局市町村税課係長）「町が設置した施設の鉱泉浴場に対する入湯税の課税免除」一一三頁以下（一九九六）参照。

(13) 自治省市町村税課編『市町村諸税逐条解説』二七四頁（地方財務協会・一九八九）。

(14) 久家崇徳（総務省自治税務局市町村税課）「レジャーランド等の複合施設内の鉱泉浴場に係る入湯税の課税」税二〇〇三年八・九月号一二六頁以下（二〇〇三）。

(15) 自治省市町村税課編・前掲書〔市町村諸税逐条解説〕二七六頁。

(16) 滝野欣彌『地方税法総則入門』（ぎょうせい・一九八九）、地方財務協会『地方税質疑応答集』七七〇頁、「No．二二〇七入湯税課税免除について」参照。

(17) 市町村税務研究会『市町村税実務解説　第一集』二〇五頁以下（ぎょうせい・一九九一）は、同様な理由を挙げて、老人に対する入湯税の課税免除が許されないとする。

第一六章　ふるさと納税の導入——寄附の促進

はじめに

ふるさと納税制度は、一人ひとりの貢献が地方を変え、そしてより良い未来をつくることを目指し、全国の様々な地域に活力が生まれることを期待して導入された。ふるさと納税には、総務省によると三つの大きな意義があるとされている。

「第一に、納税者が寄附先を選択する制度であり、選択するからこそ、その使われ方を考えるきっかけとなる制度であること。

それは、税に対する意識が高まり、納税の大切さを自分ごととしてとらえる貴重な機会になります。

第二に、生まれ故郷はもちろん、お世話になった地域に、これから応援したい地域へも力になれる制度であること。

それは、人を育て、自然を守る、地方の環境を育む支援になります。

第三に、自治体が国民に取組をアピールすることでふるさと納税を呼びかけ、自治体間の競争が進むこと。

それは、選んでもらうに相応しい、地域のあり方をあらためて考えるきっかけへとつながります。

さらに、納税者と自治体が、お互いの成長を高める新しい関係を築いていくこと。自治体は納税者の『志』に応えられる施策の向上を。一方で、納税者は地方行政への関心と参加意識を高める。いわば、自治体と納税者の両者が共に高め合う関係です。」(http://www.soumu.go.jp/main_sosiki/jichi_zeisei/czaisei/czaisei_seido/furusato/policy/)

本章は、ふるさと納税の導入の経緯を中心に、その概要をみることとする。

一　「ふるさと納税制度」における寄附条例・基金条例

1　ふるさと納税の意義

平成一九年一一月の政府税制調査会答申においては、「『地域社会の会費』としての個人住民税の性格や地方分権の観点を踏まえ、寄附金制度の仕組みは基本的には条例などによって地方団体によって独自に構築されるべきと考えられ」、現行の所得控除方式を税額控除方式とすることについて検討する必要があるとして、個人住民税における寄附金制度の検討が提言された。また、総務省の「ふるさと納税研究会」においても「ふるさと納税」について、個人住民税を個々の住民の意思により分割する方法においては、①受益と負担という住民税の応益負担の原則、②住所地以外の地方公共団体の課税権の法的根拠の困難性、③納税者の意思により「税」の納付先を任意に選択できる仕組みと租税の強制制度との関係、④住民税を分割した場合の住民間の公平性といった課題を踏まえて、寄附金税制を活用していくことが望ましいと結論づけられた。

これらの結論等を踏まえて、平成二〇年四月三〇日に公布された「地方税法等の一部を改正する法律」（平成二〇年四月三〇日法律第二一号）により、個人住民税の寄附金税制が大幅に拡充され、「ふるさと」に貢献したい、「ふるさと」を応援したいという納税者の思いを活かすことができるよう、都道府県・市区町村に対する寄附金税制が抜本的に拡充された。すなわち、①都道府県・市区町村に対する寄附金税制の大幅な拡大、②都道府県・市区町村が控除対象となる寄附金を条例指定できる制度の創設が行われた。

改正地方税法（昭和二五年七月三一日法律第二二六号）三七条の二第一項は、都道府県個人住民税の寄附金税額控除の対象となる寄附金を、⑴「都道府県、市町村又は特別区に対する寄附金（当該納税義務者がその寄附によつて設けられた設備を専属的に利用することその他特別の利益が当該納税義務者に及ぶと認められるものを除く。）」（一号）、⑵「社会福祉法（昭和二十六年法律第四十五号）第百十三条第二項に規定する共同募金会（その主たる事務所を当該納税義務者に係る賦課期日現在における住所所在の道府県内に有するものに限る。）に対する寄附金又は日本赤十字社に対する寄附金（当該納税義務者に係る賦課期日現在における住所所在の道府県内に事務所を有する日本赤十字社の支部において収納されたものに限る。）で、政令で定めるもの」（二号）、⑶「所得税法第七十八条第二項第二号及び第三号に掲げる寄附金（同条第三項及び租税特別措置法第四十一条の十八の三の規定により特定寄附金とみなされるものを含む。）のうち、住民の福祉の増進に寄与する寄附金として当該道府県の条例で定めるもの」と規定する（市町村の寄附金税額控除については、三七四条の七参照）。⑴がいわゆる「ふるさと納税制度」に係る寄附金である（地方税法三七条一項一号、三一四条の七第一項一号）。⑶がいわゆる「条例指定制度」に係る寄附金である（地方税法三七条一項三号、三一四条の七第一項三号）。

なお、このような都道府県・市区町村に対する寄附金（複数の都道府県・市区町村に対し寄附を行った者は、その寄附金の合計額となる。）のうち、五千円を超える部分について、個人住民税所得割の概ね一割を上限として、所得税と合わせて全額が控除されることとなっている。

2　自治体の取組みの現状

自治体では「ふるさと納税制度」のもとで、事業（あるいは政策分野）別に広く寄附を募り、財源を確保した上で事業目的等を実施する方法が広く検討されている。このような「ふるさと納税制度」の運用にあたり、寄附条例等の制定は、必ずしも必要ではないが、全国の寄附者に対して一定のメッセージ等を送り寄附を募ることが求められている。自治体によっては、寄附条例を制定するのではなく、一定の要綱や内部的取決めにもとづいて事業分野を明示して全国に広く寄附を募るなどといった広報にとどまるところもある（たとえば、京都府は、「文化財を守り伝える京都府基金（「ふるさと納税」）」を立ち上げ、京都府内の歴史的建造物などの、有形文化財の保存修理のための事業、地震・火災等から有形文化財を守るための事業、文化財保護のこころを育む事業など（「寄附者が選択する事業」）への寄附を促進するため、広くインターネット等を通じて広報を行っている）。

「ふるさと納税制度」のための寄附条例の新規制定の要否については、上記(1)の改正は通常の地方税制の改正と同様に市町村税条例に基づいて処理できる事項であるため、特に必要なく、寄附を受ける自治体は、基本的にはこれまでの従来の寄附金の受付の枠内でも十分に対応可能である。よって、自治体は寄附金条例等を制定せずにホームページ等のPR活動を通じて寄附金を募ることも十分に可能であるが、「ふるさと納税制度」のもとでは、その趣旨などを踏まえて自治体は一般的に寄附条例や基金条例等を制定する傾向にあるといえよう。あわせて、寄附金は一般財源ではなく特定財源となるので、別に基金を設けて寄附の受け皿とすることが必要であることから、基金条例等をあわせて制定する自治体も増えつつある。寄附者と自治体との間になんらかの法的な拘束力をもたせるという意味においては、このような条例化が望ましいといえよう。自治体側からすれば寄附金はその使途による制約等がないことが望ましいといえるかもしれない。

しかし、一方で寄附者は当該自治体が「ふるさと」だからという意識から、さらには勤務地など一定のつながりが現在存し世話になっているからという意識から、まったくつながりの存しない自治体ではあるがその自治体における寄附金の使途（政策・事業の内容）に共感を覚えるから、など、各自治体への寄附の理由は多様であると解される。寄附先は、出身地に限らず、全都道府県・市町村から自由に選ぶことができ、「故郷への恩返し」という面と、「好きな地域を応援する」という側面も持っている。「ふるさと納税制度」では必ずしも「ふるさと」は定義されておらず、「ふるさと」への貢献や応援といった税制に限定せず、広く寄附による財源確保制度の面を有している。よって、今後、全国から寄附を募るために、自治体間での寄附金受け入れ競争の状態が想定されうる。自治体が寄附金を広く募るために、寄附条例や基金条例の制定、既存の関係条例の整備などがすすめられることになろう。

なお、いわゆる「条例指定制度」に係る寄附金については、条例による指定が不可欠であるが、原則として各自治体の税条例のなかに規定をおくことによって対応することとなる。改正地方税法の枠内で、いかなる特定公益増進法人や認定NPO法人等への寄附金を対象寄附金として指定するかは、「ふるさと納税制度」の福祉等の事業目的への使途と結果的には重複するところもあり、寄附者の視点からいえば、条例間での振り分けが問題となることもあろう。

二　条例化のヒント

個人住民税における「ふるさと納税制度」に係る寄附条例等の制定にあたっては、ふるさと寄附条例、ふるさと基金条例などといったように、ふるさと寄附金条例（原則として、目的、事業区分、管理運用、使途指定、適用除外、運用状況の公表などを定める。ふるさと納税による寄附金を受け入れるために、事業分野等を示して寄附を受けることなどを内容とするものである。）を制定し、別途ふるさと基金条例（設置、積立て、管理、運用益金の処理、繰替運用、処分などを定める。受入れた寄附金を各分野の事業に積立・活用するために基金設置に関するものである。）を別々に条例化することも可能であるし、さらに両者の内容を一つの条例で規定することも可能である。寄附条例においては、なによりも「ふるさと納税制度」の趣旨にそった事業メニューや政策分野が用意される必要があろう。

①　条例の全文・目的

寄附金条例を制定することによって、実現しようとする目的、具体的に当該自治体が寄附金を募ること、あるいは基金を設置することの意義、さらにはこのような寄附金あるいは基金によっていかなる地域づくりを目指すのか、などを明確にしておくことが望まれよう。寄附者と自治体との関係等なども盛り込むことも有意義であろう。

たとえば、「この条例は、……（自治体）を愛し、応援しようとする個人又は団体から広く寄附金を募り、これを財源として各種事業を実施し、寄附者の（自治体）に対する思いを実現化することにより、多様な人々の参加による個性豊かな活力あるふるさとづくりに資することを目的とする。」、「この条例は、ふるさとへの愛着のある人々からの寄附金で、基金を設置し、寄附を通じた住民参加型の地方自治を実現するとともに基金活用による地域活性化を図ることを目的とする。」といったものが代表的なものであろう。

②　事業メニューや政策分野の区別（寄附金の使途）

この条例に基づき寄附された寄附金を財源として実施する事業のメニューや政策分野を示すこととなる。「ふるさと納税制度」のもとでは地域の特殊性に応じた事業メニューを列挙するのが一般的であるが、広く事業分野を規定することも、さらにその他条項（たとえば、「その他目的達成のために……（自治体の長）が必要と認める事業」をおくことも可能である。既存の自治体への寄附の一般規定のなかで「ふるさと納税制度」にもとづく寄附を位置づけるか、それとも「ふるさと納税制度」の趣旨に特化した条例づくりを行うか（その余の寄附はこれまでと同様の方法で対応することになる。）でその対応は異なる。一般的な事業や政策分野としては、たとえば、(1)ふるさとの父母兄弟のための福祉に関する事業、(2)ふるさとの教育、少子化対策などに関する事業、(3)ふるさとの自然環境保全に関する事業、(4)ふるさとの歴史文化保存に関する事業、(5)寄附者とのふるさと交流事業など、が挙げられるが、全国から寄附を募るといった視点からは各自治体の特殊性を生かした事業メニューを用意することも意義があると考えられる。

また、寄附金の区分（使途）を寄附者に選択することを許容するか否かについても条例化にあたっては重要である。「寄附者は、寄附金の使途を……条各号に掲げる事業のうちから指定し、寄附をすることができる。」旨の規定が一般的であろう。なお、寄附者が寄附金の使途を指定しなかったときにどの事業への指定があったものとみなすかなどの規定もおく必要がある。事業区分を設ける場合に、寄附金をどのような方法により、どの事業に利用するかを決定するのかについて、明確にしておく必要がある。

現在、事前に寄附金の使途の事業分野を示している自治体もあれば、寄附者の意向を尊重して寄附金を事業に充てている自治体など様々である。自治体によっては⑴個別事業を示して募集し、寄付者の意向に沿って充当等、⑵政策分野を示して募集し、寄付者の意向に沿って充当等、⑶特に使途を限定せずに募集、など対応がわかれている。

寄附者に事業の選択を認めない場合には、使途選定委員会等をおくことも検討に値しよう。

③　寄附金の額

寄附者における優遇税制（税額控除）の適用下限額（五〇〇〇円）を意識して、寄附金は、原則として五〇〇〇円以上とするとの規定をおく自治体も存するが、あえてこのような規定をおく意味は存しない。

④　寄附金の受入れ等

寄附金の受付方法については、窓口での寄付申出書の受付、ハガキ等による寄付申出書の受付、インターネットを通じた電子申請による受付、メールによる受付、電話やＦＡＸによる受付などが考えられるが、できる限り多様な方法を認めるべきであろう。また、寄付金の支払方法については、現金書留、郵便払込、納付書による金融機関での支払、インターネットによるクレジット決済、県外事務所等での窓口での支払、口座振込などが採用されているが、ここでも多様な方法を検討すべきであろう。

寄附の受付を自治体間で一本化する（たとえば県に受付の窓口一本化するといった場合）、あるいは協力し合うことも検討に値するが、寄附者の意思に反した寄附金の配分は問題となろう。

なお、自治体の長は、寄附の申込み又は受納した寄附金が公序良俗に反するものと思料される場合は、受入れを拒否し、又は受納した寄附金を返還することができる旨の規定を設けることも必要であろう。自治体の長は、寄附金の適正な管理を図るため、寄附金台帳を作成するとともに、このような返還等の取扱いをした場合には、その決定の理由及び経過を記録しておくことが望ましいであろう。

これらに係る規定は、一般的には上記の③とともに条例施行規則に委ねることになろう。

⑤　寄附金の管理運用

寄附金は、事業の区分に応じ、基金により管理し、運用するのが一般的である。現在、自治体において寄附受入のための基金条例をあらたに設置する方向での検討が目立つが、既存の基金を活用している自治体もある。寄附者にとっては自分の寄附した寄附金の使途、事業へのかかわりは大きな関心事であり、寄附金を適正に管理し、運用することを目的として基金の設置、管理等の規定をおくことは意義がある。

なお、基金条例や同施行規則においては、以下の項目についても検討をすべきである。（積立て）基金をどのように積み立てるかについて、たとえば、⑴寄附条例……各号の事業に係る指定寄附金、⑵基金の運用から生じる収益金、⑶その他予算に計上する額、といった規定をおくことも意味があろう。

［管　理］　基金の管理について、基金に属する現金は、金融機関への預金その他最も確実かつ有利な方法により保管しなければならないと規定するのが一般的であろう。基金に属する現金は、必要に応じ、有価証券等に代えることができるか否かも、規定の対象となろう。なお、運用益金の処理についても、たとえば「基金の運用から生じ

る収益金は、一般会計歳入歳出予算に計上して、この基金に繰り入れるものとする。」などの規定をおくことも有益であろう。

［繰替運用］　基金の繰替運用規定としては、「（自治体の長）は、財政上必要があると認めるときは、確実な繰戻しの方法、期間及び利率を定めて、基金に属する現金を歳計現金に繰り替えて運用し、又は一般会計の歳入歳出予算の定めるところにより歳入に繰り入れて運用することができる。」と規定することが一般的であろう。

⑥　適用除外あるいは寄附金への準用

「ふるさと納税制度」としての寄附以外について、ふるさと寄附条例の規定を準用するといった規定も必要に応じておくことになろう。

⑦　運用状況の公表

自治体の長は、寄附者に対して寄附金の使途や運用状況を知らせることが望ましい。よって「毎年度の終了後六か月以内にこの条例の運用状況について、議会に報告するとともに、町広報紙及び町のホームページで公表しなければならない。」、「毎年一回、この条例の運用状況を公表しなければならない。」といった規定をおくことが望ましい。現在、寄附者への寄附金の利用状況報告については、寄付者に対する報告書等の送付、ホームページ等での報告が一般的であるといえよう。自治体が寄附者をふるさとの応援団として位置づけ、その関係づくりといった視点からは報告のもつ意義は大きい。

⑧　寄附者に対するお礼等

現在、かなりの自治体において、一定の金額以上の寄附をした寄附者に対して、感謝の気持ちとして「地元特産品」等を贈呈するなどのお礼が一般的に図られている。寄附者への特典について、特産品等を贈呈、公共施設利用料の割引等、協賛店舗等の割引等、イベントへの優待・招待等が行われているが、特に特典は設けない自治体もかなりの数にのぼる。五〇〇〇円を超える金額が所得税・市県民税の税控除の対象になることから、五〇〇〇円相当のお礼が一般的であるといえよう。

改正地方税法三七条の二第一項一号かっこ書は、一号の寄附金から当該納税義務者がその寄附によって設けられた設備を専属的に利用することその他特別の利益が当該納税義務者に及ぶと認められるものを除くと規定していることから、この規定に抵触しない範囲内でのお礼が行われることとなろう。この視点からは、寄附条例施行規則等にお礼等に係る規定をおくかはともかくも、お礼については明確な基準をおくことが望ましいといえよう。

三　実　例

〔本条例のポイント〕　「ふるさと納税制度」のもとで、浜田市は、浜田市ふるさと寄附条例、浜田市ふるさと応援基金条例を制定している。なお、基金条例は既存の基金も含めた規定となっている。寄附条例の目的は寄附をもとに多様な人々との参加による「ふるさとづくり」を規定しており、多く自治体でとられている目的規定にそったものである。事業の区分は広範囲であるが特定事業をも組み入れている。寄附金は、各事業の区分に応じ、基金により管理し、運用するものとする。基金の管理、運用等については別途基金条例に詳細な規定をおいている。寄附者において寄附の指定を認めるものの、一方で「市長は、必要があると認めるときは、寄附金を基金として積み立てることなく、必要な財源に充てることができる。」との規定をおいている。寄附条例、基金条例としては必要な規定をすべて盛り込んでおり標準的なものである。

○浜田市ふるさと寄附条例

平成二〇年三月二四日
条例第六号

（目的）
第一条　この条例は、浜田市を愛し、応援しようとする個人又は団体から広く寄附金を募り、これを財源として各種事業を実施し、寄附者の浜田市に対する思いを実現化することにより、多様な人々の参加による個性豊かな活力あるふるさとづくりに資することを目的とする。

（事業区分）
第二条　この条例に基づき寄附された寄附金（以下「寄附金」という。）を財源として実施する事業は、次に掲げるとおりとする。

(1)　伝統芸能並びに地域文化の伝承及び育成に関する事業
(2)　特産品の育成及び地域産業の振興に関する事業
(3)　自然環境並びに地域景観の保全及び活用に関する事業
(4)　高齢者の生活を支援する地域づくりに関する事業
(5)　青少年の健全育成及び教育環境整備に関する事業
(6)　浜田城に関する資料館及び城山整備に関する事業
(7)　その他目的達成のために市長が必要と認める事業

（寄附金の管理運用）
第三条　寄附金は、次の各号に掲げる事業の区分に応じ、当該各号に定める基金により管理し、運用するものとする。

(1)　前条第一号から第五号までの事業　浜田市ふるさと応援基金条例（平成二〇年浜田市条例第一一号）に基づく浜田市ふるさと応援基金

(2)　前条第六号の事業　浜田城に関する資料館及び城山整備基金条例（平成一九年浜田市条例第一九号）に基づく浜田城に関する資料館及び城山整備基金

(3)　前条第七号の事業　浜田市地域振興基金条例（平成一七年浜田市条例第七九号）に基づく浜田市地域振興基金

二　前項の規定にかかわらず、市長は、必要があると認めるときは、寄附金を基金として積み立てることなく、必要な財源に充てることができる。

（寄附金の使途指定）

第四条　寄附者は、寄附金の使途を第二条各号に掲げる事業のうちから指定し、寄附をすることができる。

二　寄附者が寄附金の使途を第二条各号に掲げる事業のうちから指定しなかったときは、同条第七号の事業の指定があったものとみなす。

（適用除外）

第五条　寄附金以外の寄附については、この条例の規定は、適用しない。

（運用状況の公表）

第六条　市長は、毎年一回、この条例の運用状況を公表しなければならない。

（委任）

第七条　この条例の施行に関し必要な事項は、規則で定める。

附　則

この条例は、平成二〇年四月一日から施行する。

○浜田市ふるさと応援基金条例

平成二〇年三月二四日

条例第一一号

（設置）
第一条　ふるさと浜田市を応援するため浜田市ふるさと寄附条例（平成二〇年浜田市条例第六号。以下「寄附条例」という。）に基づき寄附された寄附金を適正に管理し、運用することを目的として、浜田市ふるさと応援基金（以下「基金」という。）を設置する。

（積立て）
第二条　基金として積み立てる額は、次に掲げる額とする。
(1)　寄附条例第二条第一号から第五号までの事業に係る指定寄附金
(2)　基金の運用から生じる収益金
(3)　その他予算に計上する額
二　前項の規定による積立ては、同項第一号の事業ごとに行う。

（管理）
第三条　基金に属する現金は、金融機関への預金その他最も確実かつ有利な方法により保管しなければならない。
二　基金に属する現金は、必要に応じ、最も確実かつ有利な有価証券に代えることができる。

（運用益金の処理）
第四条　第二条第一項第二号の基金の運用から生じる収益金は、一般会計歳入歳出予算に計上して、この基金に繰り入れるものとする。

（繰替運用）
第五条　市長は、財政上必要があると認めるときは、確実な繰戻しの方法、期間及び利率を定めて、基金に属する現金を歳計現金に繰り替えて運用することができる。

（処分）
第六条　基金は、寄附条例第一条に定める目的を達成するため、寄附条例第二条第一号から第五号までの事業に要する費用に充てる場合に限り、処分することができる。

（その他）

第七条　この条例に定めるもののほか、基金の管理に関し必要な事項は、市長が別に定める。

附　則

この条例は、平成二〇年四月一日から施行する。

（追　記）

1　個人住民税における寄附金税額控除の対象となる寄附金のうち、「都道府県・市区町村に対する寄附金」について、各年中の寄附についての個人住民税における控除額等の状況の取りまとめについては、http://www.soumu.go.jp/main_sosiki/jichi_zeisei/czaisei/czaisei_seido/furusato/archive/ 参照。

2　控除を受けるためには、原則として、ふるさと納税を行った翌年に確定申告を行う必要があるが、平成二七年四月一日から、確定申告の不要な給与所得者等は、ふるさと納税先の自治体数が五団体以内である場合に限り、ふるさと納税を行った各自治体に申請することで確定申告が不要になる「ふるさと納税ワンストップ特例制度」が始まった（平成二七年四月一日以後に行われるふるさと納税に適用）。

3　各自治体で行っている返礼品（特産品）送付については、総務省から、寄附金控除の趣旨を踏まえた良識ある対応を要請しているが、その対応は自治体によって温度差がある。

返礼品（特産品）送付への対応についての総務大臣通知（「地方税法、同法施行令、同法施行規則の改正等について」（平成二七年四月一日総税企第三九号総務大臣通知））参照。

4　近年は豪華な特産品や金券、家電を用意する自治体に人気が集まり、東京二三区では二〇一七年度二〇〇億円以上の減収が見込まれるとして、都市部を中心に一部自治体からは、税収落ち込みの原因になっていると批判が強まっている。ふるさと納税による二〇一五年度の寄付の受入額から二〇一六年度の市町村税の減額分を引いた市町村の「収支」について、「赤字」の自治体は都市部に多く、横浜市が約二八億円、名古屋市が約一八億円、東京都世田谷区が約一六億円などである。ふるさと納税本来の趣旨で制度の再考が求められよう。

5　民間企業が積極的に寄付を行えるように、平成二八年度税制改正において、『企業版ふるさと納税（地方創生応援税制）』が創設された。⑴法人住民税で寄附金額の二割を控除、⑵法人住民税で二割に達しない残り分を、法人税で控除（ただし、寄附金額の一割が限度）、⑶法人事業税で寄附金額の一割を控除、することができ、現行の損金算入措置（寄附金額の約三割）に加え、法人事業税・法人住民税および法人税が控除されるようになった。つまり、寄附金額の六割は実質税金を収めたことになり、企業側は少ない負担でも地方創生に取り組む地方を応援できるようになったといえる。

第一七章　給付付き税額控除の導入と地方税のスタンス

はじめに

給付付き税額控除とは、個人所得税の税額控除制度であり、税額控除で控除しきれなかった残りの枠の一定割合を現金にて支給するというものである。低所得の労働者の勤労意欲を高めることを目的として設計された制度として、勤労税額控除という形式で導入している国家が存在する。アメリカ、イギリス、フランス、オランダ、スウェーデン、カナダ、ニュージーランド、韓国など一〇カ国以上が採用している。わが国においては、政党・政府・国会のレベルで給付付き税額控除制度が検討されてきたが、政策として執行するための法制度は制定されていない。

一　民主党政権下での給付付き税額控除

二〇〇八年度改正にかかる政府税調答申、所得税法等の一部を改正する法律の附則、二〇〇九年六月二三日政府発表「骨太の方針二〇〇九」等において給付付き税額控除の検討が示唆されるなど、「給付付き税額控除」の導入をめぐる議論がにわかに活発になってきていた。そのようななかで、民主党において示されているその方向性、制度の枠組みは、以下のようなものである（二〇〇八年一二月二四日「民主党税制抜本改革アクションプログラム——納税者の立場で『公平・透明・納得』の改革プロセスを築く」（民主党税制調査会）、民主党の政策議論の到達点を二〇〇九年七月一七日現在でまとめた「民主党政策集 INDEX 二〇〇九」等参照）。

(ア) 低所得者に対する生活支援（基礎控除を「給付付き税額控除」に替えることにより、現在の課税最低限以下ではあるが生活保護レベルまでには至らない低所得者に対して、生活支援を行う。）

(イ) 消費税の逆進性緩和（消費税の逆進性緩和対策としては「給付付き消費税額控除」の導入が適当である。この「給付付き消費税額控除」は、家計調査などの客観的な統計に基づき、年間の基礎的な消費支出にかかる消費税相当額を一律に税額控除し、控除しきれない部分については、給付をするものである。）

(ウ) 就労促進（職に就き自ら収入を得ても同額の社会保障給付が減ってしまえば、手元に残る現金の額は変わらないため、就労の意欲を減退させかねない。イギリスでは就労時間の伸びに合わせて「給付付き税額控除」の額を増額させ、就労による収入以上に実収入が大きく伸びるようにしている。このような形で「給付付き税額控除」を導入すれば、就労意欲の高まりが期待できる。）

各々の目的若しくはその組合せの形で導入することを検討するとしている。なお、税額控除額全額を控除するだけの税額がなく、給付を受けることになる場合は、その給付額はまずは年金や医療等の社会保険料負担分と相殺することを検討するとしている。

民主党税制抜本改革アクションプログラムによれば、このような背景には「現行所得税の所得控除制度は、結果として、高所得者に有利となっている。なぜなら同額の所得を収入から控除した場合、高所得者に適用される限界税率が高いことから高所得者の負担軽減額は大きくなる一方で、低い税率の適用される低所得者の実質的な軽減額は小さくなるからである。」、「これに対する答の一つが、民主党がかねてから提唱してきた『所得控除から手当・税額控除へ』である。手当は相対的に高所得者に有利な所得控除に代えて現金給付を行うものであり、定額の給付であることから相対的に支援の必要な人に実質的に有利な支援を行うことができる。

さらに、所得再分配機能を高めていくためには所得控除を税額控除に替えるだけでなく、『給付付き税額控除』

の導入を進める。これは税額控除を基本として、控除額が所得税額を上回る場合には、控除しきれない額を現金で給付する制度である。給付とほぼ同じ効果を有する税額控除を基本とすることから手当と同様に、相対的に低所得者に有利な制度となる。『給付付き税額控除』は多くの先進国で既に導入されており、わが国で導入する場合には、所得把握のための番号制度等を前提に、生活保護などの社会保障制度の見直しと合わせて、」上記三つの目的若しくはその組み合わせの形で導入することを検討するとしている。

二　「所得控除から手当・税額控除へ」の課題

給付付き税額控除制度は、M・フリードマンの「負の所得税」をその理論的背景にもつものであるが、現在、先進国においてはその目的に応じてその態様は異なるものの少なからず導入されている。給付付き税額控除制度は、税額控除の額より税額が低い場合、控除しきれなかった額の一定割合を給付するものであり、税額控除と手当の両方の性格を併せ持つ制度である。民主党の給付付き税額控除の導入がいわゆる「負の所得税」の部分的な一体化である。

このような制度を現実に法制度として仕組むためには国税・地方税双方において、実体法的な意味での課題、手続法的な意味での課題と区別をして考えることができるが、ここでは給付付き税額控除制度の導入が地方税にどのような影響を及ぼすかを念頭におきながら議論を展開していく。

(1)　税と社会保障の一体的・一元的構成を企図する給付付き税額控除制度を導入するにあたっては、国と地方の所得への課税の分担を含む検討が必要である。具体的には、このような給付付き税額控除制度を地方税に導入することの租税理論的な検討が必要であろう。所得税にのみ導入して地方税（個人住民税）に導入しないということはあり得るだろうか。仮に住民税にもそれを導入するとして、国税と地方税との税率構造の相違は給付付き税額控除の導入にあたり、どちらでいくらの還付を受けるかなどの調整問題が生じよう。

現在の所得税率と地方税率を比較すると、個人住民税の税率はすでにフラット化されており、高所得者にとって所得控除が有利な制度であるとは必ずしもいえないが、地方税において、国（所得税）のみでは富の再配分効果はそれほど期待できるものではなかろう。

しかし一方で、地方税にこの制度を導入するにあたっては、地方団体におおきな財政負担を強いることともなり、「地方分権」に伴う「地方財源」どのように国との関係で位置づけるのかという大きな問題が横たわる。
(2)　本来、所得税における所得控除を税額控除（給付付き税額控除制度）に切り換えることについての法的な評価が行われるべきであろう。これは国税（所得税）、地方税（住民税）各々において考慮すべき問題である。民主党は給付付き税額控除制度への切り換えを所得控除制度による課税ベースの侵食として理解をするが、たとえば、憲法的な視点から扶養控除等のうち一定のものは法的な意味での担税力を把握するためにも不可欠と考えられはしないかなど、検討すべき問題はあろう。税の機能である所得再配分機能を高めることのみのために、あるいは手当等の財源確保のために、所得控除を整理し、税額控除、手当、給付付き税額控除への切り替えを行い、それが租税政策にかかる立法裁量のもとにあるといった議論は慎重であるべきであろう。そもそも所得控除制度のもつ、いわゆる逆進的所得税負担軽減効果についても、超過累進税率の妥当性・適法性を当然の前提としているが、この累進税率構造によって生ずる問題についての配慮も必要であろう。所得税制における完全な総合課税への復帰なども同様であろう。
(3)　勤労税額控除、児童税額控除、社会保険料負担軽減税額控除、消費税逆進性対策税額控除など、先進国においてはいくつかの先例が存する。日本型給付付き税額控除制度の提案も盛んに行われている。わが国においていかなる目的との関係においていかなる給付付き税額控除を導入するか、どの程度の範囲で行うのかによっても、地方税への影響のインパクトは異なるが、いかなる手当てを社会保障行政のもとに残し、いかなる手当てを給付付き税額控除として税務行政として一体化するかは困難がともなう。このような問題は後述する手続的（税務執行法上の）問題が確実に解消されないかぎり、逆に不公平な結果を導くものとなる。「税」と「給付（手当）」が一体化するために、組織的に徴収の一元化、給付体制のあり方があわせて問われることになろう。

(4)　個人住民税は前年所得課税であり、所得税法は当該年度課税であり、社会保障給付と税額控除を一体として行うことによる所得税の再配分機能はこのままでは十分に機能しないであろう。前年度所得課税をそのままにして給付付き税額控除制度の導入はできない。民主党は地方税（住民税）の前年度課税制度改正にも目をむけてはいるようであるが、このような制度が所得再配分機能を高めるものであることを考えると、現行制度は改正せざるをえないであろう。

(5)　上記(3)との関係において、たとえば、生活保護をこのような制度のなかに組み込む場合においては、正確な所得の捕捉なくしては無意味なものである。そこでは、納税者番号制が不可欠となろう。民主党は納税者番号制度の確立もその方針の一つにしているが、たとえば生活保護法のもとにおける生活保護決定や変更決定等の作業を、給付付き税額控除制度のなかで代替して行わざるをえず、正確な所得の捕捉は国税・地方税双方において、納税者番号制の導入は不可欠であり、経済活動等への適用範囲も広範囲なものとならざるをえない。適正な還付、不正受給の問題にどのように答えるかであろう。

(6)　現在の国あるいは地方団体における給付のうち、いかなるものを「手当」とするのか、いかなる手当に替えて「税額控除による給付」を採用するのか、その棲み分けが問題となろう。民主党は、子供手当ての導入自体は「所得控除から手当」というかたちで転換をはかることとしている。このことは「子供手当て導入」がなによりも政治的な意味での優先課題ということもあり、給付付き税額控除制度による所得税の再配分といった問題は別途すめることとしているようにみえる。なお、子供手当ての導入により各種所得控除が廃止されることになるが、地方税法における所得控除をどのように考えるか、さらに所得制限を導入するか、といった問題を考えるにあたり、目的と効果（少子化対策としての効果、所得再分配機能の相互関係）にあわせて上記(2)(3)の視点も重要である。なお、このような制度の導入は、地方税法にとどまらず、地方自治法、地方団体と深くかかわる社会保障関係法令にも影響を及ぼすこととなる。

(7)　(5)との関係において、すべてのものが納税申告書を提出し、正確な所得を申告することが前提となる。地方税においては国税以上にこの問題は大きい。たとえば、地方税法は個人の市町村民税の賦課徴収については、地方税法三二一条の三の規定により給与所得者に対して特別徴収の方法により徴収する場合および三二八条の四の規定により分離課税にかかる所得割を特別徴収する場合を除くほか普通徴収の方法によらなければならないとする。個人の市長村民税を普通徴収の方法によって徴収しようとする場合には徴税吏員が納税通知書を納税者に交付して行わなければならない（三一九条の二第一項）とされている。申告書を提出しないものにはそのような給付はないことから、どのように住民税での所得を把握するか、現行の普通徴収方式の変換等が求められることとなろう。

(8)　所得控除を廃止・縮小して、給付付き税額控除制度に切り換える以上、個人の単位主義の課税にもすくなからず影響を及ぼすと考えざるをえない。配偶者控除や扶養控除といった控除対象配偶者、控除対象扶養者の定義の所得制限が現行制度のもとでは課せられているが、課税単位の変更もありえるであろう。たとえば、社会保障としての性格をもたせるのであれば、家族単位で捕捉する必要がある。家族単位での、すなわち消費単位での正確な所得の把握が必要となる。これは納税者番号制の問題と深くかかわる問題でもある。

おわりに

民主党政権下での税制改正の方向は、税の所得再分配機能を高めるために、相対的に高所得者に有利な所得控除を整理し、税額控除、手当、給付付き税額控除への切り替えを行い、下への格差拡大を食い止めることである。今後とも、本格的な給付付き税額控除制度の導入に向けての議論は進むであろうが、地方税（個人住民税）を組み込んだ制度化にあたっては高いハードルがいくつも存する。当面は暫定的な給付付き税額控除制度の具体化に向けた議論が進めながら、その法的課題、執行上の課題を整理していく方向での議論が当面続くものと解される。

（参考文献）　給付付き税額控除にかかる文献は多いが、最近の議論については、税研一四五号の特集「給付付き税額控除の概要」における各論考が有益である。地方税との関係においては、中村良広「住民税における再配分導入の動きとその課題」税二〇〇九年一一月号四頁以下が有益である。本章の執筆においても示唆を受けた。

（追　記）　その後の議論の推移は以下のようである。

二〇一〇年一二月六日民主党が「税と社会保障の抜本改革調査会『中間整理』」を公表。「給付付き税額控除」を検討する意義は大きくなっていると提言する。

二〇一二年一月六日政府・与党社会保障改革本部が「総合合算制度や給付付き税額控除等、再分配に関する総合的な施策を導入する」との内容を含む「社会保障・税一体改革素案」を決定する（同日閣議報告承認）。

二〇一二年二月一七日「低所得者に対しては、給付付き税額控除の導入に向け検討を進める」という内容を含む「社会保障・税一体改革大綱について」を閣議決定する。

二〇一二年六月二一日に民主党・自由民主党・公明党によって作成された三党合意において、低所得者に配慮する観点から番号法の本格的な稼動定着を前提に、給付付き税額控除の導入について様々な角度から総合的に検討することを内容とする「社会保障の安定財源の確保等を図る税制の抜本的な改革を行うための消費税法の一部を改正する等の法律案」（消費税改正等法律案）を含む社会保障制度改革推進法案を第一八〇回国会に成立させることが盛り込まれる。これにより給付付き税額控除制度の検討を政府に義務づける制度の制定が、立法府の多数を占める与野党三党の政治課題となる。

二〇一二年八月二二日社会保障制度改革推進法公布。給付付き税額控除の総合的検討を規定した「社会保障の安定財源の確保等を図る税制の抜本的な改革を行うための消費税法の一部を改正する等の法律」第七条第一号イが、同日施行される。

二〇一三年八月二一日第二次安倍内閣が社会保障制度改革国民会議の審議の結果等を踏まえ、給付付き税額控除の文言を削除した「社会保障制度改革推進法第四条の規定に基づく『法制上の措置』の骨子について」を閣議決定する（三党合意を事実上放棄）。

二〇一四年一二月二四日第三次安倍内閣発足。同日、「低所得者に配慮」「給付付き税額控除」などの従来の文言を削除した「基本方針」を閣議決定する。ここに至り、三党合意を正式に放棄する。

第一八章　法定外税と租税政策

はじめに

地方分権推進計画（平成一〇・五・二九）を受けて、「地方分権の推進を図るための関係法律の整備等に関する法律」により地方税法の改正（平成一二・四・一施行）が行なわれ、法定外普通税の新設・変更におけるこれまでの許可制度を廃止し、国との同意を要する事前協議制度に改めるとともに（事前協議制度への移行）、法定外普通税のほかに法定外目的税を創設することとした（普通税・目的税の二本立て制度。法定外目的税にも法定外普通税と同様の事前協議制度を導入）。地方分権推進委員会最終報告（平成一三・六・一四）は、「地方税源の充実・確保のためには、法定外税の充実を図るとともに、自主課税の努力が必要である。この自主課税については、法定外税のほか、超過課税などの活用についても幅広く検討していくべきである。」としている。その後平成一六年度税制改正により、税率の引き下げ等を行う場合には総務大臣への協議・同意手続が不要となったほか、特定の納税義務者に係る税収割合が高い場合には、条例制定前に議会で納税者の意見を聴取する制度が創設された。地方分権化の流れのなかで、法定外普通税と法定外目的税（以下、あわせて「法定外税」という。）は、自治体の自主課税強化の流れの中でこれまでになく脚光をあびることとなった。また、それとあわせて自治体課税における応益課税も強調され、自治体課税権の強化が強調される傾向にある。いくつかの自治体で地方税法の改正規定のもとで既に「法定外税」の導入をみてきているが、一定の政策目的実現のための導入としての評価はともかくも税収不足に悩む自治体における財政面での評価については評価が分かれよう。法定外税が地方税収額に占める割合は平成二四年度決算額で〇・一一％にすぎない。現在、法定外普通税は核燃料税関係を中心に一九件、法定外目的税は産業廃棄物税関係を中心に三六件である（平成二六年一月現在）。環境税関連のものを模索している自治体が多いが、現実に導入された税条例がスムーズに運用されるためにも、事前に周辺自治体のみでなく、関係団体などとの協議が必要となることがあるであろう。

法定外普通税と法定外目的税について、地方税法は定義規定をおいていない。形式的には、両者の相違は単純に普通税と目的税との相違（いわゆる使途の特定の相違）のようであるが、普通税及び目的税それ自体についても、また地方税法は定義規定をもたない。地方税法において、法定外普通税については、二五九条～二九〇条（道府県）、六六九条～六九一条（市町村）、法定外目的税については七三一条～七三三条の二七（道府県・市町村）をおくが、その内容に実質的な相違はないといえよう。なお、法定外目的税が都道府県と市町村に分けられていないのは、現行地方税法の章だてが目的税は普通税と異なり、都道府県と市町村に区別されていないことによるものにすぎない。

一　法定外税創設のための制約

法定外目的税と法定外普通税は、地方税法上、前者にその使途が特定すること（使途を条例に定めること）が予定されている以外は法形式的な相違はないといえよう。しかし、法定外目的税は、分担金（地方自治法二二四条）ほどではないが法定外税に比べて実質的には受益と負担との関係に着目したものになりやすいといえる。そうであるならば、担税力のある税源、特別な財政需要、納税者の理解に加えて、受益の限度をどのようにとらえ、どの程度の税負担を求めるのかといった問題が、法定外目的税においては法定外普通税以上に問題となろう。

総務大臣の同意にかかる三つの消極的要件（地方税法二六一条、六七一条、七三三条）の具体的な処理基準については、総務省自治税務局長通知（「法定外普通税又は法定外目的税の新設又は変更に対する同意に係る処理基準等及び留意事項について」）が公表されているが三つの消極的要件の判断にあたり法定外普通税と法定外目的税に相違は設けていない。地方税法上は、法定外普通税かあるいは法定外目的税かにより実体法的なレベルで大きな相違が生ずるものではなく、応能的な法定外税を導入するか、応益的な法定外税を導入するかにより、法的なレベルで大きな相違が生ずるといった方が適切であるかもしれない。

上記の消極的要件は同意に関するものであるが、これらの要件を含めて、地方団体は法定外税に係る条例の導入にあたってみずから判断をすべき事項がいくつも存する。国との関係における課税権の制約（自主課税権の縦の制約）と地方団体間での自主課税権の制約（自主課税権の横の制約）の二つの視点から検討が求められる。応益的な法定外目的税の導入はこのような機会をさらに増加させるであろうが、特に⑴憲法の課税原則である租税平等主義（応益課税原則。地方自治体間での課税管轄権の衝突と調整の問題もここにも含まれる）や課税要件条例主義、その他の憲法の保障規定（信教の自由、職業選択の自由等）に違反している場合（「憲法による制約」）、⑵当然に税法やその他法律の規定が法定外目的税（あるいは法定外普通税）による上乗せ課税・横だし課税・穴埋め課税（非課税規定・免税規定に反した課税）等を禁止している場合（「その他法律等による制約」）に注意を払うべきであろう。また、地方税法が超過課税や制限税率を認めている場合に、まず超過課税等を法定外税の導入に先行して行なう必要はないが、同様の目的を達成するために超過課税でそのまま対応が可能な場合においてはまずそれらを優先させることが望ましいであろう（法定税目の優先）。

二　条例化のヒント

条例化にあたっては、総務大臣の同意にかかる三つの消極的要件の具体的な処理基準を踏まえることが当面の問題となる。特に、一号消極要件との関係においては、神奈川県臨時特例企業税条例の規定が地方税法七二条の二三第一項本文の規定と矛盾抵触するものとして違法、無効と判断した神奈川県臨時特例企業税通知処分取消等請求事件における最高裁平成二五年三月二一日判決（裁判所時報一五七六号二頁、判例地方自治三六八号九頁）に留意しておく必要があろう。

最高裁は、(1)地方自治法一四条一項は、普通地方公共団体は法令に違反しない限りにおいて同法二条二項の事務に関し条例を制定することができると規定しているから、地方税法と税条例との関係においても、地方税法が法定外普通税の新設を地方公共団体に認めていることから、本件条例が同法に違反するかどうかも、徳島市公安条例事件判決（最高裁昭和五〇年九月一〇日大法廷判決・刑集二九巻八号四八九頁）の判断基準を用いることを明確にし、法律及び本件条例の対象事項と規定文言に加え、それぞれの趣旨、目的、内容及び効果を比較して、最終的に「両者の間に矛盾抵触があるかどうか」によって決することとしている。(2)「普通地方公共団体が課することができる租税の税目、課税客体、課税標準、税率その他の事項については、憲法上、租税法律主義（八四条）の原則の下で、法律において地方自治の本旨を踏まえてその準則を定めることが予定されており、これらの事項について法律において準則が定められた場合には、普通地方公共団体の課税権は、これに従ってその範囲内で行使されなければならない」ことから、「法定普通税に関する条例において、地方税法の定める法定普通税についての強行規定の内容を変更することが同法に違反して許されないことはもとより、法定外普通税に関する条例において、同法の定める法定普通税についての強行規定に反する内容の定めを設けることによって当該規定の内容を実質的に変更することも、これと同様に、同法の規定の趣旨、目的に反し、その効果を阻害する内容のものとして許されないと解される。」と判示する。その結果、「法人事業税の課税標準、法人事業税の所得割の課税標準に係る特別の定めとして条例等により欠損金の繰越控除の特例を設けることを許容するものと解される規定は存在しない。これらの点からすれば、法人税法の規定の例により欠損金の繰越控除を定める地方税法の規定は、法人事業税に関する同法の強行規定であるというべきである」として、条例において同法の定める欠損金の繰越控除を排除することは許されず、仮に条例にこれを排除する内容の規定が設けられたとすれば、当該条例の規定は、同法の強行規定と矛盾抵触するものとしてこれに違反し、違法、無効であるというべきであると判示した。

最高裁は、両税（法定税と法定外税）の関係について、いわゆる「補充性・従属関係説」に立つ。総務大臣の同意要件（消極的要件）の建て付けからしても、わが国のこれまでの伝統的な解釈はこのようなものであった。これに対して、原判決は、地方税法は「法定の普通税は必ず課すべきものとし、法定外普通税は任意のものとしており、その位置づけから、前者が基幹的、後者は補充的なものとみることができるが、その間に優劣を定めてはいないし、優劣があると解すべき根拠はない。」と判示していたところであり、このような考え方は、本判決では明確に否定されている。法定外普通税には、抽象的には地方公共団体の創意工夫にかかっており、①法定普通税の性格に近いもの（ただし、法定普通税と「別の税目」でなければならないから、同じであってはならない。）から②全く性格の異なるものまでがあり得るところ、企業税の議論は、産業廃棄物税といったような②とは違い、①に位置づけられるものであるといえよう。しかし、本件最高裁判決により、①タイプの法定外税の創設には地方公共団体に大きな萎縮的な効果が生じたことは明らかであろう。

1　法定外税と消極的要件

(1)　一号消極要件

法定外税について、「国税又は他の地方税と課税標準を同じくし、かつ、住民の負担が著しく過重となること」（一号）が総務大臣の不同意要件とされているが、これは課税標準を同じくする場合をすべて不適とすると解するならば法定外税の導入はきわめて限られてくることから、二重課税の余地を認めるものである。しかし、そもそも課税標準を同じくすることを禁止することを予定している法定税目については、法定外税が許されないこともちろんである。課税標準を同じくする法定税目との間では、法定税目がいかなる法的スタンスをとっているかが問題となろう（制限税率や超過課税の範囲内で、法定外税の課税が許されるかという問題も同列に論ずることができる）。また、課税標準を形式的に変更することにより、この規定の適用を免れうる。ここでは「実質的に課税標準を同じくする場合をも含む」と解すべきであろう。

たとえば、法定外税として導入する一般・産業廃棄物税などにおいては一定の商品を購入・取得したときに購入価格に上乗せして課税することも可能であるが、消費税や地方消費税との関係において課税客体あるいは課税標準を同じにすることが懸念される場合にはそれらの処分時に廃棄物の量に応じて課税をするなど、様々な工夫が必要となろう。なお、前掲「東京都宿泊税条例（案）」は、都内のホテル又は旅館への宿泊行為を課税標準としており、地方消費税の課税標準との関係が問題となるが、一号消極要件の問題ではなくそもそも、地方税法や消費税法がそのような法定外税を禁止しているか、さらには一定の納税者が平等原則のもとで差別されていないかといった問題であると解する余地もあろう。

ここでは、二重課税よりも「負担が著しく過重となる」とはいかなる状態をさすかが問題となろう。課税標準を同じくすることによって住民の税負担に不均衡を生ずる場合であるが、その判断にあたっては法定外税のように受益と負担との関係がある程度明確なものについては応益原則のもとで、所得課税的なものについては応能原則のもとで負担過重が客観的に明らかな場合であろう（二重課税が存しない場合においても、これらの原則の適用があることは当然である。本号の問題ではなく、上記した憲法による制約の問題である。）。

(2)　二号消極要件

法定外税は地域的な税であることから、「地方団体間における物の流通に重大な障害を与えること」（二号）となるような、内国関税的な又は高率で禁止的な物流課税的な法定外税が考えられる。法定外普通税による抵触は一般的には少ないと考えられるが、法定外目的税においては往々にして、流通行為、消費行為等を課税客体とすることから「物の流通に重大な障害を与える」ことがありうる。「物」自体に直接課税する場合のみでなく、サービス行為あるいは運搬車両等に課税することにより、物の流通が阻害されることもありうる。

(3)　三号消極要件

「国の経済施策に照らして適当でないこと」(三号)という不同意要件について、「国の経済施策」とはいかるものを指すかが問題となる。国地方紛争処理委員会(平成一三・七・二四勧告)は、「経済施策」は経済政策の下位概念であり、「経済施策」には財政施策と租税施策が含まれるとする(ただし、重要な財政施策及び租税施策に限る。)。「経済施策」に租税政策が含まれるか否かについては争いがあるところであろうが、含まれると解するならば今日多くの地方団体で進められている法定外目的税としての地方環境税構想はこの点での配慮も必要となってこよう。環境税制は、一般的には「重要な租税政策」には該当しないと解されよう。

なお、平成一一年前の法定外普通税の許可要件としては、(1)法定外普通税を設けるに当たり当該地方団体にその税収入が確保できる税源があること、(2)当該法定外普通税による税収入を必要とする財政需要がなければならないことという積極的要件が存在した。改正地方税法のもとでは、これらの要件が協議事項から除外されているが、これらの積極的要件は新税の導入において不必要となったものではなく、これらの一般的な租税原則は、法定外税の課税にあたっては、税源や財政需要が存在することは当然のこととして削除されたものである。これは地方団体が責任をもって自らが判断すべきであるということになろう。ただし、これをもって不同意とすることはできないと解される。

(4)　法定外税の非課税改正

法定外税の非課税規定としては、(1)土地・家屋・物件の所在地が区域外のもの及びこれから生ずる所得、(2)事業の行われる事務所・事業所が区域外にある場合の事業並びにそれからの収入、(3)「公務上又は業務上の理由による負傷、又は疾病に起因して受け取る給付で政令で定めるもの」、が列挙されている(地方税法二六二条、六七二条、七三二条の二)。

(5)　その他

法定外普通税の導入にあたっては、税である以上、憲法上の課税原則の遵守、地方税法上の他の国税との抵触による制約、その他の環境法令等による制約などに留意が必要となってくる。たとえば、水道法の規定と地下水税とか取水涵養(かんよう)税との関係も同様なレベルでの検討を有する。

2　使途の特定と支出

法定外目的税は、「条例で定める特定の費用に充てるために」課されるものであることから、その使途は条例自体に具体的に特定される必要がある。特別会計により処理されている場合(地方自治法二〇九条参照)はともかくとして、なかなか使途の特定は実務においては実感がわかないところであろう。使途の特定については、使途の特定条項があまりにもゆるやかな内容であり、普通税的な物である場合の取扱い、さらには具体的な特定条項に従った運用(支出)が行われていない場合の法的な取扱いが問題となるであろう。前者については、たとえば、法定外普通税を受益者負担金的な税として導入しながら、その使途を特定しないという扱いが許容されているが、法定外目的税については、条例一条(課税の根拠)おいて法定外目的税であることが明示されることから、予算編成を行うにあたり使用目的を明らかにできる程度には特定されている必要があろう。使途の特定条項が存しない、明らかに不十分である場合には条例は無効と解さざるを得ないであろう。なお、現実には、法定外目的税の新設にあたっては、その使途が歳入見積もりにあわせて具体的に別途提示されるのが一般的であり、できる限りこのような方法により住民の理解をうることが重要であろう。

3　税の徴収と滞納処分

法定外普通税と法定外目的税において、法定外税の徴収方法及び滞納手続等に差異は地方税法上、存しない。しかし、受益と負担との関係に着目した税制を法定外税として導入する場合には一方、負担金等として課することも可能のような場合がある（租税、負担金、料金等の区別については政府税制調査会昭和四五年一一月中間答申参照）。分担金や受益者負担金は地方自治法や特別法に根拠づけられるが、法律に根拠規定のない課徴金等を地方団体レベルにおける環境対策等のために条例に導入することができるか否かという問題が存しているが、現行法においては条例制定権の範囲は広がっているし、「法律の定めるところにより」（改正前地方自治法二条三項二一号参照）という縛りもなくなったので、条例による負担金等を禁止する明示の規定がない現状では条例で創設することは十分に可能である。法定外税とこれらの課徴金等との選択も問題になるが、後者の場合においては強制徴収の規定をおくことができないことや、法定外目的税との間では租税債務にかかる時効期間に相違が生じてくることなどに留意をしておくべきであろう。

三　条例のポイント

空港連絡橋利用税（法定外普通税）は、総務大臣が平成二三年九月三〇日に大阪府泉佐野市から協議のあった法定外普通税の新設について、平成二四年四月一一日付けで同意したものである（平成二五年三月三〇日より施行）。泉佐野市が空港連絡橋利用税を新設しようとする理由は、泉佐野市においては、関西国際空港の玄関都市として相応しいまちづくりのため、空港アクセスのための関連道路の整備などの都市基盤整備を進めてきた。その起債償還とともに、空港補完機能としての感染症など高度医療のための病院や、空港消防の維持管理費など大きな負担が生じていることによる。上記の空港関連施策に関しては、連絡橋の利用者にも受益があることから、税収の確保のため、連絡橋の通行料金を支払う者に対して一定の税負担を求める法定外普通税として、空港連絡橋利用税を新設するものである（総務省説明）。泉佐野市は、「連絡橋の国有化によりまして、空港関連地域整備事業の貴重な償還財源である固定資産税の課税客体が突然消滅することになり、このままでは平成二二年二月に策定をいたしました財政健全化計画にも大きく支障をきたし、ひいては市民生活にも大きな影響を及ぼすことになることから、法定外普通税の賦課を検討することとさせていただき、泉佐野市空港連絡橋利用税条例の制定に至った」とするが、本税は、「国の経済政策」（三号消極要件）に照らして、適当でないというふうに判断し得る余地を残している。アジアの成長などとしっかりと取り組んでいく拠点としての関空の再生強化は日本の国力を上げてとりくんでいるところであり、非常に重要な国の政策であろうと考えられる。関空の利用が進まない大きな理由は、「このアクセスが非常に遠くて高いというところであり、平成二〇年度に巨額の国費を投入し、更に大阪府も負担をいただいて連絡橋、元は関空の施設であったものを国有化をさせていただいた結果として、通行料金が半額一、五〇〇円から八〇〇円というふうに引き下げを行ったところであり、国の経済政策というものに該当するものである」ともいえよう（国土交通省意見）。また、旧道路関係の四公団から承継した債務の償還を考えるにあたって、今回の法定外税が大きな悪影響を及ぼすということにもなりかねない（平成二三年九月二〇日に協議のあった大阪府泉佐野市法定外普通税「空港連絡橋利用税」について、平成二四年二月一六日に、地方財政審議会において泉佐野市及び国土交通省に対し、意見聴取を行っている。三要件の充足についての議論は、議事録等を参照）。また、法定外税を課すことが物の流通に重大な障害を与えることにはならないかということも問題になろう。

課税客体は、「関西国際空港連絡橋を自動車で通行して空港を利用する行為」である。空港を利用する行為まで含めているところに特徴がある。課税標準は、「関西国際空港連絡橋を自動車で通行する回数」である。納税義務者は、「関西国際空港連絡橋の通行料金を支払う者」であり、税率は通行する回数一往復につき一〇〇円である。なお、徴収は、特別徴収（特別徴収義務者：連絡橋の通行料金を収受する者）の方法による。年間三億円の収入が見込まれている。

［泉佐野市空港連絡橋利用税条例］

（課税の根拠）

第一条　地方税法（昭和二五年法律第二二六号）第五条第三項の規定に基づき、空港連絡橋利用税を課する。

（納税義務者等）

第二条　空港連絡橋利用税は、関西国際空港連絡橋（以下「連絡橋」という。）を自動車（道路運送車両法（昭和二六年法律第一八五号）第二条第二項に規定する自動車（道路運送車両の保安基準（昭和二六年運輸省令第六七号）第一条第一項第二号に規定する被けん引自動車を除く。）をいう。以下同じ。）で通行する行為に対し、当該自動車を運転する者（その者が、その者以外の個人又は法人の行う事業に従事して当該自動車を運転する場合にあっては、当該個人又は法人）に課する。

（課税免除）

第三条　次の各号に掲げる自動車の通行に対しては、当該各号に定めるところにより、空港連絡橋利用税を免除する。

(1)　道路整備特別措置法（昭和三一年法律第七号）第二四条第一項ただし書に規定する車両　全額

(2)　道路整備特別措置法第二五条第一項の規定により西日本高速道路株式会社が公告している障害者割引制度の対象となる自動車　二分の一

（課税標準及び税率）

第四条　空港連絡橋利用税の課税標準及び税率は、連絡橋を自動車で通行する回数一往復につき一〇〇円とする。

（徴収の方法）
第五条　空港連絡橋利用税の徴収については、特別徴収の方法による。
（特別徴収の手続）
第六条　空港連絡橋利用税の特別徴収義務者（以下「特別徴収義務者」という。）は、連絡橋の通行料金を収受する事業者その他徴収の便宜を有する者とする。
二　市長は、特別徴収義務者を指定した場合は、その旨を当該特別徴収義務者に通知する。
三　特別徴収義務者は、第二条に規定する納税義務者が納付すべき空港連絡橋利用税を徴収しなければならない。
四　特別徴収義務者は、毎月末日までに、前々月一日から同月末日までに徴収すべき空港連絡橋利用税に係る課税標準となる自動車の通行回数、税額その他必要な事項を記載した納入申告書を市長に提出するとともに、納入金を納入書によって納入しなければならない。
五　前各項に規定するもののほか、特別徴収の手続について必要な事項は、規則で定める。
（帳簿等への記録及び保存）
第七条　特別徴収義務者は、帳簿等を備え、自動車の通行回数、税額その他必要な事項を記録しなければならない。
二　特別徴収義務者は、帳簿等に記録した日から三年間、これを保存しなければならない。
（不足金額等の納入の手続）
第八条　特別徴収義務者は、地方税法第六八六条第四項の規定による通知を受けた場合においては、当該不足金額、過少申告加算金額、不申告加算金額又は重加算金額を当該通知書に指定する期限までに、納入書によって納入しなければならない。
（賦課徴収）
第九条　空港連絡橋利用税の賦課徴収については、この条例に定めるもののほか、泉佐野市市税条例（平成一九年泉佐野市条例第五号）の定めるところによる。

附　則

（施行期日）

一　この条例は、地方税法第六六九条第一項の規定による総務大臣の同意を得た日から起算して一年を超えない範囲内において規則で定める日から施行する。

（この条例の失効）

二　この条例は、この条例の施行の日から起算して五年を経過した日に、その効力を失う。

法定調書 …… 274
——の提出制度 …… 258
法的支配基準 …… 185
法的判断基準 …… 46
法律による行政の原理 …… 302
法律の上書き権 …… 108
補完性の原則 …… 106
補充性・従属関係説 …… 480
補助金 …… 20, 302, 333
補助金の交付等の措置 …… 19
補助金理論 …… 128, 134
保税区 …… 80
保税特区 …… 81, 104
ポリシー・ミックス …… 323

ま　行

マッチング・プログラム …… 285
マネー・ローンダリング …… 288
未処分所得の金額 …… 190
ミックス・ポリシー …… 297
みなし外国税額控除 …… 156
みなし寄附金 …… 146
みなし寄附金制度 …… 125, 139
みなし配当理論 …… 192
民間が担う公共 …… 121
民間国外債の利子非課税措置に係る本人確認制度 …… 284
民泊税 …… 346
無公害化生産設備の特別償却 …… 35
無差別条項 …… 152
六つのテスト …… 5, 7, 22
無料の権利 …… 347
免除方式（イグゼンプション方式）…… 155
目的税 …… 419
目的論解釈 …… 30

や　行

やむを得ない事情 …… 70
有効性 …… 8, 23
輸出加工区 …… 85
輸出業者の所得の特別控除制度 …… 43
輸出産品にかかる間接税の免除等 …… 165
輸出者のための加速度償却 …… 170
輸出所得控除制度 …… 154
輸出振興税制 …… 163
輸出損失準備金制度 …… 43
輸出特別償却制度 …… 155, 171
輸出パネル …… 160, 161
輸出補助金 …… 165
輸出免税 …… 165
輸入促進地域 …… 104
浴場 …… 424, 441
より厳格なふるい分け基準 …… 10

ら　行

ラップ口座 …… 275
利益の配分禁止規定 …… 124, 135
利益引当金説 …… 41
留保金課税 …… 138
療養泉 …… 422, 423
ローマ条約 …… 162

わ　行

割増減価償却制度 …… 303, 316
割増償却 …… 39

A～Z

Action 3（行動 3）…… 175
BEPS …… 175
CFC の実効税率 …… 187
DIE システム …… 285
GATT ルール …… 334
KSK（国税総合管理）…… 285
OECD 最終レポート …… 184
OECD スタンダード・マグネチック・フォーマット …… 286
OECD レポート …… 177
TSM プログラム …… 285

認定公益法人 ………………………………… 127
認定地域活性化総合特別区域計画 …… 113
認定特定公益信託 ……………………… 142
ネクサス・アプローチ ………………… 198
ネッティング決済 ………………… 265, 276
納税環境整備 …………………………… 257
納税管理人 ……………………………… 356
納税義務者 ……………………………… 354
納税者番号制 …………………………… 256
納税者番号制度 …………………… 263, 470

は　行

パートナーシップ ……………………… 106
排出課徴金 ……………………………… 301
排出権取引 ………………… 296, 331, 333
排出事業者 ……………………………… 350
排出取引権 ……………………………… 302
排出量課税 ……………………………… 340
配当控除制度 …………………………… 267
配当所得一部控除方式 ………………… 267
配当の二重課税調整 …………………… 267
ハイブリッド・ミスマッチ・ルール …… 185
ハイブリッド事業体 …………………… 185
ハイブリッド商品 ……………………… 185
パススルー事業体 ……………………… 185
パスダック構想 …………………………… 87
バック・アップ源泉税 ………………… 284
パッシブ投資所得 ……………………… 240
パネル報告 ………………………… 159, 162
販売業者等 ……………………………… 394
反面調査 ………………………………… 276
非営利革命 ……………………………… 121
非営利性 ………………………………… 126
非営利セクター税制 …………………… 122
非営利団体課税 ………………………… 123
非営利団体の経済分析 ………………… 120
非営利法人 ……………………………… 127
非営利法人税制 ………………………… 120
日帰り入湯客 …………………………… 435
東日本大震災復興特別区域法 ………… 117
非関連事業所得 …………………… 132, 144
非関連者基準 ……………………… 181, 217
引当金肯定説 ……………………………… 41
引当金否定説 ……………………………… 41
非居住者 ………………………………… 259
被支配外国会社 ………………………… 174
非収益事業 ……………………………… 133
非持株会社等基準 ……………………… 220
「標準」型 ……………………………… 108
不均一課税 ……………………………… 308
不公正な競争 …………………………… 126
　——基準 ………………………… 132, 140
　——原理 ……………………………… 132
復興特区 ………………………………… 104
物流統括会社 …………………………… 231
負の外部的効果 …………………… 298, 326
負の所得税 ……………………………… 468
部分合算課税対象 ……………………… 248
部分的適用対象金額 …………………… 221
プライバシー権 ………………………… 286
プライバシー法 ………………………… 294
プライベート・ファンデェイション …… 130, 132
ふるさと（応援）基金条例 ……… 454, 459
ふるさと寄附（金）条例 ………… 454, 459
「ふるさと納税制度」に係る寄附金 …… 452
ふるさと納税ワンストップ特例制度 …… 463
プログラム準備金 ………………………… 42
分担金 ……………………… 302, 347, 477
分類別アプローチ ……………………… 194
ヘイグ・サイモン基準 …………………… 46
米国インバージョン報告書 …………… 253
米国の輸出振興税制 …………………… 159
返礼品（特産品）送付 ………………… 463
貿易排除効果 ……………………………… 83
放出許可権 ……………………………… 331
法人擬制説 ………………………… 127, 135
法人事業税所得割 ……………………… 130
法人実在説 ……………………………… 135
法人住民税割 …………………………… 130
法人税額の特別控除制度 ……………… 305
法人税減免措置 …………………………… 17
法定外税 ………………………………… 338
法定外普通税 …………………………… 477
法定外目的税 ……………… 307, 346, 476

中間処理施設 …… 355
中小企業海外市場開拓準備金制度 …… 171
超過利潤アプローチ …… 194
超過利潤分析 …… 198
長期譲渡所得 …… 62, 64
調整所得金額 …… 188
直接規制 …… 297, 323
通貨及び海外取引報告法 …… 281
通常所得 …… 198
ディーゼル燃料税 …… 313
ディスカッション・ドラフト …… 187, 194, 249
ディポジット制度 …… 296
テインティド・インカム …… 181
適格資本 …… 199
適用実態調査 …… 15, 16
適用除外要件 …… 215
適用対象金額 …… 179, 187, 190
適用対象留保金額 …… 179
手続的コントロール …… 47
テリトリー原則 …… 174
電源開発促進税 …… 316
電子計算機特別償却 …… 35
電子商取引 …… 280
統括会社 …… 180, 231, 242
東京都宿泊税条例 …… 481
投資税額控除 …… 86, 316
同族会社の留保金課税 …… 45
道路運送車両法 …… 367
道路運送車両法における登録 …… 401
道路損傷(的)負担金 …… 367, 377, 407, 409
道路特定財源 …… 309
道路目的税 …… 394
特段の事情 …… 71, 72
特定外国子会社等 …… 179, 200
特定外国子会社等の株式の売却 …… 201
特定外国子会社等の欠損金 …… 192
特定課税対象金額 …… 200
特定口座制度 …… 260
特定口座年間取引報告書 …… 262
特定事業 …… 114
特定資本取引の事後報告 …… 277
特定設備等の特別償却 …… 39
特定地域活性化事業 …… 113
特定非営利活動法人 …… 125, 129
特別自由貿易地区 …… 84
特別償却 …… 39
特別償却準備金 …… 39, 40
特別償却制度 …… 305
特別徴収義務者 …… 351, 425, 439, 486
特別特区（沖縄振興特別措置法）…… 104
独立工場価格 …… 154
都計法56条１項 …… 58
都市計画決定 …… 55
都市事業計画の認可 …… 63
土地買取り申出書 …… 65
土地収用 …… 52
特区（経済特区）…… 104
トリガー税率 …… 180, 247
取引高課税 …… 160
取引単位及び（又は）企業単位のアプローチ …… 194, 199
取引的アプローチ …… 181, 222
トレイシング・アプローチ …… 227

な　行

内国国際販売会社 …… 154
内国税その他の内国課徴金 …… 160
内国税の適正な課税の確保を図るための国外送金等に係る調書の提出等に関する法律 …… 264, 276
内部取引 …… 129
ナンバープレート …… 373, 399, 415
ナンバープレート要件 …… 409
二号消極要件 …… 348, 481
二重課税等の排除 …… 201
二重課税排除条約 …… 157
二重の利益配当 …… 314
入湯客 …… 418
入湯行為 …… 424, 429
入湯税 …… 418
入湯税の課税免除 …… 426, 432
入湯税の課税免除規定 …… 430
任意積立金方式 …… 41
任意買収 …… 52

騒音課徴金 …… 301
騒音税 …… 301
総合課税 …… 261, 268
総合特区（「国際戦略総合特区」と「地域活性化総合特区」）…… 104
総合特区支援利子補給金 …… 116
総合特区推進調整費 …… 116
総合特区制度 …… 116
総合特別区域（総合特区）…… 111
相当性 …… 8, 23
相当補償説 …… 76
属地主義 …… 152, 161
租税回避規定 …… 180
租税回避行為 …… 126, 130
租税支出 …… 165
「租税支出」概念 …… 152
租税支出分析 …… 32
租税政策 …… 27, 29
租税特別措置 …… 2, 27
租税特別措置透明化法 …… 3
租税特別措置に係る政策評価の実施に関するガイドライン …… 12
租税特別措置の整理合理化推進プログラム …… 13, 22
租税特別措置の適用状況の透明化等に関する法律案 …… 10
租税特別措置の見直しに関する基本方針 …… 4, 6
租税の公平性（tax equity）…… 149
租税の中立性（tax neutrality）…… 149
租税平等主義 …… 329
租税ペナルティ …… 157
租税法律主義 …… 329
租税誘因 …… 148
租税優遇措置 …… 148
損益通算 …… 260
損害コスト・メソッド …… 315
損金不算入方式 …… 43
損失引当金説 …… 41

た　行

大気汚染課徴金 …… 301
大気汚染税 …… 301
大気汚染防止法 …… 323
第三記録保持者（銀行等）…… 284
第三セクター税制 …… 126
代替コスト・メソッド …… 315
代替資産 …… 67
対内直接投資等の事後報告 …… 277
代理人等 …… 278
多段階課税方式 …… 160
タックス・ヘイブン …… 86
——対策税制 …… 89, 174
タックス・ヘイブン国（軽課税国）…… 182
ダブリン金融特区 …… 85
担税力基準 …… 46
地域活性化 …… 111
地域活性化総合特別区域 …… 112
地域協議会 …… 113
地域雇用開発促進助成金 …… 100
地域社会の会費 …… 451
地域主権 …… 105
地域主権改革 …… 105, 115
地域主権戦略大綱 …… 105, 106
地域尊重型特区 …… 111
地域統括会社 …… 229
地域の自主性及び自立性を高めるための改革の推進を図るための関係法律の整備に関する法律 …… 107
地球温暖化対策推進大綱 …… 320
地球温暖化対策税 …… 324
地方環境税 …… 298, 307, 321, 343
地方公共団体事務政令等規制事業 …… 114
地方財源 …… 469
地方自治体の条例制定権の拡大 … 107, 115
地方自治の本旨 …… 106
地方税における税負担軽減措置等の見直しに関する基本方針 …… 6
地方分権 …… 469
地方分権改革推進計画 …… 107, 116
地方分権推進計画 …… 476
地方分権の推進を図るための関係法律の整備等に関する法律 …… 476
中間処理業者 …… 350

重要な租税政策 ……………………………… 482
従量税 ………………………………………… 340
受益者負担金 ………………… 302, 347, 391
受益者負担の原則 ………………………… 310
主たる事業 ………… 216, 220, 224, 226, 235
主たる定置場 ……………………………… 391
主たる定置場所 …………………………… 407
純粋な租税優遇措置 ……………………… 38
準備金等 …………………………………… 41
省エネルギー設備取得の特別償却 ……… 35
償却資産 ……………………………… 370, 408
消極的所得（金融資産収益）……… 124, 128
譲渡所得の課税の繰延べ ………………… 53
消費税 ……………………………………… 429
消費税逆進性対策税額控除 ……………… 469
消費税の逆進性緩和 ……………………… 467
商品軽自動車 ………………………… 364, 384
商品自動車 ………………………………… 384
商品中古自動車の確認証明書 …………… 386
商品であって使用しない軽自動車 …… 414
——等 ……………………………… 378, 401, 402
情報基盤強化税制 ………………………… 48
情報公開法 …………………………… 285, 294
情報交換 …………………………………… 266
情報申告照合プログラム ………………… 285
情報通信革命 ……………………………… 273
情報通信産業振興地域 …………………… 97
情報通信産業特別地区 ………………… 84, 96
情報提供 …………………………………… 266
剰余金の分配 ……………………………… 140
上流課税 …………………………………… 340
条例上書き権規定 ………………………… 115
「条例指定制度」に係る寄附金 ………… 452
条例制定権の拡大 ………………………… 109
条例による事務処理特例制度 …………… 109
ショーウインドー効果 …………………… 84
所在地国基準 ………………………… 181, 217
所得概念（定義）理論 ……………… 128, 134
所得帰属理論によるアプローチ … 182, 184
所得控除 …………………………………… 43
所得再分配機能 …………………………… 467
所得税及び法人税の負担軽減措置に関す
る法律 ……………………………………… 44
所得税額控除 ……………………………… 86
所得直接稼得理論 ………………………… 192
「所得の目的」テスト …………………… 143
所得発生情報伝達型 ………………… 262, 280
「所得目的テスト」基準 ………………… 132
資料情報申告義務 ………………………… 272
資料情報制度 ……………… 257, 264, 272, 280
新会計基準 ………………………………… 143
人格のない社団等 ………………………… 124
申告分離課税 ………………………… 261, 268
新サンセット方式 ………………………… 6
新成長戦略 ………………………………… 116
新築貸家住宅の割増償却 ………………… 39
森林涵養税 ………………………………… 329
スクラップ・アンド・ビルド ………… 5, 6
税額控除 …………………………………… 42
請求権勘案保有株式等 …………………… 191
税源移転防止ルール ……………………… 196
政策税制 ………………………… 3, 27, 28, 33
政策税制措置 ……………………………… 4
政策目的達成基準 ………………………… 46
正常な課税 ………………………………… 152
正常な所得概念 …………………………… 157
税制・規制緩和特区 ………………… 81, 104
税制調査会金融小委員会 ………………… 256
税制優遇措置 ……………………………… 89
正当性の検証 …………………………… 15, 19
正当な補償 ……………………………… 38, 76
税と社会保障の一体的・一元的構成 … 468
税の帰属によるアプローチ ……………… 182
税負担の公平の原則 ……………………… 15
税務調査権 ………………………………… 272
政令等規制事業 …………………………… 113
責任の改革 ………………………………… 106
石油価格調整税 …………………………… 316
石油ガス税 ………………………………… 304
石油石炭税 ………………………………… 334
積極的所得（収益事業からの所得）
……………………………………… 124, 128
潜在的な環境税 ……………………… 304, 335
全世界所得主義 ……………………… 151, 174

さ 行

財産税 …… 383
最終処分場 …… 355
財政学的評価基準 …… 45
財政特区 …… 104
雑種税 …… 419
サブパートＦ規定 …… 153
サブパートＦ所得 …… 210
三角合併 …… 244
産業廃棄物 …… 355
産業廃棄物条例 …… 307
産業廃棄物処理税 …… 329
産業廃棄物処理税条例 …… 354
産業廃棄物税 …… 346
産業廃棄物税条例 …… 350, 351
三号消極要件 …… 349, 482
「参酌すべき基準」型 …… 108
サンセット法 …… 32
残存利益の配分（禁止）規定 …… 124
事業活動テスト …… 219
事業基準 …… 180, 216
事業形態の選択に対する中立性 …… 131
事業単位の特例 …… 130
事業の管理、支配及び運営 …… 233
事業の用に供することができない資産 …… 369
事業の用に供することができる資産 …… 369
事業予定地の指定 …… 55
資産性所得課税制度 …… 237
事実上の（de facto）支配基準 …… 186
自主課税権の縦の制約 …… 478
自主課税権の横の制約 …… 478
自主行動計画 …… 342
事前協議制度 …… 52, 476
「従うべき基準」型 …… 108
実質支配基準 …… 248
実質所得者課税 …… 183
実質的な意味での租税特別措置 …… 29
実態アプローチ …… 194
実体基準 …… 180, 217, 232
実態分析 …… 196
指定寄附金 …… 142
指定地方公共団体 …… 112
自転車荷車税 …… 366
自動車 …… 391
自動車重量税 …… 304, 334
自動車取得税 …… 305, 392, 413
自動車税 …… 304, 306, 334, 382
自動車の取得 …… 392
児童税額控除 …… 469
使途選定委員会 …… 456
「支払」の定義 …… 278
支払通知書 …… 261
支払うべき料金 …… 437
資本蓄積促進税制 …… 43
資本取引の事後報告 …… 277
資本輸出の中立性（capital export neutrality: CEN） …… 149
資本輸入の中立性（capital import neutrality: CIN） …… 149
シャウプ勧告 …… 123, 131
社会・経済的損失（ロス） …… 298
「社会実験」としての特区（地域） …… 111
社会保険料負担軽減税額控除 …… 469
社会保障制度改革推進法 …… 473
奢侈性の判断基準 …… 430
奢侈的行為 …… 429
収益事業該当性 …… 145
収益事業課税 …… 137
収益事業所得 …… 137
収益事業に対する軽減税率 …… 124
収益事業に付随する所得 …… 133
宗教法人税制 …… 142
私有財産制度 …… 52, 76
集中保有基準 …… 186
十分な経済的合理性 …… 238
自由貿易地域の理論 …… 83
住民税の応益負担の原則 …… 451
住民訴訟 …… 439
収用交換等 …… 73
収用交換等の場合の譲渡所得等の特別控除 …… 54
収用証明書 …… 52

軽課税国指定アプローチ …………………… 182
経済活動基準 …………………………………… 248
経済規制 ………………………………………… 297
経済的支配基準 ………………………………… 185
経済的手段 ……………………………………… 296
経済的な合理性 …………………………… 234, 241
経済的非効率 …………………………………… 298
経済特区 ………………………………………… 80
形式基準分析 …………………………………… 194
形式的な意味での特別措置 ………………… 29
軽自動車税 ………………………… 304, 334, 364
軽自動車税課税免除申請書 ………………… 409
軽自動車税の課税免除申請 ………………… 396
軽自動車税の減免 ……………………………… 411
軽自動車等 ………………………………… 364, 368
軽油引取税 ……………………………………… 304
決算上の所得金額 ……………………………… 188
原因者負担金 …………………………………… 391
厳格な文理解釈 ………………………………… 30
原子力発電設備の割増償却 ………………… 35
源泉徴収制度 …………………………………… 258
源泉分離課税 …………………………………… 268
広域的実施体制の整備 ………………………… 110
行為税 …………………………………………… 428
公益事業からの所得 …………………………… 133
公益社団法人及び公益財団法人の認定等
　に関する法律 ………………………………… 121
交易条件悪化の帰着 …………………………… 83
公益上その他の事由 ……………………… 431, 437
公益信託 …………………………………… 129, 142
公益性 …………………………………………… 126
公益等に因る課税免除及び不均一課税
　……………………………………………… 375, 415
公益法人 ………………………………………… 122
公益法人課税 ……………………………… 123, 137
公益法人税制改革 ……………………………… 122
公益法人制度改革 ……………………………… 120
公益法人制度改革三法 ………………………… 121
公益法人等 ……………………………………… 124
公害防止準備金 ………………………………… 35
恒久的施設 ………………………… 185, 258, 279
恒久的施設なければ課税なし ……………… 215
航空機燃料税 …………………………………… 316
交際費課税 ……………………………………… 43
公衆浴場法 ……………………………………… 433
鉱泉浴場 …………………………………… 419, 441
鉱泉浴場における入湯 …………………… 418, 441
構造改革特別区域 ……………………………… 114
構造改革特別区域基本方針 ………………… 110
構造改革特別区域法 ……………… 81, 110, 114
構造改革特別地域 ……………………………… 81
構造改革特別地域の設定 ……………………… 82
構造改革特区 ……………… 81, 91, 104, 110, 114
行動一致基準 …………………………………… 186
公平基準 ………………………………………… 46
合理性 ……………………………………………… 8, 22
合理性の判定 …………………………………… 9
効率性 ……………………………………… 133, 140
合理的と認められる事情 ……………… 67, 71, 72
コーポレート・インバージョン ……… 244
　――対策合算税制 …………………………… 245
国外財産調書制度 ……………………………… 287
国外送金等 ……………………………………… 276
　――調書 ……………………………… 265, 276
　――に係る調書提出制度 ……………… 265, 272
国際金融サービスセンター ……………… 83, 88
国際租税戦略 …………………………………… 148
小口分散回避規定 ……………………………… 290
小口報告回避規定 ……………………………… 281
国内源泉所得 …………………………………… 259
国民主権 ………………………………………… 106
50対50方法 ……………………………………… 154
個人間の公平 …………………………………… 151
個人情報ファイル ……………………………… 285
コスト・カバーリング課徴金 ……………… 297
コスト・リカバリー課徴金 ………………… 310
5000万円特別控除 ……………………………… 62, 64
国家間での公平 ………………………………… 152
国家戦略特別区域制度 ………………………… 115
国家中立性（national neutrality: NN）
　……………………………………………………… 149
国境税調整 ………………………………… 159, 333
固定資産税 ………………………………… 369, 407
古物営業法 ……………………………………… 364

核燃料税 …… 317
隠れた補助金 …… 2, 134
隠れた利益処分 …… 132
課税管轄権 …… 152, 183
課税済み所得 …… 199
課税済み留保金額 …… 199
課税対象金額 …… 179, 187
課税対象留保金額 …… 180
課税単位 …… 471
課税の繰延べ …… 20, 150, 153, 162, 177
課税免除 …… 308, 371
化石燃料課税 …… 340
化石燃料最上流課税 …… 340
化石燃料上流課税 …… 340
化石燃料税 …… 307
課徴金 …… 296, 301, 328
ガット・ルール …… 160
ガットの輸出補助金 …… 155, 158
株式の保有 …… 220, 226, 229
下流課税 …… 340
環境外部性 …… 312
環境財政目的環境税 …… 297
環境資産 …… 300
環境省案 …… 325
環境税 …… 296, 298, 321, 328, 343
環境性能割 …… 367, 383, 393
環境取引権 …… 302
環境負荷 …… 339
環境負荷的負担金 …… 367, 407
環境ベネフィット …… 310
環境補助金 …… 302, 330
関税及び貿易に関する一般協定 …… 158
間接外国税額控除制度 …… 157
完全な補償 …… 76
完全補償説 …… 76
管理組合法人 …… 124
管理支配基準 …… 180, 217, 233
管理支配地主義 …… 236
企業版ふるさと納税(地方創生応援税制) …… 464
技術等海外所得控除 …… 171
技術等海外取引の特別控除 …… 172
基準所得金額 …… 187, 188, 190
規制改革 …… 111
規制緩和特区 …… 81, 104
規制の特例措置 …… 113
寄附金控除限度額割合 …… 128
寄附金台帳 …… 457
寄附金の管理運用 …… 460
寄附金の使途 …… 456
寄附金の使途指定 …… 461
寄附者の意向 …… 456
義務付け・枠付けの見直し …… 107, 115
キャプティブ保険 …… 86, 87
旧租特透明化法案 …… 13
給付付き消費税額控除 …… 467
給付付き税額控除 …… 466
教育訓練費 …… 42
強制収用（行政代執行） …… 77
協同組合等 …… 124
京都議定書 …… 337
居住地管轄 …… 157
銀行等の本人確認義務規定 …… 277
銀行秘密法 …… 283
金融業務特別地区 …… 84, 94
金融収益非課税の原則 …… 144
金融所得課税の一体化 …… 256
金融大改革 …… 257, 273
勤労税額控除 …… 469
空気清浄化法 …… 331
空気洗浄法 …… 303
空港連絡橋利用税 …… 484
国と地方の協議会 …… 113
国と地方の協議の場に関する法律 …… 107
国の経済施策 …… 482
国の経済政策 …… 485
国別限度額方式(パー・カントリー方式) …… 156
グリーン・タックス改革 …… 325
グリーン化税制 …… 392
グリーン化特例 …… 383
グリーン財政改革 …… 313
グリーン税改革 …… 297, 309
クロス・ボーダー取引 …… 286

索　引

あ 行

空家税 …… 346
圧縮記帳 …… 35, 36
按分アプローチ …… 227
イグゼンプション制度 …… 162
違憲判断基準 …… 77
イコール・フィッティング …… 145
一号消極要件 …… 348, 480
一の公共事業 …… 71
一の収用交換等に係る事業 …… 70, 73, 74
一括限度額方式（オーバーオール方式） …… 156
一国二制度 …… 104
一般公衆浴場 …… 433
一般社団法人・財団法人 …… 124
一般社団法人及び一般財団法人に関する法律 …… 121
移転価格税制 …… 175
依命通達（県通）一四―二 …… 394
依命通達第四章一 …… 371
インセンティブ税 …… 297, 310, 347
インハウス・バンキング …… 275
インピュテーション方式 …… 267
インボイス型付加価値税 …… 164
受取配当等の益金不算入 …… 205
埋立処分業者 …… 350
運用状況の公表 …… 461
営利セクター税制 …… 122
営利法人 …… 137
エネルギー需給構造改革推進設備 …… 305
エネルギー需給構造改革投資促進税制 … 48
エネルギー税 …… 311, 334
エンタティ・アプローチ …… 181, 222
応益課税原則 …… 328, 347
応能課税原則 …… 328, 347
沖縄金融特区 …… 89
沖縄県企業立地促進条例 …… 101
沖縄自由貿易地域制度 …… 100
沖縄振興開発特別措置法 …… 82
沖縄振興公共投資交付金 …… 116
沖縄振興特別措置法 …… 82
沖縄振興特別調整交付金 …… 116
汚染者負担（の）原則 …… 296, 303, 310, 323, 328, 330, 333
汚染税（排出税） …… 300
オフショア銀行 …… 275
温泉 …… 420
温泉法 …… 420
温暖化対策税 …… 320, 338, 343

か 行

海外資産情報 …… 283
海外資産情報申告制度 …… 283
海外市場開拓準備金制度 …… 171
海外支店用設備等の特別償却制度 …… 155
海外投資損失準備金 …… 42
海外投資損失準備金制度 …… 171
海外投資等損失準備金 …… 155, 172
会計検査院 …… 19
会計上の連結に基づく基準 …… 186
外国為替及び外国貿易法 …… 272
外国関係会社 …… 179
外国子会社 …… 200
外国税額控除 …… 30
外国税額控除制度 …… 162, 207
外国税額控除方式 …… 155
外国販売会社 …… 154
外国法人 …… 259
外国法人受取配当益金不算入制度 …… 200
解釈コード …… 159
外為法の事後報告制度等 …… 266
買取り等の申出のあった日 …… 66
回避コトス・メソッド …… 315
外部経済 …… 326
外部不経済 …… 298

著者紹介

占部裕典　うらべ　ひろのり

同志社大学法科大学院教授（租税法、国際租税法、行政法専攻）
神戸大学法学部、同大学院法学研究科博士（後期）課程単位取得退学。博士（法学）（神戸大学）。エモリー大学ロースクール修了（LL.M.）。金沢大学法学部教授等を経て、現職。
租税法学会理事、信託法学会理事、日本税法学会理事。税制調査会専門家委員会特別委員、公認会計士試験委員等を歴任。

【主要著書】『租税法と行政法の交錯』（単著、慈学社・2015）、『租税法における文理解釈と限界』（単著、慈学社・2013）、『地方公共団体と自主課税権』（単著、慈学社・2011）、『租税法の解釈と立法政策（Ⅰ）・（Ⅱ）』（単著、信山社・2002）、『信託課税法』（単著、清文社・2001）、『国際的企業課税法の研究』（単著、信山社・1998）、『租税債務確定手続』（単著、信山社・1998）、『実務家のための税務相談（民法編）（２版）』（共編著、有斐閣・2006）、『判例分析ファイル　Ⅰ・Ⅱ・Ⅲ』（共編著、税務経理協会・2006）、『解釈法学と政策法学』（共編著、勁草書房・2005）、『固定資産税の現状と課題（全国婦人税理士連盟編）』（監修、信山社・1999）等多数。

政策税制の展開と限界

2018年２月10日　初版第１刷発行

著　者　占部裕典
発行者　村岡侖衛
発行所　有限会社 慈学社出版　http://www.jigaku.jp
190-0182　東京都西多摩郡日の出町平井2169の２
TEL・FAX　042-597-5387
発売元　株式会社 大学図書
101-0062　東京都千代田区神田駿河台３の７
TEL　03-3295-6861　FAX　03-3219-5158

印刷・製本　亜細亜印刷

ISBN 978-4-903425-98-6